着衣する身体と女性の周縁化

武田佐知子編

思文閣出版

着衣する身体と女性の周縁化※目次

まえがき……………………………………………武田佐知子…3

第Ⅰ部　民族／伝統衣装とファッション

民族衣装における異装と共装 …………………………武田佐知子… 9
日本中世の着衣――能楽の女装束を中心に―― ……脇田　晴子… 37
チベット文化圏の服飾について ………………………森田登代子… 47
「超民族衣装」カンガの今とこれから…………………竹村　景子… 75
　　――スワヒリ地方における着衣の実践――
啓蒙専制期のマドリード社会と女性の衣服 …………中本　　香… 96
差異の標本としての「伝統衣裳」 ……………………井本　恭子…112
1920～30年代のソビエト・ファッション ……………藤原　克美…126
Sex and the City とポストモダン消費文化 ……………吉岡　愛子…146
　　――サラ・ジェシカ・パーカー／キャリー・ブラッドショーをめぐるファッション、身体、ファンダム――

第Ⅱ部　異装・共装

衣装と近世女性医師 ……………………………………太田　妙子…169
組掛――天皇・家元・武家をつなぐ紐 ………………津田　大輔…184
唐代における宮女の男装について ……………………矢田　尚子…200
着衣の媒介性と喚起力――死者の着衣とクレオールの着衣をめぐって――
　………………………………………………………宮原　　曉…215
魔女は何を着て踊っていたのか ………………………牟田　和男…231
　　――フュルステンベルク伯領の魔女裁判における着衣――

第Ⅲ部　着衣する身体

禁じられた着衣 …………………………………宮本マラシー…253
　——国家そしてタイ人の着衣と身体に対する考え——
ムスリム女性のパルダ擁護論 …………………………松村　耕光…271
　——ボーパール藩王国女性藩王スルターン・ジャハーン・ベーガムの『ムスリム女性の慎み』について——
イランのヒジャーブと女性——政治・法律・個人——……藤元　優子…285
近世イタリア絵画におけるエロティックな足先………新保　淳乃…301
　——ランフランコ作《音楽の寓意》あるいは「チョピンを履くウェヌス」——
在満亡命ロシア女性の着衣の表象 ……………………生田美智子…318
　——コロニアル・モダニティの視点から——
甲子園のパンチラ ………………………………………池川　玲子…339
　——女子応援団の衣服から見る高校野球の歴史——
戦後女性の着衣・割烹着と白いエプロン ……………身﨑とめこ…358
　——分断される身体・連続する母性——

第Ⅳ部　表現する身体

理想化される女性の身体像………………………………三好恵真子…383
　——自己対象化から考察するスリム・ダイエット志向——
リカちゃん人形の身体表象への欲望 …………………山崎　明子…402
　——着替える身体から着替えない身体へ——
着衣する身体、演じる身体………………………………福岡まどか…420
　——インドネシアの女方舞踊家ディディ・ニニ・トウォによる「クロス・ジェンダー」の試み——
魂の表出の場か？外界の映し鏡か？自然の一部か？ …深尾　葉子…436
　——マイケル・ジャクソンに見る身体の多義性に関する解釈論——

目　　次

帝政ロシア時代におけるマトリョーシカの創造…………福間　加容…*455*
　　——ナショナリズムとジェンダーの身体——
異性装と身体意識——女装と女体化の間（あわい）——……………三橋　順子…*469*

執筆者紹介

着衣する身体と女性の周縁化

まえがき

　おおよそ人間は、人間として活動し始めた当初から、衣服をまとって生きてきた。着衣は人類共通の営為であり、人間存在の指標でもある。今なお、地球上のありとある民族は皆、衣服をまとって生活している。着衣は、寒暑を調節するなどの物理的機能のほかに、様々な機能を担っている。
　着衣は、言葉によるコミュニケーション以前に、視覚によって意味を伝達する媒体である。人類社会において、着衣するという行為は、他者に見せ、自己を相対化させながら、特定の社会への帰属、あるいはジェンダー、宗教、職能といった社会内部における特定のアイデンティティを象徴する意味を担い、同時にその社会の構造をさえ、映し出してきた。
　そして近代化の過程では、着衣は伝統社会における日常・非日常を区分する機能の上に、ある特定の意味を強く帯びるようにもなって来る。例えば国民国家やエスニシティにおける政治性であり、国民や民族を象徴する手段として、さまざまな運動の一体化に貢献してきた。「国民服」や「民族服」の創造がその例である。
　あるいは、資本主義的欲望の対象となる差異の指標としての着衣であり、西洋的な規格の衣服に民族性を取り込んだ、ファッションとしての「民族衣装」がグローバル化する経済活動に組み込まれつつ、多文化的な状況をも生み出している。
　本書は、このような着衣する身体が、政治的・社会的にいかに象徴化されてきたかを通時的に検証しながら、グローバル化という現代的な文脈の中で、着衣という行為がいかに再生産されてきたかを考え、これによって、着衣が人類

社会における新たな地平を拓く可能性を探ることを目的とする。

　具体的には、着衣するという行為をジェンダーや人類学・民族学・政治学・歴史学など学際的な視点から読み解こうとするとともに、世界各地での着衣に関わる政治的・社会的な具体的事例を研究の対象とし、着衣という共通の素材を通して、個々の社会におけるジェンダーのあり方を研究し、さらに、地域間の比較を行うことによって、最終的に、グローバルな視点から、世界における女性の周縁化を理解しようとするものである。従来の研究は特定の地域や社会、あるいは時代を対象とする個別研究を中心としたものであり、世界各地の着衣に関する総合的かつ学際的な研究は、かつてなかったといえようし、人類社会全体における着衣の意味を複眼的に分析する点できわめて独自性があると思っている。

　本書は、旧大阪外国語大学のスタッフを母胎とし、総合科目「女性学」リレー講義を担当したメンバーを核にしている。そもそも「女性学」リレー講義は、世界各地の社会や文化や政治、そして言語学を専攻する教員が、その言語力を武器に、各々のフィールドで見聞きし、考えたことを、生の声で学生たちに伝えられたらと始めたリレー講義であった。いくつかの教科書や、研究書も刊行して来たが、大阪大学との統合を控えて、最後に大きな共同研究をと、2006年に科学研究費補助金の助成を得て、「着衣する身体と女性の周縁化」を立ち上げたものである。2007年度下半期からは、故若桑みどり先生が主宰し、ジェンダーと表象研究を一貫して進めてきたジェンダー研究所の有志の参加を得て、視覚表象における女性の身体と着衣表現の文化史的考察を行い、ジェンダー構造を問い直すことができた。

　本書の成果の一つは、従来のカタログ的な着衣研究ではなく、個別地域の具体的な文脈から引き離さず、着衣・身体・女性の関係を読み解くための共通の枠組を構築し、ローカルな視点とグローバルな視点の接合によって、多様性の

なかの着衣研究の可能性を提示したことである。男性身体の周縁に位置づけられた女性身体の可変性、着衣による身体のイコン化と増殖現象、共同体による着衣身体の共有と変換、ジェンダー秩序のなかで受容される女性身体の意味とその操作、そして既存の共同体の集合的に実践や意識／無意識が、視覚表象と深く関わり、相互交渉がなされていることを明らかにしえたと自負している。

　　　　　　　　　　　　　　　　　　　　2012年3月　　武田佐知子

第Ⅰ部
民族／伝統衣装とファッション

民族衣装における異装と共装

武田　佐知子

はじめに

　「異装」とは、ある装いを共通にしている集団のなかで、それとは異なる装いを身にまとっている集団、あるいは個人が、その服装のゆえに視覚的に際だって抽出され、その集団の中で、他と識別される現象をいう。その集団の内部では、その異装が意味を持ち、着用者に他の成員とは異なる記号が付与される。

　共同体成員か否かの指標としての機能をより先鋭化して、異装が人間であるか否かの指標としてさえ、機能する場合がある。

　欽明天皇5年（544）12月条『日本書紀』に初めて登場する、佐渡島の北部に現れた粛慎の人（みしはせ）について次のように記している。

　　越国言。於佐渡嶋北御名部之磯岸有粛慎人。乗一船舶而淹留。春夏捕魚充
　　食。彼嶋之人言非人也。亦言鬼魅、不敢近之。

　粛慎人が彼の土地の人から「人に非ず」と称されたのは、鬼に似た外見の故であるとし、佐渡の人が近づかなかったという。

　『山海経』海外西経では、

　　粛慎之国在白民北。有樹名曰雒常。先入伐帝、於此取之。

とある条に、晋の郭璞（かくはく）の人は注して、粛慎の習慣として衣服は着なかったが、中国で聖帝が即位すると、雒常（らくじょう）の木の皮を剥いで、衣服にするとしている。

『晋書』97巻、列伝第67・四夷では、この点を詳述し、

> 無牛羊、多畜猪、食其肉、衣其皮、績毛以為布、有樹名雒常、若中国有聖帝代立、則其木生皮可衣……俗皆編髪、以布作襜、徑尺餘、以蔽前後。

と、猪の肉を食べ、その皮を着たり、その獣毛を紡いで布にしていたが、中国に聖帝が立つと、雒常という木に樹皮が生じ、その樹皮で衣服が作れるようになったとしている。その衣服は、襜、すなわち前垂れに近い幅1尺余の布で、それで下半身の前後を覆った程度のものであったという。

こうした北方民族に対する認識は、『礼記』礼運篇に

> 昔者先王。未有宮室。冬則居営窟。夏則居檜巣。未有火化。食草木之実。鳥獣之肉。飲其血。茹其毛。未有麻糸。衣其羽皮。後聖有作。然後脩火之利。范金。合土。以為室檞宮室牖戸。以炮。
> 以燔。以亨。以炙。以為醴酪。治其麻糸。以為布帛。

とあるように、昔は麻糸が無く、鳥の羽や獣皮を着用していたが、聖帝が現れると、麻糸を栽培させ、布帛を作り、衣を製するようになったと、植物繊維の衣服の出現を未開から文明への移行ととらえ、聖帝の登場の所産とする思想に淵源している。

つまり本来植物繊維を身にまとうことがなかったと認識されていた粛慎は、未開段階に位置づけられ、猪の皮や毛を紡いだ衣料をまとっていた彼らの姿が、佐渡島の人々にとって、人に非ず、鬼かと認識されたのであったろう。

斉明紀に、阿倍臣が粛慎を討つ記事があるが、

> 阿倍臣乃積綵帛・兵・鐵等於海畔而令貪嗜。粛慎乃陳船師、繋羽於木、挙而為旗。斎棹近来停於淺処。従一船裏出二老翁。廻行熟視所積綵帛等物。便換著單衫、各提布一端。乗船還去。俄而老翁更来脱置換衫、并置提布。乗船而退[1]。

阿倍臣の率いる征討軍が、戦争の前段階で、和平を促すために粛慎らの前に彩色した絹等の繊維製品や衣服を積み上げたのは、当時の日本列島の辺境域で接触した粛慎もまた、大和政権側の人々にとって、中国で認識されたと同じく、これらの品々を生産できる段階にない、聖帝の出現以前の、未開段階に留まって居ると認識されていたがゆえであっただろう。

　いや、書紀が斉明紀の北方遠征の対象の民族について「粛慎」の語を用いたこと自体、中国の粛慎認識に拠ったものなのだから、そもそも彼らは繊維で製した衣服を作って着る風習を、持っていなかったことを前提にしていよう[2]。

　粛慎が人に非ず（＝非人）、鬼と認識されたのは、とりもなおさず植物繊維をまとわない、その衣服や外見のゆえであったと見ることが出来る。

　これとは別に、『日本霊異記』中巻五話が語る「非人」は、牛頭人身の、主人公が生前殺生した牛の化身であった。つまり非人は、古代においては身分的な概念範疇から称されたのではなく、人間とは異類・異形＝類を異にする、外見を異にするゆえに「非人」なのであった。それは『峰相記』に「異類異形ナルアリサマ人倫ニ異ナリ、柿帷ニ六方笠ヲ着テ、烏帽子、袴ヲ着ズ」、とあるように、人間とは異なる「異類異形」の具体像が、烏帽子・袴姿の常人の姿とは対照的に、烏帽子をかぶらず袴もはかないで、柿帷子をまとい、六方笠を着るという、着衣の特異性で表現されていることにも通底するものといえよう。

　また『一遍聖絵』にも、「異類異形にして、よのつねの人にあらず[3]、校猟漁捕を事とし、為利殺害を業とせるともがらなり」と、猟師や漁夫達の姿を、異類異形にして常人でないと形容している。

　また『天狗草紙』では、「世間によのつねならぬすがた振舞する輩」と一遍ら時衆の、容姿と行動様式の異様さに世間の非難が集中していることが見て取れるが、『一遍聖絵』には「或人かきのはかまを裂裟のためにとてたてまつりければ[4]」とあって、一遍と時衆一行の着た裂裟が、非人や悪党の帷の色に通じる柿色であったことが知られる。人に非ず＝常人でない風体が、まずは異類・異形の指標であったことが明らかなのだ。

　何が本来の着装であり、何と異なる装いなのか？　それは性に相応した衣服で、年齢にふさわしい衣服、ある特定の民族や、職業や身分を表象するか否か

が問題であったりする。およそ衣服は、人間の社会的位置関係を明示するに際して、最も有効な方途だと考えられるがゆえに、人は自らの存在理由を示そうと、異装を試みるのだといえよう。

　身分制が社会を規定していた前近代社会においては、ある衣服を着ることによって自由に個を主張し、「個性」たりえたのは、権力者だけだった。前近代には、衣服の自由な選択が、国家により共同体によって、厳しく規制されていたからである。

　身分制は、視覚的身分標識の存在無くしては機能しえず、なかでも着ている者相互の社会的諸関係を、全身に体現する衣服はもっとも効果的な身分表象機能を担った。ポンパドゥール夫人が、ルイ15世の公妾として国王に特に許された存在であるがゆえにズボンをはくことが出来たように、前近代社会では、衣服は国王や国家権力によって規制されるものであったからだ。

　現代社会は、確かに衣服に国家権力による規制はない。しかし現代においてすら、衣服の選択は、まったく自由なのではない。今日、ここへ来るために、ワードローブからどういう衣服を選び出すかも、社会的諸関係によって既定されているからである。人は何を着ているかによって、その人の立ち位置を推し量ることが出来る。現代社会では、一見人は、自らの恣意で衣服を選び取り、着用するように見えて、また人々もそう考えていながら、実は様々の環境要因に制約されて、一定の範囲の中の衣服、そして服飾品の着装を余儀なくされているというところが真実であろう。

　何を着ても自由とはいっても、自由だからこそ、着衣はすぐれてその人自身を、ひいては人格をさえ、表象する記号ともなっている。ドレスコードが無い場合でも、おのずとそこに存在する、場を支配する世間律ともいうべきものが、不文律としてのドレスコードを形成する。しかもその基準線は、きわめて流動的に動くのである。それは経済要因であったり、生産要因であったりするが、ある時に「異装」であったものが、次の段階には「異装」と認識されない場合がある。それは衣服という、身体の表層を薄く覆う素材が、あまりにもめまぐるしく変化するが故ではないだろうか。

　昨年「異装」と意識された装いが、次のシーズンには、容易にすべての世

代・性に共通する「共装」になってしまっている、それは衣料を生産する側と、流通と、そしてマスコミの扇動とのコラボレーションに拠るところが大きいかも知れない。しかし「異装」が「共装」になり果てた時、「異装」こそを自己表現の手段とする者たち、異装を以て自己表現を試みる者たちの手によって、次なる「異装」が編み出される。そしてそのサイクルが次第に加速化していく。「異装」が「異装」でなくなっては、意味を持たないからである。

そうした、国家による衣服規制を逸脱しない範囲での、ギリギリの線での異装は、歴史的に見て、けっして近現代社会だけでなく、前近代においても、たとえば中世婆娑羅の服装のごとく横行し、それに対して奢侈禁令という形などをとって、国家による統制が数多度、繰り返されてきた。

国家の思惑に反して、衣服が多くの場合、国家や権力の側から支給されるものではなく、着用者の側で整備されるという性格を持つ衣服である以上、そこに制作者の恣意が介在する余地が大いにあったからである。

北山晴一は、身体を文明化させる為の衣服や仮面、化粧料、香料といった文明化行為を、かつては規範や儀礼の形で共同体が集団で担ってきた。しかし近代の個人主義の時代になると、社会はそれを個人の責任による個人の営為とした。かつては文明化行為として存在していた身体表象は、個と社会の関係性を構築し、調整する社会装置として使われると共に、個人のアイデンティティ確認のための道具となったとしている[5]。

ジョアン・フィンケルシュタインによれば、ファッションは心理と社会の二つの領域を横断し、まとまりのある自己同一性を作り出すための方法と規定している[6]。アリソン・リューは、衣服を着る理由を、何者であるかを主張するため、あるいは隠すため、生活や仕事をやりやすく、より快適にするため、異性の目をひくため、二重三重の動機があるとする。また、現代ではこれらのTPOに合わせた装いをする難しさという問題が更に重層化しており、その理由を衣服全体に関する価値観に対立が生じているためと主張している[7]。

しかし現代社会では、たとえば若者達が、自己主張するために、他と異なる衣服を着ようとしても、それは煎じ詰めれば、個の主張というよりは、そうした個が主張できる自分たちの集団＝年齢層の指標を、身にまとおうとしている

ことを意味するに過ぎない。なぜなら現代社会では、近代社会の常として、その身につける対象たる衣服や服飾品が、真にその個人の創始になるものではあり得ようがなく、従って制作者のサイドからいわばすでに作為的に符号を付与された、商品だからである。

　ただ、家庭科共修世代の男性達は、針を持つことすら苦痛ではない。真に個を追求する若者は、自ら衣服を作りだそうとする。筆者の研究室の学生たちも、おしゃれをもって自認する女子学生のみならず、男子学生までが、躊躇することなく針をもち、難なく自分の思い通りの衣服を調製してしまう。そういう視点で見ると、現代社会で初めて、おそらく彼らが真に個を主張できる資格を備えた世代であることはいえるかも知れない。

　性を違える、年齢を違える、職種・職域を違える、これは前近代社会では、身分を違えるということと同義であった。それはそうした僭差が、身分的越境に結びついたからではなかったか。

　筆者は、古代社会での衣服を研究し、主に日本や東アジアの古代世界を中心に、衣服を手がかりとして、身分制や古代官僚制の成立過程を考え、国家形成期に果たす衣服の役割や、民族の視覚的表象としての衣服制の意味を探ってきた。また20年以上前から、タイ・ベトナム、そして中国西南部やラオスの山岳地帯を中心に、民族衣装の意味や、民族相互の関わりの中での衣装の果たす役割や、そのめざましい変化の経緯を見据えてきた。

　民族衣装は、あたかも民族固有の伝統を装い、それがゆえに衣装の上には民族の歴史に裏打ちされた歳月が胚胎されているかのような誤解、つまり伝統の名の下に不変であったかのごとき誤解がある。しかし民族衣装は、実は私が観察してきた20年ほどの間にも、かたちも色も素材も、めまぐるしく変化してきている。この点から、民族における異装の問題を考えていきたい。

1　中国少数民族の衣装の変遷

　かつて中国の歴代王朝は、その正史の中に蛮夷伝を設け、周辺諸民族について詳細な記録を残したが、その中に特に彼らの衣服の叙述を欠かさなかった。それは周辺諸民族が、中国皇帝の徳を慕って中国へ赴いて朝貢し、皇帝の徳化

を受けた結果、その衣服が、中国と同じものとなるという考え方があったからである。ゆえに『職貢図巻』は、中国に朝貢する周辺諸民族の丹念な描写を欠かさない。また中国には現在でも漢族以外に55の少数民族が公式に認定されているが、彼らを細分化するにあたって区分の指標に挙げられているのは、民族衣装である。たとえば、女性の服飾の色や文様に基づいて、黒ミャオ・白ミャオ・青ミャオ・紅ミャオ・花ミャオなどと区別され、清代には『苗蛮図冊』などの図録が作成されて、当時の漢族の苗（ミャオ）族観を知ることが出来る。地域で言えば、湖南西部（湘西）は紅ミャオ、貴州東南部（黔東南）は黒ミャオ、貴州西部（黔西）から雲南（文山、屏辺）では花ミャオ・白ミャオ・青ミャオなどと呼ばれる。黒ミャオもスカートの長短から長裙ミャオと短裙ミャオに区分されてきた。中国王朝にとって、「異装」が、民族識別の指標になってきたのである。しかし現代では、今やこの区分は、しだいに溶解しつつある。

　民族衣装が民族の指標たりえなくなってきたのは、グローバリゼーションが、民族衣装の自給自足的需要供給体制を浸食し、たとえば、麻を植え、繊維を採って、布を織り、染めて刺繍して民族衣装に仕上げるという膨大な、しかし家庭内において完結するために無報酬である労働を棚上げにし、手っ取り早く現金収入の得られる工場労働へ流れていったからではなかったか。そして民族衣装に替わって、安価なＴシャツや、古着として世界に広く流通しており、ジャージーの日本の体操着などが、着用されている。

　いっぽう民族衣装の制作も、家庭の主婦の手を離れ、工場制手工業の形態で量産されるようになっていく。女性達は個々の家内で、夫のために、子供達のために織機に向かい針を動かし、藍に手を青黒く染めるより、数段効果的に現金収入を得られるのだ。

　その大規模なものは、広く東南アジアからオーストラリア、そしてアメリカ大陸まで進出して、独自の文化を継承している海外在住のミャオ族（＝モン族）のために、毎年ちがったファッションを工夫して大量に輸出されるモン族の民族衣装であろう。

　2000年6月、中国雲南省の省都昆明において、ユネスコと雲南大学の共催で「中国・ラオス・タイ・ベトナムミャオ族／モン族服飾制作伝統技能伝承国際

ワークショップ」が開かれた。ミャオ族は、中国西南部、貴州省と雲南省を中心として、インドシナ半島北部の山岳地帯に国境を越えて広く分布、居住する民族である。彼らの多くは、藍染めと細かい刺繍をふんだんに施した美しい民族衣装をまとうことで知られるが、近代化の波に洗われるにつれて、ミャオ族の美しい民族衣装も失われつつある。かかる事態を打開しようと開かれたワークショップである。イギリス・フランス・アメリカ・日本などから、テキスタイル関係の研究者や博物館のキュレーターらが、ミャオの衣服について議論を重ねた。貴州省や雲南各地のミャオ族ばかりでなく、ベトナム、タイ、ラオスやアメリカのモン族（アメリカミャオは、モン族を名乗る）まで参加し、オーストラリアや、アメリカ在住の彼らの服飾の実態についての報告もあり、国際的な色彩を帯びていた。

　ミャオ族が、制作に気の遠くなるような膨大な手間と時間をかけた、手の掛かる民族衣装を脱ぎ始め、漢化した服装に改めたり、洋服を着るのは、情報と流通の時代といわれる今、趨勢として避けられない事態であるが、その伝統的な美しい衣服制作技術が失われるのは、なんとしても惜しい。そこで、そのワークショップは、ミャオの人々に、彼らの民族衣装のすばらしさを自覚させ、なんとか伝統の衣服文化を保持させようとの啓蒙的意図を主眼にしている。

　これまで過去の衣服の歴史を通じて、中国周辺の諸民族の国家形成や民族相互の確執・相克を探ってきた筆者は、この会議に出席し、一方で現実にミャオ族が、様々な環境に対応しつつ、彼らの衣服を多様に変化させていく過程を見聞きしながら、いったい民族衣装の伝統と称するものの実体は何なのかを考え始めていた。

　筆者が中国少数民族の民族衣装に興味を持ち始めたのは、四半世紀も前のことである。すでに竹村卓二が、ヤオ族の女性の襟をかざる赤い襟飾りの変化に着目して、それが赤い糸から赤い毛糸に素材が取って替わられ、さらに次第に太い襟飾りに変化していった過程を明らかにしており、私はこの事実に大変興味を惹かれたが、これと同じような経時的変化が、民族衣装のあらゆる部分のうえで起こっているのだ。

　昆明近郊、石林のホテルで民族舞踊を踊り、昼間は自ら針をとって一針一針

刺した刺繍を売っていた少女たちの衣装は、1980年代には黒地に白い袖をつけた、木綿の地味なものではあったが、袖口や衿に手刺しの刺繍が施されていた。しかし今は衣服の生地は化学繊維に代わり、色も赤や水色、そして緑といった派手な色調の上に、ミシン刺繍を施すのが主流となっている。彼女たちは、手作り刺繍を売るかわりに、観光客の記念撮影用に民族衣装のひと揃いを貸し出す新手の商売をしていた。

　刺繍は、おそらく労働着としての民族衣装において、激しい労働の結果、傷みやすいひじ、ひざの部分などを、補修・強化するために行われ始めたもので、いわば刺し子のような補修技法であったにちがいない。それが次第に衣服の全体におよび、補修・補強の意味は失われて、美しい模様が競って工夫されるようになったものであろう。こうした変化は、彼らの生活に一定の余裕が生じて初めて可能なことであり、生活の向上にそった民族衣装の変化は、必然であると筆者には思われる。

　ミャオ族の支族が、黒ミャオ、青ミャオ、赤ミャオ、白ミャオ、そして花ミャオというように、色で称されるのは、その衣服の色彩上の個性、より具体的には、ミャオの各支族の、女性達のスカートの彩りに由来する。そこに民族の民族たる独自性を表出させて、隣接する他支族との差異性を主張していたはずだが、今や自らの民族のスカートの色に頓着せず思い思いの色のスカートをまとうミャオたちが現れたのだ。国際会議でも、タイのミャオや、在オーストラリア、在米のミャオたちから、たとえば従来赤いスカートをまとっていたミャオが、ここ数年来、青いスカートをまとうようになったと、支族の指標であったスカートの色が、民族の名前に拘泥しなくなっている事実が報告された。

　それこそ国家という外皮が、彼らの周囲にかぶさって来て、差し迫った民族間の対立の脅威に、剝き出しで接することがなくなったからではないだろうか。民族の独自性を、衣服の上に表現する必要性が減少した結果、民族を越えて衣服が流通するようになったのだということができよう。

　また昨今の彼らの衣装を見ていると、化学染料の発色の良さが、彼女たちを、これでもかといわんばかりの目の覚めるような色づかいに駆り立てているように見えるが、これとてもそう古くからのことではない。

昔、ミャオ達は、暗い森の中で、目立たず姿を隠していられるよう、濃い色の衣装を好んで身につけた。模様も、森の中で木漏れ日が射してできるようなものを図案にした、いわば迷彩服のような衣服だったのだ。

　18世紀以前には、銀飾りでなく、羽飾りをつけたが、これも狩猟の時、仲間同士を見分け易いように、指標にしたものだという。つまり衣服は、森の中で、目立たない行動を保障するものでなくてはならなかったし、それでいて民族識別の指標としての、切実な意味を担わなくてはならなかったのである。衣服が目立たないものでいて、しかも民族の標識でなくてはならなかったのは、森の中が決して安穏の場ではなく、民族が互いに敵対する場であったからこそのことであった。だとすれば、かかる状態から脱して、民族衣装が目をそばだてる色彩におおわれ始めた昨今の事態は、民族間の抗争を念頭に、民族衣装が存在意義を有したかつての民族をめぐる状況から脱却している事実を示唆せずにはおかない。そしてかかる状況を惹起しえたファクターこそ、民族相互が、国家という外皮におおわれたという事態なのではないだろうか。

　かつて筆者は、広西チワン族自治区の南丹県において、白褲ヤオ族の衣服を調査したことがある。この時、血塗られた民族抗争の歴史が、民族の衣服の上に、あざやかな刺繍で物語られている事実を報告した[8]。民族が自他の差別の意図から発せられた概念区分である以上、民族衣装とは、民族識別の視覚的標識として、機能するものである。

　鈴木正崇が「中国的な『正当性』の論理は、華夷思想であり、夷であっても文化変容によって華になることが出来る、つまり、文化を身につければ、差別はなく、漢民族の中に取り込まれるという柔構造があった。中央と地方、中心と周縁は、『漢化』によって結びつけられるという歴史的経緯を辿ったのである」と論じている[9]ように、中国の伝統的な華夷秩序のなかで、今日的な意味における「民族」という概念は存在せず、中華の民と周囲の蛮族とのあいだには、ただ文化の「差」のみが存在すると考えられていた[10]。いわば文化の差が異装、すなわち衣服の違いで表現されるという認識が、中国にはあったのだといえよう。

　かかる中国における民族の位置づけが、常に漢化、それこそが「共装」であ

るという命題にどう対応していくかを、少数民族の側に強いたのであり、戦後、中国共産党の少数民族政策としても、民族の可視的表象としての衣服の選択、すなわち衣服の漢化が、中国に対する忠誠・恭順の意の表出としても把握され、民族衣装が容易に漢化していくひとつの要因ともなったと考えられよう。

　さらに男性の衣服が女性のそれよりもはやく漢化する傾向が強かった、たとえば15年前に中国の雲南省地域で、女性が未だに民族衣装を着ているのに、男性は人民服を着ている場合が多かったのは、おそらく当初は人民服に、少数民族の社会のなかで、中国の政治体制の中にメンバーシップを得ていることの視覚的表象としての意味づけがあったために相違ないと筆者は考えている。文化の差は、少数民族の社会が中国国内に包摂された結果として、そこに国家という外皮が存在する以上、必然的に国家の権力体系の中での階層格差に密接な関わりを持つ。少数民族の側にとって中国の衣服の着用は、民族の内部での階級関係の明示確定に、重要な意味を持ったからである。

　さらに民族衣装のうちで、なにが淘汰されなにが生き残っていくかは、その衣服の生活環境への適合の度合いによると言えるのではないだろうか。

　極度にデコラティブな方向へ発達した衣服が結局、日常生活への不適合から、ハレの日のみの衣服に限定されていき、ついには実質的な民族衣装としての位置づけを失ってしまう例がある。それと表裏一体に、たとえばタイ族の巻きスカートのように、その湿潤で熱い気候への適合性と、着装が簡易なことで、民族の壁を越えて今なお広く着用されているものもある。ただタイ族の巻きスカートが、民族の壁を越えて受容されているのには、今ひとつファクターがあろう。それは民族衣装には、それをまとう各々の民族が、その地方で拠ってたつ政治的・経済的・社会的地位によって、そしてまた人口数によって、プラス・マイナスのどちらかの記号を付されているという事態があり、タイ族の場合は、雲南省南部の社会で、タイ族が少数民族の社会で経済的にも数の上でも、圧倒的に優位を保っていることと関係していると考えている。

　プラスの符号を持った民族衣装のなかには、異装が異装でなく、しだいに共装に変化していく過程が、タイの民族衣装や、インドのサリーなどで瞥見されるのだ。

2　女たちの知恵と民族衣装の変化

　ミャオの女性たちにとって、民族衣装の制作は、イニシエーションのような意味を持っていたという。母から教わった刺繍や蝋染めの技術を駆使して、2年も3年もかけて、1着の衣装を制作する。その衣服の出来映えを見ることで、男性たちは、着ている娘の全人格さえ推し量ることができる。刺繍の巧拙は、気性・根気のあるなしなど、その女性の性格をそのまま語りえようし、美的センスの有無を明らかにしてくれる。従って女性たちは、全身全霊をかたむけて衣装づくりに精を出してきたのだ。

　しかし麻の種を植えることからはじめて、繊維をとり、糸をつむぎ、織り機に糸をかけ、布に織り、ロウを置き、藍で染め、プリーツ加工し、衣服に仕立て、刺繍をほどこし……、という気の遠くなるような手仕事の過程を如何に省略するかは、女性達の知恵の見せどころである。

　文山のミャオの女性は、にっこりと自慢げに微笑みながら、15センチほどの長さの厚い板を取り出して見せた。ロウ染めをする代わりに、この板に幾何学模様を刻んで型を作り、これを藍に浸して、布に押しつけてスカートの模様をプリントするのだと、得意げであった。妹が彫ってくれたものだが、大勢で使い廻ししているのだという。これだけで、ロウ置きと藍染めの工程が一挙に短縮されるのだ。

　民族衣装の制作は、それがいかに女性達の膨大な労働力をつぎ込んだものであろうと、自らの家族の衣装を制作する限りにおいては、現金収入を産むことはない。女性達が、衣服作りの作業を簡略化することに知恵を絞り、余った労働を現金収入の得られる仕事にあてたいと願うのも、当然のなりゆきであろう。

　文山ミャオの女性たちが工夫して作った幾何学模様の版木は、一様にトリコット素材の、ツルツルした生地に押される。どうもこの素材が今はファッショナブルらしいのだ。省都昆明に出かけた西山ミャオの一行は、一様に、ナイロン・トリコットのプリーツスカートをはいていた。花ミャオのプリーツスカートが木綿でなく麻製だったのは、麻のどっしりした重さが、スカートの裾がむやみに舞い上がるのを防ぐ効果があったからだという。これが木綿となる

と、そうした効果は期待できない。しかしトリコットなら、体躯の線にそってしなやかに落ちる風合いがあり、木綿のようにたやすく風に舞い上がったりはしないし、足の運びにつれて揺れるさまは、優雅でもある。麻のスカートは、座るとプリーツが形くずれするので、気を遣わなくてはならないという。彼女たちなりの、新しい素材選択の結果なのであろう。

　刺繍にしても、縁取りのテープやアップリケにしても、また生地そのものにしても、最近の民族衣装の色使いを見ると、その色彩の選択が、必ずしも私たち日本人の美意識価値観に合致したものとはいいにくいというのが実感であろう。しかし彼女たちが、まずその強烈な色彩に魅惑され、鮮やかな発色の得難い天然染料を使っていた旧来の染色技術の限界を、容易に脱却できる化学染料にとびつくのは、当然といえば当然のことといえるのだ。

　文山ミャオの民族衣装に一様に取り付けられたプラスチックのビーズは、深釧の産だとかで、赤・黄・緑の原色が特に好まれるというが、こういう装飾は、ハニ族の女性達が好んで民族衣装にずらりと綴じつけたコインや、貴州のミャオ族が銀細工の被り物や胸飾りをつけていたことの延長線上にあるのではないだろうか。それは昔、少数民族の女達が、間断ない民族間の抗争のちまたに身を置き、敏捷に身を処さねばならず、常に全財産を身につけて行動するため、コインや銀貨を加工して装飾品にしたことに始まる、彼女達の生活の知恵なのである。東南アジアの大多数の山地民族のもとでみられる銀製装身具の動産的価値は、銀がこの地域の、特に中国系商人を仲介とする交易において、もっとも普遍的で安定した国際通貨であるからにほかならない[11]。コインや銀細工の装飾を身につけるのは、戦乱の巷に生きる民族が、均しく身につけた悲しい知恵の所産であった。

　それが何故にプラスチックのビーズに代わったかといえば、国家という外皮が、彼らの上に覆いかぶさってきたからではないだろうか。国家は貧しい彼らを容赦なく課税の対象にしたが、それと引き替えに、彼らを少なくとも民族間の抗争に明け暮れるような日々からは脱却させ得た。国家が彼らにもたらした平和が、少なくとも彼らに、全財産を身につけて野良へ出るような日常を強いることはなくなった。そこでコインや銀細工の代わりに、軽いプラスティッ

クビーズが登場したのは、当然の成り行きではなかったか。

　そのビーズの色彩が、一様に目を射るような赤や黄や緑であることに、我々は奇異の念を抱かざるをえない。考えてみれば彼らの民族衣装に現在最も多用されている毛糸も、赤の中でも蛍光色に近い朱色であるし、民族衣装の縫製工場で見たプリーツスカートに沢山縫いつけられるサテン地の布片も、ショッキングピンクであった。このような色彩を多用した真新しい民族衣装の、目を刺すような色彩の氾濫に、私たちは首を傾げざるをえないのだが、野を行き、畑にかがむ彼女たちの姿を見ると、その理由がちゃんと納得できた。飛行機から見下ろす雲南の地は、日本の、特に漆黒の武蔵野の土に慣れた目には、真っ赤なラテライト土壌が目を引く。この赤い土が、着慣れた民族衣装に適度に付着すると、ショッキングピンクも落ち着いた風合いを持ち始める。彼女たちはおのが風土に適した色合いを、巧みに選択しているのだ。民族衣装が晴れ着でなく、日常着であり、労働着であり、寝間着でもあるという彼らの生活のなかでは、衣装の色は土となじんで初めて息づき、美しく見えるのだということを、彼女たちは躰で知っているのだと思う。

　もちろんこうした色が使われるようになったのは、化学染料が普及して以来のことである。従来の藍染めや草木染めの色の世界に登場した化学染料は、くすんだ民族衣装の色彩の世界に、新たな光明をもたらしたといえよう。彼女たちが、まずその強烈な色彩に魅惑されるのは、当然のことなのだ。

　アメリカ在住のモン族たちの服飾の現状について報告したのは、「モン族婦人連合会主席」の肩書きを持つ、恰幅のよい女性だった。豊満な肉体にまとった宝飾品の数々に、見るからに現在の経済的な豊かさをあらわにしていたが、彼女が着ていた民族衣装には、刺繍をする代わりに七色に光るスパンコールが縫いつけてあった。

　彼女の話によると、ラオスからの政治難民としてアメリカにたどり着いた彼らは、どう生きていくかが優先して、民族衣装の制作は二の次となり、伝統的な衣服の作り方をなおざりにしてきた。さらにアメリカの現代ファッションとの相克のなかで、彼らは刺繍の技術を忘れてしまった。いま、やっと生活に一息入れることができ、伝統を再発見する時期に来ており、彼女の主宰する協会

でも、1990年代からモン文化の服飾技術を学び始めた。学校でも年輩の婦人が、週2回、若い人に挑花の技術を教え始めたという。そして今や現代の技術を駆使して、伝統的なものを作る時期に来ていると現状を報告し、様々な新素材が使用されたアメリカのモン族の衣装をサンプルとして披露した。

彼女が着ている衣装の、刺繡のかわりに七色に光るスパンコールがちりばめてある黒の布地は、無論麻でもなければ綿でもない、光沢を持つポリエステルだった。銀の胸飾りが軽いアルミに代わり、麻が木綿やポリエステルに変わったのは、他地域のミャオと同様である。ラオス在住時代には、銀、真珠を多用していたが、いまや銀細工や宝石は銀行に預けられ、民族衣装に取り付けられる飾りは、アルミに替わってしまっているという。

3　民族衣装に取って替わるもの

民族衣装が民族の可視的表象としての意味を失い始めたとき、そこで生き残っていける衣服は、その機能性が大きな要素になるだろう。

2003年に訪れたシーサンパンナのジノー族の部落で、ジノー族の婦人が着ていたスカートは、どう見ても写真集などで見慣れた彼女たちジノー族の民族衣装ではなかった。不審に思って訊ねてみると、それはタイ族のスカートで、麓に棲むタイ族の女性と交換したものだという。確かにタイ族の巻きスカートは、非常に機能性にすぐれ、インドシナ半島では民族を越えて広範に着用されている。Tシャツに巻きスカートという姿は、タイ族だけのものではなく、インドシナ南部のムスリムの世界でも日常着として普遍的だった。

また20年前、シーサンパンナを訪れたとき、女性たちが民族衣装に彩られて暮らすのに対して、男性の多くが人民服の上衣や人民帽を身につけており、こんな辺境の山間の村にまで、中国の人民服が普及していることに、驚異の目を見はった記憶がある。いま人民服が中国でほとんど姿を消しているのと呼応して、この地でももはや人民服姿の少数民族は数少なくなったが、なぜ男子の場合は、民族衣装に優越して人民服が普遍的な衣服になり得たのだろうか。それは人民服の機能性に起因することもさることながら、いまひとつ踏み込んだ要因を加えておきたい。

先に筆者は、中国辺境地域で人民服が普及した理由を、その地域での人民服着用者が、政治的優位者、おそらくは中央から派遣された漢族に限定されていたゆえ、人民服に対する評価が、自ずと階層的に上部に属する人々のものとして定まっていったことに求めた。さらに少数民族の社会も貨幣経済の波に洗われるようになると、人民服も容易に彼らの手に届くものとなり、少数民族の男性達は、豊かさの象徴的な意味を込め、競って人民服を着用するようになった。そこであたかも人民服が、中国の多民族統合の象徴であるかのごとき衣服として定着するに至ったのではないかと考えたことがある[12]。今少し考察を進めてみよう。

　概して中国の少数民族は、男子の衣服は漢族のそれと大して変わらないが、女子の服飾は、著しく特徴的である。竹村卓二は、日本、中国、東南アジアを通じて、山地民の間では、特に女性の習俗により顕著な特異性が表れているとし、この女子のみに異風の顕現する理由を、バーリングの「山間部では、服飾がバラエティに富んでいるのは、個々の集団を隣接集団と取り違えないよう区別すべく、ことさら精一杯個性的にデザインされているかのごとき感を呈している」という説明[13]では、皮相的であるとし、リーチの平地民に対する山地民のアンビバレンツな態度の表れとして捉える解釈を支持した。

　すなわち、高地の男子の着物は、どこでも大抵最寄りの平地民の男子のそれの模倣である。しかし女子の衣服は、山地民と平地民の間で鋭い相違を示しており、しかも両グループともそれぞれ多彩な地域的偏差を呈している。この性別による乖離は、社会学的な意味なくしてはあり得ない。つまり、「高地のカチン族は、盆地に住む隣人に対して模倣と反発の行動をとるべく、常に矛盾した圧力を受けている」とする見解[14]である。

　竹村によれば、このような「模倣と反発」、あるいは「卑下と自尊」という両面的な態度と行動様式は、圧倒的な平地の主民社会からの文化的刺激にさらされている山地の客民が、自己の集団的アイデンティティを維持し、彼我の間の社会＝文化的境界を確保するために、おのずと身についた自衛的戦略と見なすことができようとされる[15]。

　しかし問題は、リーチの説にしても竹村のそれにしても、なぜ女子の衣服に、

自己の集団的アイデンティティが示されるのかということである。男子は何故模倣であり、女子は何故反発なのだろうか。

20世紀初頭から1920年代にかけて訪れた上ビルマの状況をめぐって、リーチはさらに次のように述べている。「最初のヨーロッパ人が出会った山地の土酋たちは、しばしば中国風、シャン風、あるいはビルマ風の服装をしていた。また彼らは、優雅な盆地領主から賦与された数々の名誉称号を誇らしげに披露したものである。だが同時に彼らは、その生得の権利において、（山地の）領主であり、外部のいかなる権威にも隷属しないことを主張してはばからなかったのである」(16)。

この、山地民族の土酋、すなわち首長たちが、外部のいかなる者にも従属しない立場を堅持しながら、中国、シャン、ビルマ風の服装をし、またその名誉称号を誇らしげに披露したということと、実は軌を一にしていると思われる事実がある。

これについて想起されるのは、古代、朝鮮半島の諸小国の首長たちが、個々に権力の集中を謀り、国家形成の契機を探ろうと、帯方郡に朝謁して、中国の衣服を要求していた事実である。そこには、共同体の小首長達が、他の共同体成員との階級関係の格差を、明示確定する具として、中国の衣服を利用しようとし、競って郡に朝謁して、中国の衣服と被りものを乞うた姿があった。中国側は当然、首長達を邑君、邑長に任じ、その身分標識として印章を与えることを、中国の皇帝との冊封関係の本質的表象と捉えていたが、共同体首長の側では、腰に紐（＝綬）で結ぶ3cm四方ほどの印に、漢字で刻まれた「邑君」、「邑長」の称号の意味するところが、共同体成員に理解されるとはもとより考えにくい。そこで邑君・邑長印と抱き合わせに、中国の官人身分の一階梯として任用されたことの表象として与えられる中国の衣服に、より共同体成員に向けた階級格差の明示において、印綬にまして、より露骨かつ強力な視覚的効果が期待されたからである(17)。

圧倒的な先進文明の周辺に位置し、その影響を多かれ少なかれ受けずにはいられない社会では、先進文明の文化の所産を如何に占有的に取り込みうるかが、首長が共同体内で突出して権力を掌中にできる決め手となる。東アジア世界で

は、いうまでもなく、一貫して圧倒的な強権を周囲に及ぼした中国のそれということになるが、周辺諸民族の側では、そうした中国との関係を目に見えるかたちに示すのは、中国から与えられた中国官僚の身分標識としての衣服に、その機能が期待された。中国皇帝の臣下として、その権力体系の末端に繋がることを、着ている衣服によって示すのは、もっとも効果的な方途であったからである。古代、韓諸族の首長達が争うように郡に朝謁して衣服を求めたのも、それがゆえであった。

　この古代における中国周辺民族の首長と共同体成員の衣服を媒介とする緊張関係は、おそらくリーチが観察した、20世紀初頭のビルマ山地民族の状況と通底するものがある。民族衣装を着て、依然として民族共同体の内部にある共同体成員の間にあって、首長が中国、あるいはシャン、ビルマ風の服装をし、その名誉称号を誇らしげに披露していたというのも、それが他の共同体成員から隔絶した地位を露骨に明示するきわめて有効な手段だったからに他ならない。ゆえに男子は、女子の衣服が民族固有のそれを遵守しつづけるのに対して、隣接する先進文明のそれに比較的容易に取り替わり得たと考えられる。石母田正によれば、アジア的社会のもとでは、他民族との交通が重要になればなるほど、その機能を独占する首長は開明的となり、内部的地位はそれによって強化される傾向を持つ[18]とされる。首長の開明性が何によって表象されるかといえば、「魏志」韓伝の世界で、印綬が韓諸族の首長達に歓迎されず、競って中国の衣服を求めたことが語るように、その視覚的表現の最たるものが衣服なのである。共同体を代表する首長が、隣接する先進文明の文化の所産たる衣服を着ることは、その隣接する権力体系への参加を共同体内部にアピールすることであり、依然として共同体諸関係に規定され続ける共同体成員に対して、先進性、開明性を誇示することに他ならない。共同体内部における突出した地位は、他成員との格差を視覚的に示すことによって、確認され確定されるからである。

　つまり共同体首長の異装が、共同体成員に対して、先進性・開明性を表象すると意識されたのである。

　それが次第に他の男子共同体成員に敷衍されたのは、中国から邑君、邑長に任命されなかったような弱小首長までが、郡に朝謁して中国の衣服を要求した

事実と併せ考えれば、得心がいく。共同体内部では、首長に開明性を独占させまいと、成員の間でも、隣接した先進文明の衣服を着用することで、その権力体系への参加を擬制しようとしたと推定されるからである。

そうした衣服をめぐる緊張関係から疎外された位置にある女子の衣服が、民族固有のそれを遵守しつづけたのは、当然の成り行きと考えられる。少数民族の衣服の変化に性差が見られるのは以上のような理由に拠るのでなかったか。

4　麻の栽培の禁止をめぐって──ユネスコの対応のずれ──

2000年のワークショップの中では、ミャオ族の民族衣装を作る上で不可欠である麻の栽培が、政府から禁止されていることの是非について、何度も討議が繰り返されていた。麻の栽培の禁止が進んでいるのは、タイでも中国でも同様で、大麻が、麻薬の製造につながるからである。麻薬撲滅のために、どこの政府も、麻の栽培を禁じ始めた。

しかしミャオ族の文化にとって、麻は古来から信仰上、生活慣習上も欠かせない素材であった。ミャオ族にとって、麻は不可欠の民族衣装の素材であると同時に、たとえば死に装束として、麻の衣装をまとわなければ、天国にいけないとする信仰があり、ミャオは、日常的にはともかく、死に際しては、麻の衣装を用意しておかなければならないのだ。雲南には、いま89万人のミャオ族が住むという。保山地域は、昆明に比較的近い土地柄か、日常の衣装はほとんど漢化しているが、嫁入りの際の花嫁衣装は、麻のプリーツスカートである。麻の衣服は、これを着ていれば祖先と会うことができるという意味付けを持っている。

女性が結婚するときには、麻のプリーツスカートが贈られ、第一子が生まれると、白い麻のシャツが贈られる。死に際しては、麻のプリーツスカートをまとい、2足の麻の靴を重ねて履いて死に装束とする。麻の靴を履かなければ、険しい石ばかりの山を越えて行く道に、豹と虎が待ち受けていて通行が阻まれるが、麻の靴を履いてさえいれば、祖先に会いに山へ帰れるのだという。

男性の死に装束は、白い麻製の、踵まである長い麻のワンピースである。他にも麻は葬儀の多くの場面で重要な意味を担う。父母が死んだら、子供たちは

個々に2ｍの麻布をシーツとし、また布団として着せかける。死者が麻の寝具をたくさん着ていればいるほど、死後の世界で幸福を得られるとされるからだ。

　文山地域のミャオ族は、死にゆく者に持たせた1枚の麻布の、一方を杭に繋ぎ、もう一方を子供たちが持って、臨終を迎えるという。麻の種で邪気を祓うこともあれば、麻紐で鶏を縛って悪霊を祓うことも行われる。さらには、死者の腰を麻紐で縛っておかないと、死者が起きあがるとされる地域もある。さもないと死者は起き出して、蛇に化け、子孫のところへ麻紐をもらいにくるのだという。だから、如何に日常を綿や化学繊維に包まれて過ごしてこようとも、麻はミャオ族にとって、死の儀礼に際して彼らの精神世界を充足する、不可欠の素材なのである。

　ゆえに老人たちは、来るべき自らの死に備えて、先祖のいる自然に戻るために必要な麻の種をあらかじめ植えておくという。麻の栽培を禁じることは、ミャオの精神生活を否定することに繋がるのだとして、民族平等を憲法で保障するなら麻の栽培を認めよとの、ミャオ族の老人の抗議の声には、切実な響きがあった。麻はすべてが有用である。麻の繊維には虫がつかないし、繊維以外に種も食用にできる。麻油の採取もできるし、麻薬は毒ではあるが薬にもなる。そんな麻だが、麻は同じところで3年間栽培しなければ、消滅してしまうという。まさにいま、麻の栽培に立脚していたミャオ族の伝統文化は、瀕死の状態にあるのだ……。私がたずねた文山の村でも、麻はすでに栽培禁止となっており、木綿の布で代替したプリーツスカートが作られていた。

　中国で、麻の栽培が禁止されることになった原因は、マリファナの原料になる大麻と、彼らの栽培している麻の両者に言葉の上で区別がなく、同じ麻の語を冠するところにあるという。これを学名で厳密に区分して、マリファナの原料にならない麻の栽培を、特別にミャオ族には許可したらどうかとの提案も行われた。実際中国では、公道から15キロ以遠の距離にある地域での大麻栽培は黙認することになっており、山奥では依然として人知れず麻が栽培されているという。

　ワークショップでも、ユネスコ側は、麻の栽培を、ミャオ族に対しては特別に許可するようにとの勧告の原案を提出した。ただ当事者であるミャオの女性

達が、麻の栽培の継続を本当に強く望んでいるかは、疑問とせざるを得ない。「ミャオ族のことはミャオ族の手にまかせてほしい」という発言が、何度もミャオの側からあり、そのたび会場から拍手が湧いて、民族の内部事情に立ち入ることの難かしさを象徴的に語っていた。

　ミャオの女性たちは、まず麻を植えて糸を紡ぐことから始まる、衣服を作る途方もない膨大な労働から解放されつつあることを喜んでいるのだ、ということを強調するミャオ女性の言葉は、虚をついていた。若い世代はもう、麻を作るのが面倒になっているとの声が、会場のミャオの女性達から幾度も聞かれた。確かに麻の繊維の利点は、充分理解されたうえで、衣服の素材に選ばれている。麻は、狭い土地でも収穫量を多くあげることができる。麻は織り上がった当初は堅くごわごわしているが、着慣れるにしたがって、やわらくしなやかになってくる。麻は汗をよく吸収するし、重くドッシリしているので、野良仕事をしている最中にスカートがめくれ上がることも少ない。

　しかし麻の衣服が必要だからといっても、それが麻を種から栽培しなくてはならないということとイコールではないだろう。麻の糸が安価に手に入るなら、ミャオの女性達は間違いなく購入する手だてを構じるにちがいない。麻栽培の労働に時間を費やすより、その時間を、より効率のいい現金収入を得られる仕事に投入するであろう。麻でなく、たとえば綿でさえ、かつては重要な繊維作物として雲南各地で作られていたが、商品流通が発達した1970年代から、実綿、繰綿を購入するようになり、1980年代の末には、綿花栽培はほぼ消滅したといわれる[19]。山地の少数民族達は、実綿を買い、そこから綿実を取って繰り綿にする。繰り綿を弓でたたいて繊維をほぐし、錘に巻いて糸を紡ぐのだ。さらにその作業さえやがて省略される方向へ向いて、紡ぎ上がった糸が購入されるようになるのも、そう遠い日のことではないだろう。

　さらには、布を織る作業さえ、今に彼らの手を離れていくにちがいない。流通機構が発達するに伴って必然的に想定される次なる状況は、民族衣装自体の制作が第三者の手に委ねられる事態である。これもいまや文山地区で大々的に、まずは海外のミャオ族をターゲットにして展開されている。そして比較的安価なものは、国内のミャオ族も購買層になりつつある。つまり民族衣装の世界に

も、既製服が主流になる時代がやって来つつあるのだ。

　考えてみれば日本の民族衣装である和服も、いまや和服を自分で仕立てて着る人など、きわめて少なくなっている。まして蚕の繭から育てて絹の糸を採ったり、綿の種を植えて糸を紡ぐ作業から始めて、自分の衣服を作る人など皆無といっていい。

　もし外国人が、日本の和服が滅びることを危惧して、各家庭での養蚕や、麻や綿花の栽培を奨励したとすれば、私たちはどう反応するだろうか。当然日本のことは日本人に任せてくれと言ったのではないだろうか？　確かに和服は、女たちが播植し、糸をとって染め、織って縫い上げるという手仕事の領域のものではなくなった。しかし和服は滅びたわけではない。染めも織りも、女たちがあらゆる工程に携わって自ら作っていた段階より、さらに高度になっている。もしユネスコが、ミャオの民族衣装に、刺繍や蝋染めの技術の精密さ、高度さを要求するなら、個々の工程での専門家を育成したほうがいいのではないか。

5　民族衣装の製造工場にて

　文山チワン族・ミャオ族自治州の花橋村は、青ミャオの村である。村長の陶氏は、ここで手広く民族衣装の製造工場をやっている。1989年11月に江沢民が文山を視察した時、突然彼の家に立ち寄ってくれたことを最高の自慢にする彼は、満面の笑みを浮かべて江沢民と並ぶ写真を、応接室の壁に掲げている。その時、江沢民は、「今や課題は食糧問題ではない。飢えの時代は終わった。農業から商業へ転換をはからねばならない」と述べたのだという。

　この時の江沢民の言葉に力を得、1991年以来、開放政策とも相俟って、民族衣装の輸出が解禁になったことから、彼は民族衣装の工場を設立した。工員20名、月産2,000セットの民族衣装を作り、40,000元を売り上げ、利潤は8,000元から10,000元に達するという。海外の富裕なミャオ族を購買層とし、主にオーストラリア、アメリカ向けに輸出している。文山州の郵便局は1州だけで、中国全土の郵便収入の半額をあげるという。それはほとんど海外のミャオへ送る民族衣装の郵送料なのだそうだ。

　なぜ在外のミャオ達は、こぞって文山の民族衣装を購入するのか。在外の

ミャオ達は、文山という地名に、特別の意味を読み取るのだという。ミャオ族が、長い放浪の旅を始めてから、貴州、雲南と下り、1950年代にベトナムと国境を接する文山の地に至り、そして中国国境を出て、さらにインドシナ半島を南下して行った。文山は、中国におけるミャオ族の最後の地として、在外ミャオ族達にとって、特別の郷愁を持つ地名なのである。だから文山産のミャオ族の民族衣装といえば、遠く中国を離れて異国にさすらう在外ミャオは、あたかも永遠のふるさとであるかのような郷愁を込めて、それをまとうことになる。

　文山が、中国各地に数あるミャオ族居住地の中で、海外向けの民族衣装の生産地として名をなしえた理由には、上記のような事情が絡んでいるという。

　陶氏の工場は、村の小学校くらいの広さはあろうかという規模で、その一室では、手慣れた手つきで細かいミシン刺繍をしている者、スカートのプリーツを畳んでいる者、そしてプリーツスカートの上に鮮やかなピンクのリボンを一斉に縫いつける作業をする者達がいたし、部屋の片隅には、ミシン刺繍の上に、細かく色を入れた刺繍糸を刺している女性達の姿もあった。またある部屋では、赤、ピンク、緑、黄といった、目を射るようなビーズを貫き通した糸を、スカートに綴じつけていたし、次の部屋に、6ｍのスカートの用布と同じだけの長さの台が二台据えられているのは、拡げた布の上に型紙をおいて、藍色の化学染料を刷毛で塗り、スカートの型染めをするためであった。布を台いっぱいに広げて、型紙を置き、次々にプリントしていくのだ。壁には、1ｍ半はあろうかという木枠にはめたいくつものパターンの型紙が、立てかけてある。

　ここでは布を織ることはしないが、染色、布の裁断、縫製、そして刺繍のみならず、アップリケやビーズの綴じつけをしている。さらに衣服だけでなく、民族衣装の一揃いとして不可欠の帽子や脚絆、前掛けなどに至るまでの制作を行っているのだ。工場の別室には、今までこの工場で生産されてきた民族衣装のパターンがいくつか、マネキン人形に着せて展示してあった。最高額のそれは、江沢民が訪れたとき、夫人に贈ったというが、1セット2,500元から3,000元するというから、国内のミャオにとうてい手の届く価格ではない。海外のミャオを対象に、輸出を念頭においた値段設定なのだ。

　驚くべきことはそれらのいずれもが、筆者がミャオ族の民族衣装として持っ

ていたイメージを、もはや大きく逸脱するものになっていたことである。どこが中国少数民族のそれと乖離するのかといえば、概して彼らの民族衣装は、おそらくは清朝支配の影響を多かれ少なかれ受けたことの結果だと思うが、チーパオ形式のものが多い。しかしここで見た民族衣装は、見たところ吊りスカートのようで、前立てがつき、どこかヨーロッパの民族衣装と見まがうばかりなのである。またあたかもインディアンのような、ビーズを垂下させた飾りがほぼ全面に施してあって、相当重そうでもあるが、プラスチックなので、見かけほどでもないのだろうか。

文山の民族衣装の工場が成功したのは、海外に市場を求めたからだが、やがて中国国内各地のミャオ達も、遠からず購買力をつけてくるだろう。そうすれば、文山以外の各地にも国内消費向けの民族衣装の製造工場が、生まれて来るにちがいない。地域のミャオの衣装の特色に応じて、そのニーズにきめ細かく対応する民族衣装の工場が、やがて誕生するだろう。そこでは機械化による低コスト実現に向けての努力がはかられるばかりでなく、かつてミャオ族が誇った手仕事の高度な技術をさらに精緻にした、工芸品に近い民族衣装の制作も、行われるようになるにちがいない。そして蝋染め、刺繍、銀細工など、各々最も得意とする技術を持った人々が集められ、それらの技術の集大成として、民族衣装が制作されることになろう。

ユネスコが、如何にミャオ族たちに民族衣装の制作を続けるよう提言しても、ミャオ族だけを世界的な流通機構の枠組みから切り離して、旧態然とした自給自足経済の中に置き、博物館のガラスの陳列ケースの中に閉じこめておくなどできはしない。過酷な労働を強いる麻の栽培よりも、てっとりばやい現金収入の途を模索する風潮を、押しとどめる権利など、誰にもありはしないのだ。

最後に付け加えておきたいのは、シーサンパンナ・タイ族自治州のタイ族の社会で、民族衣装が今なお若年層にも受け入れられ、最新のファッションが追求され続けている要因について、周辺の民族に対するタイ族の経済的、政治的優位という点を見逃してはならないだろう。少女たちが、透けた民族衣装でこれ見よがしに勐海の市の雑踏を闊歩するのは、市の場でのタイ族の人数の上での圧倒ばかりでなく、タイ族の相対的優位が、彼女たちの行動に勢いを与える

のだ。彼らの巻きスカート「パー・シン」が、タイ族の民族衣装という制約を超えて、インドシナ半島の他の民族にも愛好されている理由は、その機能性もさることながら、かかる要因も加味して考えねばなるまい。広西チワン族自治区南丹県の人民政府で会った、山を降りて県都の師範学校で学ぶ白褲ヤオ族の少女は、私たちの要請に応じて民族衣装を着て来てくれたが、本来の上着の着装法でなく、脇から胸がのぞかないように工夫した着方をしていた。それは彼らの民族衣装が、漢族のどのような好奇の目に曝されて来たかを推察させてくれるに十分であった。民族衣装を貧困の象徴と捉えねばならない民族の悲劇は、民族衣装をも衰退の途に導くのだ。それも民族の上に、国家という外皮が、厚く覆いをかけたために他なるまい。

　そういう意味では広くインド亜大陸で着用されているサリーもまた、ヒンズー教徒の着衣と限定されるわけでもなく、インドの国民服でもなく、民族衣装の領域を超えているといえよう。

　我が科研プロジェクトが2009年2月7日8日に開催した国際シンポジウム「着衣する身体の政治学──周縁化される『伝統』の共鳴──」で報告された、バングラデイッシュ・チッタゴン丘陵での、弱者にとっての着衣の二項対立は、権力の衣服による象徴性を、如実に示してくれている[20]。

　新たに流入して来たベンガル系移住者に、生活圏を浸食されつつあるビルマ系先住民の女性達が、その固有の民族衣装を着用することを、断念しなければならなかったのは、弱者であることを視覚的に表象する衣服を着ることで、強者たちの力に屈服し、レイプにすら甘んじなければならなかった事態を回避するためにとられた方途であったことが報告されている。代わりに彼女たちは、ベンガル系の移住者と見分けが不可能な、サリーを着用するようになったという。このようにサリーが民族を超えて、多くの女性達に着用されるようになっていく過程には、政治的な強制があったわけではなく、女性達がそれを自ら選ばざるを得ない環境が準備されたのだと推定される。

　つまり民族衣装には、明らかに正と負の記号が付与されており、それは着衣する主体の、政治的・経済的、権力的位置関係が、あからさまに反映して付与されものなのだ。民族衣装に負のイメージが投影される場合、女性達はやがて

その着用を拒まざるをえなくなる。それは当初は、若い女性達の、ファッショナブルでない、流行遅れだという、極めて当世風な理由で拒まれるのだろうが、実はそこには、彼女たちのまとってきた民族衣装が負の表象と化している事実を先験的に察知した若い女性達の鋭い嗅覚があったのだといえよう。

　民族衣装に付与される価値はこのように、着用者自身の中に胚胎されるが、それは非着用者によって醸成される、外在的要因が極めて極めて大きいものであるといえる。グローバリゼーションの成果として、大量生産された安価な衣料品が、たやすく手に入るようになった。そしてどんな山奥の民家にも、備え付けられたパラボラアンテナを通じて、上海時装どころかパリのファッションさえリアルタイムで見ることが出来るようになった。

　考えてみれば日本にしても、明治の初期頃は、まだまだ農村では、女性たちは自ら糸を紡ぎ、布を織って染め、そして着物を仕立てていた。昭和30年代まで、少なくとも洋服だって、既製服は少なくて、家庭で仕立てるものだった。それが今や、糸を紡ぐことから始めて、着物を作る人などまったく存在しない。それは中国周縁の少数民族地域でもまったく同様で、自給自足のささやかな生活であればこそ、麻を植え、糸を績み、布を織ることから始めて、藍で染め、刺繍を施し、仕立てるというような、膨大な制作時間をかけて、民族衣装は、民族個々に独自の発展を遂げて来たのだが、今やこれだけグローバリゼーションが進み、貨幣経済の波に洗われる中で、彼らだけを自給自足経済の中に閉じこめておくことなど、出来るはずがない。

　先述のようにユネスコ主催のミャオ族／モン族の服飾に関する伝統技能継承ワークショップにおいて、麻薬に流用される懸念から中国政府は麻の栽培を禁じてきたが、少数民族にだけは、麻の栽培を認めさせるよう、ユネスコ主導で提言がまとめられようとしたとき、「私たちは、麻布つくりのあの途方もない時間を要する労働からやっと解放されたことを喜んでいるのだから、余計なことはしないで欲しい」と、発言したミャオ族の女性が居た。蓋し当事者女性の偽らざる本音というべきであろう。自らと家族のための衣装を作るという、金銭で報われることのない労働に時間を割くより、内職に精を出した方が、良いに決まっているのだ。そこで工場生産された布が普及し、藍染めの業者が市に

立ち、民族衣装のパーツが大量に積み上げられる。大量生産の所産は、必然的に均一性が特徴となる。異なった民族が均一の衣服のパーツを思い思いにそれぞれの衣装に飾る。そうした品々は、安価に入手できる代わりに、またそれだからこそ、新しいものがすぐ欲しくなる。

かくて民族衣装は常に変化する、それは私たちの洋服が、毎年のファッションとして、様々な色や形が提案され、変わっていくことと、なんらかわりのないものである。

そして母から娘へ、受け継がれた糸紡や織りの技術で、ひとつひとつ丹念に作られた民族衣装が、負の符号を付されて、大量生産されるが故に均質化されている衣料が、彼らの価値体系の中で上位にとってかわられる。

こうした環境下で、民族衣装は姿・形を変え、意味を変えて、脈々と現代に受け継がれて来たのであり、またさらなる変化を遂げていこうとしているのである。

かくてもはや民族衣装と名付けることが困難な要素さえ含んでいる現在の民族衣装の背景には、どのような事情が潜んでいるのだろうか。

おそらく彼らの世界では、民族衣装の、民族の標識としてのせっぱ詰まった位置づけは、すでに薄らぎ始めているのだと思う。絶え間ない民族間の抗争は、民族を相互に識別する標識として、民族衣装を限りなく細分化させたと同時に、全財産を身にまとって危急の際に備えることを強い、金銀やコインを縫いつけた特異なデザインの民族衣装を発達させてきた。しかし今、彼らの上に覆い被さる「国家」という外皮は、少なくともそうした緊張を取り除いたであろう。

それがおそらく、民族衣装が民族の標識としての意味を喪失しはじめたきっかけではなかっただろうか。

かくて「異装」としての民族衣装は、グローバリゼーションの波の中、国家という外皮に取り囲まれることによって、次第に民族の独自性を失い、「共装」の部分を増大させていき、やがて民族衣装としての位置づけすら失っていく運命にあるといえるかもしれない。

（1） 斉明天皇6年（660）3月条。

（２）　この書紀の記載の位置づけについては、拙稿「律令国家と蝦夷の衣服」（『アジアのなかの日本史』５、東京大学出版会、1993年）。
（３）　『一遍聖絵』巻８。
（４）　同上。
（５）　北山晴一『衣服は肉体に何をあたえたか』朝日新聞社（1999年）、323頁。
（６）　ジョアン・フィンケルシュタイン『ファッションの文化社会学』（せりか書房、2007年）、70頁。
（７）　アリソン・リュー著・木畑和枝訳『衣服の記号論』（文化出版局、1981年）、40頁。
（８）　武田佐知子『週刊朝日』1988年12月30日号（朝日新聞社）、『季刊自然と文化　24──雲南・貴州と古代日本のルーツ──』（1989年）、「中国の民族衣装を紀行する」（『中央公論』1989年５月号）。
（９）　鈴木正崇「創られた民族──中国の少数民族と国家形成」（飯島茂編『せめぎあう「民族」と国家』アカデミア出版会、1989年）。
（10）　瀬川昌久「少数民族はどこから来たか」（『民族で読む中国』朝日選書595、朝日新聞社、1998年）。
（11）　竹村卓二「世界観と功徳造成儀礼」（『ヤオ族の歴史と文化』弘文堂、1981年）。
（12）　武田佐知子「中国の民族衣装を紀行する」（『中央公論』1989年５月号）。
（13）　BURING, ROBBINS, "Hill Farms and Padi Fields, Life in Mainland Southeast Asia", Englewood Cliffs N.J Prentice Hall, 1965.
（14）　LEACH EDMUND R "Political Systems of Highland Burma : A study of Kachin Social Structure," G Bell & Sons, London. 1954.
（15）　竹村卓二「客民の社会＝文化的境界維持機構」（『ヤオ族の歴史と文化』弘文堂、1981年）。
（16）　LEACH EDMUNDR "The Frontier of Bruma's", *Comparative Studies in Social and Histoy*, 31960：49-68。
（17）　武田佐知子『古代国家の形成と衣服制──袴と貫頭衣──』（吉川弘文館、1984年）。
（18）　石母田正「国家成立期における国際的契機」（『日本の古代国家』岩波書店、1981年）。
（19）　市川健夫「雲南文化をささえるもの」（吉野正俊編『雲南フィールドノート』古今書院、1993年）。
（20）　ムハンマド・アラ・ウディン「バングラディシュのビルマ系先住民の着衣戦略と文化的アイデンティティ」（『科学研究費補助金報告書2008年度基盤研究（A）着衣する身体と女性の周縁化』）。

日本中世の着衣——能楽の女装束を中心に——

脇田　晴子

は じ め に

　本章は日本中世の主たる芸能である能楽（「猿楽」＝「申楽」とも。以下能楽とする）の女性役の扮装を主として考察するものである。それは各階層の女性たち、それに対比される男性たちの服装も、当時の現実のものとは異なるかも知れないが、現実よりはるかに美しいものであろう。しかし、それが虚構である故に、現実よりもかくあれかしという意思があらわにでて、表現されるものの理想型が、そのように受け取られていたということが言えよう。さらに言えば、能楽は女の演じるものもあるとはいえ、大体男性演者のものとして発達したものであり、その主たる理論家であり、演者であり、作者である世阿弥は、男性演者しか念頭に置いていない。本章は、男性が演じる女主人公はいかにあるべきか、そこに投影された女性観を着衣を中心に見ることで、中世社会における女性のあり方を見いだしうるという観点から考えたものである。

　さらにいえば、世阿弥はその著、『風姿花伝』[1]において「物学条々」の項目を設け、その人物に似せるのが肝要であるが、場合によって手加減が要る。公武の貴顕、上品な職業の人々、花鳥風月のことわざなどは細かに似せよ、田夫野人は細かに似せてはいけない。しかし、木こり、草刈、炭焼、汐汲などは、詩歌などの対象になっていて、風情になるので、細かに似せても良い。しかし、それより卑しく低い職業は細かく似せてはいけない、といっている。それは貴族たちの上方の人々には余りに卑しくて面白く思われないためだといっている。かかる点に留意しつつ、能楽装束に表現される女性の着衣について考察しよう。

1　世阿弥の女装束論

　世阿弥は、女のかかり（姿）は若いシテが学ぶのに似合うが、非常に難しい。まず為立（＝扮装）がよくなければ見苦しい。女かかりは為立をもって基本とする、といっている。

　物まねの対象として女御・更衣は、その振舞を見ることができないのだから、衣袴の着け方を勝手にしないで調べて付けよといっている。また、能楽は「貴人の心に合うことが第一義なので、御心に合う芸態を心掛けよ」と諭していて、貴人とりわけ貴族女性の装束には気を使っている。また、「女御・更衣、または遊女・好色（美女）・美男・草木の花の類」は、そのかたちは幽玄のものだといっている。「為立」が良ければ観客の褒美に叶うという。この場合の「為立」は単に狭義の扮装の意味ではなく、演出の意味を含むが、扮装が大きい効果を持つことは否めない。

　世間の普通の女かかりは、常に見ていることだからやさしいであろう。衣小袖の出立もそれらしく見えれば十分だとしている。若干補足すれば、広袖の「ころも」に対して袖口を狭くしたのが「小袖」で普段はその着流し、外出の時は上に打掛（小袖）や袿（衣）を羽織る。

　曲舞女や白拍子、女物狂は、扇でもかざし（手に持つ笹や花の枝）でも弱々と握りしめないで持つこと。衣袴も長々と足を包み隠すように着けて、腰膝は伸ばして、身はしなやかにして、顔はあおむけになれば眉目わるくみえる。うつむけば後姿が悪い。首をしっかり据えると女には見えない。袖の長い着物を着て、手先を見せず、帯も弱々と着ける。とくに物狂は、時の花を挿頭にするなど、華やかにいでたつ事が大事だという。女物狂も見物するものであり、芸能者のうちである。

　これら白拍子・曲舞・物狂などの「長絹」は正しくは「長絹の直垂」といって男性装束と差異がない。袴は緋袴で、絵などは長袴が多いが、能舞台では時によって普通の丈の場合も多い。緋袴は男性公卿などの下着という事もあるが、この場合、男装の芸能者ということの意味、それを男性が女になって、しかもその女が男装らしきものをしているという事の意味を考えるべきであろ

う。

　神は特に気高い事が大事であり、出現しないことには神とわからないので、衣装を飾って、衣文の着付けを整えて演じよといっている。これは神一般を言っているのであるが、女神の場合も当てはまるものである。しかし、中世能楽の女神は、それほど人間とは変わらない。神は人の世の塵に交わるというイメージがあるからだろう。後代、例えば近世中期以後になるほど神々しくなるようである。それは神観念の変化に基づいていると見ることができる。後に考察しよう。

2　京都西陣の唐織物出現以前の女能の装束とそのあしらい

　西陣で唐織物といわれる織物ができる高機(たかばた)や空引機(そらひきはた)が出現したのは、慶長年間（1596〜1614）のことである。それ以前と以後では、能装束はがらりと変わる。変わったとしても仕立による幽玄という世阿弥の女装束に対する演出の思想は遵守されたと思われる。しかし、その変化を見よう。

　世阿弥は芸の上で一目置いた、近江の犬王・道阿弥の演能について回顧している。まず近江申楽のものといわれた「葵上(あおいのうえ)」については、「車（御所車）」にのり、「柳裏（柳重ね）」の衣装を踏むように長く着て、たっぷりと一声を言い流した。後の生霊も小袖使いに風情があった。また「念仏の申楽」に練貫(ねりぬき)を一襲、同じ前に着て、墨染の絹の衣に長々とした帽子を深々と引き入れて着し、面白かりしと褒めている。

　当時は装束も演出も一定しておらず、その人その人によって工夫が凝らされていた。したがって、世阿弥は子孫や弟子たちの下手が形ばかり真似をするから駄目なのだと貶している。

　それはさておいて世阿弥は、女能には「小袖を長々と足が隠れるよう裾長につけて、肌着の練などをも深々と引回し、閉じて首筋より下の肌を見せてはいけない。肌着を我が肌と考えるがよい。鬘帯（頭の能面と鬘を押さえる帯）の広いのは見苦しい。その上、赤い帯をするのは俗である。また帯などの先が不揃いになるのは見苦しい」と女性に扮するときの装束について、また、その着方について綿密な注意をしている。

身分についてはことさらに注意する。「逆髪の能」(現行曲「蟬丸」)の逆髪は姫宮の物狂であるので、姿が大事である。そこで世阿弥は、水衣(物狂などが小袖の上に着る衣)に摺箔などの金箔を置き称賛された。ところがそれが流行って、「塩汲」の能の松風等の海女乙女にもそれを着る人がある。滑稽なことだ、と言っている。

　以上、世阿弥時代の女装束についてみたが、もう一つ注目すべきは、古曲の観阿弥・世阿弥改作の「松風」、世阿弥作の「井筒」は、男装をすることである。「松風」は流罪になって須磨の浦に来た在原行平が、卑しい海女を愛して形見の烏帽子・直垂を残してゆく。その思い人の形見を身に着けて狂乱するという曲である。「井筒」はその「松風」を踏まえて成り立った名曲で、後ジテの井筒の女は、最初から業平の「形見の直衣」と「初冠」を着けて現れる。

写真1　「井筒」　前ジテ　　　　　後ジテ　シテ　脇田晴子
（西山治朗氏撮影）

そして昔を思い返して昔男と言われた業平を偲んで「移り舞」を舞っているうちに、「昔男の冠直衣は女とも見えず、男なりけり、業平の面影」と自分が業平か、その男を恋うる井筒の女か、本人もわからなくなってしまう。これだけの慕情、その余韻が、この曲を上演・鑑賞する男たちをして、古今の名曲と

したのである。名曲であることに恥じないが、この曲はどこか妖しくて恐い曲である。

死体が埋まっている墓のある荒れ寺の暮方から夜中、そこに現れる男装の麗人の幽霊、そして幽霊自身が本人か恋うる相手か、わからなくなっている[2]。それだけの思慕というもの。後に述べるように、室町・戦国時代には、この曲は「十寸髪(ますがみ)」という高貴な女の狂気した面を着けたという[3]。これだけの思慕はもはや狂気なのである。何の精神的動揺のない乙女の「小面」を着ける美しいだけの演出は、江戸時代の男たちの女に対する願望の結果なのであろうか。

3　唐織物の掻取り装束流行後の変化

さて日明貿易の結果として、唐織物が輸入されてくる。その端著は、将軍御台所で、時の施政実力者である日野富子である。文明11年（1479）正月の内裏では、富子の尽力を感謝してであろう、彼女を主賓として宴を張り、義政・義尚を相伴させている。その内裏への参内に際して、富子は乱後の事とて袴（恐らく緋袴）がないから急には参内できない。下姿が許されるならばと申し入れた。そして「行宮だから下姿でよい」という別勅を賜っているほどである。そのころ富子は御倉に七万貫ほど入れていると言われていた時で、緋袴がないとは考えられない。恐らく彼女は、下姿と言われる武家・民間流行の掻取姿（打掛姿）で、中国直輸入の唐織の打掛を着て行きたかったのではなかろうか[4]。

この唐織が、我が国京都西陣で制作されるようになるのは、慶長頃である。『雍州府志』は、「近世西陣人、中華の巧を倣いて金襴・緞子・繻子・細綾・趨紗(さしゃ)・紋紗(もんき)類、織らざるは無し」と記し、また俵屋蓮池が、蜀江錦を模して舶来品に劣らぬ「唐織」を作り、五色の糸で花鳥菱花等の紋を入れたと伝えている[5]。能装束の女物が、唐織を中心とするのは、それ以後で、装束の上等さを競うことからみて、その近い時期と推察することが出来よう。

それでは「唐織」採用によって、能装束はどうかわったであろうか。

特に「前シテ」などでは、一般の女性やそれに化身した過去の女性など、現実の女性の着流し姿として、小袖を着た上に唐織を特殊な衿を抜く着付けで着る姿が一般的である。

本来の姿を現す後ジテには、その人の生きていた時代によって、それに合わせて異なる場合が多い。平安王朝時代の貴族女性であれば、小袖の上に緋袴（裾まで、時には長袴）をつけ、「長絹」（正しくは長絹の直垂）を羽織る。それには贅沢な刺繡が施されている場合が多い。「長絹」は小袖ではなく、袖は広幅である。その袖を腕で手繰って着るのである。この「長絹」は直垂であり、その意味では男の着物と本質的に変わらない。女物には刺繡があるとか、模様が優しく飛んでいるとか、雰囲気として特徴が有るのである。それとこの時代には、男は狩衣が多くなって、「長絹」が女物化したとも言える程度であった。

写真2　唐織の打掛（脇田晴子所蔵）

　唐織以後の女性やそれに近い時代の女性の幽霊、例えば砧などは、無紅縫箔の着物を腰巻に着るか、または浅黄大口袴に、白綾の壺折に羽織る、という場合が多い。

　もちろん、舞の所作は袴の方がはるかに遣りやすい。長袴の場合は扱いにくいところがあるが、裾つぼまりの小袖の着流しと比べたら、楽であろう。と考えると、袴から着流しに移行したことによって、女性の活動力は遙に低下したと言えそうである。もちろん、一般の女性のような肉体労働の場合と、高貴な女性、そしてそれを演じる大部分が男性である能役者では、比べることは困難であるが、現身の女性を模しての演技とみれば、袴から着流し、腰巻姿は、はるかに活動を阻害すると言えそうである。

4　仮面の効用——とりわけ女面のこと——

　能楽に「能面」といわれる「仮面」が大きな役割を持つことは言うまでもない。能面を使用することによって、男が多い能楽師は身体条件に係わらず、老若男女の間を越境出来たのである。そのことによって、三番目物といわれ、中

心的な役割を果たす能のなかに多い女能が、男性役者に可能になったのである。

観阿弥・世阿弥のころには、どちらかと言えば、田楽の方が優勢であった。そして田楽も仮面を着けた場合があると言われている。しかし、猿楽が仮面を主としてつけ、田楽を圧迫するに及んで、仮面は猿楽の独占物と化した。足利幕府の保護を得た大和四座、特に観世座は、小犬大夫という散所非人(声聞師といわれる被差別民——能楽師も元はその出身)出身の名人を「着面の咎」によって、幕府侍所に訴えて捕縛して牢獄に入れた[6]。これは当時は商工業の座は、営業独占権を主張してその独占圏内で営業するものを、独占権侵害で訴えた。したがって小犬大夫は着面の独占権侵害で訴えられて、入獄したものであろう[7]。

女猿楽座も存在したが、仮面を着けたか、着けなかったかは記述がない。しかし、美女大夫五、六人と書かれていることからみて、素面で演じたものと思われる。とすれば、若い間だけの演能とならざるをえなかったと思われる。

さて、女面の数々であるが、16、7歳の「小面」、少し上の「若女」が妙齢の女性である。子を失って物狂いになってしまった中年の母親などに使う「深井」「曲見」、老女の「姥」「老女小町」などが年齢別のものである。それに対して、「泥眼」は嫉妬に狂い恨みを含んだ女面で、眼に金泥を塗って凄さを出してあるので、このように言う。それが鬼になってしまったのが「般若」である。「道成寺」「葵上」等の後ジテに使う。また、「痩女」という「痩男」と一対の老女の面もある。

これらの能面の基本形は室町時代からできているが、しかし、その使い方は、時代によって若干異なるところがある。例えば、世阿弥は女能には、観世座の「ち

写真3 「葵上」 般若 シテ 脇田晴子(芝田考一氏撮影)

と年寄りしくある女面、愛智打なり、世子、女能にはこれを着られしなり」（『申楽談義』(8)）と記されている。

また、世阿弥の名作「井筒」は、在原業平の妻である筒井筒の女の幽霊が出てきて、ひたすらに、業平を偲び、その故事を語る物語である。現在では「小面」か「若女」を着けるが、室町時代には、高貴で狂気した女を現す面の「十寸髪」を着けたということはすでに述べた(9)。たしかに、井筒の女のこれだけの思慕は、もはや狂気であり、「十寸髪」を着けるほうが現実的であろう。しかし、江戸時代には夫の浮気にも、嫉妬さえしない女を示すのか、円満な「小面」を着けるようになるのである。女性に対する観念が若い、感情的でないというように画一化してくることを示すものであろう。

5 女神の位相の変化

女神の面として使われるのは、「増女」という増阿弥という人が作った無表情の女性の面が通常である。山神である「山姥」があるが、この装束は男神それも荒ぶる神とかわらず、仮面は少し迫力のある眼をカッと見ひらいた姥神という感じである。

さて前に述べたように、女神の装束はだんだん時代が下がるに従って、神々しくなっていくのである。「翁」に対比され、大和ではとりわけ重きをなす、「三輪」を取り上げよう。「三輪」はいうまでもなく、南大和の三輪神社の神体の話である。

能楽のあらすじは、大和のある高徳の僧侶に毎日、樒と水を捧げにくる女がいるので不思議に思った僧がどこの者かと聞くと、三輪の山本のものだといい、寒いから衣を貸してくれという。不思議に思った僧が三輪の山本に行くと、衣が杉の木に掛かっている。さては三輪の女神かとあり難く祈念すると、妙なる御声が聞こえ、やがて女神がすがたを現して、三輪の妻訪婚の神話を語り、やがて三輪の神と伊勢の神は同体であるといって、天岩戸隠れの神話を語って、明け方になって曲は終わる。

この曲は本来の曲は、後シテの女神も緋袴に色物（紫地に金箔などの模様）の長絹の直垂の服装である。和泉式部・紫式部などの女官と変わらない。また、

「龍田」などの通常の女神とかわらない。中世の神は、自ら苦難を受けて濁世の民を救うものであったので、それほど神々しく、人間の女ととかけ離れた存在ではなかったのである。

しかし、江戸時代に出来た、重い小書（特殊演出）では、「誓納（せいのう）」という昔は家元一子相伝といわれたものでは、白の長絹に、緋色の差貫（さしぬき）となる。それに対抗して江戸時代末期に作られた「白式神神楽（はくしきかみかぐら）」という小書は全体が白装束である。もちろん両者とも、謡も舞も囃子も全体に変わり、重くなるが、装束もだんだん白装束になってくる。髪も古代風の「おすべらかし」となる。これはおそらく、江戸時代中期以後の神道の興隆の影響を受けたものであろう。

俗塵に交わり、卑俗で、しかし現世で生老病死に悩む人々を助けた神という中世の神観念と、国家宗教に近くなっていく神との違いが、装束に表現されているようである。

写真4　「白式神神楽」　シテ　脇田晴子　（牛窓雅之氏撮影）

おわりにかえて

その他に、異国の女性の装束がある。中国・韓国の女性も、彼地の服装に則らず、何となく、変わった異国情緒を出すことでそれらしい雰囲気にしている。たとえば日本に高級織物の技法を伝えた呉服・綾服の二人の織姫はのちに神となるが、それは中国人を象徴するものとして、側次（そばつぎ）といわれる袖無し羽織のようなものを羽織っている。男の場合は唐団扇を持たせるとか、能楽は象徴芸術であるから、しるしのものによって、それを暗示させるのである。

以上、能楽は大体に、男の演じるものとして発達した。その男が演じる女能の装束を云々することは、非常に屈折した方法だと思われるが、逆に女をどう表現するかということからいえば、観客に女らしい、男らしい、というものを

見せねばならぬが故に、当時の人々の、期待する女像の変化が読み取れようと考えたものである。

（1）「風姿花伝——物学条々」（表章・加藤周一校注『世阿弥・禅竹』、日本思想大系24、岩波書店、1974年）、20－27頁。
（2）　脇田晴子「「井筒」——ひたすらに恋うる女」（『能楽の中の女たち』岩波書店、2005年）、51－71頁。
（3）「室町末期の女能と幽玄——「井筒」の場合を中心に——」（中村格『室町能楽論考』わんや書店、1994年）、207－225頁。
（4）　脇田晴子『中世に生きる女たち』（岩波書店、1995年）、99頁。
（5）「土産門下（服器部）」（『雍州府志　巻七』、続群書類従完成会、1970年）、『続々群書類従　第八　地理部』（同前）、206頁。
（6）『蔭凉軒日録』文正元年四月四日条（能勢朝次『能楽源流考』岩波書店、1938年）、1096頁。
（7）　脇田晴子「課役徴収権と独占権」（『日本中世商業発達史の研究』御茶の水書房、1969年）、261－274頁。
（8）　注（1）前掲書「世子六十以後申楽談義」、302頁。
（9）　中村格注（3）前掲書、および同氏、他の著書・論文。

チベット文化圏の服飾について

森田　登代子

はじめに——本研究の概要——

　本章はチベット文化圏における服飾文化の変遷をとりあげる。チベットは僧侶が政治を統治するいわゆる神権政治の国だった。1959年、ダライラマ14世がインドヒマチャルプラディシュ州（以下ヒ州と略記）ダラムサラに亡命、政治的には中国領となり国家としての機能を失った。しかしチベット仏教を基層とする生活文化圏は中国チベット自治区、新疆ウイグル地区、青海省、四川省、雲南省、インドのヒ州、ラダック・ザンスカール州、ジャム・カシミール州、ブータン、シッキム、ムスタン、ネパールの一部に拡がる。これらの広大な地域では言語・服装・音楽・舞踊・伝説や説話をはじめ生活様式全般にチベット文化の影響が強い[1]。女性の服装品に限っても帽子や頭飾品、装飾品など服飾全般にチベット文化の薫りを残し、ことに地域ごとに固有の服飾文化が構築・維持された。

　本章では中国チベット自治区のンガリ、ツァン地方とインドのヒ州スピチ、キナール、ラホール地方をとりあげる。この地域はシルクロードの間道ながら交易からの潤沢な資金をもとに10世紀〜13世紀にかけて多くのチベット仏教寺院が建立され、仏教文化が花開いた[2]。各ゴンパには「仏伝図」「善財童子求道の旅」を題材とした壁画、仏像群（立体曼荼羅を含む）などの宗教美術が点在する。

　近年、急激な経済・社会の変化がこの辺境にも押し寄せてきた。服飾においても、インドの代表的な民族服のパンジャブスーツ（後述）が席捲し、地域的特性をもった民族服は下層階層や老人層が着装し辛うじて維持されている。荒っぽい結論だが「国民的民族服が地域的特性を有する民族服を駆逐する」と

言ってもあながち間違いではない。

とはいうものの、ヒンドゥー教やチベット仏教、それに土着的宗教観や文化的アイデンティティの、いわゆる民族の自律性がそうたやすく消えていくとも思われないし、土着的民族服が消滅するとも考えにくい。従来の個別化された周縁部分の民族衣装はグローバル化に翻弄され、機能性を追求した服飾に押され所詮消え去るのみと一概に結論づけられないのである。女性たちの服飾観も、通底するところは大きく変貌を遂げることはないだろうというのが、長年にわたってこの地域を調査した印象である。

1　ヒ州スピチ地方クル峡谷のショール

(1)　クル峡谷の風土

首都デリーから北西に約570 kmでヒ州（州都シムラ）スピチ地方のクル峡谷のマナリ（海抜2,050 m）の町に到着。ヒ州は面積55,673平方 km、西ヒマラヤに位置する。険しい山が屹立し、月世界を思わせるような荒涼とした景色が広がる。面積—人口—1平方 kmあたりの人口密度を順に示すと、ラホール・スピチ13,835平方 km—31万人—2人、キナールは6,401平方 km—71万人—11人、クルは5,503平方 km—302万人—55人（1998年現在）で、11億人を越えるインドにあって人口密度が極端に低い。禁止されたとはいえ、一部地域で一妻多夫制が残存するのも肯けることで、気候風土が厳しくおのずと人口も抑制される地域である。

ヒ州の隣州ラダック・ザンスカール州（州都レー）は長年、国境紛争が絶えず、ラダック、ラホール、スピチ[3]各地方に外国人の入境が許されたのは1974年、中国に接するキナール地方は1992年である。現在もパスポートとビザのほかに許可証を必要とする。気候条件や道路事情によりマナリより北西約225 kmのダラムサラや、ロータン峠（3,978 m）やクンザン峠（4,551 m）を分岐し北東のカザ地区タボ[4]村への車での移動は、夏期に限定される。

ヒ州は雨が極端に少ない地域だが、東部のクル峡谷やキナール地方は雨季には相応の雨量が得られる。ヒマラヤからの雪解け水も幸いし、広葉樹、ヒマラヤ杉などの針葉樹が拡がる。1955年以降、インド政府が果樹園栽培を奨励し経

済的に豊かになってきた[5]。

　スピチ川南北80kmにおよぶ峡谷がクル峡谷で、標高は2,500m内外、厳寒期を除きモンスーンの影響を受け温暖で過ごしやすく、風光明媚である。中心地は新婚旅行のメッカ、マナリで、近年多くの観光ホテルが建設されている。この地域は大乗仏教の伝播経路として栄え、7世紀以降西域、カシミール、インド、中国、中央チベット、西チベット、はるかモンゴルまでの交易要路として発展した。ボン教、ヒンドゥー教、チベット仏教の各遺跡が混在し、自然に調和した独自の民俗芸術──装飾品・羊毛製品・仏像彫刻・寺院などの建造物の彫刻・木彫家具──がうまれた[6]。

（2）　クル地方女性の日常着パットゥについて

　広大なインドでは気候も多様性に富み様々な宗教が介在し、おのずと服装にも違いは見られるが、女性の着装パターンは3類型に大別される。①チョリ（上衣）とサリー。②チョリにガーグラ（スカート）を穿き、ショールタイプのオードニかドゥパタを被る。③クルタ（チュニック型の長い上衣）、ズボンはゆったりしたズボンタイプのパンジャブスーツかエジャー（細ズボン）を穿き、オードニを首に巻く。これらがインドの国民的民族服に該当する。とくにパンジャブスーツは活動しやすく、一般女性の日常着ばかりでなく学生の制服としても普及する。ヒ州在住チベット人女性はチベット固有の民族服のチュパやパンデン（エプロン）ではなく、パンジャブスーツを常時着用する。

　朝夕の寒暖が大きいクル地方ではこれらの衣装の上に、縦2.8m・横1.2mの羊毛製のパットゥ（カシミール地方も同じ発音、ブランケットの意味）を羽織る。大きさは60cm巾、2枚をつなぎ合わせ1枚のショールに仕上げ、防寒着やレインコート代わりに着用する[7]。

　表記は同じくパットゥだが土着的な毛布も見かける。粗めの手紡糸に化学染料で赤・オレンジ・ピンク・緑・青に染め、自家製織機で格子模様に編む。この長方形の毛布をジャンバースカート風に巻き付ける（写真1）。着こなし方は、布地を一回半巻き、布地が右脇のところまできたら残りの布地を少し弛ませながら首に沿って左肩に上げ、前左脇のところで留める。残りの布地は後ろ

写真1　クル地方土着パットゥ着用の中年女性

身頃へかえす。弛ませた分を後ろ右肩から前右脇のところへ下ろす。横幅1.2ｍは胸から膝あたりに充当する。身体に巻きつけた布地と肩から前へおろしてきた布地の重なる所に鎖のついた銀色のプッシュピン（ブムーニ）を刺して押さえる。鎖は前胸のあたりを押さえる錘の役目を担い、身体に巻きつけた布地と肩から下ろした布地がずれない。ウエストをスカーフ（ガッチィ）で締めると両脇から胸の辺りが懐状になりポケット代わりになる。腰紐は絹・毛・化学繊維から縄紐まで様々。一見すると1枚の布の上にもう1枚ショールを掛けたように見える。格子柄パットゥの下にゆるいズボンを穿く。写真1の女性はヒンドゥー教徒で、額に赤い丸い印（ティカ）を張りつけ両小鼻にピアス（プリ）を付けている。パットゥは地元女性ばかりでなく、山村からマナリ市へ農産物を担ぎ行商する女性たちも着用しており、クル地方固有の素朴で簡便な土着的民族服といえる。

（3）伝統的なクル文様について

粗毛を化学染料で染め格子柄に織ったパットゥは自家消費用である。一方代表的なクルショールは、地色が黒・白・茶で、ブランケットの周囲に鮮やかな色彩の意匠が織り込まれる（写真2）。ショール全体にクル地方独特の宗教文様が織り込まれる。モチーフは①十字の上を別の色糸で何重にも象る。②十字を中に入れその周りを偏菱形や斜方形にする。それらを繋ぎ合わせ遠近感や立体感を出す。③四角や三角の形を拡大・縮小し、波形、ジグザク模様を作る。それらの基本となる意匠を連続して並べたり、各対角線上に織り込んだりして、鱗・波・スワスチカ文様（卍十字）・Ｓ字形・ハンマー形・ダイヤ

写真2　クルショール

型などの文様にし、効果的に配色・配置する。

クル地方の地域研究者S・ローエリッチはクルショールの文様について、抑制された基本色の上に派手な配色の装飾文様を程良く配置させ、絶妙な調和が生まれたと称賛する[8]。クル地方の自然と環境に融合・調和を醸し出し、そのデザイン感覚はクル地方の人々の真摯で創造豊かな表現力を示す典型的な事例と考えられている。

写真3　ラルーンゴンパの立体曼荼羅と天井画

ショールの文様と、クル地方とラホール地方の木彫家具の意匠との類似性も指摘され[9]、ケルト文様とも類似点がみられる[10]。クル地方の自然が育み発展させた意匠なのである。卍十字（チベットの民間信仰であるボン教のシンボルマークを彷彿）、逆十字、ハンマー文様はチベット仏教的を色濃く反映した装飾文様であり、三角や四角が重なった形からは連弁に包まれた曼荼羅や法輪を、ハンマーや十字の縁取りは吉祥の紐や曼荼羅の縁を象る暈繝文様を、鱗の文様も蛇の生命力や魔除けを連想させる。小さな四角形や三角形を連続波状やジグザグにした文様は仏塔チョルテンに擬えているし、宗教儀式用供物トルマ[11]の形にも似せる。

ショール文様は、タボ村よりさらに奥地のラルーン村のゴンパの天井絵でも見られる（写真3）。宗教的意匠があらゆるところで広用されている。

チベット仏教では色彩が重要な意味をもつ。白─中央─大日如来、青─東方─阿閦、黄─南方─宝生、赤─阿弥陀─西方、緑─不空成就─北方と対応する。五色の極彩色が曼荼羅の五仏を象徴し、曼荼羅の宇宙観が形成される。

様々な宗教的意味をも兼ねたクルショールの文様はまさしく曼荼羅の小宇宙を日常生活の中に顕現化したものと解せられる。10世紀から12世紀のプーラン・グゲ王朝の仏教文化の花開いたスピチ地方では仏教が美術品や工芸に与えた影響は計り知れず、衣装の文様や色彩にまで及んだことが充分考えられる。

2　チベットの装飾品

(1)　宝石・貴石・珠玉の重要性

　チベット文化圏では、宝飾品もチベット仏教の影響を無視することはできない。貴石には様々な価値と意味が籠められた。貴石が持つ医学的特性や社会的文化性の価値つまり、装飾品の社会性や世俗性との相関関係は重要なテーマであった(12)。

　チベット仏教の仏像達は宝冠、胸飾り、瓔珞(ようらく)、臂釧(ひせん)、足釧、腕釧(13)、耳飾りなどの貴金属の宝飾品を装着する。多く飾ることが仏の徳を得、帰依することであり、宝石類は仏像への重要な供物でもあった。金、銀、トルコ石(ユル)(幸運を運び縁起がよいとされ、あらゆる細工に用いられる)、真珠(ムティク)(淡水真珠が主。釈迦と菩薩が貝殻に変身し胎内で作ったという赤真珠が最も貴重)、珊瑚(ヒマラヤは山珊瑚が豊富)、瑪瑙(ティー)(チベットを代表する縁起物の珠玉。円筒型で黒と白の目玉模様。首飾りやタンカ(14)に用いる)、琥珀(プィ)などの貴石は仏塔を飾り、仏の神性、本質や身体を具現化したものと尊ばれ崇拝の対象そのものとなった。貴石を身につけることが仏に見守られ幸運を呼び覚まし、病気や悪運退散になると信じられた。宗教的用途と医学的治療ばかりではない。動乱以前のチベット社会では、社会階層や役人の序列を外見から判断するのに宝飾品は重要な役目を果たした。官吏は6階級に分けられ、4以上の階級は頭髪を二つに分け髷を結い、高級官僚は銀製で精緻な細工の護符箱(ガウ/写真4)を載せた。箱内の経典が霊的な助けを吹き込んでくれるという。役人は左の耳に長

写真4　護符箱(ガウ)　　　　写真5　古代チベット王国の扮装をした役人

いイヤリング（ソゥジン）を装着。特別な儀式では上級役人は金に真珠とトルコ石を鏤めた筒状の飾りもので階級序列を表した[15]。ポタラ宮殿では迎春儀式が15世紀の古式の服制――古代チベット王国の服装――に則って執り行われた[16]。ポタラ宮殿の財宝（朝宝）である豪華な錦織の衣装と非常に高価な宝石を若い役人達に着せたが、少しの損傷でも処罰された（写真5）[17]。

（2）パトゥル

　チベット女性に関する特異な事象として、公衆の面前に出るときは顔面を黒く塗る化粧があった[18]。また社会制度では現在、インド政府が禁止する一妻多夫制がある。それに頭飾品（パトゥル）も重要な意味があった。

　中央チベットの富裕層貴族や役人の妻は正式な席上で自身を最も魅力的に引き立てることに執心した。胸の中央は意匠を凝らした護符箱を光らせ、左肩から淡水真珠を中心に瑪瑙・トルコ石・珊瑚を組みこんだ服飾品を襷のようにぶら下げ、精緻な細工の銀製化粧道具も肩や腰に提げた[19]。さらに頭飾品パトゥルを被ったのである（写真6）。

　パトゥルは木の枝をアーチ型に曲げ、赤フェルト[20]で巻き、頭上高く掲げ貴石で飾ったもので、着衣者の階層により材質が異なる。高級官吏の妻は大きく傷のない珊瑚と粒真珠で全面を飾る（写真6・左）。自毛を何本にも分けて小さな三つ編みにし、パトゥルの木の枠を覆う布地に結びつける。落ちないように小さなホックと紐で自分の髪や擬毛で緊く結ぶ。毛が薄くなった老婦人はそれを真珠の頭蓋骨帽を被って隠した。盛装した裕福な婦人がラサの町中を歩くときは、泥棒から頭飾品を護るために使用人を同伴したという。パトゥルの水平線の中心にトルコ石を飾ることは既婚女性の階層と立場を意味した。成人女性の通過儀礼の証明にもなり、トルコ石の数からは夫の経済的状況も誇示された。ラサでは半円形のほかに、周囲に淡水真珠を鏤め角々に大きな珊瑚を掲げた三角形型のパトゥルも流行した（写真6・右）。裕福でない家庭の子女は粗末な珊瑚かトルコ石を2・3個つけた簡素なパトゥルを被った（写真7）。農村女性はパトゥルをはずすことは不吉なことと考えており、就寝中もはずさなかった。

写真6　ラサ貴族の妻　　写真7　農民のパトゥル

　正月の大祈願会のような重要な公的儀式にはパトゥルの装着が義務づけられた。夫や家族の誰かが亡くなったときは49日間、頭飾品をはじめ装飾品を脱ぎ喪に服した。1933年、ダライラマ13世崩御の際は被りものを脱ぎ、男性は耳飾りを、女性は宝石類をはずし喪に服すよう公式声明が出された。パトゥルは夫の公的地位を象徴するものとして満艦飾のように女性の頭上に君臨していたが、チベット国家の消滅と同時に存在と有効性を失った。

　宝石は人々の日常生活に深く浸透し宗教、民間療法、医学知識を包含し、精神的な心の拠りどころであるばかりでなく、官吏の耳飾りや貴族女性の頭飾品のように社会的階層や地位を代弁し、政治的威信をも誇示する世俗的な物差しとなっていた。それは装飾的価値の領域を越え文化的属性をも有したのであった。

3　ラダック地方の服飾

(1)　ラダック・ザンスカール郡（地方）の現在

　ラダック・ザンスカール州はヒ州の行政管轄である。中心地レー市は海抜2,400m～3,700mの間に位置し、1991年現在人口は13.5万人[21]、住民の半数は仏教徒であり、チベット文化を色濃く踏襲する[22]。レーはコーランのマイク放送で目を覚まし、ゲルク派やニンマ派などのチベット僧や尼僧が闊歩し、ヒンドゥ教寺院も点在し、いわば宗教の坩堝の感がある。現在のラダックは、

ヘレナ・ノーバーグ・ホッジが『ラダック　懐かしい未来』(山と渓谷社、2003年)で、近代化と環境問題への対応が人心を蝕んでいると警鐘したように、旧来の遊牧民の生活に固執する人々とグローバル化の洗礼を受けた拝金主義の若者という両極端のはざまに揺れている。

(2)　ラダックの民族服
(1)　チュパ
　チベット文化圏の伝統的かつ代表的な民族服はチュパである。チュパは手先が隠れる程度の袖がついたガウン型で、前身頃で重ねる。梳毛が主だが、裏を羊の毛皮にしたチュパもあり、男女とも一年中着用する。暑いときは片袖を脱いで体温調節する。ラダック地方ではゴンチャという[23]。その上から男性は栗色ウールのクローク(ラパシャ)を羽織り、ゆったりしたズボンを履く。ウエストをカーマンベルト風の腰帯(ケラック)で締めると、上着の胸のあたりがポケット代わりになる。そこに旅行用木製茶碗や貴重品を入れる。腰帯には短剣を指し反対の腰辺りには茶・嗅ぎたばこを入れた箱や鉄製のパイプなどの生活必需品を吊す。腰帯の背後の方には茶をかき混ぜる道具を差し込む。このようにほとんどの生活必需品を身体に携帯する。護符箱(ガウ)を首からさげる。膝から足を覆うのはカンピィンと呼ばれる粗い毛の脚絆で、きつく巻きつける。黒と赤の靴下止め、靴底を羊か山羊の皮革で作り鮮やかな色に刺繍したフェルト製の靴(パボー)を履く(近年はスニーカー)。若い女性はサリー、パンジャブスーツ、中年層はチュパが中心だが、最もよく見かけるのがスルマである。次に述べるように、ラダック帽(ペラク)や頭飾品(ロゴー)、ケープなどにこの地域独特の服装品が中心である。

(2)　ゴンダ
　匕州では地方や峡谷ごとに色や模様が微妙に異なる帽子を被る。基本的には丸い筒状の形であるが、ラダックは違う。額部分をカットした山高帽子の形で、耳部分が横に突き出たゴンダという帽子を被る。男女とも戸外、家の中に関係なく帽子を着用する。表地は光沢のあるキルティングで、帽子の縁を外側に反りかえらせて着帽する(写真8)。耳部分を垂らすと服喪の証(しるし)となる。ラダック帽は19世紀以前の文献資料では見いだすことが難しい。比較的新しい服飾品

のようである[24]。

(3) スルマ

　チベット文化圏ではチュパが主流であるが、ラダック地方の女性のチュパは少し異なる。これをスルマという。黒無地フラノ風ウール、分厚い生地をウエスト部分で切り替え、ギャザーを多く取る。中にゆったりとしたズボンをはく。絹製のサッシュでウエストを絞り、その上にケープ状のものを掛ける。昔のスルマは黄色かオレンジ色などの暖色系で、木瓜文様に似た文様を一面に型押し染めた。膝当たりまで届くこのスルマの上にストゥトゥン（袖なしジャケット）を羽織ることもある。黒ウール地で、黄色、赤、青、緑等の太い縞柄模様が入る。アロン（耳飾り）、キャイチャ（首飾り）をつけ、特別の日にはストンダス（両肩からぶら下がる銀の鎖）、ドロチャ（腰からぶら下がる銀の鎖）などの装飾品、それにペラクで盛装する。

写真8　ラダック帽子ゴンダとボグー（左）とペラク（右）

(4) ケープ（ロゴー）

　ヒ州各地域ではショール（マント）は手放せない。ラダックではケープの両端に紐をつけ、肩に背負い首の前辺りで結ぶ。日本の袈裟に似た形である。これをロゴーという。個人差があるが、縦60cm横120cm位の長方形と、約120cm四方の2パターンに分類される。山羊の毛皮そのままのものや、羊毛で緑と赤の鮮やかな配色の冬用（ロッパ）、夏用は絹製、植物文様や吉祥文様の刺繍が施されるボグーがある。裕福な女性のボグーはとりわけ見事で、それらはかつて中央アジア、ヤルカンド地方から交易路を通って運ばれた舶来品であった[25]。少し外に折り返したり、裾に縁飾りを縫いつけたりする。

　普段は重い荷物を肩に担ぐときに外衣が痛まないように保護したり、防寒用に装着したりする。夏にはウールや絹製に替える人もいれば、一年中毛皮のロッパを肩に掛ける女性もいる。ロゴーは母親などから相続されるもので、実用や機能を重視したものではなく、ファッション性豊かな装飾品と考えられて

きたようである。現在では新品を見かけることはない。近年頓にその姿は減り、ボグーを入手しようとすればその芸術的文様の重要性も手伝って軽く百ドル以上する。

(5) ペラク

ラダック女性もスピチやキナールなどの西チベット文化圏の女性と同様、装身具を非常に好み、常時それを身につける。淡水粒真珠を通して輪にしたものを何連も合わせ、先端にトルコ石か珊瑚の珠をつけた装飾品（ナムチョカリ）を耳に掛ける。首には何連にもなった淡水真珠を数センチ間隔で束ね、トルコ石、珊瑚、琥珀、瑪瑙などに嵌め込んだネックレスをさらに2連、3連と重ねる。帽子と同じように、首飾りは峡谷ごとに石の種類や配列が違う。

生活用品を腰帯にぶらさげるのは、チベット文化圏全域の服飾風俗である。ポケットや小物入れの発想がない生活文化は、遊牧・交易を主産業とするチベット固有の生活様式から発生したものだろう。チベット人は原則的に農耕民族との指摘もあるが[26]、定住のチベット貴族女性も裁縫道具をはじめ日常の生活用品を服にぶら下げていた。移動に適応した服飾生活を営んでいたことは間違いがない。

ラダックの女性を最も特徴づけるのは頭飾品ペラクであろう[27]（写真8・右参照）。ペラクはトルコ石の古い呼び名から由来する[28]。前頭部は三角形で、そこから頭上を覆い背中へと届く姿はコブラの形に似ている。山羊の革に赤い布を被せ、そこにトルコ石を中心に珊瑚や瑪瑙を縫いつける。先端には特別大きなトルコ石を飾り、中央部分は四角形や八角形の形の護符箱を置く。両耳部分は黒色の子山羊かヤクの毛製で半円形の耳覆い（ツァル）が垂れている。上流階級の婦人はヤルカンド産黒貂を耳覆いに用いたそうである。

装着するには、髪を数十本の三つ編みにし、その何本かの三つ編みと耳覆いのフックとを一緒に編み込む。ペラクにたくさんの貴石をつけると非常に重いので脇の下で紐を通して支える[29]。金銀細工を施した鎖状の飾りを耳覆いから何枚もぶら下げる。四角い銀製の箱を引っかけ、その下にも何連かの銀の鎖をぶら下げる。時々、全体をばらして赤布を取り替え、トルコ石をつけ直す。そのときトルコ石を増やしていくのが女性の楽しみであった。貴石が多くつい

たペラクは財産価値を持ち、嫁側からの持参金代わりにもなった。裕福な女性ほど貴石を多く鏤めた頭飾りを所有できた。反面、寡婦や老女はトルコ石を換金し生活費に充てた。ペラク本体は夜や家事をしているときは外すが、耳覆いの方はずっとそのままで眠った。月1回の洗髪は欠かさず、そのために髪結いが存在した[30]。普段はバケツ型のラダック帽子ゴンダを被る。

（3） 一妻多夫制とペラク

　頭飾品パトゥルは1959年までは、男性（夫）の社会的地位を誇示したものであったが、ひとたび政治制度が崩壊すればその機能は消滅し、実際のパトゥルも消えた。これに比しペラクは女性自身の地位と財産そのものを意味し、政治制度とは一線を画すものであった。むしろ社会制度の枠組みの一つの婚姻制度に組みこまれ、存在たらしめていたのである。というのもラダックでは最近まで一妻多夫制が一般的であったからである。

　一妻多夫制とは一般的には長兄がある女性と結婚すると、女性は弟たちすべての事実上の妻になり、生まれた子供たちの扶養はすべて長兄の責任となる婚姻習俗をいう。土地や家畜を含む財産の分割を避け、人口増加を緩慢にするために優先された結婚の形態であった。環境が厳しく生産物が限られる地域での分配システムを考えた自然法といえよう。けだしインド政府は1941年に一妻多夫制を違法とし、違反行為には刑罰を科した[31]。にもかかわらずこの婚姻形態は下層階級の人々の間には経済的な事情で依然として固守されている。例えばチョプラはラダック地方では25パーセントが一妻多夫制に従っていると見なしている。

　一方スタンは、「チベットの女性は経済的にも性の点でも非常に自由で、個人的な財産も持ち、そのことから離婚が彼女らにとって容易なものになる。彼女はしばしば夫の財産も管理する」と、チベットでは女性の社会的地位が強いことを指摘する。チベット女性の、自主独立的な精神に富む性格がこの婚姻制度を容認させたとも考えられる[32]。チベット社会は父系制社会だが、一妻多夫制という婚姻制度が女性の権利に有利に導いたと考えられる。

　ペラクがラダック社会の家族制度の中でもっとも重要な動機づけとなるのは、

母から娘へと代々相続される世襲財産であったことである。ペラクは長女のみ譲渡される財産権なのであった。ただ長女以外でも金銭的余裕があればペラクを購入することもあり得た。

ペラクはラダック地方の女性が管理する財産であり、女性自身の地位と財産権を象徴するものであったから、ペラクが非常に重くて髪が引っ張られ痛くても装着していたのはこのような理由ではなかろうか。

ラダック街道は、唐の時代よりスリナガルからレーを通って首都ラサへと通ずるシルクロードの間道であった。それゆえ服飾文化もチベット文化圏に倣い、その上にラダック地域固有の服飾文化が定着したと考えられる。ケープやペラクの継承は、防寒という実用性や装飾的意味だけでなく、地域的特性や社会的機能を具体的に顕在化したものと看取される。

外国人の入境が許可された1974年直後、レーの町のあちこちでペラク姿が見かけられたそうだが、外国人の関心を呼び高価な値段で取引され、また祭事用に箪笥の奥深くしまわれ、平生は殆ど見かけることがなくなった。

4　中国チベット自治区の服飾

(1)　中国とチベットのはざまで

いうまでもなくチベット文化圏は中国の領土も含む。中国人民共和国の行政管轄をチベットの地域区分で説明すると、チベット高原を中心に西蔵自治区に属する西北部のチャンタン高原から最西部のンガリ[33]地方・西部ツァン地方、中央のウ地方、西南部のコンボ地区、東部カム地方、東北部のチャダイム盆地を含むアムド地方である。

近年、政治的には中国化、産業の分野からは近代化、情報ではグローバル化の波が生活のあらゆる領域に及び、服装全般に関してもチベット民族古来の衣服は漸次、姿を消しつつある[34]。しかしどの地域の住人であるか識別可能な頭飾品と衣装を着けた人々に遭遇する機会もないわけではない。わけてもシガツェよりヤルツァンポ河流域に沿ったカイラス山までの地域、ツァン地方からンガリ地方は、①辺境の地②海抜3,500m以上の乾燥した高地③遊牧民の居住地という苛酷な自然環境により、中国化やグローバル化が他地域より緩慢であ

る。ここではンガリ地方とツァン地方の服飾を見ながら、現チベット族のアイデンティティと民族服との関係を考える。

（2） チベット服飾研究の限界と民族服

　パストゥローは色彩のもつ意味を「色彩は心理的あるいは美的機能を持つ以前に、分類的・表徴的な機能を持つ」。また「衣服にあっては、すべてが意味をもっている。布地、衣服の種類と形態、裁断と縫製の作業、付属品、着装の仕方、そして当然ながら色彩、これらすべてに意味がある[35]」と、衣服における布そのもの工程を言及したが、これはチベットの服飾研究にも適応されることで、全体からは布地そのもののあり方、色彩、着こなし方、衣服の形状など、微視的には付属品や色彩などもおざなりにすることは出来ない。さらにはその視点から派生した社会的な意味や宗教的な価値も無視できない。生活全般にわたって宗教の影響を色濃く受けていた民族服については、衣服本来の審美的要素のほかに周縁的な意味――民族固有の歴史や文化の背景を省みない服飾研究はありえないからである。

　ところが中国側の服飾関係出版物では、アムド地方やカム地方といった東部地域の服飾の提示が中心で、西部のウ・ツァンやンガリは単に地理的分類にとどまり、服飾に関する社会的な背景については全く等閑視されている。チベットの服飾全体に見られる多様性に富んだ鮮やかな色使いに注目しながらも、色彩の背景にあるチベットの歴史・伝統・文化、特に宗教的な背景説明や言及がなされない[36]。最近、チベット仏教展が開催された折、政治的理由や配慮もあって、図録には宗教文化に根ざしたチベット文化圏全体の服飾が俯瞰されていなかった[37]。

　仏教経典を翻訳・書写するためにチベット文字が作られたことはあまりも有名である[38]。チベットでは宗教が生活と切り離せないことは当地のフィールドワークを重ねれば重ねるほど痛感することである[39]。

　一方チベット側からの服飾研究はどうであろうか。言うまでもなくチベット服装研究に、現地からの聞き取り調査は欠かすことはできない。ところがその段階で、日本のように文字で文化を残す国民性とは違い宗教が生活のすべてを

覆い尽くすチベットの人々にとって、それ以外の分野への文化的意義の重要性は全く認識されていないし、関心もさほどあるように思われていない。そのせいかチベット仏教遺産に関する膨大な資料にくらべ、日常生活の記録などは皆無に等しい。それゆえ17世紀以降に入蔵した宣教師や探検家、学者たちの報告書に頼るしか手がない[40]。

最近になって、亡命チベット人は過去の自国の文化遺産が消滅していく現実に危機感を持ち、自身のアイデンティティを継承し子孫にチベットの固有文化を残さねばと考え始めた[41]。服飾関係の領域においても、1959年以前の服飾を網羅しようと地域性と時代性を考証した衣装の展示を試みている。ラサにあったノロブリンカに似た夏の離宮をダラムサラに建設し、タンカ[42]などの工芸品縫製技術を伝授、各地域固有の民族衣装を展示しチベット文化の保存と発信に努めている。しかし衣装の展示といってもこのリサーチセンターでは人形160体に民族衣装を着せたレプリカであり、その内容説明も十分とはいえない[43]。貴族階級が所持していた衣服や頭飾品はチベット動乱時に散逸し、諸外国の博物館や個人収集家の手に渡りチベット人自身が保有していないという現実がある[44]。

チベット服飾研究を考える場合、単なる審美的な視座や気候風土による衣服の着こなしの違いをとらえるだけではなく、過去のチベットの歴史や文化を踏まえた服飾研究の構築も望まれ、今後、フィールドワークによる資料作成の積み重ねが必要であることは言を俟たない。

さて次項では、そのような現状を理解した上で西チベット西北部のチャンタン高原から最西部のンガリ地方・西部ツァン地方の服飾を考察したい。

（3）西チベット女性の服装

チュパ着用は西チベットでも同じであるが、夏期の女性は長袖のチュパ姿ではなく、正確にはプメィ[45]という袖のないジャンパースカートを着用する。上半身はチュパと同じく着物のように前で重ね、スカート部分から脇を縫った筒状になっており、両脇をつまみ後ろ身頃のほうへ折って調節する。ダラムサラでの女性は老若に関わらずこのジャンパースカートにオンジュ（チベット語

で下に着るものの意味。ヘチマ衿、ボタンはなく前身頃を合わせ安全ピンで留める長袖ブラウス）を着、その上にパンデン（エプロン）を着る（写真9）。寒さ調節にはプメィの上にベストやセーターを羽織る。

年長者は長めのプメィにブーツ型の靴を履くが、若い女性や労働中の女性は少し異なる。

特に若いチベット女性たちはプメィを着ずにジーンズにスニーカーである。ニーラムで荷役作業に従事する若い女性はプメィを着ていないが、それでもパンデンを着けておりチベット女性と識別できる（写真10）。パンデンは約20cm幅に織られた毛織物を3枚接ぎ合せ、方形や長方形になったエプロンである。ズボンを穿き、パンデン、その上に同じサイズの織物（キータン）を二つ折りし腰当てにし、またその上からもう一枚同じ織物（ジェプカ）をベルト状に折り畳んでウエストに巻く。その上から金属製のバックル（ケティック）で留める。バックルの真ん中に環がぶら下がる。これに麻縄を通し、荷物運搬に用いる。プメィを装着しなくともパンデン、トルコ石の耳飾り、髪に色リボンを編みこんだ三つ編みから、紛れもなくチベット女性とわかる。パンデン、同柄の布、金属製のバックルの装いは、西チベット地域女性の特有の服装である。

パンデンはチベット既婚女性を象徴する典型的な意匠の布とされてきたが、近年ダラムサラばかりでなく西チベット全域で既婚・未婚を問わず装着されるようになった。

イタリアのチベット学者トゥッチは、1930年代チベットのとある村で、ブータンから輸入された染料で染められたパンデンが手工業製品として盛んに制作されていたと報告する[46]。当時からアニリンを原料とする化学染料は交易商人によって広大なチベット高原を周遊していた。

筆者の調査時、農婦の一人は腰に巻く3枚

写真9（左）　ダラムサラ大通りで。ネズミ捕りをもったチベット女性
写真10（右）　ニーラムで荷役に従事する女性

を含め5枚のパンデンを所持していた。青・黄・緑は植物染料で、赤は化学染料で染められ、長年の使用で落ち着いた色になっている。布袋の中から取り出したこれらの織物をいとおしそうに撫でつける様子から、単に汚れ防止や防寒用に着用しているのではなく、女性の身だしなみ品であり、チベット女性のアイデンティティを象徴する服装品と理解された。ただ3枚も重ねて腰にまくことや、いつ頃からこのような着こなしになったのかは不明である[47]。

ケティックの裏の留金具は釣り針のような形をしており、三角形に折ったキータンを刺すので布には大きな穴ができる。また反対側を折って同じように刺す。結局、四隅に穴があいてしまう。パンデン、キータン、ジェプカは同じサイズなので、最初はパンデンとして使い、汚れてきたらキータンとして使い、布地が傷んできたらジェプカにして使う。

毛織物のプメィの上から順に、パンデン―キータン―ジェプカと重ねる方法が西チベット女性の一般的な着こなしである。写真10の若い女性はズボンとジャンパーの上にパンデンを巻き、キータンを二つ折りに畳み長方形にしてバックルで留めていた。

カイラスの道中サガで見かけた10代の少女たちも、パンデンを腰に巻く。ヤルツァンポ河流域、ンガリ方面への交通の要衝で、中国軍が駐留する。近くのトンバは文化大革命時、全チベット仏教寺院が破壊され、現在、公共の建物はすべて中国様式の建造物である。少女たちはアクリルの鮮やかな毛糸を編みこんだ髪にオンジュ、プメィを着、パンデンをつけ、ジェプカをケティックで留める。典型的な西チベット風の衣装である。しかし赤いスカーフを首に巻いており、折衷的スタイルだが、紛れもなくここは中国であることに気づかされる。

(4) ケティックの文様

腰に巻く布を留めるケティックは長方形・菱形・正方形・六角形・円形・楕円形などに造型されたバックル形のベルト金具で、裏側の両脇についた釣り針状の金具がつく。大きさは縦5cm、横15cmぐらいから、縦12cm、横25cmぐらいまで様々である。かまぼこ型で、お腹に沿ってカーブした形をしている（写真10参照）。楕円形や花びらを象ったバックルの枠内に、十二支・想像上の海獣

マカラ・獅子などの動物文様、唐草・蓮弁などの植物文様、一対の金魚（双魚）・宝傘・宝幢・紐（＝盤長）の吉祥文様などの意匠を刻む。銀製であったが、現在はネパールで製造した廉価なニッケル製を代用する。

このように、ケティックをはじめとして服飾品や副装品にはチベット人の宗教観やアイデンティティを表現した色彩感覚や意匠が反映され、西チベットの女性の服飾生活を豊かに彩ってきたことがうかがえる。

（5）　民族服とアイデンティティ

ヒ州ダラムサラはチベット亡命政府が置かれ、多くのチベット人が居住する区域である。それゆえダラムサラ在住チベット女性の服装は、彼女らの民族性を凝縮した形を表象しているとみなしても過言ではない。代表的な着こなしとしては、①伝統的民族服チュパ、②プメィ・オンジュ・パンデン・ジェプカ・ケティック、③プメィ・オンジュ・パンデンの3種のうち③が最も特徴的である。写真9はその典型的な服装例で、赤色のオンジュ、鼠色のプメィの上に市販の規格サイズのパンデンを装着する。ジェプカ、キータン、ケティックを省いたこのスタイルが老若を問わずチベット女性の典型的な簡便服と認められる。他地域からダラムサラへ来たチベット女性も同様の衣服を着る。プメィはもともとはラサ周辺の女性の服装として19世紀末頃から見られたが、それが現代風に改良され、安価な化学繊維を取り入れ階層を越えたチベット女性の民族服として普及した。本来の西チベット女性の服装が簡略化・洗練化され、プメィ―オンジュ―パンデンのスタイルとなってチベット人社会で容認され現代性を持った民族服となったと考えられる。

（6）　男性、子供たちの服装

ンガリ、ツァン地方やカイラス周辺の辺境地では、民族衣装チュパの装着や中国アムド地域の民族衣装の男性も見かける。髪には赤い糸や黒糸の束（ダーシェ）を長い髪の毛に編みこむ。遥か昔勇猛だったチベット男性が弓を引く際に指を痛めないように用いた環を、三つ編みに結わえた髪型も見かける。だが男性の衣装はすでに西洋化され、極端な例ではヤクや羊を追うのにスウェット

上下や背広姿というのもみかけた。

　遊牧民とその地域に居住する幼児服の特徴は股のあいたズボンである。これなら強風・極寒で、着脱しなくても用が足せる。サガで見かけた商店では股割れ子供服を販売していた。女性も戸外でしゃがんで用を足す。夏でも寒い戸外で臀部を見せることはない。彼女たちも股割れの下着を着けていると推測される。

5　キナール地方の服飾とプューリッチ（花祭り）

（1）　キナール地方の特長

　ヒ州キナール地方はデリーから北東600kmに位置し、中国と国境を接するが、その中でもヒンドゥー教と仏教が並存する地域をとりあげる。

　サトレジ川はキナールカイラス山（6,505m）の手前から東南に分岐し、バスパ川となる。バスパ川沿いにサングラ峡谷（バスパ峡谷とも）に囲まれた地点がサングラ村（2,600m）とバティスリ村（2,740m）である。サングラ村の寺院境内は左方に村の守護神ナーガを祀るベルギーナール寺院、右方にチベット仏教寺院のマーハヤーン寺院を配置する（写真11）。二つの寺院を挟んで境内中心に村の重要な案件や裁判をする屋根つき舞台がある。一方、バティスリ村は高級避暑宿泊地バジュラ・キャンプのバス停からバスパ川にかかる橋を越えた所で、村の入り口には経文「オン・マニ・ペメ・フーム」を刻む小片がうず高く積まれる。ヒンドゥー寺院には村の守護神バリィ・ナラヤーンのほか、三人の地母神を祀る。古い仏教寺院ではお堂の側面から天井にかけて菱形を交互に重ねるラテルネンデック様式[48]がみられる。そこに隙間なくマカラや吉祥文が彫られ、チベット仏教の尊格が並ぶ。屋根と壁の隙間には塼仏(ツァ)[49]を数多く載せ、嵌め込む。

　10世紀後半、この地域を治めていたヤシェウー王がチベットに仏教を布教しようとリンチェン・サンポ（大翻訳

写真11　バティスリ村全景

官）に多くの仏教教典をチベット語に翻訳させた。第二次仏教伝播と称されるこの時代、リンチェン・サンポは、現在の中国チベット自治区とヒ州を中心に108のチベット仏教寺院を建立したと伝承する[50]。この２つの村は仏教の影響を強く受けながらも、ヒンドゥー教や土着の宗教の影響を受けている。

(2) 民族衣装ドゥルー

　女性の日常着はパンジャブスーツ着用。上着クルタとズボンにスカーフ（デュパタ）を頭に結ぶ（ダットゥ）。その上にカーディガンやジャケットを羽織る。元来は大がかりな髪飾り・耳飾り・鼻輪をつける場合もあるが、最近はよほど大祭でないとこのような装飾品は装着されない[51]（写真12）。

　キナールでは男女を問わずグレー地で周囲を緑色のベルベットに赤糸で縁かがったキナール帽を被る。クル地方は男性の着用が一般的で、赤糸でギザギザ模様が入る[52]。ヒ州ではとくに帽子の色と模様に地域的な特徴が見られる。

　男性が日常生活において民族衣装のチュパを着ていることは稀だし、その地域固有の民族衣装を着ることはほとんどない。ただ精進潔斎をして花祭りに臨み、指揮する宗教リーダーであるグルは、当然伝統的な民族服を着用する（写真13）。上着にチョラ（ツイード織、立襟チュニックタイプジャケット）を着て腰に絹製サッシュベルトのガッチを結ぶ。チョラは梳毛から織り上げた自家生産の生地である。

　サングラ村では日中、若い女性たちは簡便で廉価な普段着のパンジャブスーツで踊り、見物客も同様の衣服であった。ところが翌日の神輿デヴタのお出ましとグルの託宣を見守る祝祭時には民族服ドゥルー（写真14）を纏い、防寒用にパットゥをはおっていた（写真15）。一方、バ

写真12(左)　キナール地方の民族衣装（加藤敬『聖なる響』平河出版社、1994年）
写真13(右)　チョリ着用のグル

写真14（左）　ドゥルー（サングラ村）／写真15（中）　パットゥ（サングラ村）
写真16（右）　ジャケット（バティスリ村）

　ティスリ村の若い女性たちの夜のダンスでは、ドゥルーの上にキナール帽と同色の紅白でトリミングした緑色のジャケットを着用していた（写真16）。

　パットゥはツイード織でこげ茶と白色か黒とベージュの二色、縦横3cm四方の格子柄、大きいものなら10cm四方の弁慶格子の模様で、全体の標準サイズは長さ2m、幅1.5m、四方を赤色で縁かがりする。これを二つ折りして肩に掛ける。クル峡谷山間部の女性の格子柄ジャンバースカートタイプもパットゥといったが、こちらの方が縦横糸の縒りは強く、織りも上質である。

　パットゥの内側にはブランケットタイプの羊毛地、ドゥルーを着用する。ドゥルー着用がこの地域の大きな特徴である。周縁の村ばかりでなくキナール地方最大の町リコンピオのバザールでも多く見かける。とくに中高年層の女性が多く着用する。ドゥルーもブランケットタイプであるから防寒や雨除けばかりでなく、ベッドカバーや間仕切りなど多様な用途がある。基本色はベージュ、グレー、ブラウンで、分厚くごわごわした感触の梳毛織物で、丈夫である。何世代も使用されることもある。標準サイズは長さ3m幅1.5m、大きいもので長さ4m以上、幅2mのもある。パットゥ、ドゥルー共、幅が織機の規格をこえるときは二枚を継ぎ合わせる。1枚の毛布パットゥをジャンパースカート風に巻きつけたクル地方と同じく、ドゥルーもこの地域独特の巻き方をして着こなす。ドゥルーを前身頃、左脇の辺りから後ろに回し左脇まで一巡し、端を

内側に折り返して銀製のブローチ（チャンディ）でとめる。長さが3メートルあるので半分近く残る。それを蛇腹状態に折りたたみ後ろ身頃に持っていく。ちょうど右脇腹あたりにプリーツを重ねる。その上から絹製の紐をサッシュベルト（ガッチ）を三尺帯のように腰にぐるぐる巻きつける。右脇腹のプリーツは尾長鶏の尻尾のように見える。

　クル地方のブランケットやショール同様、キナール地方のドゥルーも宗教文様が編みこまれる[53]。編み模様とサイズから判断して、マント代わりの格子模様のブランケットをパットゥ、身体に巻き付けるブランケットをドゥルーと区別するが、最近はどちらのブランケットもパットゥと呼び混用されやすい。

　チャンディ（ブローチ）は殆どが銀製、最近は型押しも見るが精緻な手彫りの意匠が多い。サングラ村やバティスリ村では菱形のもの、円形の周りに蓮華模様の花弁を2枚か4枚を象ったもの、三つ葉模様を様式化したブローチなど何種類かの基本型があるようである。変わったところでは仏像（阿弥陀仏）の精巧な細工も見かけた。このチャンディを左肩下のところで突き刺さし、ドゥルーが滑り落ちないように固定する。その上から銀製の3連の鎖を腰あたりまで垂らし、菱形の装飾品をいくつかぶら提げる。チャンディは銀の意味、チャンダンハールは銀のネックレス、金はソナ、金製のブレスレットはソーナンといい、金属の名がそのまま装飾品を意味する。キナール女性の首飾り（ティン）には黒ビーズに金の玉が必ず3個入る。黒ビーズの代わりにトルコ石、珊瑚、ないしトルコ石と珊瑚を混ぜるが、そのどれも金の玉3個を中心に配置する。黒ビーズとトルコ石の首飾りはサングラ村ではトリマニア[54]、リング状のものはバリ、丸いのはトップスと言い、両村とも小ぶりのものがよく使われていた。石の配置でどの地方の女性かが判るのだそうである。

　中国チベット自治区ではベルトのバックル（ケティック）の金具に十二支やチベット仏教の吉祥文を彫ることを述べたが、キナールでも仏教的工芸を服飾に加え日常的に用いている。

　なおキナール地方には収穫祭を意味するプューリッチ（花祭り）がある。地母神の習俗を混交し土着的文化が融合した祝祭であり、聖性と俗性を象徴する行動様式が見出せると同時に花を媒体に夏から秋への季節の移ろいを惜しむ祭

りである。花祭りや地縁共同体の結束を表す神輿（デヴタ）の託宣をきく呪術師グルの儀式ダームについては紙数の関係上、拙稿論文を参考にしていただきたい[55]。

（3）　キーロン女性の服飾――チョルについて

ヒ州の各地方では地域や峡谷ごとに帽子・装飾品・服装の材質や文様にチベット仏教をシンボル化したものを残すことが大きな特徴であった。クル地域では中高年層が格子柄ジャンパースカート（パットゥ）を着用し、反面、若い女性やチベット人女性はパンジャブスーツにクル文様の入ったショールを羽織った。従来の衣服に固執あるいは愛着をもつのは、貧困層か老女が比較的多く、若者は新しい事物に関心を持ち活動的で簡便な服装へと移行するという服飾の基本的法則に適っている。だが同じヒ州でもキーロン地区は異なった。

キーロンはマナリからロータン峠（3,978m）を左へ115km進む。クル峡谷以北の地域、とくにキーロンの町周辺の女性は老若関係なくほとんどが紫色のウール製のワンピース（トッポー）を着、上に同色の袖なしジャケット（コルティ）を羽織る（写真17）。このジャケットとワンピースを総称してチョルという。

年配では濃緑青色、まれに黒色もある。中にズボン（バァルブー）を穿く。トッポーは盤領、右前をボタンで留める。ベルト（バルゲ）は紐。スカーフ（チョース）を巻き、ネックレス（カンティ）、アローン（ピアス）で装い、数珠を爪繰る。トッポーは両裾にスリットがあり、裾を蛇腹のフリンジで押さえる。既製品はなくすべてオーダー、立体裁断ではなく日本の着物や中国の朝袍と同じく平面縫製である。筒袖、ウエストに切り替えはなく、スカート部分に当たる箇所を5ヶ所くりぬき、あたかもプリーツが重なっているように接ぐ。スカート部分を蛇腹のごとく折り畳み収納しても、常時着装しているとプリーツは消えてしまう。スカートの裾は着物の紕

写真17　チョル（キーロン）

のようにして裾部分の裏布を表に少し出す。

　いつからこのチョルを着用するようになったのか現地の人たちは知らないし関心も持たない。キーロン近くのカルダンゴンパに15・6世紀ごろ仏教絵画を寄進した貴族の家族が絵の右隅に描かれていたが、彼らの衣服は襟の形からチョルとは異なる衣服のようだった。ほかに、生活文化的な資料が残されておらず、これ以上の考察は難しい。そう古くではなく近現代に出現した服飾かもしれない。

　2007年のキーロン再訪時も、このチョルの女性を多く見た。年齢を問わず、野良仕事、籠を背負って町を歩いているときなど、統べてこの服装である。キーロン地方固有の民族服であることは間違いない。

結論にかえて——伝統的服飾文化をいとおしむのは女性か？

　5千メートル近いカイラス山巡礼途中、テントの横に立てかけられた自転車、電線がなくても自家発電してパソコンを使用する現実を見るにつけ、カシミアの世界的普及が遊牧民の生活を豊かにしたことは言を俟たない。1998年ヒ州に足を踏み入れた当時、タボ村男性はチベット民族服チュパを着ていた。しかし2007年、一人もチュパを見かけなかった。それをグローバル化とはいわないまでも、西洋文明の受容過程で従来の民族服を脱ぎ捨ててしまったことは明らかである。

　雨期が終息した裸麦の収穫期の夏期、ゴンパではチベット仏教の文化遺産を顕示する行事や祭りが開催される。ラダック地方レー市内では各宗派の仮面劇（チャム）を住民も観光客も楽しむことができる。僧達の演じる前座の笑劇ではラダック語で市民に語りかけ爆笑を誘うが、それは古（いにしえ）のラダック語だから現代青年には意味不明である。一方、民族祭も開催される。各峡谷の民族服に身を包んだ人々の歌やダンスが披露され、ささやかな交易歓談風景も見られる。このような機会が彼らの文化・歴史的アイデンティティを認識し保持する力となっている。

　本章ではチベット文化圏のうち、西北チベットの各地域を女性の服飾を中心に概説した。分類的・表徴的な機能は言うまでもなく、チベット仏教という宗

教的枠組みを基層に、服飾がもつ社会性、民族性、地域文化などを探った。ショール・マント・ケープに編みこまれた文様、バックル・ブローチに彫られた文様、峡谷ごとに異なる帽子、財産権を象徴する頭飾品など、生活文化の中に強く根付く宗教的意匠や着衣の材質や文様、着こなしなどのこだわりのなかにチベット文化圏の民族的なアイデンティティや文化的融合(シンクレティズム)が看取された。また文化果つる辺境の地ゆえ、峡谷ごとに民族的特性を含んだ服飾が保持されてきたことも実感できた。

　それでは民族服は今後どのように展開されるのだろうか。序節で述べた如く、国民的民族服は地方の土着的民族服を駆逐するだろう。確かに辺境の地であってもグローバル化の波に抗うことは出来ない。それでもしぶとく土着の衣装を保持することは間違いないことも指摘した。民族的宗教観や美意識が頑なに維持されている限り、継承された服装にこだわるだろうし、容易に土着的な民族服を消し去ることはできないだろう。

（1）　Peter Gold, "Tibetan and Their Way of Life", *Cho Yang* No. 1, India, 1991, p. 275.
　　（*Cho Yang : The Voiceof Tibetan Religion & Culture No. 1 & shy ; No. 7*. Year of Tibet Edition 1991 & shy；1997）.
（2）　森田登代子「チベット仏教寺院における文様東漸の一側面」（『民族藝術』vol.26、民族藝術学会、2010年）この地域のチベット寺院の立体曼荼羅の仏像や天井絵にギリシア・ローマ時代の図像や文様が描かれている。
（3）　スピチはマニのある聖なる場所の意味。チベット人はマニ車をまわし「オンマニパペメフム（宝珠は蓮華に幸いあれ）」と祈りの言葉を唱える。
（4）　タボ村は996年リンポチェがタボ寺を建立。立体曼荼羅と仏伝図と善財童子求道の旅が壁面に描かれる。1000年後の1996年ダライラマ14世が灌頂を行った。
（5）　1955年は3千エーカーの土地から7千トンの生産量、1971年は1.9万エーカー、44,328ヘクタールに増え生産量は14.9万トンに増加。人口の93％が農業とリンゴを中心とした果樹・園芸・花卉栽培に従事。住民の生活は年々豊かになっている。
（6）　Svetoslav, Roerich "Art in the Kulu Valley"India. 1967, p 4.
（7）　Moti Chandra "Costumes Textiles Cosmetics & Coiffure in Ancient and Mediaeval India"NewDelhi, 1973, p 240.
（8）　Ibid., pp. 30 - 31.
（9）　Ibid., pp. 28 - 29.
（10）　鶴岡真弓『ケルト装飾的思考』（筑摩書房、1989年）、197 - 204頁。

(11) Cludia Butler "Torma­ the Tibetan Ritual Cake" *Cho Yang* No. 7, 1996, pp. 39-52.
(12) Kim Yeshi with Roseanna Pugh&Emily Phipps "Precious jewels of Tibet" *ChoYang* No. 5. 1992, pp. 65-76.
(13) 胸飾りは首飾りや瓔珞。臂釧は腕の上腕に着ける腕輪、腕釧は手首に、足釧は足輪、足首に着ける装身具。
(14) タンカは掛け軸になった仏画。語源はインドの布画パタに由来。綿の布地に下絵し、岩絵の具に砕いた宝石や貝で彩色。瞑想・観想・儀式に使用される。大きなタンカは各ゴンパの宝物で、正月や祭りに開帳。
(15) 注(12)前掲書、p.72。
(16) Adrian A. Moon "The Yaso Generals" *Cho Yang*, 1991, pp. 202-211.
(17) 注(12)前掲書、p.73。
(18) ユック『韃靼・西域・支那旅行記』下(原書房、1980年、復刻版)、200、429頁。J・トゥッチ『チベット仏教探検誌』(平河出版社、1992年)、328頁。
(19) フォスコ・マライーニ『チベット・そこに秘められたもの』(理論社、1958年)、139頁。マライーニは文化人類学者、京大で教えていたこともある。
(20) ほかにビロードもあり。同上、139頁。
(21) *Lonely Planet* 7 th ed. New Delhi, 1997, p 254.
(22) P.N.Chopra "Ladakh" New Delhi, 1980, p 57.
(23) M C.Goldstein and C M.Beall, *Nomads of Western Tibet*, University of California Press, Los Angels, 1990, p 101~102. ゴールドスタインは文革後の1986年7月から翌年の10月までチャンタン高原のサンサンより北上したツァッツェイでフィールドワークを行なった。チャンタン高原ではlokbar(ロッパー)という。総称はチュパだが、地域によって名が異なる。
(24) Janet, Rizvi "Ladakh" Crossroads of High Asia, Oxford University Press, 1983, p. 122. ヒーバー夫妻はインドからの影響とする。
(25) Ibid., p. 123. 現在はベナレスで織られている。Nina, Rao "Ladakh" New Delhi, 1989, p. 31.
(26) 「チベット人を遊牧をする民族と誤解している東洋史の専門家が今なお少なくないのには改めて驚かされる」「チベット人は家畜も飼い、狩猟もするが農耕民族である」(山口瑞鳳『チベット』上、東京大学出版会、1987年)、326頁。
(27) ラダック地方の中心的言葉はラダック語。以下に示すようにペラクの発音表記は様々である。◎parak : P.N.Chopra "Ladakh"New Delhi. 1908, ◎pirak : Deborah, Klimberg-Salter" Tabo—A Lamp for the Kingdom"1997, ◎perak : Neetu D.j.Singh 1994 Ladakh. New Delhi, ◎perak : Nina,Rao 'Collection orientale de L'imprimerie nationale' "Les Royaumes de L'himalaya" Paris. 1982, ◎ペラク(ヒーバー)など。本章ではペラクに統一。

(28) ヒーバー夫妻『ヒマラヤの小チベットラダック』（未来社、1984年）、139頁。
(29) P.N. Chopra *Ladak* New Delhi, 1980, p. 57.
(30) ヒーバー注（28）前掲書、140－141頁。
(31) P.N. Chopra（1980）p. 48.
(32) ヒーバー注（28）前掲書、140－141頁。
(33) ガリ、ガリとも表記。中国は阿里（アリ）。
(34) 東部チベットのアムド地方、カム地方、行政的には青海省・甘粛省・四川省・雲南省に住むチベット族は特にその傾向が強い。
(35) ミッシェル・パストゥロー「青から黒へ」（徳井淑子編訳『中世衣生活誌』勁草書房、2000年）、134頁。
(36) 安旭主編『蔵族服飾芸術』（"Art of Tibetan Costume and Ornaments"、南開大学出版、1988年）。
(37) 曽布川寛・壹信祐爾監修『チベットの至宝――ポタラ宮と天空の至宝』（大広、2009年）。
(38) 注（26）前掲書、257頁。
(39) D・スネグローブ／H・リチャードソン『チベットの文化史』（春秋社、1998年）、377頁。
(40) ダラムサラにはチベット図書公文書館があり、世界中からチベット研究者が訪れる。チベット語のベット仏教解釈書や仏教美術関係が中心で、経典注釈書には日本語の書物も揃う。日本出版のチベット関係情報誌も陳列されている。ただしチベットの生活文化やさらには服飾関係は皆無。
(41) 1992年ダライ・ラマ14世支援のもと、AMNYE MACHEN INSTITUTE Tibetan Center for Advanced Studies が設立し、チベット文化に関する情報を発信。
(42) 絵解き用に仏伝や聖者伝を描いたところから発展した布画軸。カシミールや西北インド起源で、巡回説教師が持ち歩き、説教する場合に絵を見せたのが起こり。岩絵の具や砕いた宝石類・貝で彩色し、四辺は赤・黄・青で表装。絵画・壁画が中心。刺繍・アップリケ・織物・版画がある。注（14）も参照。
(43) ノルブリンカは1995年開館。チベット美術の復興に努め、仏像製作・タンカ絵画製作・アップリケ刺繍による生活雑貨製作・工芸品製造・金銀細工のほか、技術者養成を行っている。リサーチセンターではチベット文学や文化の保存に努め、新聞・雑誌・月刊誌を刊行。人形の展示は併設のロセ人形博物館にある。Kim, Yeshi（1985）では人形製作過程を解説。
(44) 宗教劇は各ゴンパ（寺院）で現在も頻繁に上演されるので宗教舞踊用（チャム）の衣装は現存。
(45) 『蔵漢大辞典』は長坎肩、『蔵族服飾芸術』では普美と標記。前者は袖がないという意味を表し、後者はプメイの音を漢字に移し変えたもの。
(46) J. トゥッチ注（18）前掲書、290頁。

(47) 本文にも示したように、チベット女性に関する記録は17世紀後半頃から散見するが、特異な風習や着飾った貴族女性の衣装などの見聞に限られる。
(48) カシミールや西チベットで見られる仏教寺院様式。
(49) 漆喰で手サイズぐらいの蓮の形に作り、様々な仏像を型押ししたもの。
(50) Laxman S. Thukur "Buddhism in the Western Himalaya" Oxford, 2001, p. 45.
ほかに Deborah E, Klimberg‐Salter " Tabo—A Lamp for the Kingdom" (New York, Thamas and Hudson, 1997) を参照。
(51) 加藤敬『聖なる響き 西チベット少数民族の祈り』(平河出版社、1994年)、50頁。写真は1992年キナール地方リコンピオにあるチベット寺院、ダライラマ14世の灌頂時。
(52) O.C.Handa "Textiles, Costumes and Ornaments of the Western Himalaya" New Delhi, 1998, pp. 113‐114.
(53) Ibid., pp. 101‐105.
(54) Ibid.
(55) 森田登代子「西ヒマラヤ、インドヒマチャルプラディシュ州キナール地方サングラ峡谷のプェーリッチ祭について」(『民族藝術』vol.20, 民族藝術学会, 2004年)。

「超民族衣装」カンガの今とこれから
―― スワヒリ地方における着衣の実践 ――

竹村　景子

はじめに――カンガ（kanga, khanga）とは何か――

　東アフリカのタンザニア連合共和国、ケニア共和国を中心とした地域では、「カンガ（スワヒリ語では kanga, khanga）」と呼ばれる布が日常的に使われている。カンガは、基本的に2枚1組（スワヒリ語でこの「組」をドティ（doti）という）で販売されている。大きさは約150×110 cmであり、素材は綿100％である。カンガは、「着る」のではなく、「纏う」ものであり「巻く」ものである。通常、2枚が繋がったままのカンガを購入し、切り離して端ミシンをかけて使う。現地ではミシンを所有する一般家庭が少ないため、仕立屋などで端ミシンをかけてもらうことも多い。女性たちは2枚のうちの1枚を腰に巻いてエプロンスカートのようにし、もう1枚を頭部にベール代わりとして、あるいは肩にショールとしてかけて用いている。ただし、腰にはカンガ1枚だけを巻いているのではない。ワンピースもしくはブラウスとスカートを着用した上から巻く。また、2枚が同柄でなければならないわけでもない。

　カンガと称される布には、決まったデザインパターンがある。スワヒリ語でピンド（pindo）と呼ばれる「縁取り模様」と、同じくムジ（mji）と呼ばれる「中心模様」が、異なった図柄で描かれていなければならない。中心模様の種類は様々であり、花柄、マンゴー、カシューナッツなど昔からよく使われているものから、近年では、帆船、車、地図、トランプのマーク、幾何学模様、日用品、人物画などに至るまで、あらゆるものが描かれている。また、縁取り模様も同様で、水玉、ペイズリー、ボーダー、花柄などの基本的なものから、日用品や幾何学模様、果物、国旗など、やはり様々なモチーフが使われている。

　カンガにはもう1つ大きな特徴があり、それは、中央下に（主にスワヒリ語

の）言葉が添えられていることである。この言葉はスワヒリ語でジナ（jina、「名前」の意）と呼ばれ、諺、格言、言い回し、流行語など、様々である。ジナがプリントされており、纏う者がそのジナを使って自分の気持ちを表すこともあると言われることから、カンガは「しゃべる布」と称されることもある。

　カンガの歴史は、実はそう古くはない。19世紀中頃に、現在のタンザニア連合共和国のザンジバル島辺りの女性たちが考案したのではないかと伝えられている。ザンジバルやモンバサ（現ケニア共和国）の女性たちが、ハンカチ用に1枚ずつ切り売りされていた綿布6枚を、それぞれ2等分もしくは3等分にし、柄の違うもの同士を縫い合わせて元の大きさの布を作ったのが始まりであるという説がある［Hanby and Bygott 1984：2-3］。この布はスワヒリ語で leso「レソ」と呼ばれていた。その後、海岸部の商人が、レソを印刷した1枚布をザンジバルで販売し始めたと言われている。そして、この布の模様がホロホロ鳥（スワヒリ語で kanga, khanga）の羽模様に似ていたので、「カンガ」と名付けられたというのである。ちなみに、スワヒリ地方でも北方にあたるケニアのラム島やモンバサ周辺では、カンガのことをレソと呼ぶのが現在でも一般的である[1]。

　ここで、カンガの製造について目を向けてみよう。現在のカンガは、化学染料による捺染プリントで製造されている。カンガに使用される色数は平均すると3色で、多い時には4色、5色となることもある。現在はドラム式印刷機を用いているので、1色につき1本のドラムが対応して印刷していくが、20世紀初頭まではいわゆる木版画方式で印刷していたので、非常に煩雑な作業であったことが想像に難くない。

　2006年時点でタンザニア国内でのカンガ生産の第1位を誇っていた会社である Tanzania-China Friendship Textile Co. Ltd.（通称 Urafiki；スワヒリ語で「友情」という意味を持つ。以下、ウラフィキと記述する）でデザインについてインタビューした[2]ところ、現在は全てコンピュータで行っているとのことであった。専属のデザイナーは8名で、コンピュータ上でデザインを試作し、月に2、3の新作デザインを発表する。他に、フリーのデザイナーがデザインを持ち込んでくることもあるという。マーケットマネジャーのサルム・ディル

ンガ（Salum DILUNGA；以下ディルンガ）氏は、「デザインは本来、各社独自のものであるべきだが、新作を発表するとすぐにそのデザインが盗まれてしまう」と述べていた。実際、ウラフィキのデザインは何度か盗用されているという。そのためウラフィキでは、「同じデザインであれば、消費者は必ず質の良い方を選ぶと確信し、より質の高いカンガを生産するよう努力している」とのことであった。

　また、タンザニアの国内生産第2位を誇るKaribu Textile Mill（以下、カリブと記述する）では、工場内で製造工程を全て見学させてもらうことができた[3]。カリブのデザインルームでは、実際に3名のデザイナーたちがコンピュータを使ってデザイン中であり、また、できあがったデザインの色の調整を行っていた。3名で、カンガのデザインを年間数千種類考えているとのことであった。最近では、国内外の様々なキャンペーンとタイアップしたり、大きな出来事を表現したりするカンガもある上、観光客向けに「Merry X'mas」などと英語のジナが入ったカンガも出回るようになった。

　本章で対象とするのは、このカンガを日常的に欠かさず使用しているスワヒリ地方の状況である。特に、タンザニア連合共和国ザンジバル島およびケニア共和国ラム島において、女性たちに対して行ったカンガ着用に関する意識調査及び参与観察の結果と、タンザニアのダルエスサラームにある2つのカンガ製造工場において行ったインタビュー及び工場見学の結果を紹介する[4]。インタビューに答えてくれた女性たちの数は多くないが、実際にカンガを使用している女性たちの生の声を紹介することで、現地の人々のカンガに対する意識が部分的にでも明らかになればと考える。また、スワヒリ地方においてカンガという布が持つ役割についても言及してみたい。

1　スワヒリ地方の女性たちにとってのカンガ──現地調査の結果から──

（1）カンガの「超民族性」

　先述のように、それほど古い歴史を持つわけではないカンガが、どういうわけか「東アフリカの民族衣装」と呼ばれることがある［織本　1998参照］。もしも、「民族衣装」がその名の通りにある「民族」が固有に用いている衣装で

あるならば、カンガはそれに当てはまらない。なぜなら、東アフリカで「民族」と称されるグループの数は、10や20では収まらないからだ。タンザニアだけでも130近くの民族が存在すると言われており、地理学上ではなく、政治経済的観点で「東アフリカ」と呼ばれるケニア、タンザニア、ウガンダだけを合わせても、200ほどの民族数になってしまう。では、カンガの発祥の地とされる「スワヒリ地方」に住む「スワヒリ人」の民族衣装と考えればよいのかというと、それも不可能である。と言うのも、そもそも、スワヒリ語でMswahili（単数形）／Waswahili（複数形）という語が指し示す「民族」は特定できないからである。

「スワヒリ」という名称は、アラビア語で「海岸」を表す「サワーヒル」が語源であるという説が最も有力だが、このことからもわかるように、スワヒリ語とアラビア語との関係は非常に深い。既に7世紀頃には、貿易風に乗ってアラブ商人たちが東アフリカ沿岸一帯に交易にやって来始めたと言われており、その頃に土着の人々が話していた言語にアラビア語の単語が多数入り込み、現在のスワヒリ語の土台を形成し始めたと考えられている。アラビア地方やペルシア地方、さらにはインド亜大陸からの交易や移住のための渡来人はどんどん増え続け、スワヒリ語の中にはこれらの地域の多くの言語からの借用語彙が現存する。だから、スワヒリ語を「ピジン言語」だと言う人もいるが、文法構造はアフリカ大陸固有の言語群の1つであるバンツー諸語特有のものであり、通常のピジン言語の形成過程とは異なると考えてよい。

話が言語のことに逸れたが、「民族」と「言語」の関係という観点から考えると、例えば、「ケニアのギクユ（Gikūyū）人はギクユ語を話す、したがってギクユ語を話すのはギクユ人である」、あるいは、「タンザニアのチャガ（Chagga）人はチャガ語を話す、したがってチャガ語を話すのはチャガ人である」という言い回しを、「スワヒリ人はスワヒリ語を話す、したがってスワヒリ語を話すのはスワヒリ人である」とそのままあてはめることは難しく、「スワヒリ人とは誰か、スワヒリ人はどこから来たか」という問いに対して明確な回答は今のところできないのである。「スワヒリ人」と呼ばれる人々、ないしは自称する人々は、「アフリカ大陸土着」の特定の一民族なのではなく、アラ

ブ、ペルシア、インド亜大陸など様々な地域の出身者をも包含した、非常に複雑な集団だと考えてよいと言える。

さらに、植民地時代以前から数百年にわたって行われていた奴隷貿易において、この「スワヒリ人」たちの一部が奴隷を内陸部から連行したり、あるいは連行した奴隷を売りさばいたりする役目を担っていた、という忌まわしい過去があるために、他称としての「スワヒリ人」には侮蔑的意味合いが込められた時期もある。また、スワヒリ語が植民地時代から東アフリカ一帯のリンガフランカ（地域共通語）としての役割を果たすようになったことと、独立後のケニアとタンザニアでは「国家語（National Language）」に制定されたことで、他の諸民族語に比して使用頻度がかなり高いことから、特にタンザニアでは現在ほぼ100％の通用度を誇ると言われている。そのことで、形成人口の少ないいわゆる「少数民族」では、自分たちの母語を維持することができずにスワヒリ語が既に母語の使用領域を狭めているという報告もある上に、都市部では出身民族が何であれ、母語をスワヒリ語とする人々が増えているという。「スワヒリ語を話す人がスワヒリ人である」という定義ができないのは、このような事情による。

こう考えてくると、カンガは一体どのような性格の布（衣装）なのか、という疑問が生じる。ある特定の民族のみに用いられているわけではなく、そうかと言って、「国民服」のように、国家のイデオロギーを体現するための道具として生み出されたわけでもない。また、スワヒリ地方が発祥の地であるため、かつてはムスリム女性の衣装であると捉えられたこともあるようだが、内陸部のキリスト教徒の女性が着用することも当たり前になっていることから、「宗教性」を帯びているわけでもない。筆者は、「スワヒリ語」が「超民族語」であるのと同様、カンガも「超民族衣装」として理解するのが適当ではないかと考えている。

その「超民族性」を明示するためには、カンガが内陸部に広まっていった歴史を紐解かねばならないが、それは別稿での検討課題とし、ここではまず、実際にカンガ製造に携わっている人々のカンガに対する理解と、カンガを使用する側である女性たちのカンガに対する意識や思い入れについて、以下の実地調

査の結果を見ていきたい。

（2）　カンガ生産工場でのインタビューおよび見学から
　2-1　ウラフィキでのインタビュー
　初期の頃のカンガの生産は、実は、タンザニア国内ではなく、インド（当時はまだイギリスの植民地）、イギリス、オランダ、スイス、日本、中国で主に行われていた。その後、1950年以降は、ケニア、タンガニーカ（共に独立前）、マレーシアなどでも生産されるようになり、特に、ケニア産のカンガは質が良いとされていた。タンザニアは、内陸部のタンガニーカが独立を果たしたのが1961年、島嶼部のザンジバルが独立したのは1963年であり、1964年に合邦してタンザニア連合共和国となっているが、社会主義を標榜して独立したため、カンガの生産会社も当然国営であった。
　タンザニアの社会主義政策は1980年代には破綻し、世界銀行、IMFの主導する構造調整政策を受け入れざるを得ず、市場経済に変更していかざるを得なくなった。それに伴い、国営会社の多くは破綻したか、もしくは民営化されていった。今回の調査対象であるウラフィキは1966年に国営会社として設立されたが、タンザニアの経済状況の悪化とともに経営が立ち行かなくなり、建て直しのために1996年10月2日に、中国のM/S Diequi Dyeing and Printing Group Companyとタンザニア政府の合弁会社として再出発した。
　先述のディルンガ氏によれば、国営会社であった頃には社員が3,000人以上いたが、2006年現在では約1,200人であり、男女比はほぼ同数であるとのことであった。中国の繊維会社との合弁であるため、技術指導は20名ほどの中国人技術者が行っており、製造工程での監督官を務めている。機材については、織機は中国製、ドラム式印刷機はオランダ製を使用している。
　ウラフィキでは何千種類にもおよぶデザインが考案されているとのことだったが、そのデザインにおいて重要と思われる色の選択について尋ねたところ、ディルンガ氏は次のように述べていた。「最近では、ピンクやチョコレートブラウンなどの淡い色が、特に都市部で好まれている。村落部では相変わらず赤、青、黄などの濃くてはっきりした色が人気であるから、もちろん従来からの色

合いは大切にしているが、淡い色のカンガの生産も増えている」。実際、ここ10年くらいの間に、パステルカラーと称して良いような淡色のカンガが増えてきたと言える。筆者が初めて東アフリカを訪れた1980年代後半には決して目にすることのなかった色合いである。ディルンガ氏が述べたこの淡色のカンガについての意見に関しては、「カンガ着用に関する意識調査」の中で女性たちから興味深い回答を得ている。それについては（3）で述べる。

　また、先述した通り、カンガのデザインではジナが欠かせないと思われるが、どのようにしてジナを選択しているのかについてディルンガ氏に尋ねたところ、次のような回答であった。

　　ジナは、かつては女性たちが日頃は口に出せない鬱憤や不満を訴えるためのメッセージとして捉えられることがあった。つまり、浮気をした夫に対する怒りや、仲違いをした隣人に対する嫌味などを、そういう意味合いを含んだ言葉がプリントされたカンガを纏って相手に示していたのである。しかし、最近ではそのような行為は一部地域、特に海岸部や島嶼部では見られるかも知れないが、一般的にはむしろ神に対する畏敬の念を表現する言葉が好まれており、そのため、深い信仰心を示すジナを積極的に採用している。

　ここで述べられたディルンガ氏の認識と、実際に使用している女性たちがジナについて持っている意識については、（3）で比較してみたい。

　ウラフィキは国内に数十軒のエージェントを有しており、その数はやはり国内1位ということである。また、海外にも輸出しており、マラウィ、ザンビア、モザンビーク、ジンバブエ、スウェーデンに代理店を持っている。ただ、マラウィ、ザンビア、モザンビーク、ジンバブエにはカンガも卸しているが、むしろ茶や緑を基調としたデザインの「キテンゲ（kitenge)[5]」という布の方が取引の中心となっているとのことであった。それはおそらく、ケニア、タンザニア以外の国々では、薄い一枚布であるカンガを纏うよりも、やや厚めの布を使って仕立てられたワンピースやツーピースを着用する方が主流だからではな

いかと思われる。
　最後に、カンガの今後についてのディルンガ氏の意見を尋ねたところ、次のような回答を得た。

　　タンザニアでは、カンガは将来的にも廃れずに使われるであろう。しかし、同じようにスワヒリ地方を抱えるはずのケニアでは、特に都市部においてカンガを着用する女性が減少しており、その証拠に、ケニアへのカンガの輸出は取りやめたほどである。海岸部および島嶼部では使われ続けるかも知れないが、都市部の女性たちが西洋的な服装を好むようになっている事実は否めない。タンザニアでも、ダルエスサラームをはじめとする都市部においては、特にオフィスで働く女性たちを中心にやはり西洋的な服装が日常化している。今後、カンガの生産量を減少させず、さらに会社を発展させていくためには、キテンゲのように仕立てるのにふさわしいデザインのものを増やしたり、マーケットリサーチを行って常に流行の色柄とジナを把握したりすることが肝要であろう。

　生産者側としては、カンガの着用が減少するのではないかという推測が立てられている。代わって、キテンゲなどの「仕立て用の布」の生産に力点を置くべきだとも考えられている。これらの点についても、（3）で女性たちの意識と比較してみよう。

　2-2　カリブでの工場見学
　タンザニアの国内生産第2位（2006年現在）を誇るカリブでは、工場内でカンガ製造の全工程を見学させてもらうことができた。筆者は、カリブでもウラフィキと同じようにマーケットマネジャーへのインタビューを予定していたが、工場内を全て見学しても構わない、写真撮影も可能だと言われて非常に驚いた（ウラフィキでは、「企業秘密」として許可されなかった）。
　写真3～8からは、カンガの製造工程が一部抜粋ながら理解できるようになっている。まず、写真3ではデザインが転写されたドラムがあり、4ではそ

「超民族衣装」カンガの今とこれから(竹村)

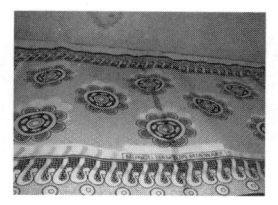

写真1(左)　ウラフィキのオフィスで。マーケットマネジャーのディルンガ氏と、ディスプレイされたカンガ
写真2(中)　トレースされたカンガのデザイン。ジナは、「神はその創造物である人間をお見捨てにならない」とある
写真3(右)　カンガをプリントするためのドラム

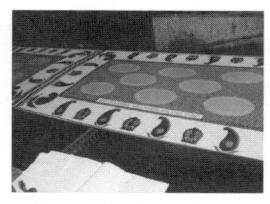

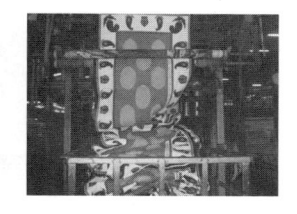

写真4(左)　各ドラムを通ると、布が順番に色付けされる
写真5(中)　デザイン通りの色が付いて、乾燥させられながら次の工程に向かう布
写真6(右)　初期乾燥が終わった後、一度まとめられる布

写真7(左)　高温スチームで再度乾燥させられている布
写真8(右)　最終工程でワックスを塗布され光沢が出た後、再度乾燥させられた布は問屋街に卸すため袋詰めされる

のドラム1本1本を布が通るたびに、デザイン通りの色が印刷されていくところがわかる。5では、全ての色が印刷された布を乾燥しながら次の工程に流している。6は、初期乾燥が終わった後の布が集められているところである。7では、高温スチームによって「アイロンがけ」された状態になって布が出てくる様子がわかる。その後、特殊なワックスを塗布されて再度乾燥が終わると、

8のように、問屋街に卸すために袋詰めされる。

この工程の他に、織機による生地の製造工程なども見せてもらうことができた。カリブでは、国内の主要な綿花生産地から上質な原料を取り寄せているとのことであった。ウラフィキでもディルンガ氏が同様のことを述べていたが、ライバル関係にある他社と少しでも差をつけるために、デザインもさることながら、品質に気を配ることが重要視されている。

(3) カンガの着用意識に関する調査結果から

スワヒリ地方の女性たちの生活の中で、カンガという布がどのような存在であると認識されているかを把握するため、タンザニアとケニアにおいて「カンガ着用に関する意識調査」を行った。調査は、タンザニア側がザンジバル島ザ

表1　コンサルタントの基本情報

調査地		年齢*	学歴**	結婚年齢	子供の数	カンガ購入時のポイント	所有するカンガの数
ザンジバルタウンマゴメニ地区（タンザニア）	A	24歳	中学4年	22歳	2人	ジナ	30組
	B	38歳	中学2年	16歳	8人	色	30組
	C	26歳	中学2年	22歳	2人	色	23組
	D	60歳	小学3年	15歳	4人	ジナ	120組
	E	36歳	中学3年	20歳	4人	色・柄	20組
	F	46歳	中学4年	21歳	3人	色	100組
チャアニ村（タンザニア）	G	65歳	なし	12歳	9人	ジナ	100組
	H	89歳	なし	18歳	0人	色・柄・ジナ	20組
	I	60歳	なし	14歳	3人	ジナ	30組
ラムタウン（ケニア）	J	63歳	なし	17歳	3人	ジナ・色	25組
	K	60歳	なし	15歳	4人	ジナ	20組
	L	56歳	小学8年	21歳	3人	ジナ	16組

＊調査当時の年齢を記述した。なお、G、H、I、Jの年齢は推定である。
＊＊学歴の中には「コーラン学校」に通った年数は含まなかった。なお、タンザニアの学制は7－4－2－3制、ケニアの学制は8－4－4制である。

ンジバルタウンのマゴメニ地区および北部県北部Ａ郡のチャアニ村、ケニア側がラム島ラムタウンである(6)。コンサルタントの基本情報は表１の通りである。１人に約30〜40分の面接調査を行った。媒介言語はスワヒリ語である。インタビュー内容はおおよそ下記の表２の通りであるが、回答の流れから質問内容が派生していくこともあった。特に、D、H、Kからは、カンガが一般的に使用されるようになる前に存在していた「カニキ（kaniki）(7)」と「メラ（mera）」という布について、彼女たち自身が知っていることについて話してもらうことができた。

　それによれば、カニキは黒一色の布であり、それに対してメラは白一色の布であるとのことで、色の違いで用途が違っていたわけではないという。筆者はラムタウンでカニキを購入することができたが、黒一色で厚手の丈夫な綿布であった。メラは、今回は残念ながら入手できなかった。カニキについては、スワヒリ語の文学作品の中で、カンガを買うことができない貧しい女性が使用しているように描かれている箇所があるため、カンガとの違いや、いつ頃から使用されているものなのかについて情報を集めたいと考えていたが、メラという布もあることもわかり、カンガが登場する以前の女性たちの着衣状況も含め、

表２　基本的な質問内容

01	あなたのお名前を教えて下さい	02	あなたの年齢を教えて下さい
03	あなたの出身地を教えて下さい	04	あなたの学歴を教えて下さい
05	何歳で結婚されましたか？	06	お子さんは何人ですか？
07	カンガを何組持っていますか？	08	所有するカンガはどなたが買ったものですか？
09	カンガを選ぶ時に重要なポイントは何ですか？　ジナ、色、柄のうちどれを重視しますか？ また、それはなぜですか？		
10	濃い色のカンガと淡い色のカンガでは、どちらをより好みますか？　また、それはなぜですか？		
11	平均すると、カンガをどれくらい長く使っていますか？		
12	あなたは毎日カンガを身に付けますか？　もしそうであれば、カンガがなくなったらどうしますか？		
13	あなたは今後もカンガを使い続けると思いますか？　また、それはなぜですか？		

さらに詳しい調査を継続していかねばならないと思っている。

　紙幅の関係もあり、コンサルタントからの回答を全て紹介するのは難しいため、ここでは特に問9および10の回答に着目したい。織本［1998］は、女性がカンガを着用する際にはジナが非常に大きなポイントとなっており、その日の気分でジナを選んでいるという主旨のことを述べている。また、2-1で紹介したディルンガ氏も、海岸部や島嶼部の女性たちはカンガのジナに自分の表現したい気持ちを託すことがあると述べていた。それらを鑑みて、女性たちがカンガを購入する際にも、当然、どのようなジナのカンガであるかを気にするだろうという予想を立てていた。しかし、コンサルタントの意見は割れた上、着用時にもジナのことをそれほど気にしない、夫からプレゼントされる時にも、夫はジナを気にして購入することはない、という回答もあった。ジナが大切だと答えたＡにしても、良いジナだと思って選んだカンガの色と柄が気に入らなければ買わないということであった。さらに、「神に対する畏敬の念を表わすジナ」が好まれるとディルンガ氏が述べていたが、コンサルタントたちに「好きなジナ」を挙げてもらったところ、「神」や「思し召し」などの言葉が含まれたジナが並んだ。これらの表現の中の「神」は特定の宗教に限られているわけではないので、ディルンガ氏の意見を踏まえると、どのような宗教を信仰していても好まれると考えて良いだろう。

　また、問10の色目についてであるが、ＡとＦ以外は濃い色を好むと答えた。この結果からは、比較的年齢の高い女性が濃い色を好むという言い方ができるかも知れない。先述のように、最近では淡い色のカンガがかなり出回っており、ディルンガ氏は、「都市部では淡い色が好まれるようになっている」とも述べていた。ザンジバルタウンはザンジバル島の中では唯一の「都会」であり、海外から多くの観光客が訪れ、高級ホテルも立ち並ぶ町である。しかし、都会的要素を持っているのは世界遺産に登録されているストーンタウンの中だけであり、マゴメニ地区のようにタウンの中心地からバスで15分から20分くらいの地域は、チャアニ村（ザンジバルタウンからバスで45分から1時間ほどの距離にある）の様相とあまり変わらない。ラムタウンも、観光の町とは言え、住民の生活はザンジバル村落部のそれとほとんど同じである。そういう意味では、

「地方の女性は相変わらず濃い色を好む」というディルンガ氏の意見と合致していると言える。

　濃い色を好むと答えた人にその理由を挙げてもらうと、「濃い色は何回洗っても褪せにくいから」、「淡い色のカンガでは、1枚だけでは透けて中が見えてしまうから」、「カンガの色ははっきりしている方がきれいだから」という回答が得られた。逆に、淡い色を好むと答えた人からは、「濃い色は古臭いイメージがある。淡い色はヨーロッパ的である」という意見と、「淡い色のカンガは、大判のスカーフ代わりに頭部に巻くと美しいから」という意見が出された。今後の調査では、淡い色と濃い色の使い分けなどにも着目して質問項目を考えたい。

　問12については、全員が「毎日使う」と回答した。1枚のカンガを使い続ける期間については個人差があり、5年と言う人も10年と言う人もいたが、共通していたのは「ボロボロになるまで何らかの形で使う」ということである。何回も洗って色が薄れてくると、日本の風呂敷のように何かを包んだり、子供の負ぶい紐として使ったりする上、最終的にはぞうきんとして使うこともあるからだろう。また、全員が「なくなっては困る」と回答しており、それは問13にも繋がることであるが、全員の意見を「カンガの代わりは考えられない。日常生活でも、結婚式でも葬式でも、カンガを纏うことは当たり前なのだ」と集約することができるほど、彼女たちにとってなくてはならないものであることがわかった。この意識は、「カンガの着用は減少する可能性がある」と述べたディルンガ氏の認識とは隔たりがあるが、これが生産者側と使用者側の意識の差であるかどうかを検証するためには、内陸部の女性たちに対する同様の調査を待たねばならないだろう。

2　「纏う布」、「巻く布」としてのカンガ

　前節の（3）で触れたように、カンガは女性たちにとって欠かせない布となっている。日常生活やハレの日において、女性たちがどのようにカンガを用いているかを確認するため、実際のカンガの纏い方、巻き方を写真で見ていこう。

写真9〜14は、全てチャアニ村で撮影したものである。写真9では、上下別々のカンガを巻いた女性が自宅前を掃除している。「掃く」という動作のためか、頭に巻いていたカンガはほどけてきているが、公の場に出る際は布の端をきちんと巻き込んでほどけないようにしている。写真10では16歳くらいの少女が座って作業をしているが、隣の4、5歳の少女が全くカンガを身に付けていないことと比較すると、頭にもきちんとベールのように巻いていることから、すでに一人前の女性としての身だしなみを整えていることがわかる。写真11では、女性が夕食の煮炊きのために拾ってきた大きめの薪を割って使いやすい大きさにしているところであるが、結構激しい動作であるにもかかわらず、カン

写真9（左）　夕食前に自宅前を掃除する女性。この時は上下別々のカンガを身に付けていた
写真10（右）　写真9の女性が使っているのと同じ箒の材料となるココヤシの葉脈を取り出している少女

写真11（左）　夕食の準備のために薪を斧で割っている女性。上下別々のカンガを身に付けていた
写真12（右）　8名の女性たちが朝食の後片付け後にそれぞれの手仕事をしていた

ガを上下きちんと巻いていることがわかる。写真12には8名の女性が写っているが、思い思いのカンガを巻いていることが見て取れる。これは、朝食の後片付けが終わって昼食の準備に取り掛かるまでの時間帯に撮影したものであるが、女性たちはこの時間を使って様々な手仕事をする。上下別々のカンガを巻いている女性もいれば、揃いのカンガを巻いている女性もいるが、大事な点は、女性しかいないにもかかわらず頭部の巻き方がきちんとしているということだ。

　写真13では、4名の女性がカンガを頭部にきちんと巻いているのがわかる。向かって左側の女性2人は、ワンピースを着た上に「ブイブイ（buibui）」と呼ばれる黒いコート（マント、外套）を着て、頭部をカンガで巻いている。村の中だけを歩き回るのではなく、近隣の村や町まで出かける際にはこのような服装となる。写真14の女性は、ワンピースを着た上に腰巻としてキテンゲを用いている。彼女は夕食の支度中であったが、家の中であり他に人がいないということもあって、頭部にはカンガをベールとして巻くのではなくターバンのようにして巻いていた。このような巻き方も、特に家の中に一人でいる場合、あるいは女性だけでいる場合にはよく見られる。

　結婚式の参列者を見ると、カンガの纏い方に日常との違いはないことがわかる。写真15では6名の女性が写っているが、思い思いのカンガを巻いている。これは、写真12の様子と何ら変わりがない。違いがあるとすれば、下に着ているワンピースが一張羅かどうかという点だけである。ただし、結婚式では「揃

写真13（左）　朝、学校や仕事場に出かけていく女性たち。上下別々のカンガを身に付けていた
写真14（右）　夕食の準備をする女性。頭にはカンガをターバンのようにして巻いている

写真15（左）　チャアニ村で行われた結婚式の一場面。お祝いの食事がふるまわれている
写真16（右）　同じく結婚式の一場面。選ばれた少女たちが新郎新婦を祝う詩を朗誦している

い（sera）」と呼ばれるカンガを用意することがある。一番左の女性が肩に羽織っているオレンジ色のカンガが、この結婚式の「揃い」であった。新婦側の親戚筋にあたる女性、新婦と非常に親しい間柄にある女性たちが全員同じカンガを揃えるのが、現在の結婚式では慣例になっている。「結婚式の度にカンガの数が増え、金がなくなる」とぼやく男性もいる。

　また、写真16では少女たちのカンガの纏い方が非常に興味深い。結婚式の式次第の中には、新郎新婦を祝う詩の朗誦が組み込まれている場合が多い。この結婚式の際には、その祝いの詩を朗誦する役に選ばれた少女たちが「キストゥ（kisutu）」と呼ばれるカンガを巻いていた。「キストゥ」はザンジバルでは「花嫁用のカンガ」として定着している。赤、白、黒の3色が用いられており、模様が決まっている。写真の少女たちは、自前のワンピースの上から「キストゥ」の1枚を腰巻として巻き、もう1枚をターバン状にして巻いている。また、別のカンガを肩から斜めがけにしているところが普段の纏い方とは異なっており、「ハレ」の日を演出している様子が見て取れる。

おわりに——カンガの今とこれから——

　これまで見てきたことからは、カンガは女性たちにとって「民族衣装」や「国民服」という概念や枠にはめられているものではなく、生活に欠かせないものとして日常に浸透している布だということが言えるだろう。しかし一方で、

昨今のカンガを取り巻く状況を鑑みると、大きく分けて3点の「変化」が指摘できるのではないかと思われる。

まず、第2節で見たように、スワヒリ地方の女性たちは頭部にカンガを巻く際に顔のラインまできっちりと巻いていることが多いが、これは筆者が初めてタンザニアを訪れた1980年代後半と比べると、非常に厳格に守られるようになってきていると思われる。外国人である筆者に対しても、特に男性から「なぜ頭部にカンガをベールとして巻かないのか？」という非難に近い問いかけがなされることがあるが、このことが、政治経済的に内陸部の後塵を拝している島嶼部側の「イスラーム性を強調することによる反発心の表明」なのかどうかについては、さらなる調査を待たねばならない。

次に、カンガの色目の変化である。筆者にとって2006年は8年ぶりのタンザニア訪問であったが、カンガについて最も驚いたことは、「色合いの変化」である。先述の通り、都市部で見かけるカンガの色味が、明らかに8年前とは異なっていたのである。かつては「原色」の範疇に入る赤、青、黄、緑などが用いられるカンガが主流であったように思われるが、近年、ピンク、チョコレートブラウン、モスグリーン、グレー、クリーム、ベージュ、ライトブルーなど、いわゆる「パステルカラー」もしくは「淡色」が使われ、しかもその柄が非常に「写実的」であるカンガが出回るようになったのである。そのことは、写真

写真17（左）　ダルエスサラームの通称「カンガストリート」にある問屋の店内。ここには昔ながらの原色のカンガとキテンゲがかけられている
写真18（右）　同じく「カンガストリート」のある問屋の店先にかけられていたカンガ。淡い色が多く、模様も写実的な細かい花柄など、かつては見られなかったものが増えた

写真19　カンガから仕立てたチュニックドレス／写真20　カンガから仕立てた子供用のワンピースと帽子／写真21　カンガから仕立てたワンピース。「キストゥ」が用いられている／写真22　カンガを用いて作ったバッグ。底のマチが広くて使いやすい　　　　　（左から）

17と18からよくわかるだろう。

　最後の点は、これまで服地として考えられていなかったカンガを、キテンゲなどと同様に服地として、あるいは、バッグや傘を製作するための生地として用いようという動きが、特にヨーロッパや現地在住の欧米系の人々の間で起こっていることである。実際に、ザンジバルタウンには写真19～21のようにカンガを生地として作った製品を販売している店舗がいくつかある。デザインや縫製の指導はヨーロッパ出身のザンジバル島在住女性が行っているようであり、筆者も購入してみたが品質はかなり高いと言えるだろう。また、写真22と23はダルエスサラームでカンガを使ってバッグなどの製品を製造販売している会社の「ピクニックセット」である。23はいわゆるレジャーシートで、防水性のある生地で裏打ちもされている。

　しかし、ワンピース1着がカンガ15組以上もの値段に相当し、外国人観光客でも購入をためらうほどであることから考えても、現地（特に村落部）の女性たちの間ですぐさまこの新しいカンガの使い道が定着するとは考えにくい。地元の仕立屋に頼んでワンピースを縫ってもらうのであれば、生地としてカンガを選ぶことは今のところあり得ない。スパンコールのついたモスリンやレーヨンの生地を使う方が豪華であり、そういうワンピースが一張羅だと考えるのがムスリム女性たちの間では一般的だからである。今しばらくは、「カラフルでエキゾチックな布」という評価を受けて、海外で使用されるという状況が続く

写真23（左）　22のバッグと対になるレジャーシート。片付ける際に便利なように、丸めて筒状にして縛るためのリボンも付いている
写真24（右）　タンザニア初代大統領ニェレレが死去した際に作られた追悼カンガ。ジナには「タンザニアは悲しみに暮れている」とある

写真25（左）　バラク・オバマがアメリカ合衆国大統領に就任した際に作られたカンガ。中心模様の彼の肖像の上には、「おめでとう、バラク・オバマ」とある
写真26（右）　マイケル・ジャクソンが死去した際に作られた追悼カンガ。ジナは「私たちは永遠にあなたを忘れない」

のではないだろうか。

　おわりに、「人物を尻に敷く」ことになるカンガを3点紹介しよう。西アフリカのプリント布でも同様のことが起こることを井関［2006］が述べているが、カンガの中心模様に人物画を据えた場合、腰に巻くとどうしてもその人物の顔が尻の辺りにくることになってしまう。写真24〜26でわかるように、様々な有名人を尻に敷く可能性があるのだ。肖像権が無視されているという問題があるにせよ、何か大きな時事問題が起こった時、その事象をタイムリーにカンガに

投影するという思いつきは一目置かれるものであろう。実際、ここで紹介したデザイン以外にも何パターンか作られた「オバマカンガ」や「マイケルカンガ」は、カンガという布の存在を既に知っている観光客にとっては、土産物としての魅力もあるはずだ。また、選挙期間中に政党のリーダーの顔を中心模様に据えたカンガを出すなど、カンガを用いて政治的メッセージを発信することは、テレビがそれほど普及していない地域においては、視覚に訴えるという意味で大きな役割を果たしている。このように、単に女性が纏ったり巻いたりするものとしてだけではなく、様々な役割を果たし得ると考えられるカンガのあり方に変化が現われるのかどうかについて、「超民族性」という視点を持って今後も注目していきたい。

(1) カンガの誕生について、金谷［2006］はインド西部グジャラートの染織品と職人、商人たちが関わっていたとする推論を立てていて、非常に興味深い。
(2) 本章は2006年度、2007年度、2008年度の科学研究費補助金（基盤研究（A）、研究課題：「着衣する身体と女性の周縁化」、課題番号：18201051、代表：大阪大学大学院文学研究科・教授・武田佐知子）の援助を受けて行った調査を元に執筆された。本インタビューは、2006年度の調査時に行ったものである。
(3) 本工場見学は2006年度の調査時に行った。
(4) ザンジバル島での調査は、2006年度、2007年度、2008年度にわたって行った。また、ラム島での調査は2008年度に行った。ダルエスサラーム市内での調査は注(2)の通りである。
(5) キテンゲはカンガと異なり、通常は纏ったり巻いたりして用いる布ではなく、ワンピースやスカート、スーツなどを仕立てるために用いられる。ただし、カンガと同サイズのものをカンガと同様に巻いて使うこともしばしば見受けられる。
(6) なお、タンザニア側の調査にあたっては、ザンジバル国立大学スワヒリ語・外国語研究所のファルク・タヒル・ファタウィ（Farouk Tahir FATAWI）氏およびハッサン・ゴラ・ハジ（Hassan Gora HAJI）氏に協力者をお願いした。
(7) カニキについては、富永［2007：163］に「女奴隷は、同じくアメリカ産の木綿を紺または黒に染めた一枚の布（カニキ）で胸から下を覆っていた」という記述が見られる。

［引用・参照文献］
HANBY, Jeannette and David BYGOTT, 1984, *KANGAS：101 USES*, Tanzania Printers Ltd.

井関和代　2006「西アフリカのプリント布事情」国立民族学博物館編『更紗今昔物語──ジャワから世界へ』財団法人千里文化財団：90-91頁
織本知英子　1998『カンガに魅せられて』連合出版
金谷美和　2006「カンガ──東アフリカと西インドをつなぐプリント更紗」国立民族学博物館編『更紗今昔物語──ジャワから世界へ』財団法人千里文化財団：78-80頁
富永智津子　2007〈2001初版〉『ザンジバルの笛──東アフリカ・スワヒリ世界の歴史と文化』未來社

啓蒙専制期のマドリード社会と女性の衣服

中本　香

はじめに

　スペインの18世紀は王朝の交代と共に幕を開けた。1700年、フランスのルイ14世の孫フィリップがフェリペ5世として即位し、ブルボン王朝が成立したのである。このことがスペインの政治を「フランス化」させたことは、ブルボン王朝の創始と同時に着手された様々な政策（王権強化、中央集権化、諸制度の一元化、重商主義的経済政策など）からも明白である。

　しかし、フランスとの関係の緊密化が変化をもたらした領域には、文化・文明すなわち人々の生活に関わるものも含まれた。フランスで成熟した文化・芸術・技術が、新たに「パリ文化圏」の辺境となったスペインに流入したのである。その多くが、啓蒙思想の影響を受けた官僚が主導する改革の一環として、特に都市部の生活にもたらされた近代化の動きと理解することができるが、ここで着目するのは着衣の世界である。なぜなら、衣服・装飾品に見られる変化は、上記のように政府から与えられるものではなく、人々が能動的に取り入れた「新しさ」だったからである。とりわけ、カフェや私邸での会合、散歩、舞踏会や観劇など、新しい社交習慣が取り入れられた結果、「外見」に対する意識が高まりを見せはじめた18世紀後半、家という私的空間を越えて活動範囲を拡大することがようやく可能になった都市部の女性にとって、服装の選択は重要な問題であった。

1　マドリードの女性の服装の変化

　服装の変化が特に顕著だったのが、王侯貴族・ブルジョワジーなどの富裕層が集中し、外国からの流入者や外来の文化との接触の機会も多かった首都マド

リードである。宮廷が置かれたこのマドリードにおいて、女性たちはどのような服装をしていたのだろうか。

ブルボン王朝成立後、フェリペ5世とフェルナンド6世の時代の女性の服装は、基本的に2つの要素、すなわち「カサカ（casaca）」と呼ばれるウエスト部分の締まった胴着と、共布で作られたスカート「バスキーニャ（basquiña）」から成り立っていた[1]。これは、ワンピース型のドレスが主流だった同時代のヨーロッパ諸国の状況とは大きく異なる[2]。しかし、1770年頃、女性の服装に大きな変化が訪れる。フランスの宮廷で着用されたロココ様式の豪華なドレスが流行し始めたのであり、これを期に、スペイン宮廷でも上下別のアイテムを組み合わせるスタイルではなく、ワンピース型のドレスが主流となった。その代表が、フランスで1720年代に流行した「ヴァトー・ローブ」[3]、あるいはその後これにバリエーションの加わったものとして登場し、ルイ16世の時代まで最も流行した「ローブ・ア・ラ・フランセーズ（robe à la française）」で、これらと同じスタイルのドレスはスペインで「バタ（bata）」と呼ばれた。

ヴァトー・ローブの最大の特徴は、背側につけられた襞にある。衿元から布地を深くたたんで2または4本のプリーツを作り、それが裾に向かって自然に広がる形になっていた。このプリーツの様から「風になびくドレス」すなわち「ローブ・ヴァタント」の別名も持っていたことに、スペインでの呼称「バタ」が由来すると推測できる。またこのワンピースは、スカート部の前面が開いており、その開口部に三角形の胸当てピエス・デストマ（pièce d'estoma）がつけられ、下にはいた共布のペチコートがスカートの開いた部分から見える形になっていた。

一方、このヴァトー・ローブの後に流行ったローブ・ア・ラ・フランセーズは、前者と比べて上半身がよりタイトになっており、そのことがスカートの広さをより際立たせる効果を持っていた。しかしそれ以上に注目されるのは、前のヴァトー・ローブが比較的簡素で装飾もごく少ない単純なものであったのに対し、ローブ・ア・ラ・フランセーズの方は、フリル、レース、リボン、刺繍、ビーズや紐など、多彩な装飾が過剰とも言えるほどに施された点にある。まさに、ロココ様式の雅さ、華やかさを代表するドレスだったのである。

このような装飾趣味は、スカートに新しい装飾法を取り入れつつ、さらに高められていった。その一例が、「ローブ・ア・ラ・ポロネーズ（robe à la polonaise）」（ポーランド風ドレス）である。これは、ローブのスカートを、後ろに取り付けた２本の紐でつりあげ、ペチコートを多く見せるスタイルとなっており、二カ所でつり上げられたスカートが３つに分割されるため、1772年の第一回ポーランド分割に因んで名付けられたものと言われている。この新しいドレスは、登場間もなくローブ・ア・ラ・フランセーズを凌ぐほどの流行となり、スペインの宮廷にも、そのまま「ポーランド風」すなわち「ポロネサ（polonesa）」の名称で流入した。

　このように、体を締め付けるスタイルと過剰な装飾が好まれた一方で、18世紀中頃のフランスでは、より軽快で自由なものへの憧れが芽生え始めていた。「フィロゾーフ」たちによる啓蒙や、ブルジョアの台頭、アメリカの独立といった時代背景の中で、旧体制に対して疑念を持ち始めたフランス人の目に、より新鮮な魅力を持った国として映った国がイギリスだったのである。すでに1750年代末には、アングロマニィ（anglomanie）つまり「英国心酔」というフランス語が登場しており、そのような新しい時代精神は衣服の世界にもはっきりと表れた。その一例が、フランスの女性たちの間で瞬く間に流行した「ローブ・ア・ラングレーズ（robe à l'anglais）」（イギリス風ドレス）だった。

　このローブ・ア・ラングレーズのスカート部は、脇と後ろを少し膨らませた形になっており、胴から腰回りの部分の締め付けがあまりきつくならないよう工夫されていた。また、背中からプリーツが排除されるなど装飾が少ない点（装飾を付けるとしても、簡素なエプロンくらいのものだった）、簡素な生地を材料としている点からも、「実用性」が重視されていたことが分かる。この「イギリス風ドレス」の流行はスペインにも波及し、「バケロ（vaquero）」という名称で流通し、従来の装飾過多のドレスと併用される形で着用されるようになった。

　その後も、スペインの女性はフランスの流行に飛びついた。18世紀末〜19世紀初頭に流行した「カミサ・ベスティード（camisa vestido）」は、その体を締め付けないハイウエストのスタイルが、下着として着用されていたスモック型

の下着「カミサ」に似ていることから名づけられたものであるが、これも、フランスの流行を後追いしたものだったと言える。というのも、大革命後のフランスでは、装飾過剰で貴族趣味的なバロックやロココ様式を否定し、古代ギリシャ、ローマの「高貴なる簡素さ」を復興させようとする新古典主義が美術様式の主流となっており、服飾の世界においても、ギリシャ彫刻のチュニックに着想を得たドレスが好まれていたのである。

　しかし、以上のような国際的流行が全ての女性に浸透したわけではない。平民層の女性たちの間では、襟付きのフボンにくるぶし丈のスカートを合わせ、その上には前掛けをし、肩にはスカーフをかけるという、王朝の交代以前からの衣服が維持された。そして、髪の毛も、宮廷の女性のように嵩高く結われることはなく、コフィア（cofia）と呼ばれる袋状のヘアネットの中にまとめて収められた。このような服装をした魅力的な平民層の女性はマハ（maja）と呼ばれた。

　一方、身分を問わず全ての女性が外出時に必ず着用したアイテムがある。頭から肩までを覆う大判のスカーフ「マンティーリャ（mantilla）」と、スカートの上に重ねるふくらはぎ丈のオーバー・ペチコート「バスキーニャ（basquiña）」（前述の、宮廷の女性が着用していたものとは区別される）は、外国からやってきた旅行者にとっては真の「スペイン的」服装の象徴だった[4]。

2　女性の着衣をめぐる議論

(1)　奢侈問題

　宮廷の女性の間に「国際的」流行が浸透していったことは前述のとおりだが、そのことは、当時の官僚や知識人には是正の必要な問題とみなされた。それは単に、スペインの伝統的スタイルの消失を危惧したからではない。彼らは、スタイルよりも、女性が身につける衣服・装飾品が華美な高級品であることを懸念したのである。とはいえ、彼らは従来の「奢侈批判」に見られるように、贅沢品の消費を絶対的な悪と評価したわけではなかった。

　18世紀のヨーロッパでは、マンデヴィル（Bernard Mandeville）が『蜂の寓話』（1714年）の中で、贅沢な消費が景気を刺激するという「奢侈擁護論」を

発表したのを契機に、奢侈に肯定的意味が与えられ始めていた［Bolufer 1993: 176-177］。スペインでも、奢侈を国内産業と技術刷新の推進力として擁護する主張が、特にカルロス3世（在位1759～88年）の時代に顕著となった。例えば、評論雑誌『マドリードの便り（*El Correo de Madrid*）』では、「適切で品位ある服装をすること、節度ある豊かさを享受すること、十分な家具の備わった家に住むことは、決して奢侈ではなく、品位を欠く行為ではない。奢侈とは、無為なこと、慎ましさに欠ける衣服の下品さ、節度のない過剰を意味するものだ。」（*Correo de Madrid*, 1789, núm. 256, 2063）［Molina and Vega 2004：123］と主張されるなど、一定の範囲内での豊かさが肯定されている。物質的豊かさ自体は、国家および国民の豊かさの象徴として、文明化の過程の中に位置づけられたのである。同様に、評論雑誌『批評家（*El Censor*）』も、「破滅を招き、好色なもの」として奢侈を批判するカトリック教会の意見と対立し、経済発展に貢献する限り奢侈は「無罪」であるという論考を掲載している［Leira 1993：237］。啓蒙主義的自主団体「マドリード県祖国の友経済協会」（本稿では「マドリード経済協会」と記すことにする）の会員でもあった経済学者センペーレ・イ・グアリノス（Sempere y Guarinos）も、著書『スペインの奢侈と奢侈禁止令の歴史（*Historia del Luxo y de las Leyes Suntuarias de España*）』の中で、人類の進化に貢献し産業と商業を促進するものとして奢侈自体の価値を肯定すると同時に、国内の工業発展の機会を奪った従来の奢侈禁止政策を批判したほどである。

　したがって、批判されるべきは「過剰な」贅沢であり、高級品の消費自体は国内の経済発展に利する限りはむしろ奨励されるべきだった。そのような重商主義的産業保護の視点からの奢侈擁護論は、センペーレ・イ・グアリノスの「最終的に、政府が最大に注意を向け監視すべきは、外国の商品の流入を可能な限り減らし、贅沢品が全て国産品となるようにすることである」という言葉にも明確に表れている［Sempere y Guarinos 1788：209］。ところが、マドリードの女性たちの消費行動は、そのような期待を裏切るものだった。彼女たちにとって重要だったのは、「流行のもの」を身につけた自身の姿を対外的に誇示することであり、そのためには、耐久性などの品質よりも「ファッション性」

が重視された。それはすなわち、優美さや趣味の良さの点で国産品に勝るイギリス、イタリア、そして特にフランス産の輸入品で着飾ることを意味していた［García 2004：127］。このように国家に損害を与える状況を改善するため、政府は、様々な保護政策を繰り返した。例えば、女性たちの間で輸入モスリンを材料として使用したマンティーリャが流行しているという問題を解決するため、1770年7月24日、政府は、モスリンの輸入と使用を禁止する王令を公布し、またその翌年には、国内のマンティーリャ業者に売上税（Alcabalas y Cientos）免除の特権を付与した。しかし、輸入禁止という措置は、密輸と不法消費を助長するため税収の減少につながること、またたとえこの時点で輸入モスリンの着用を抑制できたとしても、女性はまた別の輸入品の消費に傾くことが推測されたことから、1789年9月7日、政府は最終的にモスリンの条件付輸入を認めざるをえなかった［García 2004：128-129］。

　女性たちの消費行動に顕著な高級輸入品志向を法によって統制することの困難さについては、マドリード経済協会の議長も務めた啓蒙主義者ホベリャーノス（Jovellanos）も認めるところであった。彼によれば、「男性を法の遵守・理性・信用・罰（を考慮する方向）に向かわせる動機が女性には全く欠如」していた。それは特に「女性が常に奢侈に支配され奢侈と共にある宮廷や大都市」で顕著な傾向であった。そしてその理由は、「貧しい状態では女性は誇りを持てず、また女性は本質的に虚栄心が強い」ことにあった。着飾るという女性の行動は、自己顕示欲や競争心といった女性の「本質」に起因するものだっただけに、「統制が最も困難な」欠点だったのである[5]。過剰な贅沢と女性特有の美への執着との強い関連性については、18世紀末のスペインを代表する女性知識人ホセファ・アマル（Josefa Amar）も、皮肉を込めて次のように述べている。

「盛装すること、着飾ること以上に強い欲望はない。女性はお互いに苦しめあっている。なぜなら、多くの女性が、全ての場所で目立つ方法を研究し、新しい装飾品を考案する。そして、（そのような女性たちが）集まって（観察しあい）、他の女性の方が服装の華やかさ、髪型、アクセサリーなどで優っていることを知ると、それまで自分に備わっていると思っていた価値が失われるの

だ」[Ortega 1995：23]。

（2） ペティメトラ問題

　このように、女性は他者との競争の中で外見的な美を追求した。「質素・謙虚」を女性の美徳とする従来の価値観の中では許されなかった自己顕示と競争を可能にしたのは、王朝の交代に伴って18世紀のマドリードに生じた文化・慣習の変化だった。フランス由来の華美な社交習慣（仮面舞踏会や夜会、私邸やカフェで開催されるサークル活動など）がスペイン宮廷に流入した結果、例えば来客時には男性とは別にエストラド（estrado）と呼ばれる特別な応接室で接客するなど閉鎖的・内向的だったスペイン女性の旧来の生活スタイルが、「外」へ向けて開かれるようになったのである[Fernández 1978：116]。

　また、貴婦人の活動範囲がこうして公共スペースへと拡がると、それを直接目にすることができたブルジョワ女性の生活にも変化が生じた。貴族的習慣の模倣が始まったのである。特に、マドリードの目抜き通りを散歩する貴婦人の優美な姿に、ブルジョワ女性の美意識と虚栄心は刺激された。実際、経済力を武器にマドリード社会の中で影響力を強めつつあったブルジョワジーは、貴族的な慣習を取り入れることで、そして特に女性の場合は貴婦人と同じようなフランス風の豪華な衣服・装飾品を身につけることで、自身の社会的位置づけを（せめて表面的にでも）高めようとしていた。

　しかし、彼女たちの願いに反して、そのような表面的模倣は、庶民からは滑稽なものとして、また一部の知識人には軽薄な愚行として蔑視された。経済活動の成果として生活の快適さや洗練を求めるブルジョワジーの奢侈を社会の進歩・文明化の過程の中に肯定的に位置づける啓蒙主義的評価があったことは事実だが、その一方で、フランスかぶれで貴族趣味の女性は「ペティメトラ（petimetra）」[6]と呼ばれて揶揄されたのである。当時の文学作品には、ペティメトラは「オハラスカ（hojarazca）」、すなわち、かさ張るだけで中身のない無益なものの象徴として度々登場している[Haidt 1999]。例えば、マドリードの風俗を深く掘り下げたラモン・デ・ラ・クルス（Ramón de la Cruz）の演劇作品『夫とはいかにあるべきか（*Cómo han de ser los maridos*）』（1772年）

には、母親の衣装代が家計を圧迫し、ボロを着せられた子供たちが学校で恥ずかしい思いをしている様子が描かれている［Cruz 1915：201］。ペティメトラとはまさに、家父長主義的社会の中で家族の世話に一生を捧げる模範的な妻・母という伝統的女性像に対峙する存在だったのである。また、彼女たちの浪費は、男性を結婚に対して消極的にさせ、それが婚姻率の低下ひいては人口減少という国家への損害も引き起こすという点でも厳しい批判の対象となった。

　以上のように、女性の過剰な贅沢品消費は、国内産業の発展を阻害するものとして、また家計逼迫を遠因とする人口減少の背景として、国家財政に大きな損害を与えるものと捉えられたが、ペティメトラの消費欲は、旧来の社会秩序を混乱させる要因としても危険視された[7]。ペティメトラの表面的な「貴族化」により、服装によってその人の社会的地位を識別することが困難になっていたのである。つまり、18世紀末のマドリードでは、衣服は必ずしも明白な解読コードの役割を果たさず、「外見（el parecer）」と「実体（el ser）」の間に矛盾が生じていたのであった。

　このような着衣におけるボーダレス化を身分制を基礎とする社会秩序に混乱を招く要因として懸念する論調は、雑誌『マドリードの便り』に掲載された次のような一節にも明白に表れている。
「秩序が上手く保たれた国家は、（社会）階層と職、および衣服における区別を常に重視してきた。階層と職は（社会の）序列化のための基準であり、衣服は識別の手助けとなる。このような区別、このような調和、このような序列が無ければ、王国も国民も混乱と暗闇に陥るしかないだろう。（中略）（スペインは）君主と臣民、貴族と平民の区別を明確にするよう努力してきた。貧しい人間と富裕な人間の違いを明確にしてきた。美徳を奨励し、怠惰・怠慢を戒め（あるいは根絶というべきであろう）ようとしてきた。好色を刺激しないように、また浪費により家計が破産しないよう配慮してきた。そして最終的には、懸命の努力によって、尊敬される国にふさわしい質素さをこれまで保ってきたのである」（*Correo de Madrid*, 1790, VIII, núm. 362, 77-78）［Molina and Vega：105］

（3） マヒスモ問題

　服装と正体の不一致という問題は、ブルジョワの社会的上昇志向とは逆に、貴族が一般大衆（女性がマハと呼ばれたのに対し男性はマホ—majo—と呼ばれた）の生活様式の一部を表面的に取り入れた「マヒスモ（majismo）」と呼ばれる現象によってさらに複雑な様相を呈していた[8]。

　貴族が一般大衆の格好を真似るという行為は、仮面舞踏会では珍しいことではなかった。東洋風のエキゾチックな衣装や喜劇俳優の衣装と同様に、街中で一般大衆が身に着ける服装が仮装の道具として用いられたのである。また、マホが愛用した長いマント「カパ（capa）」やつばの広い帽子「チャンベルゴ（chambergo）」などは、顔を隠しやすいという理由で男女の密会に重宝された場合もあった。しかし、大衆ファッションは必ずしも正体を偽るための道具として用いられたわけではない。一部貴族にとっては、むしろ自己主張の手段ともなった。特に隣国での大革命勃発後には、啓蒙改革派が推進する「フランスかぶれの」新しい政治に危機感を強める保守的貴族が、フランスから流入したファッションに決してなびくことなく独自の服装に執着する一般大衆に抵抗・反動のモデルを見出し、その象徴として平民のスタイルを一部真似るなどしたようである［Noyes 1998：202-203］。

　このように政治的主張を衣服に込めた男性たちほど積極的ではなかったにせよ、マホやマハの服装を好んで取り入れるという行動に何らかの「自分らしさ」を投影させた貴族が他にも存在したのは確かである。前述の劇作家ラモン・デ・ラ・クルスの作品に登場するそのような貴族について研究した歴史家カロ・バロハ（Caro　Baroja）は、彼らを「気品あるマホ（とマハ）」、すなわち「より自由な服装をすることによって、独自のスタイルで生きている男女の理想型」と定義し賞賛している［García 2004：94］。そして、そのような「気品あるマハ」の代名詞ともいえる存在が、マハの服装をして誇らしげにポーズを取る姿をゴヤに描かせたことでも有名なアルバ女公爵だった。彼女は、様々な芸術の愛好者であり、舞台俳優、音楽家、闘牛士などのパトロンとして平民層出身の彼らと親しく交流した。彼女が従来の価値観にとらわれない自由な服装ができた要因もそこにあると考えられる。そして、当時社交界の華だった彼

女が他の貴婦人に少なからず影響を与えたことは想像に難くない[9]。

このような「気品あるマハ」が街中のマハと区別できないということはありえなかっただろう。したがって、マホやマハの特徴的的アイテムを貴族がファッションとして取り入れたとしても、それ自体は必ずしも旧来の社会秩序を脅かすものではなかった。しかし、カルロス3世の側近たちは、一方では、貴族と一部の平民間での親密な交流をきっかけに身分制の厚い壁に風穴が空くことを懸念する絶対主義的視点から、また一方では、何も生産することなく趣味に興じる享楽的な暮らしぶりが貴族的精神の堕落につながるという啓蒙的批判精神から、「マヒスモ」現象を問題視しており、それを象徴する服装の変化も受け入れがたいものとみなしたのであった［Noyes 1998：208-210］。

3　「女性の奢侈に関する論考と国民的衣服計画」

以上のような、国庫・家計に有害な女性の奢侈品消費、旧来の社会秩序の崩壊を招きかねない服装のボーダレス化という2つの問題を解決する制度の制定が同時代に試みられた。1788年、M.O.というイニシャルの女性が提案し、国務長官フロリダブランカ伯爵からの支持を得た「女性の奢侈に関する論考と国民的衣服計画 *Discurso sobre el Luxo de las Señoras, y proyecto de un Trage Nacional*」がそれである[10]。

この中で第一に論じられたのは、女性の着衣に見られる高価な輸入品の消費傾向が国内産業に与える有害性についてである。そして、この問題の解決策として、女性の衣服の材料・装飾品を国産品に限定する旨の提唱がなされている[11]。したがって、この計画は重商主義的経済政策の一環として理解できるものであり、表題の"Nacional"という表現は、「国内産の」あるいは「愛国的」とも解釈できよう。しかし、この計画で興味深いのは、国家の利益を優先したそのような奢侈禁止令の強制力には限界があることを認め、それを補うものとして画期的な案が提示されている点にある。

この補足案は、表面的には、女性の本質を理解し、女性の立場に立って提唱された制度のようにも見える。というのも、M.O.は、女性の奢侈傾向の要因を外見に関する虚栄心と競争心にあると指摘したうえで[12]、流行の変化に追

いつかなければならないという強迫観念から女性を解放するための環境を整えること(13)、またそれと同時に、身分の高い女性たちの自尊心を損なわないこと(14)という2つの条件を満たすことのできる制度の確立を目指しているからである。しかし、その結果提案されたのは、夫・息子・父・兄弟の社会的地位に応じて女性を序列化し、ランクに応じて9種類の「制服」(一番高級な「スペイン型」、二番目に高級な「カルロス型」、比較的簡素な「ブルボンまたはマドリード型」を設定し、さらにそれぞれを用途に合わせて一級から三級に細分化したもの) と階級章 (階級に応じた刺繍や飾り紐を腕に付ける) を定めるという、男性の軍服にヒントを得たものであった。また、「制服」制度の導入段階での適応対象は、大貴族から、最低でも軍の准将の家族に限定されている。それは、この「制服」を規制として押し付けるのではなく、一定ランク以上の限られた人に「特権」として認める形を取ることで、ブルジョワ女性の上昇志向を刺激し、後に彼女たちにも定着しやすいようにとの配慮がなされた結果であった。

以上のように、「女性の国民的衣服計画」は、18世紀前半からすでに顕著で

表1 「国民的衣服」制度が適用される女性と用途別ドレスおよび階級章

ランク	盛装用ドレス	一般のドレス	外出時のドレス	階級章
一等	スペイン型一級	カルロス型一級	ブルボン型一級	両腕に銀糸の刺繍
二等	スペイン型二級	カルロス型一級	ブルボン型一級	右腕に銀糸の刺繍
三等	スペイン型三級	カルロス型二級	ブルボン型二級	左腕に銀糸の刺繍
四等	カルロス型一級	カルロス型三級	ブルボン型二級	両腕に銀の飾り紐
五等	カルロス型二級	カルロス型三級	ブルボン型二級	右腕に銀の飾り紐
六等	ブルボン型二級	ブルボン型二級	ブルボン型三級	左腕に銀の飾り紐
七等	(記述なし)	ブルボン型二級	ブルボン型三級	両腕に赤またはピンク色の絹のリボン
準七等				夫と同じ階級章 (房飾り付肩章かブーツの飾り紐)

注:「国民的衣服計画」の第三章の記述に基づき筆者が作成

あった国内産業保護政策を踏襲しつつ、社会的位置付けに応じた「制服」着用を一定のランク以上の女性に促すことによって虚栄心から発生する競争をなくし、その結果として全体的奢侈傾向の抑制と同時に、女性社会における序列強化という効果を狙ったものだった。

この「国民的衣服計画」は、施行の妥当性に関する審議を担当した「マドリード経済協会」の下部組織「貴婦人評議会」の反対を受けて実現には至らなかった[15]。「貴婦人評議会」は、「国民的」と銘打ちながらも「計画」の挿絵で示された3種類のドレスがいずれもフランス風のドレスに他ならないという矛盾[16]、国内の衣服・装飾品製造業の生産力の乏しさ、「制服」の永久的固定・強制の厳しさという観点から、計画の実現性の薄さを指摘すると同時に、階級章を通じた社会序例の強化策を「嫌悪すべきもの」と批判したのである［Leira 1993：239-240］。そして最終的に、「評議会」は、「教育によって慣習が改良され、その点に関する思想や意見が修正されない限り、衣服と装飾品に見られる深刻な無秩序状態は決して根本的に解決されないだろう」として、奢侈問題の解決には教育を通じた慣習と価値観の改革が不可欠であるとの見解を示した［García 2004：150］。

「評議会」からの否定的な意見に対し、M.O.は反論を試みたが、結局ここでも前回の主張を繰り返すばかりで、「評議会」を論破するだけの説得力は持っていなかった。実際に、「国民的衣服計画」は挫折に終わり、流行を追い求める女性たちの競争はこの後もさらに加速するのである。

おわりに

本章では、マドリードにおける女性の衣服に見られる流行の変化が激しかった18世紀後半、そのような変遷がどのような政治・社会背景の中で生じたのか、またそのような変化がどのような問題を呈し、その問題に対して同時代の知識人たちがどのように反応したのかを考察した。

18世紀後半、マドリードにはフランスのファッションが次々と流入し、宮廷女性の服装は（そのスタイルも、素材や装飾品も）フランスのもので埋め尽くされていった。また、社会の近代化の流れや新しく普及した社交の習慣の影響

で、そのような服装は富裕ブルジョワ層にも手に届くものとなっていた。さらに、生活スタイルがより開放的になる中、他者との競争にさらされた女性たちの虚栄心という本質が刺激された結果、華美な奢侈品の消費はますます活性化された。それらの贅沢品が主にフランスなどからの輸入品であったという事実や、虚栄心ゆえのブルジョワ女性の表面的「貴族化」は、国内産業の振興ならびに社会秩序の安定を目指す政府からは是正の必要な問題として捉えられた。またその一方で、一部貴婦人の間では、「マハ的」すなわち平民女性的な要素を服装に取り入れることが流行したが、このことも、貴族と一般大衆の親密な関わりを警戒する政府にとっては、旧来の社会秩序を乱すものとして懸念事項の一つとなった。

　以上のような、国庫・家計に有害な奢侈品消費と旧来の社会秩序の崩壊を招きかねない服装のボーダレス化に対する問題意識が、1788年、「国民的衣服計画」の提唱へとつながった。輸入品使用禁止の規定など、この「計画」が呈する重商主義的性格は明らかであるが、国家の利益を優先する施策が実効性に乏しいことを認識する発案者は、「計画」の中に、その弱点を補うための工夫を盛り込んだ。それは、階級別の「制服」を定めることによって、流行に関する強迫観念からの解放を促すという、本質的に虚栄心の強い女性に配慮した施策だったが、その一方で、ペティメトラの存在やマヒスモ問題などによって混乱が生じていた社会秩序を強化するという意図も露見している。全体的奢侈傾向を抑制するのと同時に、ブルジョワの台頭を牽制し社会の厳格な序列化を試みたこの計画は、社会・経済の変化を抑えて国家権力を強化しようとしている点で、カルロス3世期の啓蒙的改革路線の本質を示唆する一例である。

　そんな中で、「マドリード経済協会」内の「貴婦人評議会」が提示した「計画」実施に対する否定的な見解は重要な意味を持っている。計画の実現性の薄さを指摘した分析力の鋭さもさることながら、構成員14名が全て名門貴族の女性でありながら、保守的反応を示すことなく、むしろ啓蒙思想の発展、自由主義の萌芽を思わせる見解を示したことは特筆に値するものと言えよう。

（ 1 ） 18世紀のスペイン女性の服装の変遷については、マドリードの「服飾博物館」の展示物、スペイン服飾史に関する概説書（［Albizúa 1988］［Sousa 2007］）、ならびに「婚資リスト」などを史料とする先行研究（［Leira 1993；1997］［Noyes 1998］）を参照した。また、フランス・モードの変遷については、［能沢1991］を参考にした。

（ 2 ） ハプスブルク王朝期には、釣り鐘型の直線的ラインが特徴的な「サジャス・エンテラ」、それからトレーンを排除しスカート部の前面が開いた形になっている「サボヤナ」など、ワンピース型のドレスも公の場では着用されていた［Bernis 2001：221-239］。

（ 3 ） ヴァトー・ロープという名称は、作品の中でこのドレスを度々描いた画家アントワーヌ・ヴァトー（Antoine Watteau）の名に因んでいる。

（ 4 ） 外出時に馬車で移動する貴婦人の間では、自慢のドレスが隠れるというデメリットのためにバスキーニャ着用の慣習は廃れつつあった。外を出歩くときときにはバスキーニャを着用したものの、帰宅後、あるいは訪問先に到着すると、急いでそれを脱いだ［Molina and Vega 2004：155］。

（ 5 ） ホベリャーノスは、外見の良さに執着する女性の行動について、それを女性の欠点として批判すると同時に、その背景として男性側も「外見」を基準として女性を評価していることを認めている［*Ibid.*, p.102-129］。このような否定的な評価に対し、スペインにおける初期的自由主義の代表として知られるマヌエル・デ・アギレは、女性の美への執着とそのための男性への「媚び」を、婚姻増加と子孫繁栄、ひいては社会の発展に繋がるものとして肯定し、その戦略としての贅沢を擁護した［Bolufer 1993：182］。

（ 6 ） ペティメトラとは、小さな「主人（貴族）」を意味する petit-maître をスペイン語風にしたペティメトレ（petimetre）の女性形である。

（ 7 ） 近世スペイン女性史研究者モニカ・ボルフェルも、ペティメトラを「浪費家で流行のものを愛する社交好きの女性」であり、「家計および国家財政の逼迫、社会の境界線の混乱の要因は彼女たちの浪費にあった」と説明している［Bolufer 1998：186］。

（ 8 ） ファッションに表れる「マヒスモ」現象は、「ラ・カランバ」の愛称で知られたフラメンコ歌手マリア・アントニア・フェルナンデス（María Antonia Fernández）がコフィアに付けた大きなリボンが貴族女性の間で大流行したという事例からも明白である。［Noyes 1998：204］。

（ 9 ） アルバ女公爵と同様に、その後、カルロス4世の妃マリア・ルイサやサンタ・クルス侯爵夫人らも、マハ姿でポーズをとる肖像画を画家に描かせた［Molina and Vega 2004：111］。

（10） この計画の詳細については、［中本　2007］を参照されたい。

（11） 「これらの衣服の材料または生地は、スペイン産のものとする。また、原糸も国産であることが極めて重要である」（第3条）、「これらの衣服の装飾品として、外

国産の薄絹、絹レース、レースを付けることを避け、代わりに国産のリボンを使用するのは非常に有益である」（第8条）[M.O.1788:40-41]。
(12) 「女性が過剰に華美な服装をするのは、次の二つの事柄を考えているからである。一つは、生まれつきの容姿に人工的な技術（＝飾り）を加えることによって外見をよくすること。もう一つは、衣装の豪華さの点で、同じ階層の女性たちに引けを取らないということである」[M.O.1788:28]。
(13) 「国民的衣服」を定める理由について、M.O.は「服に多様性を求めることができなくなれば、女性たちが新しい華美な衣服を取り入れることで競い合うことはなくなるから」と説明している [M.O.1788:32-39]。
(14) この制度が適用される貴婦人の衣服は、「気品にあふれ、非常に美しく、壮麗で、優美な衣装」でなければならないと指摘されている [M.O.1788:39]。
(15) 「貴婦人評議会」の議長を務めたモンティホ女伯爵は、9歳のときに父方の祖父から伯爵位を継承し、20歳でフランス語翻訳家として活動を始めた。32歳の時に「貴婦人評議会」の初代メンバーとなり、工業分野における女性労働力の開発、女子教育の拡充、孤児問題の解決などを提唱した。
(16) 「貴婦人評議会」は、M.O.が推奨したフランス風ドレスに対して、平民女性マハたちが維持していたフボンとスカートという組み合わせの服装こそが「スペインの軽快さに最も適しており、その点で最も魅力的」であると賞賛した [Leira 1993:240]。

[引用・参照文献]

Albizúa Huarte, Enriqueta (1988) "El traje en España : Un rápido recorrido a lo largo de su historia ," in Laver, James, *Breve historia del traje y de moda*, Madrid : Cátedra. pp. 285-346.

Bernís, Carmen (2001) *El traje y los tipos sociales en El Quijote*, Madrid : Ediciones el Viso.

Bolufer Peruga, Mónica (1993) "La Imágen de las mujeres en la política sobre el lujo (siglo XVIII)," *VII encuentro de la ilustración al Romanticismo : La mujer en los siglos XVIII y XIX*. Cádiz : Servicio de Publicaciones de la Universidad de Cádiz. pp. 175-187.

── (1998) *Mujeres e Ilustración. La construcción de la feminidad en la España del siglo XVIII*, Valencia : Institució Alfons el Magnánim.

Cruz, Ramón de la (1915) *Sainetes de Don Ramón de la Cruz*, 2, Madrid : Bailly.

Fernández Quintanilla, Paloma (1978) "Un traje Nacional Femenino," *Historia* 16, 30 : 115-12.

Haidt, Rebecca (1999) "Luxury, Consumption and Desire : Theorizing the Petimetra," Arizona Journal of Hispanic Cultural Studies, 3 : 33-50.

Leira Sánchez, Amelia (1993) "E l vestido femenino y el despotismo ilustrado : el proyecto de un traje nacional," *Conferencia Internacional de Colecciones y Museo de Indumentaria*：237-241.

―― (1997)" El vestido en tiempos de Goya," *Anales del Museo Nacional de Antropología*, 4：156-187.

M.O. (1788) *Discurso sobre el Luxo de las Seōoras y Proyecto de un Trage Nacional*, Madrid : La Imprenta Real.

Molina, Alvaro and Jesusa Vega (2004) *Vestir la identidad, construir la apariencia. La cuestión del traje en la España del siglo XVIII*, Madrid : Centro Cultural conde Duque.

中本香 (2007)「1788年『女性の奢侈に関する論考と国民的衣服計画』に関する一考察」*Estudios Hispánicos*（大阪外国語大学スペイン・イスパノアメリカ研究室）31：159-174頁。

能沢慧子 (1991)『モードの社会史：西洋近代服の誕生と展開』有斐閣。

Noyes, Dorothy (1998)"La Maja Vestida. Dress as Resistance to Enlightenment in Late-18 th-Century Madrid," *Journal of American Folklore*, 111：197-217.

Ortega López, Margarita (1995)"El siglo XVIII" in Ortega López, M. (dir.) *Las mujeres de Madrid como agentes de cambio social*, Madrid : Ediciones de la Universidad Autónoma de Madrid. pp.3-55.

Sempere y Guarionos, Juan (1788) *Historia del luxo y de las Leyes Suntuarias de España*, Madrid : Imprenta Real.

Sousa Congosto, Francisco de (2007) *Introducción a la historia de la indumentaria en España*, Madrid : Istmo.

差異の標本としての「伝統衣裳」

井本　恭子

はじめに

　衣裳は〈物〉であると同時に〈記号〉であるという観点から、モラヴィア＝スロヴァキアの民俗衣裳の分析をしてみせたのは、ボガトゥイリョフである。その功績は、「ひとつの機能は〈物としての〉衣裳そのものとも関係付けられるだろうが、また一方で〈記号としての〉衣裳が表している生活のさまざまな側面とも関係付けられる」［ボガトゥイリョフ　1989：85］と述べ、記号としての衣裳にこそ機能は多く属するという見解を示したことにある。別言すれば、「纏う」「着る」衣裳（素材である繊維や布地も含めて）そのものの有用性、その起源や史的変遷を実体的に捉えるのではなく、その形、色、生地など具体的な特徴が年齢、階層、性の弁別と関係するといったような、衣裳を通して明らかにされることに目を向け、衣裳研究に新たな方法を提示したことである。有用性や機能性から自由になるとさまざまなアプローチの可能性がでてくる。たとえば、「衣服は記号である」という立場やホブズボウムが指摘したように「伝統」の多くは近代になって「捏造」あるいは「偽造」されたものであるという構築主義的な見方にたてば、「伝統衣裳」の生成や流用における認識論的枠組みやその政治性を暴くことも、近代西欧において支配的な物質とイメージをめぐる表象システムに迫ることもできるであろう。

　本章では、このようなモノ＝イメージという観点から、イタリアの国民国家形成期に創出される「伝統衣裳」のプロトタイプを取りあげ、そのプリズムが見せてくれるものを描きだしたい。19世紀末から20世紀初頭にかけて、イタリア統一王国内の総覧的な表象装置といえる博覧会、なかでも統一50周年を記念したローマ万国博覧会を取りあげ、「伝統衣裳」のプロトタイプの創出過程を

映しだすと言ってもよいだろう。ここで、博覧会に着目するのは、特定の集団と結びつけられた特定の「生活様式」、すなわち「農民世界」という「舞台」をしつらえ、そこに生きる人びとの多様な生活の全体的描写、再現展示という形式（語りかた）が、ある種の人びとを区別するための「衣裳」を必要とするからである。

　ところで、グローバル化という舞台での「ローカル」の創出と「伝統衣裳」の増殖は、国民国家形成に必要とされた「伝統」の再現なのだろうか。たとえば、サルデーニャ島の観光や地域振興のありようには、「ローカル」という自己像の輪郭、すなわちイメージの形成に「フォークロア」「伝統」「自然」といった周縁地域に付与されてきたラベルの積極的な選択操作が見られる。「サルデーニャといえばフォークロアの宝庫」「××地方といえば羊飼い」「△△村といえばテノーレス」などのように、習俗のパッケージから最も重要なものが抉りとられるのだが、これは「原産地」を名乗ることによって想像される「ローカル」の増殖ではないだろうか。だとすれば、「ローカル」も「周縁」から転回しただけで、同一的なアイデンティティが必要という前提から自由ではないように思われる。観光客を呼ぶためにますますイベント化するヌーオロのレデントーレ祭と「伝統衣裳」行列は、そうした状況を考える場となるだろう。しかし本章では紙幅の関係で、グローバル化が生みだす「ローカル」の「ヴァーチャルな身体的自己」を喚起するものとして、新たに「伝統衣裳」が増殖している状況を示し、それが身体的共感（隣接性）とは異なる「想像のスタイル」に基づいていることを指摘するにとどめたい。

1　1911年、ローマ万国博覧会——ロリアの民族誌展示——

　イタリア統一50周年を記念して、トリノ、ローマ、フィレンツェの三都市で1911年に統一王国の工業・技術の「進歩」と「文明」を誇示する万国博覧会が開催された。なかでもローマの練兵場（現プラーティ地区）に設けられた「地域館」と「民族誌展」では、統一王国を構成するさまざまな地域と人びとが全体的に再現され、差異をカタログ化して見せる工夫がなされた。それは、領土内に生きる人びとの多様な暮しの舞台（これを「農民世界」とし

て固定化)を排除することなく、「小さな土地(パエーゼ)」として可視化し、「唯一の土地」の歴史と芸術の独自な歩みのなかに組み込み、〈一〉から〈多〉の流出のスペクタルを見せるものであった。もっとも、そのコンセプトや展示形式に一貫性はなく、「地域館」と「民族誌展」ではかなり違っていたようである。前者は、その土地を「要約するような」特徴的な建造物や人びとの生活といった物質文化をひとつの美しい「絵画」として見せ、その歴史と芸術の独自性を強調する。一方、後者では領土内に暮す人びとの多様な暮しが、物質文化を用いて全体的に描写される。たとえば、その土地固有の家屋で住民が機をおるといったような生活の舞台と生活様式を融合させた「一続きの光景」をリアルに再現するのである。こうした展示の違いをステファーニャ・マッサーリ(Stefania Massari)は、次のように解説している。

　民族誌展は基本的には三つの部門に分かれる。第一は衣服、装飾品、生活用具、第二は「フォークロア」、民衆文学に関連するもの、第三は書籍、「イタリア人民の魂を描いた」作品の展示に充てられる。それらの側に、各地域の代表的な建築やモニュメント(そこではパリオレース、ピエーディグロッタ祭など、全国の主だった行事が挙行される)を再現する16のパビリオンがあり、地域展を形づくっている……民族誌展がその土地の衣裳を見せ、生活の概観を示すならば、地域館は全国の歴史的芸術的特徴、いわゆる外観と審美的特徴を定めて固定しようとする。前者は〈動態的〉、後者は〈静態的〉であると言える[Massari 2005：19]。

では、〈静態的〉な展示の「地域館」に対置される、「民族誌展」の〈動態的〉な展示形式や手法はどのようなものであったのだろうか。サルデーニャで拾い集められた「伝統衣裳」を例にみていこう。「民族誌展」の展示コレクションは、イタリア全土から多様な習俗が日々失われていくなか、ランベルト・ロリア(Lamberto Loria)[1]と彼の協力者たちが熱心に収集したもので、金銭的にも学術的にも値打ちがあるものばかりであったが、わけても、衣裳と仮面は最も貴重な展示品となった。もちろん、サルデーニャの衣裳や仮面はそ

の特異性（原初性）において群を抜いていたようである。

　　サルデーニャ島は絵画的で洗練された独自の衣裳を見せてくれる。そこでは、色の鮮やかさの面白さは、最もバランスのとれた選択と一体である。これらの衣裳は、古代カタロニアを彷彿とさせ、女たちの衣裳はきらびやかに、イタリア本土を移動するときにも、堂々と身にまとう男たちのそれは、重厚で威厳があるように、われわれに示される［Massari 2005：20］。

さて、企画・実施の責任者であったロリアは、収集した農村的なものを単に分類してアルカイックな、原初的なものの残滓を見せるのではなく、37の異なる集団の生活文化や生活の舞台をできるだけ生き生きと全体的に再現することに固執した[2]。なかでも、「伝統衣裳」の展示には細心の注意が払われている。たとえば、「トリブーナ紙」（1909年6月28日付）や「式典実行委員会雑誌」（1910年11月9日付）に寄せた文章には、ロリアの「生活集団」の精緻な描写へのこだわりが透けて見える。

　　われわれは、イタリア全土の女たちの伝統衣裳を着せるために、熟練した有能な彫刻家たちにわざわざ等身大の人形をつくらせるつもりである。顔、手、髪型は、衣裳が展示される人びとの民族的特徴とぴったり一致しなければならない。したがって、凡庸な製作者ではなく、本物の名人の作品が必要なのである［Massari 2005：25］。

　　半島の住人たちどうしを識別する身体的特徴のすべてが、彫刻家の巧みな手によって正確に表現された等身大の木製人形に着せられる……このように形づくられた集団が展示されるだろう。それは我が国の民の習慣を忠実に描写するものである［Mariotti 2007：181］。

このような自然主義的なリアリズムに基づく「半島の住人たち」の身体の再現過程のなかで、それに見合う「衣裳」も生成されてゆく。そして、それは土

地に深く根ざした集団「類」の＜特徴＞あるいは同一性を表象する「剝製標本」、すなわち「伝統衣裳」となってイタリア半島内部の差異の総覧に貢献するのだが、それについは後で述べることにして、もう少しロリアのリアルな再現形式の徹底ぶりを見てみよう。

　サルデーニャの協力者のひとりであったレンツォ・ラルコ（Renzo Larco）への書簡では、「男女の標本」をつくる資料として、現地の人びとの容姿がわかる写真を送るように指示している。

　　写真は全身、一部、あるいは顔のみでよいでしょう。必要なのはあくまで顔、あとは二の次です。もちろん、全身写真は望ましいのですが、わたしが欲しいのはあくまで顔写真なのです。わたしの書状からお分かりとは思いますが、顔は横からと正面から撮る必要があります。この２枚の写真で頭部を造らねばならない彫刻家が、確実によい作品に仕上げるために。以前からご承知のように、ひとり一枚の乾板があればどんなによいかしれませんが、あなたがお持ちだと言われる、ツァイス（Zeiss）のレンズを装着した性能のよいカメラがあれば、一枚の乾板にふたつの美しい顔を入れるのはたやすいこと思います［De Simoni 2005：52］。

　ロリアのめざした「現実に忠実な再現」には、近似的な（画家の眼が捉えた）人物スケッチではなく、カメラの眼が捉えた客観的な身体とそれに着せる「生きた衣裳」が、どうしても必要だったのである。このように「確定された」いくつもの身体と「衣裳」が、互いに異なった集団を表すものとして展示、すなわち見せられたのである。

2　「亜種」と「伝統衣裳」

　ロリアの厳格な「本物」志向は、「伝統衣裳」の収集においても同様で、"antico"（昔ながらの）、"autentico"（真正の）、"originale"（元来の）といった言葉で協力者たちに指示をだしている。たとえば、ヌーオロ地域で収集にあたっていた弁護士のアントニオ・コスタ（Antonio Costa）が、オルトゥエーリ（Ortueri）で見つけた衣裳の購入を相談したときのやりとりでは、"antico"が強調されている。

　伝統衣裳は現在のものとはかなり違っています。とくに女たちは、今は本物の伝統衣裳を着ておりませんが、かつては立派なものを一着は持っていました。裾に幅広の黄色い帯状の布がついている赤い布地のプリーツスカート、緑の布地の前垂れ、全体がブロケードの短いジャケット、頭にかぶる白いチュールの大判スカーフが伝統的なものです。こうした衣裳のいくつかはまだ見かけますが、少し着古されたものです。中古でも買うべきかどうか［Mariotti 2005：45］。

　オルトゥエーリの伝統衣裳を購入すべきかお訊ねですが、もちろんですとお答えします。その点については、昔ながらの衣裳のほうが、今のよりもずっと興味がありますと言ってもいいでしょう。もう着られていないものは、当然のことながら、新品ではありえませんし、またあってはならないのです。もしわたしのために、できるだけ昔ながらの衣裳を手に入れるよう努めてくださるのであれば、幸甚の至りです［Mariotti 2005：45］。

また、サッサリの家具職人であるガヴィーノ・クレメンテ（Gavino Clemente）からロリアに宛てた1911年3月2日付書簡には、職人たちの手によって再現された伝統衣裳の説明がなされている。

　前掛け、胴着、ベスト、そしてその装飾は、わたしを少なからず悲しませます。昔ながらのものに従って、全部変えなければいけなかった衣裳もありました。オジロ（Osilo）、センノリ（Sennori）、プロアゲ（Ploaghe）の衣裳は、すばらしいものになりましたが、最近のものと比べるとまったく共通点がありません。土地の者たちは復元に熱心ですから、たぶん元の特徴を再現させることができるでしょう［Massari 2005：21］。

こうしてロリアの依頼をうけた協力者たちを介して、サルデーニャ各地の「アルカイックな」衣裳、すでに消滅していたら「昔と同じように復元された」衣裳がローマに集められ、その土地の人びとをリアルに再現した木製人形や現地から連れてこられた人びとに着せられ、生活文化の正確な複製ができあがるのである。そしてある階層、儀式、性などを全体的に示す「特殊な制服」の遺物であったものが、サルデーニャ各地に深く根ざした特徴的な衣服として一義的に確定される。つまり、日々の「わたし」の暮しと結びついていた伸縮自在な衣服（素材の変化、アレンジは当然ある）のちぐはぐな多様性は漂白され、土地（領域）とそこに暮す人間集団「われわれ」に固有の「衣裳」、「伝統衣裳」と名づけられたのである。
　この博覧会を機に、サルデーニャ各地の「伝統衣裳」はイタリア人民の伝統と芸術の「遺産」のカタログに並べられる「標本」のひとつになり、農民、牧夫、漁師といった人びとの「原初的な」あるいは「土着の」物質文化として流通し、集団の同一性、固有性、特殊性といったものが社会的リアリティをもつようになる。サルデーニャの固有性が、「イタリア本土の文明」に消されてしまう前に、サルデーニャの民衆文化の物質的な証を収蔵する博物館を地元につくるべきだという声が博覧会直後に多かったのも、民族誌的資料の保存、救済と一体化した同一性志向の表れではないだろうか。
　1911年のローマ万国博覧会の「地域館」や「民族誌展」において、特定の集団あるいは特定の地域が固定化される過程で、その統一体としての集団の特徴を強調するものとして「衣裳」が創出されたことはすでに述べた。わけても、ロリアの徹底した自然主義的リアリズムは、その土地の生活文化の複製と「伝統衣裳」300着の「標本」による人びとの再現、すなわち、日常生活のなかの「自然な姿」の「ネィティヴ」たちを「そっくりそのまま」見せる、純粋文化の復元であった。もっとも、それははじめからそこにあったものの再生＝再現というよりも、「イタリア本土の文明」によって消滅したあるいは消滅しかかっている物質文化を前にして、その断片をジオラマとマネキンの使用によって、全体的かつ客観的にリアルに見せたものにすぎない。イタリア人を構成する「彼ら」の成立である。

ロリアによって再現されたサルデーニャ各地の「伝統衣裳」は、「概して貴族と都市住民は、もっとも知られたイタリアの流行を衣服に取り入れるが、ムッサラス（mussaras）と呼ばれる豪農と同様に、ジェンテ・マンナ（gente manna）、すなわち地主は農民たちとともに、さまざまな伝統的な衣服によって区別され特徴づけられている」［Smyth 1998：163］と、1824年イギリス海軍大佐W・H・スミスが記述したものではない。また、18-19世紀の旅行者によって「オリエント風」「ギリシャ的」「古代の痕跡」と、まるで古層のように捉えられた始原的衣服でもない。それは単に目にした衣服、元になるもの(オリジナル)が違うという意味ではない。「わたしたち」という次元の成立を意味するか否かにかかわってくる。

　海軍大佐スミスが見た衣服は、「男女を問わず個人は、人との接触に十分なだけの識別を可能にするあらゆるしるしを身におびていて、態度や言葉のしかるべき用い方は、集団内のさまざまな部類のあいだの関係に対応していた」［ルロワ＝グーラン　1973：338］頃の実物の描写である。しかし、ロリアのもとに集められた衣服は、「残念ながら、＜特徴＞というものが人間からも事物からも次第に消えてゆく。そう遠くないうちに、すべてが冷たく単調で型にはまった世界の調和に溶けこんでしまう」［Costa 1987：3］危機感が漂っていた頃、集団内の社会的な関係の断絶のうえに、再生された実物の模写である。つまり、死んだものを本物そっくりに生き返らせた「彼らの衣服」が眺められている。ジオラマとマネキンという新たな表現方法が、死んだものを生きているように見せる「標本」づくりを可能にしたのであるが、それが19世紀末から20世紀初頭に登場していることは興味深いことであろう。

　最も慎ましく暮している人びと（「農民」）を徹底して見つめ、その身体に刻印された＜特徴＞を「標本」として並べて見せるロリアの展示形式は、統一王国のさまざまな土地に生きる集団を余すことなく見つめさせ、その差異を知らしめる。それは「わたしたち」イタリア人という「種」のなかの多様な「亜種」、たとえば、サルデーニャに暮す人びとが、その身体的＜特徴＞にぴったりの「衣裳」によって示され、「彼ら」として析出されることに他ならない。もっともロリア自身は、「彼ら」を確定して排除するのではなく、むしろ包摂

する（異なったまま抱え込む）ようとしている。「最も慎ましい人びと」は一方的に見つめられる側（対象）だとしても、エイリアンではないからであった。

では、ロリアの展示で類似よりも差異が強調されるのはなぜか。さまざまな暮しのありようが刻まれている土地が、「わたし」の生きる完結した世界の多様性としてイメージされるからではないだろうか。まず「わたし」の土地があり、そこを中心に同心円状に領域を広げたものが、大きな土地＝統一王国としてイメージされ、「わたし」と「あなた」「あなたたち」の領域は「わたしたち」イタリア人の領土にそっくりそのまま包摂されるように見える。したがって、「わたし」の小さな土地の差異の顕在化、意識化は、「わたしたち」の大きな土地の成立に必要なものなのである。

サルデーニャという土地もまた、さまざまな生が営まれている「わたし」の土地であり、その身体的＜特徴＞ともいうべき「伝統衣裳」は、名づけられた個体の「標本」でもあり、集団のそれでもある。このような「標本」の成立が、土地＝身体に刻印された「土着のもの」「自然なもの」「本質的なもの」を表象する「小さな部品」として、操作可能な断片の宿命を「伝統衣裳」に背負わせることになる。総覧されたイタリア半島の土地のひとつとして確定されたものが、今度はグローバル化のなかで「ローカル」と名乗り、その「伝統衣裳」を増殖させてゆく状況は、すでにこの博覧会のときに用意されていたのかもしれない。

結びにかえて——増殖する「伝統衣裳」——

「本質的なもの」は＜身体＞に徴候として現われる、＜物質＞に刻印されるという前提のもと、地域や集団は差異の「標本」としてカタログ化されることはすでに述べた。では、その「標本」コレクションのひとつ、サルデーニャの「伝統衣裳」はその後どうなったのか。ローマに設立された「民衆の技芸・伝統博物館」に、そのコレクションはそっくりそのまま移されたのである。いずれにしろ「伝統衣裳」のプロトタイプは、その土地の物質文化として博物館に展示され、ある種のエキゾチズム（「わたしたち」と異なる「彼ら」の衣服への）やノスタルジー（「わたしたち」のかつてあった衣服への）をもった眼で

眺められる対象であり続けた。その一方で、どんどん変化する土地の人びとの生活においては、もはや「ハレの日の着衣」ではなく、「伝統衣裳」として祭という舞台に登場し、自らをイメージさせるものを眺めながら、「わたしたち」の＜特徴＞を見せるようになっている。もちろん、このような状況は近年のことではないが、サルデーニャの隅々まで「ローカル」の創出が徹底されてゆくのは、やはりグローバル化に接合されてからであろう。

　たとえば、カリアリの聖エフィジオ祭（５月１日）やヌーオロのレデントーレ祭（８月２９日）のように大きな行事だけでなく、村おこしの祭にはメインストリートを練り歩く「伝統衣裳」の行列（スフィラータ）が欠かせない(3)。ただし、この行列にみられる土地の＜特徴＞は、現在の状況に先立って存在するものではない。「ローカル」なものとして理解されるものを自ら創出あるいは選択した結果なのである。＜原産地＞を自ら名乗るために、「自然なもの」「本質的なもの」といった属性のヴァーチャルな提示が必要とされたと言ってもよいだろう。「伝統衣裳」はそうしたヴァーチャルな身体的自己を示すものではないだろうか。

　ヌーオロのレデントーレ祭の「伝統衣裳」の行列は、「亜種」（部分）自体として存在するために、自らを差異化（ローカル化）しようとする現状、たとえば「伝統衣裳」の増殖をよく映している(4)。開催地のグループを先頭に、島の各地からやってきたグループが男女の「伝統衣裳」を身に着け、縦隊に並んでゆっくりと進んでいくのだが、女性は両手を腰にあてて堂々と、男性は威厳たっぷりの歩き方をしている（写真１〜３）。腰をふって歩くモデル歩きはないものの、まるでファッションショーのようにパターンが展開していくような印象をうける。沿道では旅行者がその華やかさに歓声をあげ、地元の人は「あれがわが村の衣裳！」「ほら、わたしの娘よ！」「××村の衣裳が一番！」と争うように「わたし」「わたしたち」を誇示する光景を目にすることができる。

　「伝統衣裳」を纏っているのは、おもに事前に参加登録したグループ（伝統保存会など）であるが、自前の衣裳を着て単独で行列に加わる者もいる（写真４）。よく見れば、男女の違いがあるだけで、大人から子どもまで同じ型の衣裳を身につけていたり（写真５）、カーニヴァルの仮面衣裳があったり（写真８〜１１）、「伝統衣裳」と「伝統楽器」が組み合されていたりと（写真７）、行

写真　ヌーオロのレデントーレ祭の伝統衣裳行列

1（左）　ヌーオロのトラッカス／2（右）　ヌーオロの伝統衣裳

3（左）　ヌーオロの男たち／4（中）　ヌーオロの老女／5（右）　ビッティの親子

6（左）　ガヴォイの女たち／7（右）　ガヴォイの男たち

列の全体も部分も「ローカル」を特徴づけるもので表されている[5]。「原産地」呼称のオンパレードといったところである。

差異の標本としての「伝統衣裳」（井本）

8（左）　マモイアーダのマムソネス／9（中）　マモイアーダのイッソハドレス／10（右）オッターナのボーエ

11　オロテッリのスルポス

　このような文化的差異の創出状況を「文化の商品化」とか「文化の客体化」と言うのであろう。習俗の貯蔵庫から取りだしたものを流用して、「わたしたち」の＜固有性＞を自ら提示しているからである。ロリアの「民族誌展」で見たような「標本」のように、3人称で語られたり、「わたしたち」イタリア人という次元の成立に必要な「彼ら」として対象化されたりする存在では、もはやないないということは、いまさら確認するまでもないだろう。ただ「ローカル」の創出は、「彼ら」を必要としない同一性、「わたし」だけで「わたしたち」の次元を成立させていることにもっと注意をしてもよいかもしれない。また、「わたし」と「あなた」「あなたたち」で成立してしまう生活においても、これまで述べたような同一性を創りだす「想像のスタイル」（部分と全体の包摂関係）だけが働くのか、ということも考えてみるべきではないだろうか。

（1）　ランベルト・ロリア（1855-1913）は、イタリアの民族学者で探検家。1905年、アフリカに立つ前にベネヴェントの小さな村チルチェッロ・デル・サンニオに行っ

たことが、異民族よりもイタリアに住む多様な人びとの習俗、道徳などを研究するきっかけとなった。1906年、フィレンツェにイタリア民族誌博物館を設立、1911年、第1回イタリア民族誌学会開催、民族誌展、翌年の *LARES* （イタリア民族誌学会誌）の発行など、大きな功績を残す。

（2） イタリアにおけるジオラマとマネキンによる展示は、1911年トリノ万博覧が最初とされる。伝統文化（事実上は消滅しているのだが）を生き生きと再現する方法は、アメリカの人類学者フランツ・ボアズによってニューヨークの自然史博物館ですでに実践されている。

（3） 聖エフィジオ祭は、1657年にペストの終息をもたらした守護聖人エフィジオに奉献される祭である。5月1日に聖エフィジオ像はカリアリを出てノラに運ばれ、5月4日に戻るという巡礼が行われる一方で、町のメインストリートでは、サルデーニャ各地の「伝統衣裳」の華やかな行列がある。

　　20世紀の幕開けの聖年にそなえて、教皇レオ13世はイタリアの19の山頂にレデントーレの像を建立する命を下した。サルデーニャではヌーオロのオルトベーネ山が選ばれ、8月29日ブロンズ像の設置が完了し、それを記念して行われるようになったのがレデントーレ祭である（8000人の信者集まる、ヌーオロの当時の人口は7272人）。

（4） 当初は教会主導の祭であったため、行列ではなく巡礼が中心であったが、ファシズム体制期の全国余暇事業による催しとして、映画の上映、スポーツ競技、伝統衣裳行列が組み込まれた。1960年代以降は観光振興公社の主導によって、聖エフィジオ祭（カリアリ）、レデントーレ（ヌーオロ）、騎馬祭（サッサリ）のような代表的な祭が行われるようになった。そのため、次第に宗教行事（8月29日）と行政主導のイベント（8月29日前後に期間をもうける）は厳密に区別された。ミサとは関係のない伝統衣裳の行列は、町の大通りと広場で行われている。

（5） マモイアーダ、オロテッリ、オッターナの「伝統衣裳」は、カーニヴァルの仮面衣裳である。ガヴォイの衣裳を身につけた男性は、伝統的楽器（太鼓 tumbarinos、牧笛 pipiolu、トライアングル triangulu など）を演奏しながら練り歩いている。「仮面」や「伝統楽器」が、これらの地域の特異性を表すものとして選択されるのは、それらが「文化的原産地」をイメージさせるからである。

[引用・参照文献]

AA.VV. 1982　*La Sardegna : La cultura popolare, l'economia, l'autonomia* (vol.2), Edizioni Della Torre.

アンダーソン、ベネディクト　1997　『想像の共同体——ナショナリズムの起源と流行』　白石さや／白石隆訳　NTT出版

Bresciani, Antonio　1984　*Dei Costumi dell'isola di Sardegna——Comparati cogli antichissimi popoli orientali*, Arnaldo Forni Editore.

Cirese, Alberto M 1977 *Oggetti, segni, musei sulle tradizioni contadine*, Piccola Biblioteca Einaudi.
―――― 2005 *Tra cosmo e campanile――Ragioni etiche e identità locali*, Protagon Editori Toscani.
Clemente, Paolo 1997 Paese/paesi, *I luoghi della memoria――Strutture ed eventi dell'Italia unita*, (a cura di) Mario Isenghi, Laterza.
Costa, Enrico 1987 *Costumi Sardi*, Carlo Delfino Editore.
Della Marmora, Alberto 1985 *Viaggio in Sardegna*, 4 voll., Arnaldo Forni Editore.
De Simoni, Emilia 2005 Rimandi di sguardi : Fotografia e costumi in Piazza D'Armi, *Costumi ritrovati―Gli abiti sardi dell'esposizione internazionale di Roma del* 1911, Ilisso.
Faeta, Francesco 2005 *Questioni italiane――Demologia, antropologia, critica culturale*, Bollati Boringhieri.
ホブズボウム、エリック／レンジャー、テレンス編 1992 『創られた伝統』前川啓治／梶原景昭他訳 紀伊國屋書店
LARES vol. 1 1912
ルロワ＝グーラン、アンドレ 1973 『身ぶりと言葉』荒木亨訳 新潮社
Mariotti, Luciana 2007 Allestimenti all'inizio del XX secolo――La formazione di alcune categorie espositive, *Etnoantropologia* 1/2007.
Massari, Stefania e Piquereddu, Paolo (a cura di) 2005 *Costumi ritrovati―Gli abiti sardi dell'esposizione internazionale di Roma del* 1911, Ilisso.
ボガトゥイリョフ、ピョートル 1989 『衣裳のフォークロア』 松枝到／中沢新一訳 せりか書房
Puccini, Sandra 2005 *L'itala gente dalle molte vite――Lamberto Loria e la Mostra di Etnografia italiana del* 1911, Meltemi.Editore.
Putzulu, Evandro 1968 *Costumi Sardi――La 《Galleria di Costumi Sardi》 del 《Buonumore》*, F.lli Dessì di Mario Editore.
Smyth, William Henry 1998 *Relazione sull'isola di Sardegna*, trad. Tiziana Cardone, Ilisso.
Stocking Jr., George W. 1985 Objects and Others : Essays on Museums and Material Culture, University of Wisconsin Press.
Valery 1999 *Viaggio in Sardegna*, trad. Maria Grazia Longhi, Ilisso.

1920〜30年代のソビエト・ファッション[1]

藤原　克美

はじめに

　流行の服飾という意味でのファッションは、人々の経済的・時間的余裕が増大し、交通・伝達手段が発達した20世紀において広汎に普及した。今日、ファッションはデザイナーを含めた生産者、流通業界、マスコミ、消費者など多くの人々のかかわりの中で生まれる社会的プロセスとして理解されている。

　帝政時代のロシアでは、西欧諸国と同様に貴族や富裕層の間でパリのファッションが受け入れられてはいたものの、近代化が遅れ、服装においても保守的傾向が根強く残っていた。革命とそれに続く内戦は、繊維産業にさらに壊滅的な打撃を与えた。また、社会主義の理論そのものはファッションに特別の関心を払ってはいないが、ファッションが長く貴族やブルジョアジーによって享受されてきたことから、ソビエト政府は（とりわけ初期には）これを敵視する傾向にあった。

　本章の課題は、このような諸条件のもと、1920〜30年代のソビエトでどの程度ファッションの大衆化が進んだのかを、デザイン組織の活動を中心に考察することである。先行研究では、ジュラブリョフとグロノウ［Журавлев, Гронов 2006］が、「ファッション権力とソビエト権力」というタイトルで特にソビエト当局のファッションの受容の実態を解明しており、筆者の問題関心に最も近い。ただし、彼らが革命からソ連崩壊までのソビエト権力とファッションの関係を包括的に論じているのに対し、本章では、1920〜30年代のデザイン組織の活動に絞って「ファッションの大衆化」を論じる。その点で、スターリン時代の消費文化を論じたグロノウの単著［Gronow 2003］は示唆に富む。服飾史家のストリジェノバの一連の研究［Стриженова 1989, Strizhenova 1989, Strizhenova 1991］は、ソビエト体制の下で書かれたという点に留意する必要はあるものの、豊富な古文書館資料や個人蔵書を駆使してソビエトのファッション史を詳細に論じている。丁寧な解説が付された多数の写真も、資料的価値が高い。同様に、服飾史家でコレクターでもあるバシリエフの著作［Васильев 2004］は、事典のような詳細な記述と豊富な写真で構成された服飾流行史の大著である。こうした先行研究をふまえて本章では、デザイン組織とデザイナーによる「ソビエト・ファッション」の模索の過程と、それが第二次世界大戦以前には大衆的なファッションとして結実しなかった理由を検討する。

1　革命直後

（1）　生産現場のカオスと停滞

　帝政ロシアのテキスタイル産業は、近代化が遅れていたとはいえ、ロシアの産業の中では比較的重要な地位を占めていた。1913年には1449の企業に約69万人が働いており、それは全工場労働者の29％に相当した[2]。しかし、革命と内戦によって、テキスタイル産業は壊滅的な状況に陥る。例えばモスクワの国立第一織物捺染工場（帝政時代はエミール・ツィンデルの所有で1918年に国有化）の1919年春の状況は次のようであった。「今年の3月20日から、燃料の不足で工場は完全に閉鎖されている。薪が運ばれてくる筈が、コルチャックの攻撃を受けて別の任務を与えられているために、輸送は更に困難を極めている」［Strizhenova 1991:16］。同じくモスクワのトリョフゴールナヤ・マヌファクトゥーラ（旧プロホロフ工場、通称トリョフゴルカ）では、1917年に3683人の労働者がいたが、赤軍への動員や自発的離脱などで、1920年には1615人に減少していた[3]。

　大規模なテキスタイル工場は比較的早い段階で国有化を迎える。1917年11月17（新暦30）日に国有化されたウラジーミル県リキノのスミルノフ織物工場は、革命後最初に国有化された事例として有名である。1918年1月27日にはイバノボ・ボズネセンスク織物工場が没収されている。しかし、国有化された企業において、国民経済会議（ВСНХ）の下の中央テキスタイル部（Центротекстиль）、テキスタイル総局（Главтекстиль）、さらには労働組合の間での利害対立もあ

り、しばらくはアナーキーな状態が続いた[4]。

　縫製部門はテキスタイルよりも労働集約的な性格を持つため、機械化や大規模化は遅れていた。もともと工場外の被雇用者や個人経営の数も多く[5]、当時の工場生産と小規模生産の比重は1対100であったという［Strizhenova 1991：37］。このような小規模生産組織の国有化には困難が予想されたが、1918年に国有化が決定され、モスクワとペトログラードの全てのファッションハウス、個人商店が閉鎖された［Васильев 2004：186］。1919年4月、中央テキスタイル部の一部が改変されて中央縫製部（Центрошвей）となったが[6]、実際に国家の管理下にあったのは、「モスクワ縫製」（Москвошвей）をふくめて僅か10企業のみであった［Зайцев 1982：57］。

（2）　デザイン組織

　このような困難のなかでも、衣服とテキスタイルのデザインを担う組織が相次いで設立された。

　1918年に教育人民委員部イゾ（造形部門）が設立され、1919年、その産業工芸部門のなかに「現代ドレス工房」（Мастерская Современного Костюма）が開かれる。発案者のナジェージダ・ラマーノバ（Надежда Ламанова 1861－1941）は、「工業生産に芸術的価値を与えること」を目的の一つに置いていた［Lamanova 1989：170］。産業工芸部門にはこのほか、産業教育工房、産業テキスタイル工房、捺染工房（トリョフゴルカの中に設置）などがあった。

　1919年1月には、高等教育機関として中央縫製産業学校（Центральный Институт Швейной Промышленности）も設立された。そこでは、次のように、大工場の建設と、美しい衣服の製作がともに目的として掲げられていた。

　「生産の社会主義的建設への移行は、一方では、手工業的な工房の解体と、……最高の技術と衛生的な設備を備えた大規模工業の建設、他方では、衛生的で快適で美しく、優雅で新しい衣服を作る必要性の課題を提起している」［Зайцев 1982：58］。

　同年、商工人民委員部の下に設立されたソコリニキ・ソビエト芸術産業教育工房（Сокольничие Советские Учебные Художественно-Промышленные Мас-т ерские）は、中央縫製産業学校と多くの点で共通していたが、工房のほうが多様な組織との連携を期待され、教育コースには、美術史や会計、労働法なども含まれていた［Strizhenova 1991：41］。

　これらの組織には、ラマーノバや、アレクサンドラ・エクステル（Александра Экстер 1884-1949）[7]、ベーラ・ムーヒナ（Вера Мухина 1889-1953）[8]らの芸術家が積極的に関与したが、後述のような成果が表れるのはしばらく先のことである。

（3）　人々の服装と出版物
　上述のように工業が崩壊した革命直後のロシアでは、多くの国民には服装に配慮する余裕などなかった。全般的な物不足の中で、1918年7月には生産された繊維製品そのものの国家独占が決定された。「私の周りには、着古した、同じような服を着た疲れた様相の群衆が渦巻いていた。男も女も、若者も老人も。全ての階級は消滅した。衣服という意味ではあらゆるところで」とフランスのある歴史家は回想している［Васильев 2004：212］。

　このような状況の必然的な結果としてファッションは、旧体制のブルジョア社会と結びついて否定的に理解された。それは、直接的には明るい色のネクタイやシャツ、フリルやレースのついた女性のドレスであった[9]。

　国内の出版物では、衣服の大量生産と、そこへの芸術家の積極的な関与の必要性が議論されていた。1919年2月20日の新聞『ソビエト国家』（Советская Страна）には、「ファインアート部門は、新しい服のアイデアを発展させることができるファッション雑誌の出版を始めてはどうか。実を言うと、私はカンディンスキーの本よりもこのような本のほうがよい」といった意見も掲載されている［Strizhenova 1991：50］。

　この時代に生まれた一つの新しい分野は、労働着のデザインである。1920年10月8日の労働国防会議決定「石炭労働者の生産服と特別服に関する規定」で用いられた「生産服」（прозодежда）という概念は、「特別服」（спецодежда）よりも若干広い範囲の概念で、日常着や女性のスポーツウエアのデザインとも結びついて発展していく［Strizhenova 1991：53］。

驚くべきことは、このような全般的な窮乏と混乱の中でも、大都市では多数のファッション雑誌が売られていたことである。例えば、フランスの *Vogue*、*Paris elegante*、*Femina*、*La femme chic de Paris*、ドイツの *Die Dame*、*Elegante Welt*、*Die praktische Berlinerin*、オーストリアの *Wiener chic* などが手に入った［Васильев 2004：209］。

2　ネップ（新経済政策）期（1921－28）

（1）　産業の復興

1920年代には、繊維産業にも若干の変化が観察された。古いテキスタイルと縫製企業が再建され、大量生産が可能な近代的設備も外国から輸入された。その結果、表1のように著しい生産量の増大が見られたが、それでも国営企業だけでは国内需要を充足するには不十分であった。

ネップの開始と共に私的な商業活動が再び認められると、衣服の大半は私的な仕立屋か個人によって提供されるようになった。1923年には首都に204の男性用の仕立屋が、32の女性用のそれがあったという［Васильев 2004：209］。

表1　20年代の生産量

		1924/25	1925/26	1926/27	1927/28
縫製産業	戦前ルーブル	54,525	77,552	88,542	198,787
	変化（1924/25＝100）	100.0	142.2	162.4	364.6
テキスタイル産業	戦前ルーブル	982,339	1,396,002	1,678,255	1,897,141
	変化（同上）	100.0	142.2	170.8	193.1

出典：［Цыпкин 1929：2/3－43］

（2）　ナジェージダ・ラマーノバ

帝政時代に活躍したデザイナーの多くは革命後パリやアメリカへ亡命したが、ナジェージダ・ラマーノバはソ連に残った珍しい例である[10]。

ラマーノバはニジェゴロド県の軍人の家庭に生まれた。地元のギムナジウムを卒業後モスクワに移り、学校やアトリエで縫製の基本的な技術を学ぶ。1885年、24才で自分の工房を開くと、まもなく、貴族、インテリゲンチア、作家、

俳優、芸術家などから幅広く支持されるようになった。革命前の彼女の服はパリの最新の流行もので、彼女はポール・ポワレ（Paul Poiret 1879-1944）とも親交があった。彼女の商店の看板には「宮廷御用達」と書かれており、事実、彼女のドレスの数点がエルミタージュ博物館に保存されている。

　10月革命後、ラマーノバはブティルスカヤ刑務所に入れられた[11]。1901年からモスクワ芸術座の衣装を担当していた関係で、当時国家出版局長であったマクシム・ゴーリキー（Максим Горький 1868-1936）が彼女を救った。結局、彼女は自分のアトリエを失ったが、革命の理想に賛同し、衣服のデザインとデザイナーの養成に力を注いだ。彼女は、上述の「現代コスチューム工房」の設立に携わったほか、国家芸術科学アカデミー（Академия Художественных Наук）のドレス部門の会員でもあった。

　また、雑誌の『アトリエ』（Ателье）や『クラースナヤ・ニーバ』（Красная Нива）に論文を執筆し、「ソビエト・デザイン」[12]の理論を展開している。「芸術家はイニシアチブをとり、真っ白な布から、新しい労働生活にふさわしい、シンプルながら美しい衣服を作らなければならない」ことを強調した[13]。そして、彼女自身は民族衣装と単純な日常着の中に具体的な「ソビエト・デザイン」を求めた。

　写真1は、1925年にパリの国際展覧会に出展した作品である[14]。長方形の型のドレスは、下の方に贅沢な刺繍が施されたタオルを用い、サイドとバックにも似たようなタオルが用いられている。ネックラインと袖に縁取られた細く赤い紐が全体を調和させ、流行の小さな帽子がマッチしている。このシンプルだが衝撃的なアンサンブルは洗練されたパリの公衆を感動させ、「民族のオリジナリティを現代のファッショントレンドと結合させた」としてグランプリを受賞した。確かに、長く縦の直線を強調したラインは当時のヨーロッパの最先端ファッションと共通していたが、その本質は全く異なるものである。当時のロシアにとっては、カットがシンプルで素材の無駄がほとんどないこと、高価でないことが重要で、必要に適ったデザインだったのである。さらに、工場で大量生産される可能性も有していた。

　しかし実際には、ロシアでの量産は困難に直面し、ラマーノバは（家庭や学

写真1　国際展覧会出品作
（1925年）
［Strizhenova 1991：81］

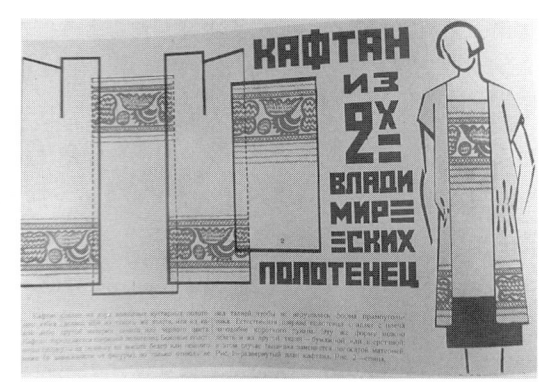

写真2　ラマーノバ作「2枚のウラジーミル産タオルで作るドレス」『日常生活における芸術』より［Strizhenova 1991：92］

校、クラブなどでの）個人の縫製を促すことに関心を移す。ムーヒナとともに1925年から『日常生活における芸術』（Искусство в быту）という雑誌を発行し、服を自作する女性のために、カットが簡単で初心者でも理解が容易な日常着のデザインを提供した（写真2）。

1924年以降のラマーノバは「手工芸輸出」（クストエクスポルト Всесоюзное Акционерное Общество по экспорту кустарно-художественных изделий и по импорту предметов для нужд кустарной промышленности）と展示会の組織、毛皮のデザインにその活動の中心を移した。さらにもう一つの重要な領域は、劇場と映画[15]であった。ラマーノバは1901年から1941年に死去するまでの40年間、モスクワ芸術座で仕事をし、多数のコスチュームを制作している。なお、彼女は1928年3月に、手工業で2名の雇用労働を利用したとして選挙権を剥奪され、おそらくそのままの状態で死を迎えた[16]。

このように革命後のラマーノバは、衣服のデザインや教育、理論において多くの足跡を残した。特に、当時は十分な成果を得ることなく終わったが、いち早く労働者の衣服としてのシンプルで美しい「ソビエト・デザイン」を追求し、その普及に尽力したことは特筆に価する。

(3) 構成主義——ステパーノワとポポーワ

　革命後のロシアにおいて、アヴァンギャルドが様々な分野に与えた影響は計り知れない。そのうち、映画、演劇、美術、文学、建築などでの彼らの活躍は比較的知られているが、繊維産業の分野にもいくつかの足跡を残している[17]。

　特にテキスタイルのデザインに積極的に関与したのは、ワルワーラ・ステパーノワ（Варвара Степанова 1894-1958）[18]とリュボーフィ・ポポーワ（Любовь Попова 1889-1924）[19]の二人である。ウラジーミル・タトリン（Владимир Татлин 1885-1953）[20]とアレクサンドル・ロトチェンコ（Александр Родченко 1891-1956）[21]は労働着のデザインで知られている。

　1923年、ステパーノワとポポーワは国立第一織物捺染工場のデザイナーとなる。この工場では古い植物のデザインを再利用していたが、二人は、この流行遅れにとって代わるべきは幾何学スタイルだと確信していた[22]。しかし、彼らの幾何学模様は、「コンパスと定規によって描くこと、それは描けないということを意味する」と非難され、特に初期には工場内で強い抵抗にあった [Strizhenova 1991:147]。結局、彼らのデザインは生産現場にも大衆にも広く受け入れられることはなかった。

　文化におけるラディカルな変革をめざすアヴァンギャルドは、ネップの終焉よりもはやく、1920年代半ばには衰退に向かった。繊維産業においても、芸術家と工業生産とを結びつける試みは失敗し、多くのデザイナーがこの分野の一線から身を引いた。

　自分のデザインに植物モチーフを入れることを最後まで拒否したステパーノワは、1924年にポポーワが急死すると工場を去った[23]。エフゲーニヤ・プリビルスカヤ（Евгения Прибыльская 1878-1949）とステパーノワは、ラマーノバとともに活動の中心を「手工芸輸出」と舞台衣装に移した。「手工芸輸出」の主な活動は、ロシアの工芸品の普及と手工業の支援であった。ムーヒナは、彫刻家として名前を残すことになる。1920年代後半にトリョフゴルカで行われたリュドミーラ・マヤコフスカヤ（Людмила Маяковская 1884-1972）[24]の試みにも、ステパーノワらと同様の運命が待っていた。

　なお、ポポーワとステパーノワは衣服のデザインも手がけており、特にステ

パーノワはスポーツウエアのデザインを多く残している（写真3）。

(4) 人々の服装とファッション・アトリエ

1923年、中心的なトラスト「モスクワ縫製」のなかに「ファッション・アトリエ」が設立された[25]。このアトリエは当初、大量生産のための日常着のデザインと、衣服のオーダーメイドという、二つの極めて異質な課題を掲げていた。しかし、すぐに前者の課題を放棄し、もっぱら個人の顧客、特に豊かなネップマンに応じるようになった。

経済的な困難が解消された訳ではなかったが、ネップの自由な雰囲気は服装にも反映された。「ファッション」という概念はなくとも、「時代のスタイル」となった代表的服装は存在した。それは、女性では質素な単色の布から作られたドレス、男性では革命前からあったトルストイ風のシャツと軍服であった。

写真3　左：ポポーワ作（1923／4年）、右：ステパーノワ作（1923年）
ともに1984年、E.チュダコーワ（Чудакова Е.）による再現
[Zaletova 1989：118]

また、労働者の中でもゆとりのある層は流行のファッションを求めはじめていたことが、モストルグ百貨店の店員の回想からうかがえる。

「1923年頃から私たちは、顧客である労働者の、流行服を着たいという要望に気づきはじめました。次から次へと商品を見せても、──いえ、全く違うわ。私は最近マリ・ステパーナのところで最新のファッションを見たの。──と言われ、へとへとに疲れました」[Васильев 2004：213-4]。

さらに一部のエリート層は、市民の想像をはるかに超える豊かな生活をしていた。党幹部やその家族のサークルでは、「ご婦人達は……きらびやかに飾り立てていた。彼女らはラマーノバのところで衣服を誂え、プロレタリア芸術を庇護し、自動車の事で口論し、サロンを作っていた」[26]。「モードを忘れよ！」というマヤコフスキー（Владимир Маяковский 1893-1930）の呼びかけが現実となることはなかったのである［Журавлев, Гронов 2006：2-133]。

134

ネップ期には国内の雑誌も徐々に増えた。1921年には『ファッション年報』（Вестник моды）と『ファッション』（Моды）が、1922年には『ファッション・ニュース：最新パリモードの芸術的月刊誌』（Новости мод：Художественный ежемесячный журнал последных парижских мод）が創刊された。1923年には『最新ファッション：女性のための雑誌』（Последние моды：журнал для женщин）がフランスのPetit Journalの協力の下で発行された［Васильев 2004：209］。これらの雑誌の紙面は最新のパリのファッションのコピーであふれていた。

　1923年に刊行された『アトリエ』は、同年に設立された「ファッション・アトリエ」によるものである。ボリス・クストージエフ（Борис Кустодиев 1878－1927）、ムーヒナ、クジマ・ペトロフ＝ヴォトキン（Кузьма Петров-Водкин 1878－1939）、プリビルスカヤ、ラマーノバ、エクステル、アンナ・アフマートヴァ（Анна Ахматова 1889－1966）らの著名人が編集会議に名を連ねていることからも、この雑誌への大きな期待がうかがえる。しかし、記事では労働者大衆のための大量生産に向くデザインを要請していながら、イラストには高価な衣服が描かれており、そこには明らかな不一致があった［Strizhenova 1991：65］。それは、既に述べたような「ファッション・アトリエ」の性格の変容の当然の帰結であり、結局この雑誌は1号しか発行されなかった。

3　1920年代末～30年代初頭

（1）　第一次五ヶ年計画

　1928年に始まった第一次五ヶ年計画は、重工業への集中的投資配分で知られており、繊維産業の計画目標も野心的な数字であったが、未達成に終わった。労働現場では繊維産業から高賃金の重工業へ男性労働者が移動するという傾向が観察され、専門家の不足が続いた[27]。海外からの機械の輸入の道も閉ざされ、設備更新も遅れた。1930年代初頭の縫製工場では、わずか30％しか機械化されていなかった［Швейная Промышленность 1931：8-9］。表2のように物量単位で見ると1927～32年にかけて基本的な織物の生産量はむしろ低下しており、表3からは、縫製産業では依然として小企業の比重が高く、生産性も著しく低

いことがわかる。

(2) デザイン

この時期にようやく、専門的な学校を卒業した最初のデザイナーたちが活躍を始める。若いデザイナーが積極的にとりあげたテキスタイルのモチーフは、トラクターや工場などの具体的なテーマで、ハンマーと鎌や星などのソビエトのシンボルもよく用いられた（図1）。1929～32年に「革命ロシア芸術家協会青年連合」が作成した飛行機やトラクター、コンバイン、煙突のある工場などのモチーフの生地は、全ての繊維工場に生産を義務づけられた［Васильев 2004：234］。

表2　生産量の推移（100万平米）

	1927	1932	1937	1940
綿織物	2656	2642	3306	3707
毛織物	84	80	96	102
麻織物	174	132	283	263
絹織物	10	19	50	62

［Госкомстат России 1994：312］

表3　企業規模と生産

	従業員数	売上高(1000チェルボーネッツ)	一人当たり売上高
縫製産業	551,458	808,540	1.466
大企業	38,109	225,645	5.921
小企業	513,349	582,895	1.135
全工業	6,641,003	20,409,083	3.073

［Цыпкин 1929：2/3-45］

これらのデザインは衣服ではなく主にインテリア用ではあったが、消費者には不人気であったため、最後は行政的な禁止で幕を閉じる。1933年、人民委員会議は「粗悪で不適切なデザインを利用している特定の織物企業によって生産された商品の不許可について」を決定した［Strizhenova 1991：199］。

1929年、新たに縫製産業学術研究所（Научный институт швейной промышленности）が設立され、それは翌1930年には、全ロ縫製産業学術調査実験所（Всероссийская научно-исследовательская лаборатория швейной промышленности）となった。そこではカッティングの方法や縫製の技術的問題が検討された。しかし、研究所のデザインが広く企業に行き渡ることはなかった。第一次五ヶ年計画期には多くの工場にも付属して美術工房が設立された。

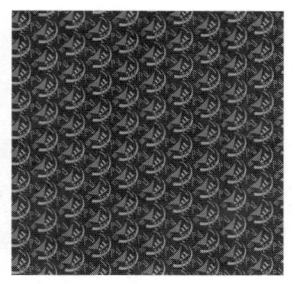

図1　左：トラクター、右：CCCP（USSR）を用いたデザイン（ともに作者不明）[Oladipo and Sweeney 2005]

（3）人々の服装とファッション雑誌

　第一次五ヶ年計画によってもたらされた軽工業への打撃は、1930～35年頃の都市部での配給制度の導入に帰結する。また、1920年代後半にネップが実質的に終わると、ファッションの分野でも一時的な締め付けがあった。小規模で経営されていた私的な美容院や商店、アトリエも閉鎖された。

　20年代前半には大量に輸入されていた外国雑誌も、30年代に入るとほとんど手に入れることができなくなっていた。

　国内では1928年に『纏う芸術』（Искусство　одеваться）というファッション雑誌が発行された。発行当初は、大半が民族モチーフのデザインであったが、まもなく海外のデザインが主流を占めるようになり、わずか2年間で幕を閉じた。1933年に創刊された『芸術』（Искусство）と『創造』（Творчество）の2つの雑誌は、スターリン主義と共産主義のプロパガンダ精神で創造的インテリゲンチアを育てることを目的としていた。

　この時期には思想的な統制が強まり、生産現場でも「標準化」というスローガンのもとに画一性が追求されたため、デザインとしては生産服や特別服が多く製作された。また、当時の代表的なデザイナー、ナターリア・キセリョーバ（Наталия Киселева）は多くのスポーツウエアをデザインしている。

　一般的な女性の日常着も非常にカジュアルで、安い綿のワンピースか、ストレートか少しフレアーの入った短いスカート、あるいは広い縦のストライプの入ったジャージを着ていた。靴はズック（ゴム底でキャンバス地）である。しかし、これらは、決してファッショナブルと呼べるものではなかった。

4　1930年代後半

（1）　デザイン組織

　1934年、「モスクワ・リネン」（Мосбелье）の実験所がモスクワのスレチェンスクに「デザインハウス」（Дом Моделей）を開いた。指導者はラマーノバの姪にあたるナジェージダ・マカーロバ（Надежда Макарова 1898-1969）であった。1934〜35年の期間に「デザインハウス」のもとに8つの縫製施設が作られ、1938年には、「モスクワ縫製」と合併して「モスクワ衣服デザインハウス」となる。

　「デザインハウス」の使命は、雑誌『デザインハウス』によると、女性服と子供服の「ソビエト・スタイル」の創出であった［Московский Дом Моделей 1935:1］。そのための手段は、民族モチーフを採用した独自の創造活動の展開と、西側ファッションをソ連にとって受け入れ可能なように批判的に再加工することの2つである。ここで興味深いのは、西側のファッションを取り入れることが是認されていることで、このアイデアは戦後の「ソビエト・ファッション」に引き継がれていく。

　「デザインハウス」で重要な役割を果たしたのは芸術会議で、そこにはデザイナーのほか、有名な芸術家も含まれていた。「デザインハウス」で製作されたデザインは、芸術会議で承認されて初めて顧客に提案することができた。「デザインハウス」は、大量生産のために縫製品だけでなくメリヤス製品や帽子、毛皮などさまざまな商品のデザインを作成することを期待され、実際に数百のデザインがウクライナ、ベラルーシ、アゼルバイジャン、グルジアなどで利用されていた[28]。また、「モスクワ衣服デザインハウス」を手本として、各地に同様の「デザインハウス」が設立され始める。しかしながら、この「モスクワ衣服デザインハウス」が全国のデザインハウスを監督したり、あるいは国中にデザインを配布したりするような中央集権的なシステムは、戦前には確立されなかった。

　その理由の一つは、商業部門も衣服の製作に関与していたことである。1935年2月までに、11の都市に百貨店がオープンし、そこではモスクワのツム（中

央百貨店、写真4）のサンプルが展示されていた。ツムにはアトリエが設けられ、個人注文と寸法直しを受けていた［Gronow 2003：95］。1934年、ツムは幾つかの工場と独自のデザイン契約を結び、さらに1936年には独自の生産コンビナートを持つに至った。

写真4　モスクワのツム百貨店の婦人部：1936年［Gronow 2003：95］

　もう一つの理由は、既に述べたように、それぞれの工場も独自のデザイン工房を持っていたことである。その質はきわめて低かったとはいえ、「デザインハウス」への従属を阻む要因であった。

（2）　アトリエとファッション雑誌

　都市部で配給制が廃止されたばかりの1935年に、スターリンが「生活はより良くなった。生活はより楽しくなった」と宣言すると、国家が供給する多様な消費財の消費を楽しむことが国民に勧められるようになる。この時期には消費文化が花開き、後にネオネップと呼ばれる。ただし、当時の生産力の必然的な結果として、それは階層化を伴って進展し、ファッションも服飾文化の発展というよりは「贅沢品」の獲得という意味合いが強かった［Журавлев, Гронов 2006：3-105］。

　アトリエは1920年代末に閉鎖されたが、1930年代に再び登場する。ただし、1930年代につくられたアトリエは、それまでに見られたような「針子や仕立屋といった小さな店ではなく、小さな工場に拡大しうるような生産単位であった」[29]。それでも、やはりこれは政府の目指した量産体制の確立とは矛盾する動きであり、また、実態としてはエリート層の需要に応えるためのものであったが、個人注文は「社会主義的文化の表象」や「生活水準の向上」として正当化された。

　ファッションの大衆化において重要だと思われるのは、1934年のモスクワ電

写真5（左）『モスクワ・デザインハウス』［Гизлегпром 1935：1-1］／写真6（右）『季節のデザイン』［Гизлегпром 1938：3-1］（ともにロシア・ナショナル図書館蔵）

機工場でのアトリエのオープンである。企業に付属したアトリエの開設はこれが最初であったが、『プラウダ』によると、顧客である労働者の需要は実に多様であった。一方、地方の労働者からは彼らをうらやむ投書が寄せられた［Gronow 2003：94］。この試みは、ほんの一握りではあるが労働者層にファッションが浸透していく可能性を示していた。

　1920年代後半に行われたファッション雑誌の輸入禁止は、アトリエがヨーロッパの流行を求める顧客の要望に応えられないという問題を生んだ。そこで、1934年に、いくつかのアトリエに対して外国雑誌の購入許可が下りた[30]。これはすぐに、外貨節約のためにリプリントで代替されるようになるが、外国雑誌へのアクセスが再び可能となったことの意義は大きい。

　1935～36年には国内のファッション雑誌も復活した[31]。『季節』（Сезон）は1936年にモスクワで、『ファッション』（Мода）と『モスクワ・デザインハウス』（Московский Дом Моделей／写真5）は1935年にレニングラードで発行されている。『季節のデザイン』（Модели сезона／写真6）は1938年の創刊である。ただし、『モスクワ・デザインハウス』の巻頭言には、他の雑誌の大半が外国のコピーであるとの指摘があり、ここからも、実際にはソビエト独自のファッションは不在であったことが伺える。

（3）人々の服装

　1930年代後半の情報はそれほど多くはないが、大多数の服装は依然として質

素なままであった。特に男性は、灰色や茶色を基調とした地味な服を着る傾向にあったため、外国人には皆同じように見えたという。アンドレ・ジイドは「異常な画一というか一致というか、そんなものが民衆の服装にまで現れている。……一目みたときは、個人はすっかり群衆のうちにとけこんでいて、ほとんど個性的なものは感じられない。」［ジイド 1937:43-44］と観察している。

しかし、1930年代前半までの締め付けの時期が終わると、西側の流行も徐々に浸透していった。ヨーロッパで1930年代初頭から主流となっていた体のラインを強調するデザインは、ソ連では1930年代後半になって登場する。さらに戦争が近づくと、ヨーロッパと同じように、鋭くとがったシルエット、誇張された肩など明らかに「軍事化」の兆候が見られるようになった。

おわりに

1920～30年代のソビエトでも、西欧の流行に沿ったファッションが主流を占め、それを享受したのは結局のところ国家のエリート層であった。1930年代後半には、一部の恵まれた労働者にその消費選択の枠を広げ、ファッションの大衆化に繋がる兆候も見えてはきたが、それは同時に消費の階層化を促す結果となった。

ソビエトにおいて戦前に、国民に幅広く浸透するファッションが出現しなかった最大の背景は、ソビエト繊維産業の生産力の低さにあるだろう。ソビエト政府が繊維産業で直面した課題はなによりも、国民の需要を量的に満たすことであった。1934年の『縫製工業』［Швейная Промышленность 1934:10］でも、「ファッションを創造する前に、服を作ることを学ばなければならない」と端的に述べられている。

革命直後から多くのデザイン組織や学校が設立されたのは、統一的なデザインの中央集権的配分が、工場での分業の発展とともに「大量生産」の基礎となりうるからであった。国民に十分な衣服を供給することと、質の良い衣服を提供することは矛盾した課題とは認識されていなかったのである。

「特権的な人々にだけでなく、多くの層の国民に」「機能的で美しい衣服をつくること」［Strizhenova 1989:9］を信念としたラマーノバは、1920年代半ばま

でこの理想の実現を追求した。彼女の考える「ソビエト・デザイン」とは単純なラインの日常着と民族モチーフの服であったが、当時の繊維産業の水準に失望し、活動の軸を「手工芸輸出」や舞台衣装に移していく。

　構成主義者のステパーノワやポポーワらが提示したデザインも、生産現場や国民にはほとんど浸透せずに消滅した。そのことは、革命を文化的生活に持ち込もうとするアヴァンギャルドの活動に、国家はそれほど関心を持っていなかったことを示しているだろう。

　戦前のデザイン組織は、衣服のデザインを配分する全国的な統制機関としては機能せず、統一されたコスチュームが具体的に示されることはなかった。そもそも、マルクス＝レーニン主義の理論の中には、「社会主義的ファッション」といった概念は登場しない。生活水準や階級差が服装の差として現れることは問題視されるが、人々がどのような服を着るべきかについては、大きな関心は払われず、ファッションは公式イデオロギーの支配の及ばない領域であった。

　ただ、資本主義において長くファッションが社会の上流階級に奉仕してきたことから、ファッションをブルジョア的なものと見なす傾向は根強く残った[32]。革命後に存在した現実の格差も、この見解を補強した。第二次大戦後に、あるべき「ソビエト・ファッション」が抽象的に提起されるが[33]、1920～30年代の出版物にも「ソビエト・ファッション」を模索する萌芽的議論が見られる。総じて、このような国民の服装に対して一定の規範的枠組みを上から与えようとする高踏的な見解も、本来的には自己表現の一つとして表れるべき大衆ファッションの出現を阻む要因であったと言える。

（1）　ファッションに相当するロシア語は「モード」だが、本章では「ファッション」に統一する。同様に「モデル」は「デザイン」とした。
（2）　［Husband 1990：7］なお、テキスタイル生産の89％は中央工業地帯に集中していた。
（3）　Трехгорная мануфактура（http：//www.trekhgorka.ru/2011年1月29日閲覧）。
（4）　最終的に、中央テキスタイル部は1919年10月に廃止され、テキスタイル総局に一本化される。組織の対立と企業の混乱については［Husband 1990：96-99］。

（5） 少し古いが1902年のセンサスによると、モスクワの縫製部門では、1823人の工場労働者に対し、2万9065人の工場外被雇用者、9973人の請負労働者、8186人の個人経営者が従事していた［Oliunina 1983：158］。
（6） 1919年4月16日規定。O центральном комитете Швейной Промышленности：(Положение) ст.187（1973）（reprint ed. Originally 1919），Собрание Узаконений и Распоряжений Рабочего и Крестьянского Правительства, Montabaur：Auxilibris（Originally Moscow）：№17, 218-219.
（7） 1924年にフランスに亡命した。
（8） 構成主義の彫刻家。
（9） 帽子とブリーフケースもまた、「ブルジョアのアクセサリー」という烙印を押された［Strizhenova 1991：49］。
（10） 彼女の経歴については、［Стриженова 1989］が最も詳しい。
（11） おそらくは1919年の2ヶ月半［Кондрашов 2003］。
（12） 彼女は、「ファッション」「スタイル」という用語を使わず、それぞれ「デザイン」「シェイプ」に置き換えた［Strizhenova 1991：74］。
（13） 1919年8月の第一回全ロ芸術産業大会での報告［Strizhenova 1991：38］。
（14） 以下のデザイン評は［Strizhenova 1991：80］を参照。
（15） 映画の仕事では、彼女は「アエリータ」「イワン雷帝」「アレクサンドル・ネフスキー」「サーカス」などを手がけている。
（16） 1933年にスタニスラフスキーが彼女の才能を認める証明書を残している［Стриженова 1989］。
（17） アヴァンギャルドと繊維産業の関係、および各組織の訳語は、［海野　2000：119-122］および［亀山　1996］を参照した。
（18） 「レフ」芸術の提唱者で5×5＝25展覧会のメンバー。
（19） ヴフテマス（高等美術工芸工房）教授。
（20） ペトログラードのギンフク（国立芸術文化研究所）物質文化部所属。
（21） 「レフ」芸術のメンバーで、ステパーノワのパートナー。
（22） 二人の仕事を比較すると、ステパーノワのテキスタイルデザインのほうがシンボリックであり、ポポーワのほうがより軽いトーンであった。また、ステパーノワが理論家であったのに対し、ポポーワはより実践家であった。
（23） ステパーノワの120のテキスタイルデザインのうち、実際に生産に移されたのはわずかに20であった［成美　2007：105］。
（24） 詩人のマヤコフスキーの姉。1910年からそこで働いていた［Bowlt 1989：21］。
（25） 1922年にはその前身である「新ソビエト・コスチューム製作センター」（Центр по становлению нового советского костюма）が創設された［Зайцев 1982：58］。
（26） ［Васильева 1994：102-103］ただし、仕事の上では目立つ服装はさけた。革命前までは運転手のユニフォームとして広く使われた革のジャケットが党幹部の「仕事

着」となった。
（27）　1929～33年には、他の産業では労働者の新規参入が目立ったなかで、6万9600人が綿工業から、2万4800人がリネン工業から離脱している［Goldman 2002：97］。
（28）　雑誌は専門家だけでなく一般の読者も想定しており、50頁足らずの紙面には、子供服やマタニティ服まで掲載されていた。
（29）　アトリエは、たいていは地域の百貨店に付属しており、大都市または工業都市の特権的階級に服を注文する機会を与えた。それは百貨店の創設とほぼ同時に開かれている［Gronow 2003：94］。
（30）　外国雑誌の購入費は1936年には2万400ルーブルに上ったが、国内でリプリントする方針に転換されると、1939年には3000ルーブルにまで減少した［Gronow 2003：97］。
（31）　以下は［Васильев 2004：232－233］による。筆者はモスクワの公共歴史図書館で『ファッション』（1927-29）と『季節のファッション』（1927－31）の所在を確認したが、改修工事のため現物を確認できなかった。
（32）　「ファッションは、……持てる階級による持たざる階級の支配を意味する」といった非難は1930年代になっても見られた［Strizhenova 1991：273］。
（33）　1947～50年頃に提唱された「ソビエト・ファッション」は、上流階級の趣味を満たす西側のファッションと異なり、全てのカテゴリーの国民に平等に対応するもので、政治的に正しく倫理的に完璧で、衛生上・気候上合理的なものとされた。具体的提案においては、統一されたアンサンブルとともに民族モチーフが多用されたが、その概念自体は極めて抽象的なものであった［Журавлев, Гронов 2006：3－108, 112］。

［参照文献一覧］

海野弘『ロシア・アヴァンギャルドのデザイン――アートは世界を変えうるか』（新曜社、2000年）

Oladipo Tomi and Sweeney William Orr『ソヴィエトスタイル――100 royalty free jpeg files』（ビー・エヌ・エヌ新社、2005年）

亀山郁夫『ロシア・アヴァンギャルド』（岩波新書、1996年）

ジイド、アンドレ『ソヴェト旅行記』（Retour de L' U.R.S.S. 小松清訳、岩波書店、1937［1936］年）

成実弘至『20世紀ファッションの文化史――時代をつくった10人』（河出書房新社、2007年）

Bowlt John E. (1989) "Manufacturing Dreams: Textile Design in Revolutionary Russia," in Zaletova L. (ed.), pp.17-20.

Chris Ward (1990) *Russia's Cotton Workers and The New Economic Policy: Shop-floor culture and state policy 1921-1929*, Cambridge UP.

Goldman Wendy Z. (2002) *Women at the Gate: Gender and Industry in Stalin's Russia*,

Cambridge : Cambridge UP.

Gronow Jukka (2003) *Caviar with Champagne : common luxury and the ideals of the good life in Stalin's Russia*, Oxford, NY : Berg.

Husband William B. (1990) *Revolution in the Factory : the Birth of the Soviet Textile Industry, 1917-1920*, Oxford : Oxford UP.

Lamanova Nadezhda (1989) "Organisational Plan for a Workshop of Contemporary Costume, 1919," in Zaletova L. (ed.), p.170.

Oliunina E. A. (1983) "The Tailoring Trade in Moscow," in Victoria E. Bonnell (ed.) *the Russian Worker : Life and Labor under the Tsarist Regime*, Berkley : University of California Press, pp.154－183.

Strizhenova Tatiana (1991) *Soviet Costume and Textiles 1917-1945*, Verona : Flammarion.

Strizhenova Tatiana (1989) "Textiles and Soviet Fashion in the Twenties," in Zaletova L. (ed.), pp.3－14.

Zaletova L. (ed.) (1989) *Revolutionary costume : Soviet clothing and Textiles of the 1920 s*, New York : Rizzoli Publications.

Гизлегпром (1935) Московский Дом Моделей, Ленинград, №1.

Гизлегпром (1938) Модели сезона, Ленинград, №3.

Госкомстат России (1994) Российский Статистический Ежегодник 1994, M.

Кондрашов Александр (2003) Две Капли "Коти". Новая Газета (http://www.peoples.ru/art/fashion/cutur/lamanova/2011年1月29日閲覧).

Стриженова Татьяна (1989) Судьба Надежды Ламановой. Журнал Мод, M., №4.

Цыпкин Л.С. (1929) Швейная промышленность в цифрах : По данным государственной статистики. Техника и Экономика Швейной промышленности, M. Орган Бюро постоянного совещания по делам швейной промышленности при ВСНХ РСФСР, 2/3 43 50.

Васильев Александр (2004) Русская Мода : 150-лет в Фотографиях, M. Слово.

Васильева Лариса (1993) Кремлевские Жены : Факты, воспоминания, документы, слухи, легенды и взгляд автора, M. Вагриус.

Журавлев С., Гронов Ю. (2006) Власть моды и Советская власть : История противостояния. Историк и Художник, M., 1(7), 3(9), 4(10).

Зайцев Вячеслав (1982) Этот многоликий мир моды, M. Советская Россия.

Sex and the City とポストモダン消費文化
―― サラ・ジェシカ・パーカー／キャリー・ブラッドショーをめぐる
ファッション、身体、ファンダム ――

吉岡　愛子

はじめに

　Sex and the City は、1998年から2004年にかけてアメリカのケーブルテレビHBO（Home Box Office）が放映したテレビドラマである。NYのマンハッタンに住む30～40代の4人の独身女性、コラムニストのキャリー・ブラッドショー（サラ・ジェシカ・パーカー）、弁護士のミランダ・ホッブス（シンシア・ニクソン）、アート・ディーラーのシャーロット・ヨーク（クリスティン・デイヴィス）、PR会社経営者サマンサ・ジョーンズ（キム・キャトラル）を主人公に、都会に生きる女性たちの友情、恋愛、セクシュアリティーを描いた。2008年映画版 *Sex and the City* は4人の主人公の4年後という設定になっており、TVシリーズ同様、スタイリスト、パトリシア・フィールドが担当した4人の衣装が関心を集めた。

　ファッションとフェミニズムは相容れない関係を築いてきた。SATC（*Sex and the City*）の世界規模での成功は、女性のファッションや自己顕示的な消費に否定的な見解をもつ第2波フェミニストの議論では説明できない。社会理論研究者たちが繰り広げる日常生活の審美化やライフスタイルについての議論は、SATCのファッション、身体、消費文化のテキスト分析に役立つと考える。

　また、第3波フェミニストもしくはネオ・フェミニスト[1]と呼ばれる大衆文化に関心を寄せるフェミニストたちが女性らしさやファッション、消費などについて新しい分析を試みている。第2波フェミニストの反ファッションに異議を唱えるフェミニストたちの議論はファッション研究に多くの示唆を与えている。

　最初に、ポストモダン消費社会の縮図とも思われるSATCのテキストをライフスタイル、日常の審美化、都市文化と関連づけながら、読み解いていきた

い。

　さらに、SATC は、TV、映画、活字メディアといったクロスメディア、インターネットのファンサイトやブログを包括してグローバルなセレブリティ文化とファン文化を展開している。SATC で一躍ファッション・アイコンとして注目されるようになった女優サラ・ジェシカ・パーカーが、日本のファッション雑誌を中心とする活字メディアで、どのように取り扱われ、どのようなスター・イメージを構築していたのかということを考察しながら、同時にセレブリティ文化、ファッション、身体についての議論を深めていくつもりである。
　そして最後に、アメリカと日本の SATC ファンサイトを調査し、セレブリティ文化やファッションが、両国のファンにどのように受容され、ファンのアイデンティティや日常生活にどのような作用をもたらすのかということを明らかにしていきたい。

1　ポストモダン消費文化と *Sex and the City*

　フェミニスト研究者は長い間、女性とファッションや消費活動に否定的な見解を提示してきた。シモーヌ・ド・ボーヴォワールは、女性のおしゃれには、女の社会的威信を示す目的と女のナルシシズムを表現する目的があると言った。女は着飾ることで、自分自身の人格を手にしたと思いこむ。社会のなかで、女は性愛の対象として位置づけられ、男性の欲望に身をさらす。一方男の衣服は、男を対象物にすることはなく、自分の外見を自分の存在の反映とは見なさない［ボーヴォワール　1997（1949）：371］。「男は生産し、闘い、創作し、進歩し、世界全体と無限の未来に向けて自己を乗り越えていかねばならない」［ボーヴォワール　1997（1949）：242］存在であり、社会的に何もなすことができない女は、家庭で家事労働に従事し、衣服や家具など身辺の品物を選ぶという行為で自己実現をし、自分を探し求める［ボーヴォワール　1997（1949）：245］。女の華美な衣服は、夫の経済力を誇示するための顕示的な代行的消費にすぎないとされてきた［ボーヴォワール　1997（1949）：468］[2]。
　第2波フェミニストの論客ジャーメイン・グリアは、多くの女性は若く美しければ、社会的上昇を果たせるというような願望を抱いて、ファッション雑誌

を読み漁り、モデルを手本に最新スタイルをまねる。こうしたステレオタイプは、あらゆる男女の「性的な対象物」［グリア　1976（1970）：67-68］であると述べている。また、買い物で商品を吟味し、バーゲンセールを歩きまわるのは女性の仕事であり、男性は買い物をしないし、買い物に時間をかけたりしない［Greer 1999：145］。「男性のファッション・ヴィクティムもいるにはいるが、全ての女性はファッション・ヴィクティムである。男性は化粧品を買わない」［Greer 1999：150］と喝破した。

　しかし、現代の消費社会を分析する上では、このような第2波フェミニストの考察は時代遅れになった観がある。ポストモダンの資本主義社会では、男性＝生産・仕事・都会、女性＝消費・家庭・郊外という伝統的な区分が薄れてきた。SATCの女性たちは、都市に住む可処分所得の高い働く独身女性たちであり、これは大都市に共通する新しい強力なマーケットを構成するグループである。このような女性マーケットグループは、日本にも存在する。経済的に自立した独身女性「おひとりさま」の消費行動に着目した岩下久美子や30代以上の独身女性「晩嬢」の消費生活や欲望をリサーチした山本貴代などが取り上げ［岩下　2001、山本　2008］、注目されるようになった。バブル経済後の「失われた10年」と呼ばれ低迷する不況の時代に、男女雇用機会均等法以降、結婚あるいは出産よりも働くことを優先してきた30代、40代の女性たちが、最も積極的に消費を行ってきたのである［深呼吸　2008：10］。

　ポストモダン消費社会では、商品は使用だけが目的の必需品ではなく、社会的地位を表す記号としての役割を担うようになり、より卓越した商品を選ぶための審美眼が必要とされるようになった。ライフスタイルとは、匿名社会の中で「日常生活の一部に社会的、記号的価値を賦与するパターン化された方法」であり、アイデンティティの演出方法である［Chaney 1996：44］。市場にあふれる様々な商品の中から、自分を最大限に魅力的に演出するための道具を選ぶという本来なら女性的な経済活動が、性別にかかわらず重要な意味を持つようになった。ライフスタイルにおける卓越の基準は、職業などの公的アイデンティティにとどまらず、衣服、家具、食事、休暇旅行の行先など、日常生活全般を包括するようになってきた。ここでも、公的な男性領域と私的な女性領域

の区分があいまいになってきている。

　SATC の4人の主人公は、現代社会の審美的消費者を代表するヒロインたちである。4人にとって、自分たちの生活に取り入れるもの、ファッション、食べ物、インテリア、また自分たちの外見、身体性、交際相手、どんな行動を起こし、どんな経験をするかといった日常の営みは、個人の選択に基づく独自のものである。日常生活の実践から生み出されるライフスタイルそのものが、「個性とスタイル感覚の表出」であり、「生き方の方針」となる［フェザーストン　2003（1991）：25］。SATC がこれほどの注目を集めた理由の一つをマイク・フェザーストンは、端的に指摘しているように思われる。

> 消費文化の周知の事実として、年齢や出身階級にかかわらず私たちはみな、自己改善（self-improvement）や自己表現の余地をもつのである。この世界は、人間関係や経験において最新のものを追求し、冒険心をもち、納得のいくまで充分に人生の選択をするという危険を引き受け、たった一つの人生を生きているのだから、楽しみ、経験し、それを表現するために、一生懸命働かなければならないのだという意識をもつ、そんな男と女の世界なのだ［フェザーストン　2003（1991）：26］。

　NYで互いの人生を共有できる、自分が納得する交際相手、もしくは結婚相手を見つけ出そうと奮闘する独身女性たちの姿は、ポストモダン消費文化の戯画化のようにも見える。買い物と恋愛には、類似点がある。買物の快楽も恋愛の快楽も、精神的欲望を身体的行動として変容させていくことで満たされる［Bowlby 1993：115］。恋愛における対象選択は、店で望ましい商品を選ぶ行為と似ているが、そこでは個人の魅力、欲望、選択などに干渉されるため、自分たちの欲望を満たす対象を獲得するのは容易なことではない［Bowlby 1993：115］。鋭い審美眼をもった手ごわい女性主人公たちは、出会った男性たちを容赦なく吟味し、批判する。購入前に自分の体にぴったり合うか、自分の顔色に映える色かどうかと試着をする衣類のように、男性たちは女性たちの視線にさらされ、購入されないか、購入してもすぐ飽きられてしまう服のように扱われ

る。キャリーは、結婚願望の強い男性に少々辟易しながらも、ダナ・キャランの服にたとえ、「好きじゃないけど、あれば着る」と言い、ミランダは、ジムで魅力的だが離婚経験のある子持ちの男性に出会うが、「中古はきらい。古着、アンティークには興味ない」とはじめは躊躇する。失敗を繰り返し、時には失恋や離婚に心を痛めながらも妥協をしない4人は、男性のために自分の生活をすべて諦めるような家父長制的な支配関係には、敢然と否と宣言し、主導権を男性に譲渡しない。「ものを買う行為はどれ一つをとっても、そこには多くの拒絶が含まれている。というのは、一つのものを選ぶことは同時にそれ以外のものを拒絶することだからである」［フィスク　1999（1989）：46］。

　ファッションとともにSATCの見どころは、エグゼクティブ・プロデューサーのダーレン・スターが「5人目の主人公」［ソーン　2007（2002）：146］という都市空間としてのNY、4人の女性が繰り出すレストラン、カフェ、バー、ブティック、美容サロンなどがガイドブックを眺めるように紹介されていることである。シャロン・ズーキンは、1970年代後半から80年代に、NY在住のライターたちが新しいグルメ食品店やレストラン、画廊などの情報を新聞や雑誌に発信して新しい文化的生産と消費両方に係わる具体的な基盤を用意したと指摘している［Zukin 1998：831］。これは、さらに商品の生産にサービスセクターで生まれる情報が介入することを意味し、自分たちの審美的基準により商品やサービスを判断して、個人的な消費活動に影響を与える新しい専門家や知識人が現れ、ライフスタイルの基準を操作するようになる［Chaney 1996：57］。

　都市の情報化は、東京では早く1970年代前半に始まっていた。東京のエンターテイメント情報誌『ぴあ』が、1972年に創刊され（2011年廃刊）、まだインターネットの普及前であったが、東京のあらゆるイベント情報を気軽に入手できるようになった。80年代に入ると、田中康夫が東京に住む大学生の風俗や恋愛模様を描いた『なんとなく、クリスタル』（1980年）を出版し、100万部を超すベストセラーになった。ブランド品消費にあけくれる軽薄な都会の若者のイメージは「クリスタル族」という新語も生んだ[3]。さらに、斎藤美奈子が「カタログ小説」[4]と呼ぶ一連のエッセイや小説が、盛んに出版されるようになる

のも80年代からである。林真理子や森遥子がファッション雑誌に女性と消費文化や商品をめぐるエッセイや短編小説の連載を始めた。都市は情報社会へ変貌し、さらにインターネット時代を迎えて情報は瞬時にグローバル化する。世界はインターネットでつながり、瞬時に呼応しあう。SATCのグローバルな規模での文化ムーブメント化は、インターネット時代の産物である。

　SATCでは、弁護士であるミランダを除いた3人の職業は、コラムニスト、アート・ディーラー、PR会社社長といったメディア、アートやエンターテイメントにかかわる仕事に就く新しい文化的仲介者であり、ライフスタイルの基準を操作する側に立ち、人々の消費生活に影響力を行使することができる立場にあることがわかる。彼女たちは、世紀末と21世紀に現れた女性版のダンディであり、都市の女性遊歩者である。ドラマの架空の人物のライフスタイルが、経済活動や人々の消費活動に活力を与えている事実は、元来女性的なものとみなされてきた文化が男性的領域である産業に与える影響力の大きさを物語っている。ファッションはまさに文化産業であり、SATCの4人の主人公たちが、公的—私的、生産—消費という二項対立の経済構造の区分が溶解しつつあるポストモダンの消費社会の象徴的な存在であるということを認識せずにはいられないのである。

2　サラ・ジェシカ・パーカー／キャリー・ブラッドショー
　　　——セレブリティと身体・ファッション——

　SATCがどれほど興味深いテレビドラマであっても、クロスメディア、特にファッション雑誌や女性誌の後押しがなかったら、これほど文化的影響力を発揮してファッション産業やファンの消費行動を刺激する原動力となったかは疑問である[5]。海外提携誌『Harper's Bazaar』日本版の2000年10月創刊号に、SATCを日本のファッション雑誌に紹介したのを皮切りに、2001年頃から徐々に他誌にもSATCのファッションが取り上げられるようになる。アメリカ発のSATCが日本にどのように入り込み、SATC以前は日本ではほとんど無名の女優、サラ・ジェシカ・パーカーがどのようにファッション・アイコンもしくはセレブリティとして受け入れられていくのか。ファッション雑誌を中心に、

日本の活字メディアが果たした役割とメディアが創り出したサラ・ジェシカ・パーカーのスター・イメージについて考察していきたい。

　日本で最も広く行き渡っているパーカーのイメージは、ずばりSATCの役柄キャリー・ブラッドショーそのものである。日本では、パーカーは、その長い芸歴にもかかわらず、一般にはSATC以前の活動はほとんど知られておらず、SATCとともに突然日本メディアに登場したにわかセレブリティといったような異色の存在なのである。

　最も早くSATCをファッショントレンドとして取り上げたファッション誌の一つは、20代前半の女性を対象にした『JJ』である。2001年10月号では、「大人気のテレビドラマがアメリカのファッションをリードしている」［JJ 2001：194-195］とSATCをアメリカのファッション現象として扱っていた。しかし、翌年2002年10月号では、「見てない私もすぐにサラ・ジェシカ・パーカー　Sex and the City セレブスタイルを盗め！」でドラマから流行した商品の紹介やキャリーのスタイルを手本にした着こなしをするために、日本で入手可能なアイテムを使ってコーディネートする仕方を読者に指南している。「一度見たらわかりますが、とにかくサラ・ジェシカ・パーカーの演じるキャリーは魅力的」「ドラマの中のキャリーのスタイルはお手本にしたいコーディネートが目白押し」［JJ　2002：133-135］。2000年からWOWOWでSATCの放映が開始されると、それ以後ファッション誌や女性誌はSATCのファッション、メイクなどを取り上げるようになった。なかでも、『Frau　Gorgeous』は2003年5月20日号に、15ページにわたるキャリー・ブラッドショーのファッション特集を組んでいる。服、靴、バッグ、アクセサリー、ベルト、スカーフに至るまで詳細なキャリー・スタイルの小冊子の様相である。TVドラマの主人公のファッションにこれほど注目が集まるのは、異例なことである。もはや、キャリー・スタイルは、アメリカ特有のファッション現象ではなく、海外提携誌より巨大な購読者層を持つ日本のファッション雑誌を媒体に、リアルクローズとしてストリート・ファッションのトレンドに変容していくのである。

　第2のイメージは、ファッション・アイコンとしての女優サラ・ジェシカ・パーカーである。多くはレッドカーペットを歩くパーカーの写真や彼女の私服

の写真が取り上げられ、日本人モデルが雑誌の提案するアイテムでいかにそのイメージに近づくことができるかという特集が組まれている［大草　2006：132－141］。トレンド・セッターといわれたドラマのキャリーのスタイルは、スタイリスト、パトリシア・フィールドに負うところが大きいわけであるが、ドラマを離れて見せるファッションには、パーカー自身の趣味や審美的能力が表れており、雑誌編集者たちが彼女自身をファッション・アイコンとして認めていることがわかる。スターは職業的能力以外にも、ライフスタイルやファッションの表現者としての審美的能力を評価されることが多くなってきた。この現象は、ポストモダン消費文化のなかで身体とライフスタイルが人々の新しい関心の的となっていることと一致する。現代社会では、身体と自己は相互依存の関係にあり、ライフスタイルや自己を伝える媒体としての身体を管理したり、操作することが重要になっている［Chaney 1996：116－117］。身体／自己は、社会の多数の観客に向けてのプロジェクトとなり、「身体を装うという自己表示」［Chaney 1996：117］つまりファッションは、社会と個人とをつなぐ最も効果的なアイデンティティの演出・交渉のための手段となっている。パーカーは、社会や観客へ向けての身体／自己というアイデンティティの演出・交渉手段として、ファッションを最大限に活用し、職業的成功に結びつけてきたセレブリティの代表格といえるだろう。しかしながら、ファッション・アイコンとしての女優パーカーとSATCのキャリー・ブラッドショーは、ファッション誌の紙面ではしばしば分かちがたく混同されている。

　第3のイメージは、流行の最先端をいく自信にあふれた華やかなスターのイメージとは必ずしも一致しないパーカーの平凡さ、もしくは読者やTV視聴者が感じる親しみやすさである。雑誌『Studio　Voice』が2004年4月号「ファッション・アイコンの作りかた」という特集号で、パーカーをファッション・アイコンの一人として取り上げているが、その内容は、先に挙げた第1のイメージとも第2のイメージとも異なる言説を提示している。

　　　主人公のサラ・ジェシカ・パーカーの立ち位置も、ブス系なのに、愛嬌とナイスバディ（努力すればそれに近いセンに平民ももっていけるかも）の

持主で、かつ、服にコストと時間をかけていなければできないファッションセンスが、絶妙のバランスを保っていて、見ていてホントにいい気持になってくる。特に、シーズン１のとあるデート・シーンでサラが着ていた、ブルーのフェザー・ストールにピンクのドレスの組み合わせは、私をして、アンナ・モリナーリの類似品に走らせる原動力になったものだ［湯山 2004：46−47］。

決して美人とはいえないパーカーがあれほど華やかで魅力的に見えるのは、シェイプアップした身体と洗練されたファッションセンスのたまものである。ファッションセンスに磨きをかけ、「努力をすれば私たちも」という変身願望を刺激する平凡で親しみのもてるスターというイメージである。ポストモダン消費文化では、魅力的な外見とは、もはや先天的に与えられたものではなく、女性たちがふさわしい商品を選び出して使用し、自ら作り上げるものと考えられているとも指摘できよう[6]。

第４のイメージは、海外提携誌のインタビュー記事などに見られる私的生活を語るパーカーである。日本のファッション雑誌では、パーカーと彼女が７年間演じた役柄キャリー・ブラッドショーは分かちがたく結びついており、しばしば互いのイメージが混同されて語られている。しかし、海外提携誌では、パーカーが彼女の役柄であるキャリーとは、まったく違うタイプであり、人前でセックスの話はしないし、煙草も吸わない。最も異なるところは、独身のキャリーとは違い、パーカーが幸せな結婚生活を送っていることであるとしている［アルフォード　2001：157、ELLE　2003：40］。

とはいえ、『Harper's　Bazaar』のパーカーの写真イメージはSATCのキャリーのように挑発的で刺激的である。ストライプのビキニ姿でストレッチをするもの、SATCのキャリーの恋人ビッグ風のメンズ・スーツ姿のもの、白いシャツと黒い「マノロ・ブラニク」（キャリーのトレードマーク）のパンプスだけをまとって、自慢の脚を露出したもの。そして、「買った靴は全部取ってある——ヒールがバカみたいに見えてもなんでも。マノロは芸術よ。（中略）将来は娘にこう教えるの——『ママはね、マデリン・ギャレットっていう小さなブ

ティックで、1983年に初めてマノロの靴を買ったのよ』って」［アルフォード 2001：158］。最終的には、奇妙にもキャリー・ブラッドショーのイメージに回収されてしまうのである。

　第5は、プロフェッショナルな職業人もしくはプロデューサーというパーカーのイメージである。ユニセフ大使を務め、政治に深い関心を寄せて民主党員として活動し、NYの舞台にも立ち続けている［アルフォード　2001：156］など、非常にプロ意識の強い職業人であるということがわかる。オフ・ブロードウェイで11歳にしてデビューを飾って以来、今日の成功を掴むまでには長い下積み生活があった。「舞台は厳しい。期待も基準もすごく高いから」と述べながら、今でも年に1回は舞台を踏むというルールを自分に課しているという［アルフォード　2001：158］。家庭生活と仕事を両立させながら職業的成功を成し遂げた女優ブライス・ダナーを理想とし、「きっぱりと道を選んだから、いい女優になったのよ。そういうものだわ。それでこそ豊かな人間になれる」と評する［アルフォード　2001：158］。一つの仕事を長くやりつづけ、極めていくという高いプロ意識と長い不遇の時代を自分の力で乗り越えてきた自信と不屈の精神をのぞかせる。

　男性ライフスタイル誌『BRUTUS』が"Trend Makers 2005"特集の筆頭に、サラ・ジェシカ・パーカーを選んだことは、注目に値する。『BRUTUS』は女優としてよりも、プロデューサーとしてのパーカーに関心を寄せているようだ。SATCのファッションが社会的なムーブメントになった原因を流行の仕掛け人、パーカーにインタビューするという趣旨の記事である。

　『BRUTUS』はスタイリスト、パトリシア・フィールドの存在とともに、SATCのファッションへのパーカーの貢献にも言及している。番組のファッションへの注目度はデザイナーたちの関心を引き、シーズン1の撮影開始をした当初は、衣裳の8割は製作費から購入したものであったが、最終シーズンではデザイナーからのリース品が8割を占め、ヴィンテージ品のみが買い取りになった［BRUTUS　2005：28］。有名デザイナーたちは、自分たちのファッションの宣伝にとって、SATCが世界に開いたショーウインドーとして、絶大な影響力をふるっていることを認識するようになったのである。

しかし、番組の目指していたものは、ただのトレンディなドラマを作ることではなく、プロデューサーとしてパーカーが念頭に置いていたことは、「女性の人生にとって何が大切なのか、それが描けているか」［BRUTUS　2005：28］ということであったという。実際、4人の主人公たちは、女性が人生で遭遇する様々な問題、恋愛や結婚だけでなく、離婚、不妊、病気、介護などに直面し悩み苦闘しながらも、互いを支えにして、持ち前の明るさで人生を切り開いていく。女性視聴者たちは、そういう主人公たちに共感し、エールを送るのであるから、パーカーの制作姿勢は女性たちの絶大な支持を取り付けることに見事に成功したのである。

　さらに、パーカーが新たに挑戦した仕事は、デザイナーとして商品を企画することである。アメリカでも衣料品のデザインに携わっているが、バッグやジュエリーの企画・製造・販売を行っている日本のブランド、サマンサタバサが2007年春夏新作のデザイナーにパーカーを起用した。パーカーは、自らデザインしたバッグ「オルラーレ」の新作発表会のために来日し［SCREEN　2007：42、流行通信　2007：161］、メディアに取り上げられている。

　こうしてみると日本のメディアでは、TVキャラクターであるキャリー・ブラッドショー、ファッション・アイコン、平凡で親しみのもてるセレブリティ、妻・母親としての生活を大事にする家庭人、そして徹底した高いプロ意識で仕事に取り組む職業人、プロデューサーとして様々な顔を持つパーカーのイメージがメディアで発信され、読者にイメージとして消費されていることがわかった。メディアが生み出したスター・イメージを詳細に分析していくと、私たちは、サラ・ジェシカ・パーカーがスター商品やファッション商品としてメディアや視聴者や読者にイメージとして消費されながら、同時に現代消費文化のなかで文化的仲介者の役割を果たし、文化・経済活動に刺激を与えてきたことを改めて認識することになる。ファッションは、パーカーに大きな転機をもたらした。キャリー・ブラッドショーという当たり役に巡り合うチャンスをつかむことで、これまでのスター・イメージの転換に成功したのみならず、努力して培った自らの審美眼で選んだファッションを武器にスターとしての格を押し上げた。審美的な身体表現技能は、演技者というキャリアと密接にかかわるもの

でもある。さらに、まるで家庭と仕事、消費（イメージや商品として消費されるスター）と生産（プロデューサー、デザイナー）の領域に境界など存在しないように縦横無尽に移動し、活躍の場を広げていくバイタリティーは、彼女自身が文字通りポストモダンのネオ・フェミニスト世代を代表するスターであることを示している。

3　女らしさの快楽——Sex and the City とファンダム——

　第2波フェミニストにとって、赤い口紅とハイヒールは男に従属する抑圧された女の象徴であった。買物にうつつを抜かし着飾る女は、資本主義経済に操られた愚かな消費者であり、男の性的対象に甘んじるだけのファッション・ヴィクティムに過ぎなかった。しかし、SATC はそんな第2波フェミニストの悲観論を転覆させてしまったようにも見える。近年、第3波フェミニスト世代の女性研究者たちは、これまで真剣な研究対象とはみなされなったファッションや消費についての問題に取り組むようになった［Wilson　2007(1985)、エントウィスル　2005(2000)、フィンケルシュタイン　2007(1996)、中野　2010］。これらの研究者たちはファッションの抑圧的な側面を認識しながらも、ファッションに多義的な意味を見出している。ファッションはファンタジーの媒体物であり、個人の内なるものを外界へ伝達し、人間の心理と相互作用しながら個人を社会的存在とするパフォーマンスの働きをすると主張する[7]。また、「男らしさ」の対極として「女らしさ」を位置づけ、批判を行ってきた第2波フェミニストの論調を再考する試みを始めたフェミニストの議論［Hollows　2000, Ferriss and Young 2008, Radner 2011］には、SATC の成功を読み解くヒントがあるように思う。

　ここでは、SATC とファンとの関係に焦点を当てることで、現代の女性消費者にとって、ファッションや消費が、彼女たちのアイデンティティにとってどんな作用をするのかという問題を掘り下げていきたい。アメリカの Fan Forum や HBO の SATC ファンサイト、日本のファンサイト Sex and the City Girl's Talk で共通する顕著な現象は、ファンサイトのジェンダー構成率である。両国とも、ファンサイトにはほとんど女性視聴者によって書き込みが行われてお

り、SATC の視聴者が圧倒的に女性であること、また、スター、サラ・ジェシカ・パーカーが女性観客に人気のある女性のためのスターであることは明白である。

　アメリカのファンサイトでは、SATC の 4 人の主人公の異なるスタイルと衣装で、各自のパーソナリティを表現していることが、ドラマの大きな魅力の一つとなっている。ファンは自分の趣味に合わせて、4 人のうち誰にでも自分を同一化したり、投影したりすることができる。

　　私は、シャーロットのエリザベス・テイラー・ルックが大好き。その写真
　　を見つけようと思ってる。とても素敵に見えると思うの(8)。
　　　　　　　　　　　　　　　　　　　　　　　　　　Crazy Beautiful

　　シャーロットのエリザベス・テイラー・ルックはすごく素敵よね！　私は
　　4 人の服はどれも好きだけど、キャリーが私のファッション・アイドル。
　　彼女はいつも色々な物を組み合わせてユニークでしょう。デザイナーブラ
　　ンド、古着、ハイストリートの完全なミックス。SATC が終わってしまっ
　　たら、誰が流行を創るんだろう(9)。
　　　　　　　　　　　　　　　　　　　　　　　　　　　　　　Chazina

　　4 人のファッション大好き。一番気に入っているのは、サマンサとミラン
　　ダの服だけど(10)
　　　　　　　　　　　　　　　　　　　　　　　　　　Addison McHot

　それぞれのファンにとって「女らしさ」の定義は 1 つではなく、4 人のスタイルの中から好みや気分に合わせて自由にアイテムを選び批評を展開している。
　一方、日本ではアメリカとは異なり、ファンの関心はもっぱらキャリーのファッションへ集中しているようである。キャリー自身のファッションが 1 つのスタイルに収斂されることなく、カメレオンのように時、場所、相手、雰囲気や気分によって変化するからである。ファンにとって、キャリーのファッションは、既存の規則に縛られない斬新な感覚との遭遇を約束し、それが自身の「美意識の刷新(11)」にもつながることもある。

私は、洋服は三色以内に抑える、素材を合わせる、などトゥーマッチにならにように気を付けていますが、でもキャリーって色んな色を使ってますよね。色に限らず、柄×柄、チェック×チェック、柄×ストライプ……。それが素敵に見えるのはタマリーさんのおっしゃる通り、やっぱり、その人の持っている雰囲気やセンスの問題なんでしょう。(中略)とってもとっても素敵なコーディネートだけど、全部を真似するのは先ず無理！(12)
薫風

　Beachy：映画やテレビシリーズが私の周りの女性たちにどれほどの影響を与えているかをなんど目にしたことか。靴やら服のスタイルやら流行っているもの。この間医者に行ったら、女の人が黒いドレスの胸の下にX型の伸縮する幅の広いベルトをしていたの！　その人、そのドレスに合わせて黒いCoachのサンダルを履いていたの！　とっても素敵だったのよ！！(13)
Marlennemm

　ファンサイトでは投稿者はSATCのアイテムの批評や情報を自発的に発信し、情報交換の場を提供している。ポストモダンの参加型コミュニケーションツールは、雑誌媒体の情報発信に限界を感じたり、飽き足りないファンや消費者たちに独自のSATCファンサイトやブログの立ち上げを促し、グローバル及びローカル規模での多様なネットワークやファン・コミュニティの形成を容易かつ敏速に実現させた。もはや知識人や専門家ではなく、そうしたファンや消費者の間からオピニオン・リーダーが現われ、自らの嗜好決定によって産業や消費に刺激を与えている。ファッションは消費を通して体現、身体化されていく身体的実践である。

　先日、行って参りましたよん青山のル・シャルム・ドゥ・フィーフィー・エ・ファーファーへ。すべてがうっとりの世界でした。リジーのネックレス、バッチリ見てきました！　対応してくれた店員さんもSATCを見て

いるそうで、キャリーやシャーロットがドラマでつけていたネックレスや、プライベートでマシューがサラにおくったネックレスなどを見せてくれました。(後略)(14)
　　　　　　　　　　　　　　　　　　　　　　　　　　　　バーネット

　投稿者の多くは、20歳前後から30代の女性たちと推定され、実際にはデザイナーブランドの服を購入できるような高所得者層の女性たちではなく、比較的安価に手に入れることのできるアクセサリー、ホースシューネックレス（アメリカではネームタグネックレスも）などが彼女たちに人気のある購入商品だ。高価な服には手が出ないので、普段はBenettonやH&Mで服を買うというファンもいる。また、動物愛護や環境保護を念頭にヒロインの毛皮のコートやブランド品の過剰消費に異を唱えるファンも存在し、必ずしもファンが消費者となるわけではない。しかし、そのようなファンの一人もSATCの魅力を次のように述べている。

　　Beachy：SATCは、6シーズン続いた実社会からの素敵な週に一度の逃避なの。よくシリーズを見てみたら、彼女たちが毎週やるように、誰がファッション、靴、アパート、宝石、ディナーなんかの費用を負担する余裕があるの？　ライター／プロデューサーが私たちに見せなかったものがあったかしら？？　食べものとか電話とかそんなもの抜きで、彼女たちが出かけたことなんてあった？？　SATCは、大きなファンタジー、そして私たちは十分に楽しんだの(15)。
　　　　　　　　　　　　　　　　　　　　　　　　　　　Marleneemm

　多くの女性ファンが、実際にはラグジュアリーブランドの服に袖を通すことができなくても、この女性ファンが指摘するように、週に一度平凡な日常から束の間抜け出すことができる時間を楽しむために、TVのスウィッチを入れていたに違いない。直接消費行動につながることはないが、イメージの消費としてのファンタジーを享受しているのだ。
　さらに、ブランド品消費に懐疑的であっても、女性とファッションの関係や日常生活で衣服を着衣する行為に肯定的な価値を見出すファンもいる。

本当に、その通り。Sex and the City がファッション界に多大な影響を与えて、女性たちにどんな時にでも、どう魅力的に見せることができるかを教えてくれた。女性が素敵に装うことは、間違ったことではないわ。だって自分が素敵に見えれば、自信も高まる。自分に自信が持てる時は、どんなこともできそうな気がするでしょう！[16]　　　　　　　　Host_Ginna

　女性たちは、SATC の4人のヒロインそれぞれが、自分たちの個性や魅力を表現するために自分にぴったりと似合う服を選び、創造的に着ることを楽しんでいる姿を見ることに喜びを感じているのだ。それは、賞賛されるべき審美的な身体表現能力であり、経験を積んで、自分を熟知した大人の女性だけが獲得することのできる「卓越の技術」だと知っている。それは言い換えれば、ファンは4人のヒロインたちを、自分たちの身体性や個性といったアイデンティティを表現するために、ファッションを通して、それぞれのペルソナの延長と見なされるような生き方を意識的かつ創造的に作り出している能動的主体として、肯定的に捉えていることを意味する。

　従来「女性的」ナルシシズムは否定的な解釈を与えられてきたものだが、第3波フェミニスト研究者たちは、ナルシシズムの概念を特に「女性的快楽の源」として肯定的に捉えなおし始めている[17]。美しく装うことは、単に外見をつくろうことではなく、同時に着衣する女性の主体に心理的な働きかけをする。魅力的に装うということは、何よりも女性自身の目を喜ばせ、自信を与え、女性たちの生活の活力ともなりうるエンパワーメントであると女性たちは考えているのだ。

おわりに

　SATC は、ポストモダン消費文化のライフスタイルや日常の審美化の実践を可視化したフィクションである。しかし、この架空の登場人物である4人のヒロインたちが映像のなかで披露する個々のライフスタイルやファッションは、世界規模の生産・消費を巻き込む一大文化・経済ムーブメントとなった。デザ

イナーではなく、テレビドラマがファッションのトレンドを決定し、4人のヒロインたちは文化仲介者の役割を実演し、SATCは世界に開かれたファッションの巨大なショーウインドーとなった。グローバルな情報社会で共有されるセレブリティ文化は、さらにローカルなメディアを媒体に浸透し、生産や消費活動に影響を及ぼしていく。

　私たちは、SATCを通して、グローバリゼーションのなかで大衆文化が産業に与える影響力の大きさを再認識したように思う。大衆文化を牽引するセレブリティという存在が、スター商品あるいはファッション商品として、メディアや観客に消費されながらも、同時に自らが文化仲介者という役割を担って、その文化的影響力を行使していくのである。また、現代のセレブリティ文化では、スターは職業的能力のみならず、ファッションやライフスタイルの表現者としての審美的能力も評価にさらされるようになった。サラ・ジェシカ・パーカーは、ポストモダン消費文化やセレブリティ文化の申し子であり、ファッションを自身の身体プロジェクトとしてキャリアに活かし、スターダムに昇りつめたのである。さらに、SATCのTVシリーズ途中でプロデューサーに起用され、消費されるだけのスター商品の地位にとどまることなく、以後エンターテイメント産業のなかで、プロデューサーとして精力的に制作に携わるようになった。

　そして、セレブリティと相関関係にあるファンダムこそが、この世界的文化ムーブメントの鍵を握っていたエージェンシーであった。女性ファンたちは、大衆文化を受容して楽しみ、自分たちの日常生活に積極的にセレブリティ文化を取り入れ、ファッションを消費するという身体的実践を行う実演者であった。消費を手放しで推奨するつもりは毛頭ないが、反ファッションに徹する議論に偏ることなく、ファッションの審美的側面や人の精神に及ぼす影響に目を向けていくことは、ファッション研究に深みを加えることになる。女性たちが楽しんだのは、SATCの4人のヒロインたちの変わらぬ友情、ロマンス、ライフスタイル、そして何をおいてもファッション——女性ファンにとって、美しく装うということは卓越の技術であり、心を高揚させる女らしさの快楽であるのだから。

（1） 現在フェミニズムと女らしさについての活発な議論が行われている。これをポストフェミニズムと呼ぶ向きもあるが、最近では反フェミニズムとしての意味合いを含むポストフェミニズムと差別化するために、第3波フェミニズム、ネオ・フェミニズムという呼称が使われている。新しいフェミニストは第2波フェミニストから継続したものとする説もあるが、Hilary Radner はその先駆者として Sex and the Single Girl の著者であり、Cosmopolitan 編集長であった Helen Gurley Brown を挙げ、第2波フェミニズムとは異なるネオ・リベラリズムとともに発展した新しいフェミニズムの潮流だとしている。日本では、林真理子にネオ・フェミニズムの影響を見る。
（2） 第2波フェミニストに共有されている概念であるが、早くはソースティン・ヴェブレンが『有閑階級の理論——制度の進化に関する経済的研究』（1899）で指摘した。
（3） 田中康夫については、斎藤［2002：220-53］参照。
（4） 森瑶子と林真理子については、大衆消費文化と文学に関する斎藤美奈子の批評［斎藤　2004：61-82］参照。
（5） 英国のファッション誌への SATC の影響については、［König 2006：130-143］がある。
（6） Lury は、英国の女性雑誌 Options の分析をした Janice Winship の研究を引き合いに出し、商品を使って、女性らしい美しさを作り上げるという手法は、伝統的に女性誌が提唱してきたものと述べている［Lury　1996：132-135］。
（7） Elizabeth Wilson はファッションについて、フェミニズムに存在する2つの見解の違いを紹介しているが、ファッションをパフォーマンス・アートとして考え、その審美的側面とファッションが及ぼす精神的働きを強調して、自身の立場を明確にしている［Wilson　2007：228-247］。
（8） アメリカのファンサイト Fan Forum の Sex and the City——The SatC——Fashion〜'Cuz they wear the most beautiful dresses〜（2004年11月1日）。
（9） 同上（2004年11月1日）。
（10） 同上（2004年11月2日）。
（11） Wolfgang Fritz Haug［1986：39-44］が"aesthetic innovation"「美意識の刷新」という表現を使った。
（12） 日本の SATC ファンサイト Sex and the City Girl's Talk より、253. Re：キャリーのファッションについて（2005年8月12日）。
（13） アメリカの HBO のファンサイト Sling Back：Fashion Through The Seasons in Archives in HBO Community Home（2008年7月11日）。
（14） 前掲、Sex and the City Girl's Talk（2005年6月10日）。
（15） 前掲、Sling Back：Fashion Through The Seasons in Archives in HBO Community Home（2008年7月9日）。

(16) 前掲、Sling Back : Fashion Through The Seasons in Archives in HBO Community Home（2008年6月15日）。
(17) 母親と娘の関係性に着目し、フロイトの女性のナルシシズムを読み返すEugénie Lemoine‐Luccioniの分析をもとに、女性雑誌と女性読者や女性のナルシシズムやエロティシズムを再考したHilary Radner［1995：35‐65］、また、ハリウッドの女性スターと女性観客についての分析を行ったJaackie Stacey［Stacey 1994］参照。Celia Luryは前掲 *Consumer Culture* で、女性と消費についての分析を行っており、女性のナルシシズムに言及している［Lury 1996：118‐155］。米澤泉の「私萌え」も女性のナルシシズムの議論に洞察を与えてくれる［米澤 2010］。

［引用・参照文献］

アルフォード、ヘンリー 2001「サラ・ジェシカ・パーカー独占インタビュー しなやかなセックス・シンボル」(Alford, Henry, "Head Over Heels"Rei Anno 訳)『Harper's Bazaar 日本版』2001年4月号、157頁

岩下久美子 2001 『おひとりさま』中央公論新社

ELLE 2003「テレビドラマの2大スターが語る 私のプライベートライフ——おしゃれなママになったシングルキャリアの象徴 サラ・ジェシカ・パーカー」『ELLE 日本版』2003年1月号、40頁

エントウィスル、ジョアン 2005［2000］『ファッションと身体』(Entwistle, Joanne, *The Fashioned Body*. 鈴木信雄訳) 日本経済評論社

大草直子 2006 「"女を引退しないおしゃれのルール お手本はGrazia世代の女優にあり！——Part 1 サラ・ジェシカのプラス1テクがお手本 大注目のワンピースを上品に着る」『Grazia』2006年4月号、132‐141頁

小野綾子 2003 「超立体特集 30歳からのセクシーと服 30代の『いい恋』は、集中力の産物である」『Frau Gorgeous』2003年5月20日号、48‐54頁

グリア、ジャーメン 1976［1970］『去勢された女 上』(Greer, Germaine, *The Female Eunuch*. 日向あき子、戸田奈津子訳) ダイヤモンド社

斎藤美奈子 2002 『文壇アイドル論』岩波書店

——— 2004 『文学的商品学』紀伊國屋書店

JJ 2001 「L.A. 直行セレブの流行クロゼット——気になるあの人は最近何を買ったのか」『JJ』2001年10月号、194‐195頁

——— 2002 「見てない私もすぐにサラ・ジェシカ・パーカー Sex and the City のNYセレブスタイルを盗め！」『JJ』2002年10月号、133‐135頁

深呼吸 2008 「経済気象台——晩嬢消費」『朝日新聞』2008年9月2日、10頁

SCREEN 2007 「"サマンサタバサ"＆"サマンサティアラ"のPRで来日のサラ・ジェシカ・パーカー」『SCREEN』2007年6月号、42頁

Sex and the City Girl's Talk

http://www2.ezbbs.net/cgi/bbs?id=satc-fans-page&dd=14&p=5（2009年10月17日閲覧）

http://www2.ezbbs.net/cgi/bbs?id=satc-fans-page&dd=14&p=6（2009年3月22日閲覧）

ソーン、エイミー　2007［2002］『Sex and the City : Kiss and Tell 完全版』（Sohn, Amy, *Sex and the City : Kiss and Tell*. 鬼頭英理子、植田尚子他訳）ブックマガジン社

ド・ボーヴォワール、シモーヌ　1997［1949］『決定版第二の性　II 体験』（de Beauvoir, Simone, *Le Deuxìme Sexe II L'expérience vcue*. 中嶋公子、加藤康子監訳）新潮社

中野香織　2010　『モードとエロスと資本』集英社

萬代悦子　2003　「超立体特集　30歳からのセクシーと服　30代、『セクシー』遥増法則――『セックス・アンド・ザ・シティ』は、退屈しない人生の道しるべ」『Frau Gorgeous』2003年5月20日号、36－37頁

萬代悦子、谷花生、塚本笑子（2003）「超立体特集　30歳からのセクシーと服『大人』の中の『大人』が守るべき服と小物のルール」『Frau Gorgeous』2003年5月20日号、38－41頁

フィスク、ジョン　1999［1989］『抵抗の快楽――ポピュラーカルチャーの記号論』（Fiske, John, *Reading the Popular*. 山本雄二訳）世界思想社

フィンケルシュタイン、ジョアン　2007［1996］『ファッションの文化社会学』（Finkelstein, Joanne, *After a Fashion*. 成実弘至訳）せりか書房

フェザーストン、マイク　2003［1991］『消費文化とポストモダニズム　下巻』（Featherstone, Mike, *Consumer Culture & Postmodernism*. 小川葉子、川崎賢一編著訳）恒星社厚生閣

BRUTUS　2005　「Trend Makers 2005――彼らのマイブームが2005年の流行を決める！」『BRUTUS』2005年1／1・15合併号、28頁

山本貴代　2008　『バンジョー（晩嬢）という生き方――晩婚・晩産の30代以上女性』プレジデント社

湯山玲子　2004　「『セックス・アンド・ザ・シティ』論――東京の女性業界ピープルと比較してみる」『Studio Voice』2004年4月号、46－47頁

米澤泉　2010　『私に萌える女たち』講談社

流行通信　2007　「バレーリーナレッグ VS ダンサーレッグ――御美脚対決　憧れのセレブに迫る！」『流行通信』2007年6月号、160－161頁

ヴェブレン、ソースティン　2005［1899］『有閑階級の理論――制度の進化に関する経済的研究』（Veblen, Thorstein B. *The Theory of the Leisure Class : As Economic Study in the Evolution of Institutions*. 高哲男訳）筑摩書房

Bowlby, Rachel（1993）*Shopping with Freud*, London and New York : Routledge.

Chaney, David（1996）*Lifestyles*, London and New York : Routledge.

Fan Forum

http://www.fanforum/f 199/satc-fashion-cus-they-wear-most-beautiful-dresses-26932/
（2009年2月27日閲覧）

Ferriss, Suzanne and Mallory Young (eds.) (2008) *Chick Flicks : Contemporary Women at the Movies*, New York and London : Routledge.

Greer, Germaine (1999) *The Whole Woman*, New York : Anchor Books.

Robert Bock (trans.) (1986) *Critique of Commodity Aesthtics : Appearance, Sexuality and Advertising in Capitalist Society* [Haug, Wolfgang Fritz (1986 [1971]), Kritik der Waren ä sthetik], Minneapolis : University of Minnesota Press.

HBO http://boards.hbo.com/topic/Sex-City-Archives/Sling-Fashion-Seasons/200000...
（2009年3月19日閲覧）

Hollows, Joanne (2000) *Feminism, Femininity and Popular Culture*, Manchester and New York : Manchester University Press.

König, Anna (2006) "Sex and the City : a Fashion Editor's Dream" *in* Akass, Kim and Janet McCabe (eds.) *Reading Sex and the City*, London and New York : I.B.Tauris. pp.130 −143

Lury, Celia (1996) *Consumer Culture*, New Brunswick, New Jersey : Rutgers University Press.

Radner, Hilary (1995) *Shopping Around : Feminine Culture and the Pursuit of Pleasure*, New York and London : Routledge.

Radner, Hilary (2011) *Neo − Feminist Cinema : Girly Films, Chick Flicks and Consumer Culture*, New York and London : Routledge.

Sandvoss, Cornel (2005) *Fans : The Mirror of Consumption*, Cambridge, UK and Malden MA, USA : Polity.

Stacey, Jackie (1994) *Star Gazing : Hollywood Cinema and Female Spectatorship*, London and New York : Routledge.

Wilson, Elizabeth (2007 [1985]) *Adorned in Dreams : Fashion and Modernity*, London and New York : I.B.Tauris

Zukin, Sharon (1998) "Urban Lifestyle : Diversity and Standardisation in Spaces of Consumption" in *Urban Studies*, Vol.35, Nos.5 − 6, pp.825 − 39.

［映画・DVD］

Sex and the City (Shoebox Ver.2.0 The Complete Series) (2007 [1998 − 2004]) produced by Darren Star and Michael Patrick King, performed by Sarah Jessica Parker, Kim Cattrall, Kristin Davis and Cynthia Nixon, DVD, Paramount Pictures.

Sex and the City (2008) directed by Michael Patrick King, performed by Sarah Jessica Parker, Kim Cattrall, Kristin Davis and Cynthia Nixon, Humax Cinema.

第Ⅱ部

異装・共装

衣装と近世女性医師

太田　妙子

はじめに

　医食は同源であり、「衣食住」は生活そのものである。本章では、時代を遡って、医を生業とする近世「女性医師」について着装を通し考えた。
　身分としての「女医」が古代律令制に表れたのは養老医疾令の第十六・女医条である。しかし「女医」とは「官戸婢」隷民であって識字階級でさえなかった。ただし、ここでは「女性医師」を慣用的に「女医」と表現する部分も多いことを許されたい。
　実在の女性医師記録を近世に遡って衣服の観点から職業・性を考えた。女医衣装は日常生活と時代を反映する。

1　「医」は「衣」！

　2008年『杏雨書屋所蔵　医家肖像集』（武田科学振興財団杏雨書屋編、同財団）が刊行された。古代から江戸末期までの有名医師、人物169人、肖像数201点を収載している。史上の医師達は殆ど網羅されている。女性は皆無である。ところで医者として描かれているその着装は種々様々である。頭部も冠、烏帽子、月代（さかやき）、慈姑頭（くわい）、総髪、剃髪など多様であるが、僧風剃髪、十徳（じっとく）を着装した像が多く、過半数を占めていた。
　図1は江戸後期寛政6年（1795）蘭学者達の新年会（芝蘭会新元会）通称「オランダ正月」の図である。当時の開明的な医者や蘭学者の集いであった筈だ。にもかかわらず、画中には剃髪・十徳など僧風が圧倒的に多い。

図1　芝蘭会新元会
(1795)
早稲田大学図書館所蔵

2　実はいた——江戸時代女医！

「女性医師」が公的に認知されたのは、1884年医術開業免許の受験が女性にも許可された時点である。しかし実態は、別項(1)で報告したが既に近世営業する「女医」は存在していた。筆者のいう「女医」とは古文書、私家の記録、墓碑、藩史や郷土史、文学史（俳諧史）、随想、画などの中で「女の医者・くすし」と記されているものに限定している。即ち「女医」とは医を生業とし報酬、薬代を得、更に記録上「女の医者・くすし」として載っているものに限った。江戸時代の実在女医分布概略図（図2）を作成した。

3　江戸時代〜近代始めの女医着装

シーボルトの娘、楠本イネ「洋装」の胸像が東京女子医科大学にあり、日本初の女医という説明がある。平成3年（1991）伊予ゆかりの二科会彫刻家乗松巌が創った彫像で、郷土に学んだ先人の顕彰像である。しかしその彫像の「洋装姿」も説明にある「日本女医第1号」も史実とは異なる。第2節で述べたように江戸前期から「女いしゃ」「女くすし」が治療に関わっていたことから、楠本イネが「日本女医第1号」でないのは明らかである。また洋装のイネも記

衣装と近世女性医師(太田)

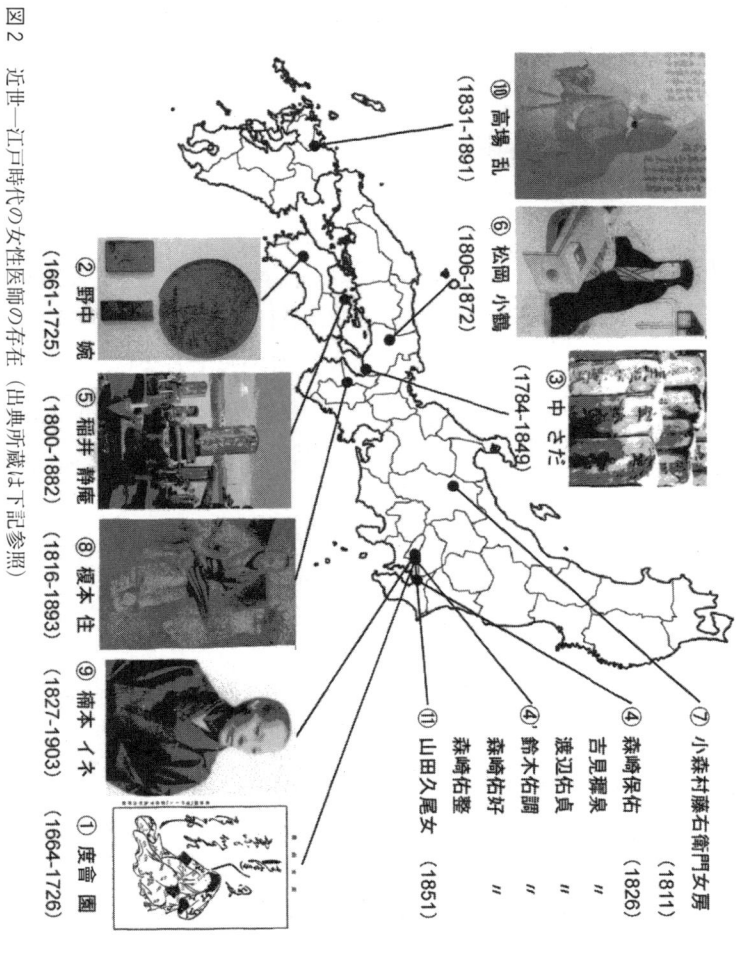

図2 近世―江戸時代の女性医師の存在 (出典所蔵は下記参照)
① 『竜のうらら』 ② 高知市民図書館所蔵 ③ 梅溪昇撮影(1971年) ⑤ 筆者撮影(2007年) ⑥ 松岡家顕彰記念館蔵
⑧ 榎本家所蔵 ⑨ 大洲市博物館所蔵 ⑩ 玄洋社記念館所蔵

⑦ 小森村藤右衛門女房 (1811)
④ 森崎保佑 (1826)
 〃 吉見穎泉
 〃 渡辺佑真
 〃 鈴木佑嗣
 〃 森崎佑好
⑪ 山田久尾女 (1851)
⑨ 楠本イネ (1827-1903)
⑧ 榎本 住 (1816-1893)
⑤ 稲井 静庵 (1800-1882)
② 野中 婉 (1661-1725)
① 度會 園 (1664-1726)
⑩ 高場 乱 (1831-1891)
⑥ 松岡 小鶴 (1806-1872)
③ 中 さだ (1784-1849)

171

図3　女いしや
『百人女郎品定』（1723）より

録や写真から写したものではなく、彫刻家の創作である。

本節では江戸期女医の記録に基づき、彼女達が身に着けた衣装から生活と職業を考える。それに加えて江戸時代と近代草創期の三女医について検討する。その着装を通し、どのように社会参加していたかを考えたい。

医師という職業は四民制度の埒外にある。しかも女である「女医」に関する史料は乏しい。古い記録から姿・衣装に関する記述や図像など渉猟し得た史料から推察構築する。また女医男装の場合でも日本と西洋では意味が多少違うことについて言及する。

(1) 同時代女性の服装——小袖・袷など
（1）度會　園（または斯波　園／1664-1726）

度會園の図は俳諧集『竜のうら』の挿絵（図2①）や『俳諧百一集』（越中康工、宝暦4＝1764）、蕪村作の肖像画の中に数点見ることができる。衣裳は小袖、被衣、袷等古典風俗や当世時代風俗でもって描かれている。晩年の画図としては死後描かれた剃髪や出家姿が残っている。医学史上女医としての度會園は記録されず、全て俳諧関係史料から得られたものである。

（2）野中　婉（1661-1725）

土佐の執権野中兼山の死後、家族全員が罪を被って宿毛に幽閉され、婉は3歳の時から40年間幽囚生活を送った。赦免後、城下朝倉で医者を開業した。日常は普通の女性衣装であったと考えられる。時に振袖を着た、ともあるが日常は小袖や袷などであっただろう。外出など特別な場合に男装であったという記録が残っている。

「……而して常に白歯にて眉を剃らず、振袖を着し一生処女の姿せり」（『野中兼山全』）

（３）井原西鶴『好色一代女──美扇恋風』(1686)
　作品中の挿絵に見られる「女くすし」「女医者」は頭に白い布、頭巾を載せた小袖姿である。
（４）『百人女郎品定』(西川祐信筆、1723／図３)
　この絵草紙は江戸時代廃版を命ぜられた。草紙の中で身分上下を顧みず女帝から娼婦まで並列に描いている、として不遜を咎められた。
　草紙には薬を調合する「女いしや」の画が載っている。
（５）山東京山『北里花雪白無垢』(1822)
　作品挿絵にある着物姿の女は看板「女いしや　流水」からすると中絶医である。中絶専門の看板と室内で診察を受ける若い女性が描かれている。
（６）榎本　住（1816-1893）
　郷土史に衣装や風貌について次の記述がある。
「……冬には炙茶縮の御高祖頭巾を被り、焦茶縮緬の羽織を着ておられた」（図２⑧、榎本家所蔵）
　写真では袷と見られる。

（２）　出家・剃髪をする場合
　度會園も松岡小鶴も晩年に剃髪した。園女は出家してからは医業を廃したと考えられる。即ち女医を廃業してからの衣装である。従って男性医師の僧風姿とは意味が異なる。
（１）度會　園
　①晩年の剃髪図として『蕉門諸生全伝』に伝わっている。
　晩年の生活はかなり風変わりであったらしい。髪を頭頂に十筋のこした剃髪スタイルや虚無僧のように籠を頭に被っていたという挿話がある。しかしこの時期は出家して医を廃業していたと推察される。
　還暦記念で自ら撰んだ『鶴の杖』の中に身だしなみについて記している。
「……身にいたづきおほく、心すこやかならざれば衣裳にたき物し白粉を顔にほどこすことをしらず、櫛けずるさへ物うければ、このごろみづからかしらおろしぬ」

病後、身だしなみも煩わしく剃髪し智鏡尼となった。多くの資料の記載はこの『鶴の杖』に拠るものだと考えられる。
　　同書の琴風跋

「……近きころ仏にきき入りあたま丸めければ真中を十筋ばかり剃残せしは唯一のむかしを恐たるなるべし」

　髪を頭頂に十筋残したという奇妙な髪型について後世「韃風」という表現もある。「韃風」とは韃靼、タタールという意味であろう。又松平冠山の『おもひ出草』では「……今の清人の如くにてありけり」という。「清人」とは当時の中国人男性の辮髪などを連想してのことであろう。江戸時代庶民に海外事情の知識は少なかった。これらの著者は韃靼も清も男性の辮髪も女性の髪型も混同していたと推察する。

　②大きな籠を被っていたという伝説
　晩年人に会う際に虚無僧のように大きな籠を被っていたという記述がある。
「男女ノ情ヲ忘レ切タリ。大イナル籠ヲ作リテ是ヲかぶりて男子ニ見ゆ、邪淫ヲフツトウケザラシムタシナミ也」

　診察時とも俳諧の席とも記されているが定かではない。いずれにしてもかなり奇異な格好といえる。

（２）松岡　小鶴（1806-1872）

　「松岡小鶴女史遺稿」（松岡家顕彰記念館蔵）の中の小鶴肖像（図２⑥）が残っている。60歳頃剃髪して「自謙」と称した。頭巾を被っており儒医に近い姿である。晩年は医業よりも塾の師匠として教育に力を入れていた。

（３）　女医男装（異性装）の記録

　西洋キリスト教社会では「性」の区別は厳格であった。神の名においてジェンダーの役割や仕事を限定した。現代では考え難いが、普通女性が男装、異性装をすると異端あるいは魔女という烙印を捺される事もあった。それでも女性は男装し、ことさら女体を隠し医者として働くこともあった。

　一方、日本でも女医男装の記録はある。しかし男装する理由も背景もいささか異なっていると考えられる。

(1) 野中　婉（1661-1725）

『土佐之国史料類纂皆山集第四巻』や『野中兼山全』に下記の記述がある。

「居常家居して外出せず、……偶々所用ありて門を出づるときは必ず匕首を懐にし面を覆ひ、夜に入りて出づ」「……高知を出づるときには若党となりて籠の伴するを常とせしが、」

上記のように外出時の男装や覆面、男子のような咄しぶりという記録が藩史に残っている。診察着の言及はないが、日常は女性衣装で格別な特徴はなかったと考える。

(2) 稲井　静庵（1800-1882）

静庵は整骨科、内科、産科を診る名医で往診もよく頼まれた。弱視のため馬に乗って往診に出かけたという。それを見て人々は「芝原の化(ばけ)医者」と呼んでいた。当時の医者仲間には七条文堂がおり、現在その末裔一族である鳥羽ウメ子（大正7年＝1918生、取材時87歳、筆者聞き取り／2007年8月）が先代から次のように伝え聞いている。

「静庵は頭の髪の毛をトンボに括り、馬に乗って往診に出かけたと聞いている。名医であったそうです」（トンボに結ぶとは蝶々結びではない結びきりにすること——筆者注）

往診時は馬上男装であった。視力が弱く往診を依頼した家族による先導で馬に乗って出かけた。通称「芝原の化(ばけ)医者」と呼ばれていたという事は、普段日常は在所、豪農の女性の着物姿であったと考える。男装は馬に乗るため服装である。あえていえば活動的な往診用仕事着である。

(3) 高場　乱(おさむ)（1831-1891）

幼少時から外見的にも男子として育てられた。父親が藩に娘、乱の帯刀を願い出て許されている。乱の衣装に関する記述は伊東尾四郎の「女儒高場乱」によって具体的に知る事ができる（図4）。伊東は高場乱と同時代を生きた関係者、高場トヨ、横田丈夫、岸田信敏から聞き取りしている。

図4　高場　乱
（玄洋社記念館所蔵）

「……先生は単衣を重ねて着られ、冬など五枚も重ねられ、五日毎に最下のものを取換えられる。後には然る事無し。……着物は木綿の八丈縞を用ひらる。これは買入品なり。……画像に牛に乗れるを描けり。……画像を見るに白髪茶筅の婦人牛に横乗せる像なり。着物は例の木綿八丈なるべし」（高場トヨ談）

門下生横田丈夫が『系譜と伝記』第二号に寄せた「女丈夫高場乱」全文が載っている。

「……又先生時に外出するや、必ず折編笠を戴き、素穂緒の粗木履を穿ち、衣服は悉く常に黄茶二色の綿糸横縦縞を以てす」

次は乱晩年の門弟、岸田信敏の証言である。

「……髪は茶筅、外出の際は折編笠を被り、面を顕はさず。蝙蝠傘は嫌ひなり下駄は桐の挽切にして、高きものを用ふ。着物は茶色と黄色の織混ぜの木綿物にして、夏も冬も同じ縞なりき」

図4の様に平素から男装、月代～茶筅で単の木綿を五枚重ねていたと伝わっている。簡素な服装であった。父親が乱を戸主として育てたので若い時期から一貫して男装・帯刀であった。乱に影響を与えたと考えられる事は、同窓亀井塾の原古処の娘原采蘋である。男装漂泊の女流歌人として名が残る。その影響も憶測される（原采蘋の兄弟男子は二人とも病弱、采蘋は男装帯刀で旅に出ている）。

（4）楠本　イネ（1827-1903）

伊予、宇和町では「茶色の髪を丸髷に結って青い目で敬作に従って手伝っていた」と伝わっている（四国伊予宇和町・松屋旅館女将大氣洋子から筆者聞取り／2008年8月）。

イネが最初卯之町へ行ったのは何歳の時か？　今も疑問とされている。しかし町に残るイネの強い印象が「丸髷」であるという事から筆者は備前でタダを産んで後に伊予遊学したと考えている。イネの写真は何葉か残っている。大洲博物館、シーボルト記念館などを訪ね、少なくとも8葉については閲覧の機会を得た。全て「被布コート」を着用している。これまでに「洋装」の写真を見たことはない。

末孫に伝わる話として、医学を学ぶ時男装していたという話がある。イネの

曾孫米山彰が伝え聞いた話として次のような記述がある。
　曾孫米山彰氏寄稿の「曾祖母"いね"を偲んで」には次の記載がある。
「又母"種"は祖母"いね"について優しさの反面、厳しさもひとしおで、医学の修業中男装をして男子に交じって勉学をすすめた様で、」
　つまり男子に混じって医学を学ぶ時は男装をした、とも伝えられている。
（5）荻野　吟（1851-1913）
　洋装も晩年の和服姿の写真も残っている。しかし医学校で勉強するにあたっては男装の場合もあった、という。星野天知が「荻野吟子女史の事」として記憶を寄稿している。
「……国を出た時は筒袖に男袴高下駄で髪を背後に束ね足駄履きで往来を闊歩したものだと談られたし……。其時老女史は黄八丈に黒縮緬の被布を羽織り談論漸く激するに及ぶと立て膝に片手懐、右手は絶えず火箸で灰へ文字を書きながら半眼で応答する様は白眼で世情を睥睨するの慨がある、」
（6）生沢　クノ（1864-1945）
　明治15年18歳で私立東亜医学校へ入学した。しかし女性は一人だけであった。
「……若い頃は断髪で男装をしていたという。夜の往診に女姿では不用心だという懸念からだったといわれる」
　医者になってから、日常診療では「黒の洋装で往診に出かけた」という記載がある。
　昭和になって太平洋戦争中の18年（1943）に多川澄子からインタビューを受け、生沢クノは自ら半生を語っている。多川は「生沢くの刀自を訪ふ」という題で『日本女医会雑誌』112号に寄稿した（以下の文中刀自とは生沢クノの事である──筆者注）。
「……講義をきく時は刀自丈け別室で聞くので「別席先生」の仇名を頂戴したとのことである。……その中、先生が洋行される為廃校になってしまった。それで止むを得ず済生学舎へ入学した。この時すでに高橋瑞女史が入学しておられた。刀自は高橋瑞女史に解剖の手ほどきをして上げたこともあるといふ。」
　男子学生の中で紅一点なのに周りと同じ男装をしていた生沢クノの様子が髣髴とする。男子学生はクノの事を「別席先生」と仇名した。

東亜医学校ではたった一人の女子医学生生沢クノを「別席先生」と呼んだ。筆者には養老医疾令第16条（女医条）にある「……女医は別所に安置し」という部分が想起させられる。
　学生時代の断髪男装、そして黒洋装の往診医者が浮かぶ。医師免許を取ってすぐ郷里へ帰って父を手伝った。太平洋戦争終戦の直前、1945年6月まで生きた。生涯埼玉で奮闘し一生を地域医療に捧げた女医であった。

（7）高橋　瑞（1852-1927）

　父は西尾藩の中級武士であった。明治維新で武士の零落、生活の辛酸を味わった。荻野吟、生沢クノに続いて3番目の公免許女医となった。学生時代は着る物にも事欠いていた。開業後は大いに繁盛し、ドイツへ渡って更なる学究を志した。しかし当時、未だドイツでも女性には医学の門は閉ざされていた。やがて健康上の問題もあって帰国し、再び開業60歳に廃業している。その風貌、態度など男っぽくさっぱりしていたという。小柄で肥満体型、袴を佩き、所作などは男性的であったとされる。

　着物、服装に関する証言としては後に多川澄子が取材した聞き取りが残っており、『日本女医史』に述べられている。

「男装開業……ザンギリ頭に猟虎（らっこ）の帽子、黒紋付に二重廻しの袖をはねた紳士（高橋瑞のこと——筆者注）は、人力車を駆って患家を往診する。珍し物好きで人のいい江戸っ子は、ても無く喝采した。……背はあまり高い方ではないが著しく肥満して、堂々たる風采を有し、眼も鼻も口も大きく、言葉、物ごしすべて男性的な感じがするのみならず、殊更そう認識させるのを好む風があった。それで車夫などにも『旦那』といわせていた。しかしいくら男性的だといっても、さすがにその顔立ちはどこか女性らしい愛嬌に富んでいたし、色も白い方であった」

　また高橋瑞の開業を手伝っていた多くの書生の中で江間調子、中原蓬子は後年、女性医師となった。高橋瑞によって学資の援助を受けて後に開業した辰沼医師は瑞の思い出を次のように多川に語っている。

「……弟子に対する態度も、まるで男のようであった」

　何よりも威厳と活動性を重んじた様子がうかがえる。

この様に楠本イネと3人の公免許「女性医師」には男装で医学を学んだ時期があった。

4　考察──医者の衣服・性

　現代では職種にふさわしい機能やデザインの衣服が工夫されている。医療関係でも白衣、手術着等多種ある。

　近代まで庶民を診るための医師に資格というものはなく、服色の決まりもなかった。とはいえ昔から「医者風」という暗黙の服装ルールはあったのだろう。男性医師では十徳などを着た剃髪僧風が多い。

　一方、「女性医師」はどうであったか？　第3節で述べたように「女医」の衣裳を記録から見ると①当時の女性風俗、②剃髪（出家後）、③日常的男装と時に男装、の3通りくらいに分けられる。しかし②は女医の晩年で、医者を廃業している場合である。実際には①か③であった。

　多くの女医は①であったと推察する。当時の小袖、裃などを着ていただろう。医者の妻や娘、家族は家業を手伝うだろう。薬剤師、看護師でもある。助手として介助し薬も調合していた妻や娘、女医はいたに違いない。しかも患者は、特別な場合を除いて普段着の女性の手当てを受けたとしてもあまり記憶に残らなかった可能性もある。

　しかし中さだについては記録がある。その医学は蘭方と思われる。イネより古い時代だ。

「……稲村氏及ち女医者の門戸を張る」
と緒方洪庵の妻八重の話として、後年大槻如庵が述べている。稲村三伯即ち海上随鷗（がみずいおう）の娘で中天游（ゆう）の妻さだは「女医者」と記されている。そんな女医も多かったのではないか。そういう場合、わざわざ女医が治療した、という周りの認識があったかどうか。「手当て」という行為は生活の延長でもある。記録・記憶に残らなかった可能性もある。逆に男装していたならば非日常的で人々の瞼に残ったのではないか。

　それでは何故彼女達は男装をしていたのか？

　日本の近世─近代の女医男装には次のような理由が考えられる。

①男装は活動的であり、かつ護身（帯刀）に向いている。（野中婉、稲井静庵、高場乱）
②男装は家長である立場と矜持を暗示また誇示する。（野中婉、稲井静庵、高場乱、生沢クノ、高橋瑞）
③男子医学生の中で女性が目立たないための擬態として男装する。（楠本イネ、荻野吟、生沢クノ、高橋瑞）

楠本イネ、荻野吟、生沢クノは3人とも医学生時代男装した、との記録がある。明治17年からは女性にも「医術開業試験」の受験は認められた。しかしながら志望の女性に教育する医学教育機関は無かった。当時、医学校への入学を特別許可されても男子学生に混じって目立たぬよう、いわば擬態の断髪・男装で授業に列席したとも想像される。

しかしこれら公免許草創期の女医と江戸期の女医男装、野中婉、稲井静庵、高場乱とは、いささか男装の意味が異なっている。江戸時代の男装女医に共通しているのは三人とも女性でありながら一家の大黒柱として責任が課せられていた、ということである。医者としての扮装というより家長という立場が共通している。楠本イネの男装には戸主であると共に男性に混じって勉強するため、という明治三女性に近い印象もある。

生沢クノは医学を志す際、荻野吟や高橋瑞のような結婚の挫折を経ていない。父親である医者良安は江戸時代「腑分け」するほどの開明的な医者であった。クノは、その支援のもと、幼少時から医者の後継ぎであった。クノの開業にあたって、父親は看板に「内科、外科、婦人科、産科　医士　生沢」と標した。親は後継者であるクノに医士、サムライの責任を暗に期待したのであろう。クノも江戸時代の男装女医同様、父医師良安の事実上の後継者であった。

江戸期の女医男装は家長の役割がうかがえる。職業よりもむしろ「家意識」の印象が強い。医者という職業のために男装をしたのではなさそうである。むしろ逆に、明治以後女医が制度として認められてからの「男装通学」が明らかである。医学を学ぶのに際して「男女7歳にして席を同じうせず」の社会通念の中、目立たぬよう男装通学したのだと考える。

そうすると、西洋女医のクロス・ドレッシング（異性装）と日本の女医男装

とでは事情がやや異なって見える。西洋でも「女性であること」は社会進出の大きな障害となった。そこで女体を隠し異性装をする事から職業生活がスタートしている。西洋男装女医として、古代ギリシアのハグノディケー、ナポレオン軍所属の外科医アンリエット・ファベール、イギリス陸軍の軍医将校ジェームス・バリーなどが伝わっている。彼女達は医業を続けるのに女体を隠す必要があった。後年、私生活をめぐって性詐称で訴えられたフランスのファベール、英国軍医のバリーは死後解剖で女性と判明したが、にもかかわらず男性軍医として埋葬された。バリーは男装して医療行為を行い、死んでからも男性として葬られた。

　翻って、日本の男性医師はどのような服色・姿だっただろうか。医師という職業は古代律令制に定められている。やがて宮中の官職だった医者も世間に拡がり大衆化した。医者に官医と民間医の系列があった。室町時代には僧が民間の医療に携わり、やがて僧俗に関わらず民間医は僧風・僧体の衣装を纏うようになっていった。しかし実際には庶民は近代に至っても医者より神仏祈禱や民間治療に頼る事も多かった。

　一般に江戸時代の医者はどういう立場であったのか。近世江戸期は「士農工商」の四民封建時代とされる。ところが外国人の目には少し違って映っていたようだ。日本の街道を往還した朝鮮通信使（申維翰）は、日本には「兵農工商」と「僧」（儒者・僧徒・医者など）がいる、と観察している。僧俗の別は外見からは分からないが僧衣や十徳を纏う男達がいる、と着眼し記録している。藩医、御典医は仕官であるが、幕府に採用された医者には僧侶に準じた名称の官位が与えられていた。そして庶民を診る男性医師も総髪や剃髪の俗人であった。前出の『医家肖像集』や芝蘭会新元会図（おらんだ正月／図１）などでも最も多い肖像は十徳、法体、僧風の衣装である。医師は剃髪・十徳が多い。そして成人した男性は将軍から町人まで全て月代を剃っていた。これが一般成人男子の頭容だとすると女医が「医師風」に扮装することは難しい。女医が日常の生活と医業を両立させる姿形、衣服の選択幅は極めて狭くなる。女医にとって姿形の上で男性医師のように「僧風」を真似ることも一般男子のように月代を剃ることも難しい。それゆえ小袖・裃が女医の服装でもあったのではないか、

と考える。治療行為そのもの、手当て、介抱など報酬のやり取り以外は生活の延長とも見える。家長が医師であればその家族は治療を手助けし少なからず貢献していた筈だ。薬剤師、看護の助手をすることは当然な内助であったろう。女医の存在は独立した存在としては認識されず、人々の意識やとりわけ近世の記録から薄らいでいったのではないか。

　江戸期の男装女医からは職業よりも戸主・家長としての意識が強く感じられる。勿論男装による威厳や活動性を好んで重用したことは想像に難くない。明治時代草創期の女子医学生の男装は、世間の好奇の目や中傷を避け目立たないようにするための「隠れ蓑(みの)」あるいは「鎧(よろい)」のようにも思える。活動的な男装の利点を愛用した２人の女医、高場乱、高橋瑞は態度が男性的であった、といわれる。しかし二人とも女性であることは世間周知の事実であって決して女性である事を匿す必要はなかった。

おわりに

　資料から、近世実在女医分布概略図を作成した（図２）。次に着装を通して江戸期〜近代女医のありようを考えた。着衣・衣装は日常生活そのものである。それは機能だけでなく身分や立場、時に主張の鏡、表象でもある。

（１）　近世、近代女医について雑誌『医譚』（日本医史学会関西支部発行）に下記５本の論文を報告している。
　　　太田妙子　（１）「江戸時代の女性医師」No.87（2008年）、（２）「江戸時代の女性医師（二）」No.88（2008年）、（３）「近世―江戸期の《女性医師》」No.89（2009年）、（４）「《女性医師》を着衣から考える」No.89（2009年）（５）「高橋瑞の骨標本調査」No.93（2011年）

［引用・参照文献］
秋山龍三『日本女医史』（日本女医史編集委員会、1962年）
伊東尾四郎「女儒高場乱」（『筑紫史談』、1914年）
井原西鶴『日本古典文学大系（47）・西鶴集上』（1686年＝貞享３、岩波書店、1986年）
勝峯晋風編「蕉門諸生全伝（文政年中稿1818－1830）」遠藤日人「綾錦上（1732）」（『俳書大系俳諧系譜逸話上』沽凉、春秋社、1930年）
多川澄子「生沢くの刀自を訪ふ」（『日本女医会雑誌』、1943年）

182

田中正太郎「先駆的女医生沢クノ（上）」（『埼玉史談』、1957年）
辻重忠編『野中兼山全』（富山房、1911年）
土井実・池田末則編著『葛村史』（葛村教育委員会、1957年）
西川祐信『百人女郎品定』復刻版（臨川書店、1979年）
星野天知「荻野吟子女史の事」（『日本女医会雑誌』、1936年）
松島光秋「女医第二号生沢クノ」（『埼玉史談』、1957年）
松平冠山「おもひ出草巻四――畸女之事」（『随筆百花苑（７）』中央公論社、1980年）
真柳誠「江戸期の医事風景」（『漢方の臨床』、1996年）
米山彰「曾祖母"いね"を偲んで」（『イネと敬作その時代展』（宇和町商工観光課）、1991年）
度會園著・勝峰晋風編『閨秀俳家全集所収「菊の塵」「鶴の杖」』（聚英閣、1923年）

組掛——天皇・家元・武家をつなぐ紐

津田　大輔

はじめに

　文化的な影響力は、経済力や政治権力と無関係ではありえない。しかし、この二点で優位に立たなくても、文化的な影響力を持つ存在はある。中世から近世の天皇制はその例であろう。また諸芸の中には文化的な権威性が経済的利得や時には茶の湯のような政治への影響力さえも生んだ例もあり、その中には家元制を形成したものが多い。天皇制と家元制は、「文化」自体が「経済力」や「政治権力」と共に一つの力の源泉となることを示す。

　今から取り上げる「組掛（組掛緒）」は、冠を留める組紐である。この紐は、その使用許可を巡り天皇と家元が争い、後に権力者である武家の身分表示に利用された。三者の関係について考える一事例になると思う。

1　南北朝時代以前の組掛

　絵巻などから知られるように、平安―鎌倉時代の冠や烏帽子には、通常は留め紐（掛緒）は無かった。しかし蹴鞠では冠の落下を防ぐために、鎌倉時代頃より掛緒の使用がはじまる。

　鎌倉時代の蹴鞠の家は難波家とその分家の飛鳥井家、御子左家の嫡流の二条家であった。これらの家を中心に、鞠の書が成立する。その一つ、鎌倉中期の『革匊要略集』によると通常の掛緒は「紫糸ヲ二ツ縒ニヨリ合セテ」使用し、他に馬の毛を撚ったものや、楽器の絃、狩衣の袖括などを使用するとある。紫の撚り紐は冠掛専用に作られたものだが、その他は便宜的な性格が強い。そしてまだその使用の資格は問題にされていない。次に鎌倉後期の飛鳥井雅有（1241－1301）著の『内外三時抄』では、楽器の絃や装束の袖括、紙捻（「こより」

のこと。今は太いこよりに胡粉を引き、「こびねり」と呼ぶ）と共に、「当家には組を本とする也」と記し、組紐の掛緒（組掛）についての詳細な仕様解説があって、飛鳥井家ではすでに組掛の家説化が見られる。次に、鎌倉末期から南北朝時代に活躍した二条為忠（1311-73）著[1]の『遊庭秘抄』は難波・飛鳥井の「両流」の紙捻の烏帽子掛に対し、二条家の「当家一流のともがら并門下の人々」は「御所より被下されし様に用之。烏帽子を左へ折て紫の組のわな侍るを用之。」と記す。このように鎌倉末期には飛鳥井家と二条家が組掛の使用について本家争いをはじめていた。

2　室町時代前期の組掛

応永六年（1399）の『装束雑事抄』では、天皇の冠の掛緒について、「つねは紙のひねり也。御琵琶・御箏いづれにても御所作につきて此緒を御さたあり。又御鞠を二条家申入ば、むらさきのくみをも御用あり。」とある。組掛の着用資格は、天皇も鞠の家の免許によるという。臣下も「つねは紙ひねり也。鞠あし二条たう、同弟子はくみわけ也。（略）当道の人はこの限にあらず。」とあり同様であった。この「当道」は鞠の家をさすと思われ、二条以外の難波・飛鳥井の両流は、二条家の許可の制限外で組掛を使用したのだろう。

足利義教は、周知のとおり将軍を継ぐために還俗したが、元服時には未だ髪が短く、冠帽の着装が困難であった。『建内記』によれば正長2年（1429）3月9日の元服には「元服夜烏帽子掛常例不可有之。」とされながらも紙捻の烏帽子懸を用い、後日「蹴鞠之道之御沙汰」として「組烏帽子掛」を飛鳥井雅世が献じることになった。当時は二条家と難波家が断絶して飛鳥井家が鞠道の家を独占しており[2]、鞠道の師として組掛の許認可権を持っていたことがわかる。『薩戒記』（『後松日記』十九「衣冠掛緒」所引）によれば永享2年（1430）11月9日、任右大将後の直衣始において義教は、「紫紐組御冠懸」を使用した。この時には髪はかなり伸びていたはずで、義教は組掛を愛用したのだろう。

このように室町時代前期には、前代に引き続き蹴鞠に際して紙捻や組掛などが用いられた。この内、組掛の使用は天皇・将軍といえども蹴鞠の家の許しを要した。しかも蹴鞠とは無関係に組掛を用いる場合でも鞠道の家の認可を要し

たのである。

3　鞠道の家と組掛

　鎌倉時代の鞠道での等級の表示は主に革韈（蹴鞠の時の革靴下）により行われた。『貞治二年（1363）御鞠記』は、後鳥羽院により「韈のしなをわかたれしより、ひとへに禁中の翫、雲の上のわざとなれり。」と記しながら、冠掛には触れない。ところが同じ内裏での晴の鞠会の記録『享徳二年（1453）晴之御鞠記』は後鳥羽院について「したぐつの色々、くみのかぶりかけなども、この御時よりぞ其法は出きにける。」と記す。「後鳥羽院起源説」は三条西実隆の著とされる『装束抄』にも「本儀紙捻也。紫ノ組懸ハ後鳥羽院蹴鞠御好ユヘ、建久年中ヨリ始テ出來タル事也。」と記される。前引の『遊庭秘抄』の「御所より被下されし」という記事が後鳥羽院起源説をさす可能性もあるが、明記されてはいない。組掛の起源説の定着は、室町中期に組掛が重視されはじめてからであろう。

　延徳3年（1491）4月20日の中納言入道宋世（飛鳥井雅康・二楽軒）邸での三時鞠は、宋世の甥の雅俊を含む多数の参列者と奢侈的な趣向で注目を集めたが、この時甘露寺親長が「丸打紺烏帽子懸」を使用したことについて実隆は「是極位事歟。」と記す。『親長卿記』の4月19日条によれば、宋世に「老者相応之色」を尋ねた結果、「いまは丸打組可然。色は紺色可然。」との答えを得たため使用したのだが、外部の者は高い階梯を示すと考えたのである[3]。さらに『実隆公記』5月6日条によれば、将軍義稙が「甘露寺中納言冠懸事、伊勢次郎左衞門葛袴着用事」の許可を誰が出したのかを雅俊に尋ねたところ存知しないとの返答があり、宋世の許可によることが判明したという。宋世は今回の将軍の下問を雅俊の讒言によると考え[4]、自らの「相続家嫡」を主張する書を将軍に献じた。組掛使用の認可権が鞠の家の「家嫡」に属したこと、鞠の家の認可権に対し将軍が関心を持ったことが知られる[5]。

　また『実隆公記』の同年3月4日条には、内裏で「近臣」が沙汰した小猿楽の興行で親長の子の中納言元長が「今日始而」組掛を用い、6日条には前関白九条政基等の沙汰の内裏の猿楽で前右大臣花山院政長が「始而」組掛を使用し

たとある。このように一部の公家は組掛を通常の参内にも使用したのである。
　『親長卿記』明応5年（1496）閏2月24日条には従三位薄（すすきゆきかず）以量に後土御門天皇が組掛を下賜する記事がある。この時は親長への女房奉書が下され、その文中で宋世にも「其子細」を「可仰」とある。これに対し親長も「何様可仰二楽［＝宋世］にも」と答えている。桑山氏はこの勅許に「飛鳥井ではなく、甘露寺」が関与したとするが、［桑山　1992：66］この記事は天皇も親長も飛鳥井宋世の了解を得ることに異論がなかったことを示す。

4　永正三年の争論

　永正3年（1506）の後柏原天皇と飛鳥井雅俊の争論は、東山御文庫文書によりその経緯が紹介されている［桑山　1992］が、『実隆公記』によりさらに詳細な経緯を知ることができる。
　この件の説明をする前に、中世における「拝領」が使用許可をも意味したことに触れる必要がある。中世の資料には、天皇の装束や冠を下賜されて元服に使用する記事が多い。これは順徳天皇の著である『禁秘抄』の「御装束事」に「人々元服等時申此装束。半臂・下襲・表袴也。」とあるように慣習化していた。通過儀礼での使用品以外でも、『職原抄』「蔵人」には、六位蔵人四名の筆頭である極﨟が麹塵袍を着るのは「申下御服之儀」であると記す。『装束雑事抄』によれば室町初期には天皇の青色〈＝麹塵〉袍は桐竹鳳凰文の綾、蔵人のそれは牡丹に尾長鳥文の浮織物で同一でなく、「儀」とは「趣旨」の意味であろう。実際の拝領品でなくとも、拝領の名目があれば使用が勅許されたと見なされたのである[6]。
　東山御文庫文書の内容は桑山氏が紹介されているので、本章では『実隆公記』を参照しつつ、大体の経緯のみを紹介する。永正3年2月に実隆は内大臣に任ぜられ、4月に辞任した。前内大臣の彼にとり、3年9月23日の内裏懺法講（せんぼう）への出仕は「任槐之後晴之儀出仕初度也。」とあるように大臣就任後初の晴の参内になった。同25日は懺法講結願であったが、『実隆公記』の同日条には今度の出仕に際し直衣に襪を用いることと、天皇に「御服」（天皇の使用済み）の組掛の下賜を申請することを見合わせたことを記す。さらに組掛につい

ては、「不知出所之事」のため不審を晴らそうと「一条前関白幷執柄等」に質問したが「分明之儀」は無かったとして「両公談合返答」を載せている。返答は、襪については詳細であるが、冠掛についての特筆すべき内容は見られない。

9月27日、天皇から、「室町殿被遣春芳院御書」を見せられる。将軍義澄が「組冠懸」を下賜することの是非を雅俊に尋ねたところ、「禁裏」からの下賜さえ不可で「必吾家自専」という答えであったので、天皇への問い合わせを下冷泉持為の女で義政の女房であった春芳院［井上 1984：171］に依頼したのである。天皇は「先皇」が薄以量に下賜した例（第3節に紹介）を伝え、さらに実隆にも下問した。実隆は『二条家卅ケ条鞠抄』を引き、飛鳥井家の主張は不審であると答えた。天皇は、10月2日と5日にも実隆に下問した。

7日に天皇より「冠懸事、連々御問答之儀等」につき、「可一見之由」の命があり、同日条にこの一件についての多数の文書がまとめて載せられる。はじめに9月29日発給の実隆宛の女房奉書があり、「くみの事、とし月の御ふしんの事」を晴らすため、文書を「あすか井にいだされ候はんずる」ので、内見して「しかるべきやうにひきなをされ」るよう依頼している。さらに「このたびくみをもちゐられ候べき物を申され候はで、御心のほかにおぼしめし候。」とも記していて、天皇の方が実隆への組掛下賜を望んでいたと分かる。

続く文書の多くは東山御文庫文書と重複するが、そこから知られることを要約すると、

イ　天皇が実隆に対して組掛の下賜をしようとしたが、実隆は先例が不分明なため申請を差し控えた。

ロ　天皇は組掛の認可権が天皇にないことを不審に思い、雅俊に証拠（「たしかなるせうもん」）の提出を求めた。

ハ　雅俊は複数の間接的証拠を提出したが、遠祖雅経以来の当然の慣例であるから決定的な証文は無いとし、蹴鞠に堪能の人には（「まりかんのうにつきて」）、飛鳥井家に諮問（「たづねくたされ」）した上で天皇が組掛を下賜してかまわないと答えた。

ニ　天皇は証拠文書の無効性を述べ、これまでどおり誰に対しても組掛を下賜する（「日比のごとく、たれにも、上としてもたび候はんずるまでにて

候。」）と宣言した。
　ホ　雅俊は、天皇による下賜は認めるが、誰に下賜するにしても事前の諮問
　　をしてほしい（「たとひ誰人にたび候とも、たづねくだされ候はんずる」）
　　と重ねて要求した。
ということである。
　『装束抄』には「蹴鞠ノ時ナラデハモチヒザル事ニテ侍ルヲ、近代ハヨノツ
ネ用ル事ニナレリ。然ニ今モ公事ニハ必紙捻ヲ用ヒラルル也。」と記しており、
公事（宮中儀式）でも紙捻の掛緒を用いたという（懺法講は『実隆公記』に
「於其儀者雖厳重、古来内儀也。」とあるように公事ではない）。組掛を日常の
参内に使用する者が出ると共に鞠道の家の関与の必然性が薄れ、勅許による認
可という問題が浮上した。この一連の文書によれば、雅俊は当初組掛の使用を
鞠に堪能の人に限るべきだと考えていたらしいが、最後の返答においては条件
を記さず、天皇の組掛下賜の権利を認めた上で、必ず飛鳥井家に諮問するとい
うという一点のみを死守した。この争論は天皇の組掛認可権の確認を意味した。

5　その後の経緯——桃山時代まで

　実隆は翌永正4年（1507）6月15日に組掛下賜を申請し、12月29日の参内に
おいて初めて着装した。次に実隆の子の日記『公条公記』永正11年（1514）1
月6日条によると、皇嗣の知仁親王（のちの後奈良天皇）の組掛について「当
時飛鳥井自撰（専の当て字）之様、不可然間、自御所皆被下。雖然御用之時如
何。」という後柏原天皇から実隆への諮問に対し、実隆は飛鳥井家に調進させ
るよう答えている。『御湯殿上日記』によれば文明13年（1481）6月13日の内
裏の蹴鞠で、天皇（当時勝仁親王）が飛鳥井家から組掛を進上されているが、
天皇は自らの例に関わらず他の可能性を模索したのである。さらに東山御文庫
文書には、永正13年（1516）7月23日に二条家断絶後御子左家の嫡流になった
上冷泉家の為広にあてた女房奉書があり［桑山　1992：78］、同家による組掛
認可についての意見を為広に徴していたことが知られる。これらは飛鳥井家の
組掛認可権独占を打ち破ろうとする天皇の意志を物語る。
　永正の争論後、歴代天皇は飛鳥井家に諮問したうえで組掛を下賜した。東山

御文庫文書中の天文8年（1539）2月3日の後奈良天皇女房奉書には「くみの御かうぶりかけ、御さたありたくおぼしめし候。」とあり［桑山　1991：78］こうした事前通知が行われたのである。組掛下賜の理由も、親王の御書始の侍読（1560年2月18日高辻長雅、1611年7月21日舟橋秀賢）や「はうしやう」（実賞）（1587年5月28日中御門資胤・五条為経）や「申入（＝申請）」（1603年3月10日勧修寺光豊）等が知られる(7)。光豊の例では「あすか井へ御だんがうなさる、。まりこゝろかけられ候まゝ、しかるべく候はんよし申されてちよつきよ也。」（『御湯殿上日記』）と記され、飛鳥井家への諮問の事実と、飛鳥井家が蹴鞠と組掛下賜の関連性の維持を望んだことがわかる。

　天皇による下賜に際し飛鳥井家への諮問を要したことは今までの経緯から理解できるが、飛鳥井家の認可権にも制限が加わることになったことが、東山御文庫文書に見える。慶長5年（1600）12月23日付の飛鳥井雅庸筆の文書は、先年正親町少将が組掛の使用を懇望したためやむなく許したが、その後は誰にも許しておらず、以後は「叡慮をうかゞい可申上候」ということを神々に誓うという起請文の形式になっている。［桑山　1992：79］少なくともこの時点では、天皇が飛鳥井家への諮問の義務を負うように飛鳥井家もまた叡慮を伺う義務を負っていた。永正の争論の論理が飛鳥井家の認可権制限につながったのは、『実隆公記』永正3年9月27日条に対応する東山御文庫中の実隆の返答に、「冠かけと轡の昇進とは上裁を経候やうにみえ候」とあるように［桑山　1991：76］、革轡に準ずるのが本儀と解されたためであろう(8)。

　『遊庭秘抄』によれば革轡には勅許を要するものと、鞠道の家単独で認可できるものがあった。「長者色」とされた無文燻革は「御年たけ」た上皇や摂関・大臣が用いた。摂関以下の使用は勅許を要したが、「御所御所」＝上皇の使用は鞠道の家への諮問によるという。同書には有文紫革は「綸旨院宣」を、錦革は「勅裁」を得て用い、有文燻革は「勅裁まではなし」で「一流之宗匠」が門弟に許したという。こうした決まりが組掛の認可のモデルケースになったとみられる。

6　近世公家の組掛

　江戸時代の公家の組掛着用勅許は、『松竹問答』によると「飛鳥井・難波両家より奏聞ノ上免許有之候」ものと、「御陪膳ノ人、其外、両御所両役並賞ニテ御懸緒拝領（＝天皇の下賜）」の二つがあった。なお公家の場合、下賜・飛鳥井家執奏ともに官職との固定的な対応関係はない。

　下賜の実例を挙げる。『通兄公記』享保15年（1730）8月26日条によると御有卦入りの祝いで天皇は御学問所に出御、関白や大臣らと「近侍輩」に酒を賜った。この後御前において女官の大乳人を介して「春宮権大夫・下官・新中納言」の3名に「紫組掛緒」が下賜された。下官すなわち筆者の久我通兄は権中納言、22歳、清花家の内々番衆である。その翌日天皇に謝礼の御肴を献じ、上皇・東宮・関白に挨拶を行った。この記事には下賜に際しての鞠の家の関与は記されないが、桃園天皇宸筆の『禁中例規御心覚書』に「一、自上掛緒被下候節、飛鳥井ヘ御届斗。難波（江）不及其儀之事。」とあり、天皇から飛鳥井家への諮問は制度化していた。

　飛鳥井家の執奏による勅許については、『実久卿記』天保2年（1831）1月27日の侍従橋本実麗が飛鳥井家執奏により勅許を受けた記事によると、「鞠道門弟被竊叡慮、自飛鳥井中納言免許也。」とあり、執奏の上であくまで飛鳥井家門弟として許されたのだとわかる。実麗はすぐに参内、仙洞や関白家・一条家・当番議奏の家、そして鞠道の家の飛鳥井・難波両家を「礼」のためにまわり、翌日には飛鳥井家へ「美濃帋十帖肴一折」を、難波家へ「肴一折」を贈った。飛鳥井家の執奏の場合、謝礼は鞠道の両家に対して行われた[9]。

　また、鞠の家でも近世中期には天皇よりの下賜を待って組掛を使用した。『難波宗城卿記』享保19年（1734）2月22日条によると、飛鳥井雅豊（1664-1712）以来、元服の年もしくはその翌年に天皇の御前での「蹴鞠御覧」後に下賜される例であった。しかし同日条によれば、この月の7日に元服した難波宗城は蹴鞠天覧を待たずに組掛の下賜を請い、27日に下賜された。難波家ではこの日門弟が集まり、組掛をつけた宗城が出座して、いわばお披露目がおこなわれた。組掛は、摂家や世襲親王家では早くに使用できる[10]のであるから、一

般の公家よりも速やかな下賜は鞠の家にとり名誉となるが、組掛使用認可の根源が天皇にあると認めることにもなる。

なお、天皇が通常使う組掛は、装束調進の家（通常は山科家）より調進された[11]。また、『嘉永年中行事』の八朔の記事には「飛鳥井よりは短冊百枚柳箱に居ゆ。高倉よりは檀紙十帖に御組掛二すじ」とあり、進物としても飛鳥井家でなく、山科家に並ぶ装束の家である高倉家が献じている。

7　武士と組掛

江戸幕府の制度では、組掛は侍従以上が冠や立烏帽子に使用した。官位による身分秩序の表示という重い機能を担ったのである。

武士と蹴鞠と関わりは、源頼家の愛好に見るように極めて古いが、それは組掛の使用には直結しなかったようである。鎌倉時代に幕府の実権を握った執権も、公卿には昇進しなかった。室町時代では、公家出身の伊勢北畠家や土佐一条家などを除き、幕府首脳と大内氏など限られた大名が公卿に昇進しているが[12]、原則的に将軍家と公家出身以外の武士は現任公卿［＝大臣・大納言・中納言・参議］に任ぜられず、公家として朝儀に参加することもなかった[13]。将軍は武士でありながら高位の公卿でもある特別な存在であり、鎌倉後期の皇族将軍や室町幕府の将軍には公家が側近として仕えた。公家と武士の分業体制に加え、室町時代の公家が直垂をさかんに使用した状況下で、幕府につかえる武士たちは多くの場合直垂系統の装束を使用した[14]。

室町時代の武家故実書に見える烏帽子掛は、鞠道の組掛とは異なるものである。大永8年（1528）の伊勢貞頼著の『条々聞書』には「はれの御役仕候時はゑぼしかけを可仕事也。」とあり、その烏帽子掛である「てうづかけ」は、「一寸まだらに白く黒く打まぜたる組の、さげ緒より細く候を、かけにする也。」とある。飛鳥井家が許す組掛については、文明14年（1482）6月の甘露寺親長邸の三時鞠を記した賀茂貞久の『三時之鞠記』に「文明十四年二月比くみかけ貞久に御めんなり。」とあり［桑山　1992：58］、当時は地下も使用したが、これと「はれの御役」に皆が掛ける烏帽子掛は別物であった。

この状況に変化が現れたのは信長政権下である。それまでも将軍を追放した

実力者はあったが、元亀4年（1573）の将軍追放後、天正3年（1575）に権大納言、4年に内大臣、5年に右大臣という信長の昇進は、武士にして高位の公卿である将軍の唯一性を否定した[15]。『言継卿記』天正4年11月23日条によると、正親町天皇は内大臣になった信長に自らの「冬御直衣」を下賜しており、信長は公家装束着用にふさわしい存在となった。続く豊臣政権下では、関白秀吉のもとで大名たちの「公家成（くげなり）」が行われ、武士の公家装束着用機会が生じた[16]。

　徳川幕府では、将軍宣下・朝鮮通信使来朝・仏事など将軍が束帯や衣冠等を着る時には、大名や高家も同様の装束を着けた。例年の正月などでは、将軍や四位侍従以上は直垂、その他の四位は狩衣、五位は大紋を着けた[17]。徳川政権は豊臣政権下での武家官位上昇を抑制し、公卿に昇るのは将軍家と御三家（および御三卿）と前田家のみとし[18]、その他は四位中将を最高とした。四位の内でも侍従から中将までは正月の儀礼などに将軍や徳川一門と同じ直垂を着用し、飛鳥井家の執奏により組掛の使用が許されたことは、『当時装束抄』をはじめ諸書に見える。また高家も侍従になると組掛の使用が許された（『御装束規矩録』）。豊臣政権下での武家の組掛の使用については不明だが、江戸時代の武家の組掛の使用は豊臣政権下における「公家成（くげなり）」の深いかかわりを持つものだったと思われる。実際に『御湯殿上日記』寛永2年（1625）12月8日条に、11月19日に侍従となった（『徳川実紀』）藤堂高虎が「くげなり御礼とてしろがね三十枚しん上」したとあり、同12日条には「かけをの御れいとてしろがね五枚しん上。」とある。ここでは公家成＝任侍従と組掛勅許が一連のことになっている。いつより飛鳥井家の執奏が定着するようになったかは不明だが、飛鳥井家発給の組掛勅許伝達の文書は寛永3（1626）年浅野長晟宛の飛鳥井雅胤のものが知られ[19]、尾張徳川家では寛永17年（1640）の徳川光友への発給文書以降、三代綱誠と夭折者を除く歴代の物が残されていることから［並木2000：252］、寛永頃であろうと思われる[20]。

　『遠碧軒記』には、大名家の「侍従成」「五位成」「受領成」「四位成」の謝礼と「掛緒御礼物」が列挙される。これによると、組掛の礼として禁裏に銀子五枚、法皇・女院・女御に銀子三枚、飛鳥井家に銀子三枚、飛鳥井家雑掌に銀子

一枚が進上されている。

　松平春嶽の『懐古雑纂』によれば水戸徳川家は組掛を用いなかったという(21)、松浦静山の『甲子夜話』二には松平定信らが組掛を用いなかったという記事もあるように、侍従以上の組掛使用は幕府の制度上強制されたものではなかったが、当然の慣例として重視された。これは侍従以上に任ぜられることが「公家成り」の流れをくむことから、蹴鞠の門弟でも近世には堂上貴族にしか許されなかった組掛の使用がふさわしいとされたことと共に、掛緒が勅許を要するという形で天皇の権威を背負っていたことが重要な意味を持ったと思われる。

8　明治初期の改正

　『太政類典』第1編第47巻によると、明治3年（1870）3月、弾正台が弁官に対し、組掛は「従来ハ蹴鞠家等ノ免シ」を必要としていたが、「御一新後」は勅任官が自由に使用してもよくなったのかと尋ねたのに対し、弁官より「過日ノ日誌ニモ有之候通リ、雖参議、拝領ニ無之テハ用ヒ候事不相成候。」と答えている。明治維新によって天皇のみが認可権を持つことになったのである。

　明治初期の組掛下賜の実例は少なくないが、『太政類典』によると、明治元年（1868）5月27日の右大弁宰相坊城俊政・左馬頭大原重朝・左中弁勘解由小路・弾正大弼五辻・秋月右京亮への下賜（第1編第32巻。「弁事職格別繁務」につき「勤労」の賞）、12月6日の佐竹次郎への下賜（第1編第5巻。東北平定の賞）が早い例で、明治3年正月7日の参議広澤真臣・同副島種臣、10月7日の参議木戸孝允・同斎藤利行・同大隈重信への下賜（第1編第36巻）、明治5年5月15日の大弁務使寺島宗則への下賜（第2編第30巻）などが見える。明治元年の事例は堂上家や諸侯への下賜であるが、3年及び5年の事例はかつての組掛の下賜・勅許と無縁の身分の勲功のある官僚である。このほか明治2〜3年の堂上への組掛勅許の例が知られるが、参議らへの達書では「下賜」とされるのに対し、堂上へのそれは「被免」「被許」となっている（第1編第36巻）。

　江戸時代には、通常の参内にも衣冠や直衣を用いていたが、明治初期にはこうした規制は解体された。たとえば明治元年4月には「御大礼」に「衣冠」、

「節朔」に「直垂」とし、通常は「公卿諸侯以下」すべて羽織袴での出仕が許された。こうした変化の背景には、装束調達や着装の困難さのほか、新政府官僚の中に装束に対する否定的な考えが台頭していたこともあった[22]。明治4年（1871）8月25日、大臣・参議等に「服制更革の内勅」が下された。そこでは「衣冠ノ制中古唐制ニ模倣セシヨリ流テ軟弱ノ風ヲナス。」として伝統的な装束が否定され、「尚武ノ国体」にふさわしい服の制定が求められた[23]。その結果が明治5年11月の「大礼服」および「通常礼服」の制定となり、衣冠は神事服として残されたものの、公的な服装は洋服となった。寺島宗則への下賜のあった明治5年5月は装束の廃止が既定であった時期である。装束廃止直前まで組掛下賜が続いたことに、その栄誉的な意味の強固さが窺える。

おわりに

　永正3年の争論にはじまる天皇と蹴鞠の家元飛鳥井家の「相互認可」という妥協的な在り方は、次第に天皇の権限を強めながらも明治維新まで続く。中・近世の天皇制が家業に代表される公家の伝統と共にあり、天皇もこれを尊重する必要があったがゆえに、天皇の権限への一本化はできなかったのだろう。また、天皇の権限強化は、飛鳥井家の権威低下という結果を生まなかった。織豊時代以後の政治体制の変化は武士の公家装束着用につながり、結果的に「双方同意の義務を負う」＝「勅許の執奏権を独占する」飛鳥井家に利益をもたらした。飛鳥井家は天皇の権威を利用できたのである。幕府も「武家官位」を利用して大名の序列化を図り、組掛はその視覚的表現としての機能を果たしたのであるから、組掛は三者の相互依存的な関係を物語る一例となる。

　明治維新により公家の家元的な家業とそれに付随する既得権は清算され、天皇と飛鳥井家の双方同意の長い伝統は廃止された。さらにこの近代化は装束を「軟弱」として否定するものでもあった。権力と権威の一元化、合理化を図る立場からすれば組掛が物語る「相互依存」の在り方は不合理かつ軟弱なものであろうが、これが対立から調和へと変容を見せつつ数百年間続いてきたことの意味は決して軽くないと思うのである。

[追記]
　成稿後、松田敬之「堂上格・華族格に関する一考察」（『藝林』第48巻3号、1999年）に触れた。本稿第8項「明治初期の改正」に紹介した「勲功ある官僚」への組掛下賜について、「士族出身の参議（律令官制ではなく新官制に於ける）」に対する「旧来の堂上公卿同等の待遇」と説明がある（54頁）。

（１）　『遊庭秘抄』の作者の比定は小川剛生『二条良基研究』（笠間書院、2005年第3篇第2章）による。
（２）　難波家は南北朝時代の宗富で断絶した。近世初期に雅庸の子宗勝が再興、宗勝が本家相続し雅胤になると、宗勝の子の宗種が相続した。二条家は分流が多いものの、嫡流は室町前期の為衡で断絶した（『国史大辞典』、吉川弘文館）。
（３）　組掛の色が年齢により変わることは『内外三時抄』に見える。なお老齢者が着る宿徳装束は、家の昇進の限度（極官）に昇った者が早く身につけるなど（『宿徳装束抄』宿徳服着始事）、老齢を示す服飾は名誉たりえた。
（４）　飛鳥井雅康（法名宋世）は兄の雅親の跡を継いだが、寛正3年（1462）に雅親の実子の雅俊が誕生したため家督の相続の問題が生じる（［井上　1984：249-250］）。延徳3年頃には宋世は実子の雅種の将来を憂えて雅俊と対立していた可能性があり、この争論もその一環とする見解がある（［井上　1987：14］）。なお当時、官位の面から見れば雅俊が当主だが、宋世としては家長権はそれと別ということになる。
（５）　この事例を、当時はまだ「免許認可権をもった絶対的な蹴鞠の「家元」が存在していない」ことを示すとする説もあるが［稲垣　2008：249］、この争論は組掛の認可権と鞠の家の「家嫡」の座が不離であることを示す。また、文亀二年（1502）八月、将軍義澄は冷泉為広を公武の和歌の師範にするよう天皇に求めた。天皇は難色を示したが結局は受け入れ、対抗する雅俊はあきらめざる得なかった。このように公家の家業は天皇と将軍により公認されており、それを超越した「絶対的」な「家元」の公家はもとより存在しない。義澄は雅俊を文亀三年に権中納言に推挙しており、嫌悪したわけではない［井上　1972：118-119］。
（６）　『伊勢兵庫守貞宗記』の「紫の小袖の事」には「被下たる小袖、出仕にきられ候半ずるまで着べく候。其以後また色をにせ候て織つかせ候て、着候はんずる事、殊に織物・白綾など有間敷候事にて候。」とあり、室町時代の武家では現品限りの使用許可という説もあったが、近世の組掛拝領の場合、一度拝領すれば以後は自前で新調した（『松竹問答』の記事より推定可能）。なお『広橋兼胤公武御用日記』では宝暦元年（1751）6月1日、宝暦7年7月20日と兼胤に対し複数回の下賜の記事があるが、7年の例は「賜紫御組懸二筋」とあって、武家伝奏を長年勤める兼胤に対する物質的な支給の意味があろう。
（７）　高辻長雅・中御門資胤・五条為経・勧修寺光豊の事例はいずれも『御湯殿上日記』、舟橋秀賢の事例は『言緒卿記』による。

（8）『言継卿記』天文2年（1533）1月6日条に、飛鳥井家から組掛を許された言継が、「飛鳥は申間敷由候へども、申候故実歟。」と判断して「組懸之事禁裏にて御案申」したとあり、この時点では飛鳥井家の認可に天皇が関与すべきかどうかについて一定の見解がなかったらしい。

（9）近世の飛鳥井家と難波家の関係性には変遷がある。また、延享3年（1746）に難波宗建が将軍の要望で難波家が「再興」した「丸組懸緒」を献じたことから生じた両家の争いは、天皇が仲介する事態になった（『通兄公記』・『難波宗城卿記』）が紙幅の関係上本稿では触れない。

なお、正保2年（1645）4月の将軍世子家綱の元服に際し飛鳥井雅宣が掛緒を献じた（『徳川実紀』）。その後正徳3年（1713）3月の将軍家継の元服に先立ち1月に天皇より掛緒の下賜があり（『徳川実紀』『続史愚抄』）、また明和3年（1766）の将軍世子家基の元服に際しても天皇より掛緒の下賜があった（『続史愚抄』）。

（10）『伏見宮日記』安永4年（1775）2月16日条には、29日の邦頼親王の元服に先立ち「御冠・御懸緒御拝領」があったという。また鞠会での使用は『通知卿記』寛政13年（1801）4月18日条によると摂家や宮（世襲親王）は飛鳥井家に入門して即日許され、花族（清花家）は二度鞠会に出席して許されるという。

（11）山科家歴代の日記に記事は多いであろうが、『堯言卿記』『言成卿記』の記事を確認した。『言成卿記』天保14年（1843）3月7日条によれば、東宮元服に先立ち調進を命ぜられており、元服後すぐに使う物も山科家が調進している。その他補充のためと見られる調進記事も多い。ただし『通知卿記』寛政13年4月10日条には「御代始度々御冠懸自飛鳥井献上云々」とある。

（12）図表「室町時代に従三位に叙された武家一覧」［山田 2006：22］を参照した。

（13）『道照愚草』に「一禁中へ諸大名祇候申事も在之哉の事、雖為三職御衆、庭上迄御参なり。大心院政元、法住院殿様依御執奏、御前の御縁迄拝礼。希代之初例也云々。又御参内の時、長橋殿局御直盧たり。其日は御局之傍まで上意御気色によりて御供衆中之少々祇候也。又大内左京太夫義興朝臣、三位の忠節によりて長橋御局迄参上。」とあるように、法住院（義澄）が執奏して、幕府の実力者細川政元が天皇の御前の御縁に参上することすら特例であり（『後鑑』永正元年1月10日条参照）、永正9年（1512）に三位に昇った義興も、将軍が参内時の控え室に使った長橋局までしか参上できなかったという。

（14）『延徳二年（1490）将軍宣下記』によると、同年7月5日の義高の将軍宣下において、将軍は狩衣を着用、勅使の官宣者四位史雅久宿禰は東帯であったが、管領及び宣旨受取の所役の者は裏打の直垂であった。

（15）信長の官位昇進について「官職体系の上で義昭の下風に立つことを避け、右大将になることにより、武家の棟梁としての名目を獲得した」という見解がある［橋本 2002：249］。

（16）公家成については［下村 1994：3-6］に詳しい。また［矢部 2001：23～26］

　　　　では毛利輝元の参内装束について分析を加えられており、また同論に紹介される秀長邸や聚楽第での儀礼でも輝元ら諸大名が位袍を着用する機会が多々あり、公家装束は豊臣政権下では大名の身分標識として機能していた。
(17)　徳川幕府の直垂の位置づけについては寺島一根「江戸幕府成立期における武家服飾上の画期」（『洛北史学』11号、2009年）に詳しい。
(18)　武家の服飾を記した『当時装束抄』の「下襲」の項目に「公卿（三位以上。宰相は四位にても公卿の制なり。御三家・御両卿・加州侯にかきるなり）」とある。
(19)　『大日本古文書　浅野家文書』（東京帝国大学、517頁）。宛所は「安芸侍従」。長晟は寛永3年（1626）8月19日に侍従となる（『寛政重修諸家譜』）。
(20)　なお、平野神社蔵「飛鳥井某口上書写」は、侍従になると、飛鳥井家の執奏を経ずに組掛を使用する武士があることを、飛鳥井家が幕府に訴えた文書である［桑山1998：546］。「台徳院」の呼称が見え、秀忠の死去した寛永9年（1632）以後のものである。当時武家に飛鳥井家執奏の徹底がなされていなかったことと共に、侍従になれば組掛を用いるという認識はすでに存在していたことがわかる。
(21)　『斉脩卿記』の文政6年（1823）3月2日条に水戸斉脩が「掛緒紫組」を用いたとあるので、水戸家で使用しないしきたりの成立時期は検討の余地がある。
(22)　刑部芳則「明治太政官形成期の服制論議」（『日本歴史』698号、2006年）、70-86頁。
(23)　詔書の本文は『明治天皇紀』（吉川弘文館）による。

[引用本文]
伊勢兵庫守貞宗記　続群書類従　続群書類従完成会
延徳二年将軍宣下記　続群書類従　続群書類従完成会
遠碧軒記　日本随筆大成　吉川弘文館
御湯殿上日記　続群書類従　続群書類従完成会
懐古雑纂　『徳川礼典録』下　徳川黎明会　原書房　所収
嘉永年中行事　増訂故実叢書　吉川弘文館
革匊要略集　『蹴鞠の研究』　渡辺融・桑山浩然　1994　東京大学出版会
甲子夜話　東洋文庫　平凡社
享徳二年晴之御鞠記　群書類従　続群書類従完成会
公条公記　東京帝国大学史料編纂所『大日本史料第9編之5』41頁所引
禁中例規御心覚書　東山御文庫御物自筆本
禁秘抄　群書類従　続群書類従完成会
建内記　大日本古記録　岩波書店
御装束規矩録　天明二年（1782）　三井上之店編　天理図書館蔵写本
後松日記　日本随筆大成　吉川弘文館
実隆公記　続群書類従完成会
実久卿記　宮内庁書陵部蔵自筆本

貞治二年御鞠記　群書類従　続群書類従完成会
条々聞書　条々聞書貞丈抄　続々群書類従　続群書類従完成会
装束雑事抄　宮内庁書陵部蔵昭和9年写本
装束抄　群書類従　続群書類従完成会
松竹問答　日本随筆大成　吉川弘文館
職原抄　群書類従　続群書類従完成会
堯言卿記　内閣文庫蔵自筆本
太政類典　http://www.digital.archives.go.jp/　（2010年1月7日閲覧）
親長卿記　増補史料大成
当時装束抄　松岡辰方　文化9年（1812）東北大学蔵写本
道照愚草　続群書類従　続群書類従完成会
言継卿記　国書刊行会
言緒卿記　大日本古記録　岩波書店
言成卿記　宮内庁書陵部自筆本
徳川実紀　国史大系　吉川弘文館
内外三時抄　『蹴鞠の研究』　渡辺融・桑山浩然　1994　東京大学出版会
斉脩卿記　歴代残欠日記　第30冊所収　臨川書店
難波宗城卿記　歴代残欠日記第34冊所収　臨川書店
伏見宮日記『皇室制度史料　儀制　成年式Ⅱ』吉川弘文館：256頁所引
通兄公記　史料纂集　続群書類従完成会
通知卿記　京都大学自筆本　京都大学電子図書館
http://edb.kulib.kyoto-u.ac.jp/exhibit/kichosearch/src/naka368.html（2010年1月7日閲覧）
遊庭秘抄　群書類従　続群書類従完成会

[引用文献]
稲垣弘明　2008　『中世蹴鞠史の研究』思文閣出版
井上宗雄　1984　『中世歌壇史の研究　室町前期　改訂新版』　風間書房
井上宗雄　1987　『中世歌壇史の研究　室町後期　改訂新版』　明治書院
桑山浩然　1992　「飛鳥井家が烏帽子懸緒の許可権を得ること」『蹴鞠技術変遷の研究』東京大学出版会：51-80頁
桑山浩然　1998　「飛鳥井家伝来蹴鞠文書の研究」『古代中世史料学研究下』吉川弘文館：533-559頁
下村效　1994　「豊臣氏官位制度の成立と発展」『日本史研究』377：1-26頁
並木昌史　2000　「近世大名の官位と故実に関する一考察」『金鯱叢書』27：251-278頁
橋本政宣　2002　『近世公家社会の研究』吉川弘文館
山田貴司　2006　「中世後期地域権力の官位獲得運動」『日本歴史』698号：12-29頁
矢部健太郎　2001　「豊臣「公儀」の確立と諸大名」『史学研究集録』26：17-40頁。

唐代における宮女の男装について

矢田　尚子

はじめに

　唐王朝は、広大な領土を持つ世界帝国へと発展していく過程において、周辺異民族の文化を幅広く受容し、それらを漢民族古来の文化と融合することによって、新たに独自の文化を生み出した。服飾文化もまた例外ではなく、唐の人々のファッションは、周辺異民族の衣服・装身具などの多大な影響を受けて醸成されたと考えられる。そして、異文化を積極的に受け入れようとするこうした開放的な気風は、唐王朝の女性たちの間で、男性の服飾を身につける「男装」をも流行させたと言われている。

　たとえば、唐代の服飾について、黄能馥・陳娟娟『中国服飾史』は、「女性の服装の男性化は、唐代社会の開放性を反映したものである[1]」と述べ、高世瑜『唐代婦女』は、「唐代の女性、特に宮廷の女性は、軍装と男装を美しいものと考えていた。……男女が同じ衣服を身につけ、妻と夫で衣服に差がないというのは、実に平等だという感じがする。もちろんこうした気風は、開放的で、武を重んじる社会から生まれたものである[2]」と述べる。

　このように、唐代の女性たちの間で流行したと言われる「男装」であるが、実際には、どのようなものだったのだろうか。考古文物や文献の中からその具体例を取り上げ、確認したいと思う。

1　胡服の宮女

　中唐の王建という詩人に、当時の宮廷内での生活を詠んだ「宮詞一百首」という作品群があり、宮女（宮中に仕える女官）たちの様子を描いたものが多く含まれている。その中に、次のような詩がある[3]。

新衫一様殿頭黄　　新衫　一様なり　殿頭の黄に
銀帯排方獺尾長　　銀帯　排方　獺尾長し
總把玉鞭騎御馬　　総て玉鞭を把りて　御馬に騎る
緑鬢紅額麝香香　　緑鬢　紅額　麝香の香り(4)
（新しい上着は宮殿の瓦と同じ黄色。銀の帯には帯飾り、帯の端は長く垂れている。宝石で飾った鞭を手に、揃って皇帝から賜った馬に乗る。結い上げた黒髪に美しく化粧を施した顔、辺りには麝香の良い香りが漂っている）

　詩中で馬に乗る人物たちは、最後の一句に「緑鬢（結い上げた黒髪）」、「紅額（美しく化粧した顔）」とあることから、宮女であろうと推測される。
　別の詩によると、彼女たちは、男の武官のように、馬上で弓を射ることもあったようである。
射生宮女宿紅妝　　射生の宮女　紅妝を宿む
把得新弓各自張　　把りて新弓を得て　各自張る
臨上馬時齊賜酒　　馬に上る時に臨みて　斉しく酒を賜わり
男兒跪拝謝君王　　男兒のごとく跪拝して　君王に謝す(5)
（弓を射る宮女は、顔に美しく化粧をしている。新しい弓を取ってそれぞれ自ら弓弦を張る。馬に乗る前には、全員が皇帝から酒を賜り、男のように跪いて挨拶をする）

　これらの詩中に描かれている馬上の宮女たちは、おそらく、唐代の墓から出土した女騎馬俑（図1）のように、「胡服」を着用していたのではないかと想像される。「胡服」というのは、丈の短い筒袖の上着と袴とを組み合わせたもので、「異民族の衣服」という意味を持つその名の通り、本来は中国北方の騎馬民族の衣服であった。

図1　加彩女子騎馬俑

宋代の沈括による随筆集『夢渓筆談』に、「中国の衣冠には、北斉時代以降、胡服が用いられている。筒袖や緋色や緑色の丈の短い上着、皮革でできたブーツや金具つきのベルトといったものは、みな胡服なのである。筒袖の衣服は、馬に乗ったり、弓を射たりするのに便利であり、短い上着やブーツは、草原を歩くのに適している[6]」とあるため、北斉（550-77）以降の中国では、こうした「胡服」が一般的に用いられていたようである。丈が長く、袖がたっぷりとした漢民族古来の「深衣」や「袍」に比べると、「胡服」は騎馬などの活動に適した衣服であった。

　では、唐代の女性たちの間で流行したという「男装」とは、この「胡服」の着用のことを指すのであろうか。

2　墓室壁画に見える「男装」の女性

図2（左）　李鳳墓壁画　持如意挟衾裯侍女図／図3（右）李僊蕙墓壁画　宮女図

図4（左）　李賢墓壁画　観鳥捕蝉図／図5（右）　韋浩墓壁画　仕女図

　栄新江氏による論文「女扮男装——唐代前期婦女的性別意識——[7]」は、過去の唐墓発掘報告などから、「男装の女性」を表現したと見られる墓室壁画の画像や陶俑の例を抽出し、一覧表にまとめている。それによれば、合計29もの唐墓から、男装の女性を表した人物像や陶俑が発見されているという[8]。そのうちのいくつかを見てみよう。

　まず図2では、脇に如意を差し挟む右側の宮女

が、「胡服」を着用している。次に図3では、宮女群の中の、一番左の宮女と、左から二番目の宮女が、「胡服」を着て、両手に物を捧げ持っている。また、このうち一番左の宮女は、頭にかぶり物をつけている。そして図4では、中央に立つ宮女が、やはり「胡服」を身に着けており、図5では、右側の宮女が花模様のある「胡服」を着用し、頭にかぶり物をつけている。

　こうして見ると、男装の宮女を描いたとされるこれらの人物像に共通しているのは、いずれも「胡服」を着用しているという点である。したがって、中国服飾史研究においては、やはり、唐代に「胡服」姿の宮女が多く存在したことを根拠として、「唐代の女性たちの間で男装が流行した」と言っているようである。

3　「服妖(ふくよう)」と「男装」

　では次に、文字資料に目を転じ、唐代女性の「男装」について述べたと思われる歴史書の記述を見てみよう。

　　唐の高宗（在位649－83）が宮中で宴会を開いた時、娘である太平公主が、武官の着る紫の上着を着て、宝石で飾ったベルトを締め、黒い折上巾（冠の一種）をかぶり、武官が腰に下げるおびものを付けて、歌舞を披露した。それを見た皇帝と皇后は、「女は武官になることはできないというのに、その格好は何でしょう」と言って笑った。これは「服妖」に近いものである[9]。（『新唐書』五行志）

　これは、唐代における男装の流行を示す資料として、よく紹介される文章なのであるが[10]、男装とは言っても、宴会の席の余興であるため、この記事を即座に当時の男装流行の証拠とすることはできないだろう。

　ところで、この文章の最後にある「服妖」というのは、衣服に対する中国古代の独特な考え方を表す語である。『漢書』五行志に、「世の中の風俗が乱れて節度が失われると、奇妙でふざけた衣服として現れる。そのため、服妖というものがあるのだ[11]」とある。つまり、人々の間に奇抜な服飾が現れた際、そ

れを社会の混乱と直接に結びつけて考え、「服妖」と呼ぶのである。『漢書』五行志以来、中国歴代王朝の正史は、「五行志」「輿服志」「車服志」などの中に、大抵この「服妖」の項を設け、その時代に現れた奇抜な服飾の例を列挙している。

たとえば、『後漢書』五行志には、次のような話が記されている。

　　後漢の霊帝（在位168－89）は、胡服・胡帳・胡牀（折りたたみ椅子の一種）・胡坐・胡飯・胡箜篌（こうこう）（ハープに似た楽器）・胡笛・胡舞など、北方異民族の文化を好んで取り入れた。都の貴族たちも競ってそれを真似た。これは「服妖」である。その後、董卓が率いる異民族の兵士が街を乗っ取り、宮中を略奪し、御陵を盗掘した(12)。

胡服を含めた異民族文化の流行を、後に起こった異民族兵士による略奪行為の前兆と見なし、「服妖」だとしているのである。

もちろん「服妖」の中には、男女の服飾の違いに関するものも含まれている。たとえば『晋書』五行志には、男女の履物に関する「服妖」が記されている。

　　もともと履き物というのは、女物は先端を丸く、男物は四角く作ることで、男女を区別していた。丸い形は「順（したが）う」ことを表すからである。ところが、太康年間（280－9）の初めに、女物の履き物の先端が四角くなって、男物との差が無くなった。これは、荒淫放恣で有名な賈后（かこう）が、強い嫉妬心によって暴政を行う兆しであった(13)。

賈后にまつわる「服妖」としては、同じく『晋書』五行志に、髪飾りに関する次のようなものもある。

　　恵帝の元康年間（291－9）に、女性たちの間で「五兵佩（ごへいはい）」というものが流行した。金・銀・瑇瑁（たいまい）などで、斧（ふ）・鉞（えつ）・戈（か）・戟（げき）といった武器を象った髪飾りである。干宝（六朝志怪小説『捜神記』の編者）は、「男女の別は、

国の守るべき大事である。それゆえ、衣服や贈り物に男女の違いがあるのだ。今、婦人が武器を飾り物にしているのは、婦人妖の甚だしいものである」と考えた。そうするうちに、賈后による暴政が行われ、ついに天下を滅ぼすことになった(14)。

図6　帷帽をかぶる騎馬女俑

履物や髪飾りにおける男女の別の軽視が、賈后のような女性の登場につながったという、こうした論理に鑑みるならば、唐代の女性の間での「男装」の流行、つまり「胡服」着用の流行は、当然、中国唯一の女帝である則天武后の登場と結びつけられてよいはずである。ところが、唐代の「服妖」を記したもので、「男装」に関わるのは、先に見た太平公主の例のほかには、次に挙げる『新唐書』の記述があるのみなのである。

　唐の初め頃には、馬に乗る宮女たちは、古い制度にしたがって、「冪羅（べきら）」と呼ばれる布をかぶって全身を覆い隠していた。しかし、永徽年間（650－6）以降になると、帽子にごく短いベールをつけた「帷帽（いぼう）」（図6）というものをかぶって、首から上だけを覆い隠すようになった。そして神龍年間（705－7）の末には、「冪羅」は廃れてしまった。これらはみな、女性による政治への関与の前兆であった(15)。

ここで言っている「女性による政治への関与」とは、時代的に、則天武后（在位684－704）が政権を握ったことを指すと考えられる。「冪羅」の衰退が、「服妖」として、則天武后の執権と関連づけられているのである。
「冪羅」の衰退や「帷帽」の流行については、『旧唐書』輿服志に、より詳しい記述が見える。

　武徳年間（618－26）・貞観年間（627－49）には、馬に乗る宮女は、北斉や隋の時代からの古い制度にしたがって、「冪羅」を着用していた。「冪

羅」は本来、異民族のものであるが、全身を覆い、人の視線を遮ることができるので、諸侯の妻たちも使用していたのである。

ところが、永徽年間（650-6）以降になると「帷帽」が用いられるようになった。首までの長さのベールをつけただけで、そのベールも段々と短くなっていった。そこで「帷帽」の使用をやめるよう禁令を出したが、しばらくは効果があっても、すぐに元通りになってしまった。

そこで、咸亨2年（672）には、再び次のような禁令が出た。

「官吏の妻は、士大夫階級の一員であるのだから、外出の際には、人の目を遮るものを身に着けなければならない。ところが近頃は、冪羅を棄てて帷帽をかぶり、車ではなく、他人の目につきやすい肩輿に乗る者が多くなった。互いに他人の真似をすることで、それを流行させ、軽率な行動を取ることで、礼儀を著しく損なっているのである。先に禁令を出したことで、次第に改まりつつあるが、未だに守らない者がいるようである。……これらは礼儀に背くものであるから、今後はより厳しく禁ずる」

則天武后以後、「帷帽」が大いに流行し、「冪羅」は廃れた。中宗が即位すると（705）、禁令が弱まり、とうとう女性たちに「冪羅」を着用させるという制度は無くなった。さらに開元年間（713-41）の初めになると、宮中の馬車に付き従う宮女は、「胡帽」と呼ばれる帽子を着用して、化粧をした顔も露わに馬に乗るようになり、ベールで顔を隠すこともしなくなった。士大夫や庶民の家でもそれを真似るようになり、「帷帽」は廃れた。ついには、何もかぶらず、結い上げた髪を露わにして馬に乗る者や、男物の衣服や靴、上着を着用して出かける者も現れた。そして、身分の上下や宮廷の内外に関係なく、こうした傾向が広がった[16]。

このうち、下線部のみが、唐代における男装の流行を裏付ける証拠として、先行研究に頻繁に引用されているのであるが[17]、初めから通して読めば、この文章の主旨が、「冪羅」や「帷帽」といった女性のかぶり物の衰退に対する嘆きであることは明らかであろう。

同様の嘆きは、玄宗（在位712-56）の頃の人である李華が、二人の孫娘に

宛てて書いた「外孫崔氏の二孩に与うる書」にも見えている。

　もし、女が男よりも偉くなれば、それは、多くの雲が太陽を覆い隠してしまうようなものである。世の教えがここまで衰退してしまっていることに、涙を流さざるを得ない。おまえたちは、『詩経』『周礼』『儀礼』『礼記』『論語』『孝経』を読まなくてはならない。これらは最も重要なものである。
　私が若いとき、南の市場の帽子屋には、貂の皮で作った「貂帽」は沢山売られていたが、「帷帽」はわずかしか売られていなかった。その当時の年寄りは、すでにそのことを嘆いていた。
　後に4、50歳になってから、西京の市場の帽子屋に行ってみると、すでに「帷帽」も「貂帽」も売られていなかった。男は上着の袖で鼻を覆い、女はスカーフで頭を覆っている。もし、未だに「帷帽」や「冪離（冪羅）」をかぶっている者がいたら、きっと石を投げつけられることだろう。これは、女が男のようななりをし、男が女のような装いをしているということである。男女の立場が逆転してしまっていること甚だしい[18]。

手紙の中で李華は、男女の立場が逆転してしまっている昨今の状況を嘆き、孫娘たちに女性の分を守るよう戒めている。そして、陰陽（男女）の顛倒の最たる例として、「冪羅」や「帷帽」の衰退を挙げているのである。
以上の例に鑑みるならば、唐代の人々は、女性が外出の際に「冪羅」や「帷帽」で顔を隠さなくなったことを指して、「男女の区別がなくなった」と感じていたのではないかと考えられる。現在、我々は、唐墓壁画などの胡服姿の女性を見て、唐代になって服装における「男女の区別がなくなった」と考えているわけであるが、当時と現在とでは、どうやら「男装」の概念に差異があるようなのである。

4　「裹頭内人」について

ところで、小論のはじめに挙げた王建「宮詞一百首」には、宮女を詠んだ次

のような詩も含まれている。

> 禁寺紅樓内裏通　　禁寺の紅樓　内裏に通ず
> 笙歌引駕夾城東　　笙歌し駕を引く　夾城の東
> <u>裏頭宮監堂前立</u>　<u>裏頭の宮監　堂前に立ち</u>
> 手把牙鞘竹彈弓　　手には把る　牙鞘と竹の弾き弓とを[19]
> （役所の紅い建物と内裏とは道続き。笙に合わせて歌いながら車を引いて、高い塀に囲まれた道を行く。「裏頭の宮監」が、建物の前に立ってそれを見守る。その手には象牙の鞘と竹の弾き弓が握られている。）

　役所から内裏へと戻る天子の隊列を、武器を手にした「裏頭の宮監」が警備する様をうたったものである。「裏頭の宮監」というのは、「頭巾をかぶった宮中の役人」という意味であるが、男子は成人すれば誰もが冠巾をつけるのが当たり前であるから、わざわざ「裏頭の」と言う必要はない。したがってこれは、冠巾をつけた宮女、すなわち「裏頭内人」のことを指すものと思われる。
　「裏頭内人」については、司馬光の著した史書『資治通鑑』に、次のような記述がある。内乱で行方不明になった「裏頭内人」を探すよう、唐の徳宗が詔を下そうとして、臣下の陸贄に諌められる場面である。

> 　徳宗は、渾瑊に下す詔を作成するよう陸贄に命じた。その内容は、内乱の際に奉天で行方が分からなくなった「裏頭内人」を探しに行くように、というものであった。そこで陸贄は次のように申し上げた。
> 　「私が思いますに、大盗賊が退治されたばかりで、疲弊した民衆や傷ついた兵士たちへのねぎらいもまだ済んでおりません。それにもかかわらず、真っ先に女性のもとを訪れるというのは、これから政治を立て直そうという志にふさわしいものではありません。……詔を作るようにとの命令には従いかねます[20]」

　ここに付せられた胡三省の注に、「裏頭内人というのは、宮中に仕える使用

人のことである。宮中に仕える使用人の女性は、みな頭に冠巾をつける。それゆえ裏頭内人と呼ぶのである[21]」とあることから、先の図1・3・5で見たような、胡服を着て頭にかぶり物をつけた宮女のことを「裏頭内人」と呼んでいたのではないかと想像される。

宮女を表す「内人」という語に「裏頭」という語を冠して、「(男性のように)冠巾をつけた宮女」という意味で使っていることから考えて、当時の人々は、胡服を着ることよりも、冠巾をつけることの方を「男装」だととらえていたのではないだろうか。

ちなみに、この「裏頭内人」は、唐代のみならず、宋代の宮中にも存在していたらしく、北宋の蔡絛(さいとう)『鉄囲山叢談(てついざんそうだん)』巻一には、次のような記述がある。

> 北宋の宮中で、……位の高い宮女には、「御侍(ぎょじ)」や「小殿直(しょうでんちょく)」という者たちがいる。彼女たちは大抵、天子の側近くに仕えている。「御侍」は、髪を「龍児德髻(りゅうじとくけい)」に結い、短いひとえの着物を着る。「小殿直」は、頭を黒い頭巾で包み、紫色の筒袖の上着に金の帯を締め、男のような仕方でお辞儀をする。……唐の陸贄『牓子集(ぼうししゅう)』に「渾瑊に裏頭内人を訪ねさせようとするのを諫めた」とあるのがそれで、こうした宮女たちが古くから存在していたことがわかる[22]。

文中には、先に見た陸贄の話も引かれている。これによれば、唐代の「裏頭内人」は、北宋の「小殿直」に当たるようである。その「小殿直」が「頭を黒い頭巾で包み、紫色の筒袖の上着を着て金の帯を締め、男のような仕方でお辞儀をする」とあることから、やはり、胡服を着用し、頭巾で「裏頭」した彼女たちこそが、「男装」の宮女であったと考えられるのである。

5 「釵釧(さいせん)」と「冠冕(かんべん)」

胡服の着用ではなく、冠巾の着用の方が「男装」と見なされていたのではないかという、前章で導き出された推論は、また、別の資料によっても裏付けることができる。

『資治通鑑』巻二百五「唐紀」二十一に、則天武后が僧の懐義を誅殺するくだりがあるが、その胡三省注には、李商隠の「宜都内人伝」が引かれている。

　　李商隠の「宜都内人伝」にはこのようにある。……宜都内人が次のように申し上げた。「古代には女媧という女帝がいたと言われていますが、彼女は実際には天子ではなく、伏羲帝が中国全土を治めるのを手伝っただけです。その後も、女の身でありながら政治を行った者はおりましたが、いずれも正式な手続きを踏んだものではありませんでした。彼女たちの多くは、愚かな皇帝や幼い皇帝に代わって政治を行ったにすぎないのです。あなたさまだけが、唯一、王朝を李姓から武姓に改め、「釵釧」を取り去って「冠冕」を身につけられたのです。瑞祥は毎日のように現れ、大臣も逆らうことをしません。あなたさまこそ真の天子なのです[23]」

　胡三省が注で疑っているように[24]、この話自体はおそらくフィクションであろうが、文中の宜都内人の台詞にある、「釵釧」を取り去って「冠冕」を身につけるという表現が注目される。「釵」は簪、「釧」は腕輪のことで、いずれも女性の装飾品である。そして「冠」は成人した男子がつけるかぶり物の総称、「冕」は天子から大夫までがかぶる礼式用のかぶり物で、いずれも男性が着用するものである。武田佐知子氏もその著書『衣服で読み直す日本史──男装と王権──』で指摘しているように[25]、宜都内人は、則天武后が女の身でありながら帝位に即いたことを、「釵釧を取り去って冠冕を身につけた」と表現しているのだと判断される。そして、「釵釧」で女性の服飾を、「冠冕」で男性の服飾を象徴していることから、当時、上着や袴などの衣服の形態は、男女を区別するための主たる指標とはなり得ず、代わりに「釵釧」や「冠冕」といった装飾品が、その役割を果たしていたのではないかと推測されるのである。
　このように、冠や簪といった装飾品を、男女を区別する主な指標とすることは、実は、中国において古来より行われてきた習慣なのではないかと思われる。というのも、図7・8にあるように、後漢時代の墓から出土した画像石に見える男女は、ほぼ同型の衣服を着用しており、頭部を飾っているのが冠であるか

図7（左）　漢墓出土の人物画像石（模写）〔男性〕／図8（右）　漢墓出土の人物画像石（模写）〔女性〕

簪であるかが、両者を分ける最も大きな違いとなっているからである。あるいは、衣服の色や柄にも男女の差があったのかもしれないが、画像石では確認のしようがない。少なくとも、衣服の形態においては、男女の間に大きな差がなかったことは指摘できるだろう。

お わ り に

　以上、唐代に流行したと言われる女性の「男装」が、具体的にはどのようなものであったのかということについて、考古文物と伝世文献とを対比させながら考察してきた。その結果、我々が考える「男装」と、唐代の人々が考える「男装」との間には、差異があるらしいことが明らかになった。現在、唐代の服飾について述べた書や論文の多くが、唐墓壁画に描かれた胡服姿の宮女を指して、「男装」していると判断するが、唐代の人々の感覚からすれば、これは間違いであって、厳密には、胡服姿の宮女の中でも特に「冠巾」をつけた者を指して「男装」していると言うのが正しいのであろう。上着と袴の組み合わせからなる胡服を着用した女性を見て、「男装」していると感じるのは、西洋文化の影響を受けて、ズボンは男性のもの、スカートは女性のものと考える我々の固定観念による誤解なのではないだろうか。唐代の人々は胡服を、乗馬などの活動に適した、男女兼用の衣服だと考えていた可能性が高いのである。

（１）　"女装男性化是唐代社会开放的又一种反映。"（黄能馥・陳娟娟『中国服飾史』上海人民出版社、2004年、163－4頁）。

（２）　"唐朝妇女尤其是宫廷妇女常以戎装、男装为美。……男女穿一样的衣服，内外无别，倒真有点平等的味道了。这种风气自然要归功于社会的开放与尚武。"（高世瑜『唐代婦女』三秦出版社、1988年、167頁）。

（３）　以下、王建「宮詞一百首」の引用は、『全唐詩』巻三百二（中華書局排印本）による。

（４）　王健「宮詞一百首」第十六首。

（５）　同前第二十三首。

（６）　"中國衣冠、自北齊以來、乃全用胡服。窄袖・緋緑短衣・長靿靴・有鞢韘、皆胡服也。窄袖利於馳射、短衣・長靿、皆便於涉草。"（沈括『元刊夢渓筆談』巻一、北京文物出版社、1975年）。

（７）　栄新江「女扮男装──唐代前期婦女的性別意識──」（鄧小南編『唐宋女性與社會（下）』、上海辞書出版社、2003年、723－750頁）。

（８）　栄氏が一覧表で挙げている最も早い例は、643年に造営された長楽公主墓から出土した女騎馬俑であり、最も遅い例は、745年に造営された蘇思勗墓の墓室壁画に見える侍女像である。

（９）　"高宗嘗内宴、太平公主紫衫・玉帶・皂羅折上巾、具紛礪七事、歌舞于帝前。帝與武后笑曰、女子不可為武官、何為此裝束。近服妖也。"（『新唐書』巻三十四「五行志」）。以下、史書の引用は全て『四庫全書』所収のものによる。

（10）　例えば、孫機「唐代婦女的服裝與化粧」（『文物』1984年第4期）、周峰（編）『中国古代服装参考资料（隋唐五代部分）』（北京燕山出版社、1987年）、注（７）栄新江前掲論文、注（１）黄能馥・陳娟娟前掲書などに挙げられている。

(11)　"風俗狂慢變節易度、則為劋輕奇怪之服。故有服妖。"（『漢書』巻二十七中之上「五行志」）。

(12)　"靈帝好胡服・胡帳・胡牀・胡坐・胡飯・胡箜篌・胡笛・胡舞、京都貴戚皆競為之。此服妖也。其後、董卓多擁胡兵、填塞街衢、虜掠宮掖、發掘園陵。"（『後漢書』志第十三「五行一」）。

(13)　"初、作屐者、婦人頭圓、男子頭方。圓者順之義、所以別男女也。至太康初、婦人屐乃頭方、與男無別。此賈后專妬之徴也。"（『晋書』巻二十七「五行志上」）。

(14)　"惠帝元康中、婦人之飾有五兵佩。又以金・銀・瑇瑁之屬、為斧・鉞・戈・戟、以當笄。干寶以為、男女之別、國之大節。故服物異等、贄幣不同。今、婦人而以兵器為飾。此婦人妖之甚者。於是遂有賈后之事。終亡天下。"同前。

(15)　"唐初、宮人乘馬者、依周舊儀、著冪䍦、全身障蔽。永徽後、乃用帷帽、施裙及頸、頗為淺露。至神龍末、冪䍦始絶。皆婦人預事之象。"（『新唐書』巻三十四「五行志」）。

(16)　"武徳・貞觀之時、宮人騎馬者、依齊・隋舊制、多著冪䍦。雖發自戎夷、而全身

212

障蔽。不欲途路窺之、王公之家、亦同此制。永徽之後、皆用帷帽、拖裙到頸、漸爲淺露。尋下勅禁斷、初雖暫息、旋又仍舊。咸亨二年、又下勅曰、百官家口、咸預士流、至於衢路之間、豈可全無障蔽。比來、多著帷帽、遂弃羃羅、曾不乘車、別坐檐子。遞相倣效、浸成風俗、過爲輕率、深失禮容。前者已令漸改、如聞猶未止息。……此並乖於儀式、理須禁斷、自今已後、勿使更然。則天之後、帷帽大行、羃羅漸息、中宗即位、宮禁寬弛、公私婦人、無復羃羅之制。開元初、從駕宮人騎馬者、皆著胡帽、靚粧露面、無復障蔽。士庶之家又相倣效、帷帽之制、絶不行用。俄又露髻馳騁、或有著丈夫衣服、靴衫、而尊卑内外、斯一貫矣。"（『旧唐書』卷四十五「輿服志」）。

(17) 例えば、注（10）孫機前掲論文、注（7）栄新江前掲論文、注（1）黄能馥・陳娟娟前掲書などに挙げられている。

(18) "苟且婦人尊於丈夫、羣陰制於太陽。世教淪替、一至於此、可爲墮淚。汝等當學讀詩・禮・論語・孝經。此最爲要也。吾小時、南市帽行見貂帽多、帷帽少。當時舊人已歎風俗。中年至西京市帽行、乃無帷帽・貂帽亦無。男子衫袖蒙鼻、婦人領巾覆頭。向有帷帽・羃籬、必為瓦石所及。此乃婦人為丈夫之象、丈夫為婦人之飾。顚之、倒之、莫甚於此。"（『四庫全書』所収『李邈叔文集』卷一「與外孫崔氏二孩書」）。

(19) 「宮詞一百首」第七十八首。

(20) "上命陸贄草詔、賜渾瑊、使訪求奉天所失裹頭内人。贄上奏、以爲、巨盜始平、疲療之民・瘡痍之卒、尚未循拊。而首訪婦人、非所以副維新之望也。……所賜瑊詔、未敢承旨。"（『資治通鑑』卷二百三十一「唐紀」四十七）。

(21) "裹頭内人、在宮中給使令者也。内人給使令者、皆冠巾。故謂之裹頭内人。"

(22) "國朝禁中……内官之貴者、則有曰御侍、曰小殿直。此率親近供奉者也。御侍、頂龍兒特髻、衣襈。小殿直、皂軟巾裹頭、紫義襴窄衫、金束帶、而作男子拜。乃有都知、押班、上名、長行之號。唐陸宣公牓子集、諫令渾瑊訪裹頭内人者、是也。知其來審矣。"（『知不足齋叢書』所収、蔡絛『鐵圍山叢談』卷一）。

(23) "李商隱宜都内人傳云、……内人曰、古有女媧、亦不正是天子、佐伏羲、理九州耳。後世孀姥有越出房閤、斷天下事、皆不得其正、多是輔昏主、不然、抱小兒。獨大家改夫姓、改去釵釧、襲服冠冕。符瑞日至、大臣不敢動。真天子也。"（『資治通鑑』卷二百五「唐紀」二十一）。

(24) 当該箇所の胡三省の注に、"此盖文士寓言。今、從實録。"とある。

(25) 武田佐知子『衣服で読み直す日本史——男装と王権——』（朝日新聞社、1998年）、151－4頁。

[図版出典]

図1　金郷県主墓（724）「加彩女子騎馬俑」、齋藤龍一（編）図録『「大唐王朝　女性の美」展、中日新聞社、2004年、86頁。

図2　李鳳墓壁画（675）「持如意挟衾裯侍女図」、唐昌東（臨模）・李国珍（編）『大唐壁画』、陝西旅游出版社、1996、73頁。

図3　李僊蕙墓壁画（706）「宮女図」、『大唐壁画』、131頁。
図4　李賢墓壁画（706）「観鳥捕蟬図」、『大唐壁画』、122頁。
図5　韋浩墓壁画（708）「仕女図」、『「大唐王朝　女性の美」展』、23頁。
図6　鄭仁泰墓（664）「帷帽をかぶる騎馬女俑」、沈従文・王㐨『中国古代の服飾研究　増補版』、京都書院、1995、244頁。
図7・図8　「蜜県打虎亭1号漢墓出土の人物画像石（模写）」、同前書、149頁。

着衣の媒介性と喚起力
―― 死者の着衣とクレオールの着衣をめぐって ――

宮原　曉

はじめに

　着衣、とりわけその保温以外での用途の発見は、それ以後、人類の運命を決める革新的なできごとの一つであった。このように書くと、衣服が私たちの日常のごく近くにあることも手伝っていささか大げさに聞こえるかもしれない。しかし、人類が衣服と呼べるものを最初に身にまとうようになったのがたかだか7万年ほど前であること、アウストラロピテクスはもちろん、北京原人やジャワ原人、初期のネアンデルタール人が無着衣であったことを思い返せば、人類が生物学的身体と決別し、文化的身体を獲得するうえで、着衣が重大な契機となったことは明白であろう。西村三郎が指摘するように、着衣のはじまりは、生物学的身体の外部環境からの保護ということ以外に、狩猟獣と一体化し、その繁殖を祈願するといった呪術的な目的を想定することが可能である[1]。ネアンデルタール人にとっての衣服とクロマニヨン人にとっての衣服の異同が、ネアンデルタール人の滅亡にどうかかわるのかといった興味深い問題はひとまず措くとしても[2]、着衣の発見により、身体と外界とのあいだに衣服がさしはさまれることで、身体と外界の間柄は、意味論的に交渉可能なものとなった。そこでは様々な装飾品や身体装飾、髪型、化粧、無着衣の「裸」ですら衣服の延長線上にとらえられるようになったのである。

　こうしてみると着衣は、人類が文化を持つことのきわめて重要な側面に深く関わっていると言えるが、それは単に衣服が物質文化の一部であるとか、民族の文化を凝縮したものであるといった意味ではもちろんない。この点で、「人はなぜ服を着るか」といった着衣をめぐる本質的な問いは、次のように言い換える必要があろう。人間は着衣を発見したことで文化を獲得し、人間とは何か

——「なぜ服を着るか」——を問いうる存在——となったのである。本章は、こうした着衣＝文化を、死者の着衣、あるいはクレオールをめぐる着衣の媒介性、ないし着衣が持つ喚起力という観点から解き明かそうといういささか大それた目的を持っている。着衣は、道具使用や象徴言語、農耕、遊牧といった人類が文化を持つことのいくつかある側面の一つに過ぎないが、逆に言えば、道具や言語などと比肩し得る重要性を持っている。ともすれば物質文化に囲い込まれがちな着衣を、仮想的に人類の文化が立ち上がる地点に立ち返って再考しようというのである。

1　死者の着衣

　着衣は、寒冷酷暑や乾燥からの皮膚の保護や身体の美化、アイデンティティの表明、魅力の顕示、逆に「自然」としての身体の隠蔽など様々なものを人間の身体にもたらしたが、これら具体的機能は、「衣服の媒介性」というコトバに集約することができる。鷲田清一の表現を借りれば、衣服は、それが身体と外界（外部環境）の間にさしはさまれることで、外界や社会、あるいは他者の目から、身体を隠蔽し、かつ身体を表象する。これによって衣服は、外界と皮膚、「見られる身体」と「見せる身体」、「生物学的身体」と「文化的身体」を媒介するのである[3]。

　もとより着衣が媒介するものは、鷲田が「見られる身体」と「見せる身体」という表現を用いて示唆するように間主観的に構成されており、「生物学的身体」や「文化的身体」そのものが実体として存在するわけではない。また、衣服の媒介性は多面的であり、外界と皮膚、「見られる身体」と「見せる身体」、「生物学的身体」と「文化的身体」は互いに関係し合っている。同時に、外界と皮膚、「見られる身体」と「見せる身体」、「生物学的身体」と「文化的身体」は、着衣を通して交渉されもする。衣服は、身体（皮膚）と不可分なものとして、「見られる身体」と「見せる身体」を仲立ちするとともに、「生物学的身体」を「文化的身体」としての衣服に変化させるのである。

　こうした着衣の媒介性は、外部環境と身体の関係が変化する過程のなかにたどることができる。死者の着衣は、成年儀礼や婚姻儀礼など他の通過儀礼とと

もに、そうした過程の一つである。本節では、死者の着衣について韓国と香港、東南アジアの漢族系住民の例を検討してみよう。

(1) 韓国の寿衣

　中国や韓国で死者の装束は、「寿衣」と呼ばれる。韓国の寿衣は頭衣、表衣・大帯、上衣、下衣、足衣、他からなる。その構成は『喪禮備要』(1620年)、『喪禮諺解』(1623年)、『廣禮覧』(1893年)等の喪礼書に定められているが、年代や地域、氏族によって細かな構成は異なっている。

　寿衣は性別によって異なった構成をとる。全州韓屋村にある寿衣制作工房で筆者が聞き取ったところによれば、男性の基本構成は、上半身の着衣（上衣）としてソチョゴリ、チョゴリ、トルマギ、トッポ、下半身の着衣（下衣）としてソッパチ、パジ、女性の基本構成は、上衣としてソチョゴリ、コッチョゴリ、ドルマギ、ワンソン、下衣としてソッパチ、キッパマ、リッチマ、コッチマである。男女ともこれら上衣、下衣に加えて靴（コプシン）、足袋（ポソン）、帽子（ソモチャ）、五嚢（オナム）と呼ばれる爪袋などを着衣する。これら小物も合わせると、寿衣はおよそ14から20のピースから構成される。写真1は、全州韓屋村の一角にある寿衣工房で作成された寿衣である。

　寿衣の色は白もしくはやや赤みのかかった白を目にすることが多い。全州クラフトワーク・エキシビション・ホールでは、キリスト教徒用に左胸に大きな十字架があしらわれた寿衣が販売されていた。近年の寿衣は、百貨店などで売られている安価なものも含めてもっぱら白色であるとのことである。

　しかし、白でなければならないということではない。文献によると表衣の色彩は赤や緑、黄色など多様である[4]。

　寿衣の白色は素材である麻布の色を反映している。このため日常の着衣としても、また祝祭の着衣としても白は多用される。ちなみに、葬儀の際に親族が着用する喪服の色も白（麻布）である。全州韓屋の寿衣制作工房で製作者になぜ寿衣が白なのか尋ねたところ（この質問自体、製作者と通訳者を当惑させるものであったが）、「白は韓国の色」といった答えが返ってきた。韓国人は「白衣民族」と呼ばれ、人々は白を愛している。寿衣の白は、死者との関連性で考

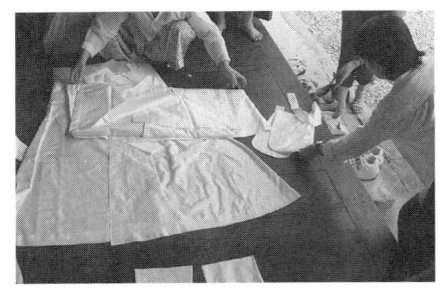

写真1（左） 韓国・全州の寿衣／**写真2（右）** 下に見えるのは足袋（ポソン）。寿衣は全身をくまなく覆う

えるべきではないのである。

　このことは、白のイメージが固定的ではないことを教えている。白をめぐる議論をもう少し続けると、韓国における死者の白い着衣は、部外者が感じるほどには鮮烈ではなく、その色彩を云々すること自体、また白に特定のイメージを託すこと自体、誤っている。この点は、同じように寿衣文化を持つ漢族のあいだで例えば喪服の色が重要な意味を持つこととは大きく違う。台湾の漢族は、孫が黄色いリボンを着用することを嫌う。また、東南アジアの漢族系住民も、普段着として白衣を着用することを極端に嫌う[5]。黄色が祖父母に対する孫の喪の色だからであり、白が死を想起させるからである。寿衣の象徴的な意味を吟味するには色ではなく、その構成を手掛かりとすべきなのである。

　では寿衣の構成からどのようなことが読み取れるのだろうか。上述のように寿衣は多くのピースから出来ているが、これらのピースによって全身くまなく覆い尽くす。とりわけ目を引くのは、手の爪一つ一つ、目や耳といった生前は衣服を着用しない身体部位に着衣が見られることである。寿衣が死者の肉体を覆いつくす目的で着衣されることがはっきりと窺える。

　ただ着衣が見られるというだけでなく、手の爪や頭髪の着衣は、他の部位と比べて厳重ですらある。指先だけを覆う小さな袋のような「五囊」はその厳重さを如実に示す。手の爪や頭髪は生きているあいだ顕著に成長する部位であり、

生物学的な身体としての特質がいやがうえにも表出する象徴的な部位である。人間の手に負えない「うちなる自然」としての生物学的身体を寿衣によって制御しようと言う意図がここには見られるのである。

　同じことは足を覆うポソンとコプシン（シンパル）についても言える。ポソンとコプシンは韓国の伝統的な足袋と靴である。しかし、寿衣に使用されるのはいずれも麻布でできている。家にあがる際に靴を脱ぐ習慣のある韓国で寿衣の一部に靴が加えられることは興味深い。韓国ドラマ『ファンタスティック・カップル』（2006年MBS）でハン・イェスル演ずるアンナ・チョがヨットから海に転落するシーンがあるが、指輪とともに靴が船内に置かれていたことから自殺したと誤解される。飛び降り自殺や入水自殺を試みる人がなぜ靴を脱ぐのかにはいろいろな説明が可能であるが[6]、靴を脱ぐことは、服を着ていないこととは明らかに違う。足袋と靴の着用は、他の部分と比べて「着衣する」——身体に何らかの制御を加える——という意味あいがより強いのである。

　死者の身体への制御について考察を加える前に、この身体が性とは無関係の身体ではなく、寿衣によってジェンダー化された身体だということに注意を払っておきたい。生きている人間に性が欠如した身体というものはない。しかし、死者には、それが生殖と結びつかないという意味では、性別と無関係な着衣がなされてもよさそうなものである。寿衣はそうした身体、さらに言うと寿衣によって制御された身体をジェンダー化する。

　寿衣の媒介性においてジェンダー化された身体の問題は重要である。韓国の葬制では殯葬（一次葬）から一定期間の後に本葬（二次葬）を行う。殯葬から本葬までの期間は身体が脱肉し、骨のみとなる過程であるが、この骨こそが父系祖先祭祀の対象となる。韓国の祖先祭祀は父系的系譜関係に基づくものの、祖先として祭祀の対象となるのは男性の祖先のみならず、女性の祖先たちも父系的系譜関係に合流する。生前、女性は生家の姓を維持するなど生家の系譜に属している。しかし、死後、二次葬を経ることで彼女たちは婚家の系譜の一部となる。殯葬から本葬までの間、死者の身体は女性的な要素である肉を離脱させ、男性的な要素としての骨に「純化」していく。寿衣はこうした脱肉化の過程を促す。とともに寿衣は、男女の死者が祖先となる過程の違いに応じてジェ

ンダー化されたプロセスを用意するのである。

　こうしたプロセスは、死の文化・化というコンテクストで理解することも可能である。「死」は、「人間」にとって乗り越えることのできない壁である。が、同時にそれは、乗り越えようという企てを生み出す。「死」は、人間の身体が自然の一部であることをまざまざと見せつけるが、「死」を飼い馴らそうという企てが「人間」を「人間」たらしめているとも言える。自然を懐柔するこの企てを、食糧確保をめぐるポスト狩猟採集からの飛躍に因んで"domestication"（家畜化）あるいは"cultivation"（文化・化）と表現するならば、死者の着衣は死者をただ「死」という自然のプロセスに委ねるのではなく、祖先という文化・化された存在に加工する契機とみることもできる。

　しかし、着衣の媒介性を文化が立ち上がる局面に即して再考を試みる、という本章の当初の目的に照らせば、着衣による死の文化・化といった凡庸な結論に、いささか物足りなさを感じるのも事実であろう。大まかに身体の文化・化と括ることのできるこのプロセスも、細部まで目を配るとそれほど単純ではないことがわかってくる。寿衣が死者の身体を覆うことによって促される脱肉と骨化は着衣という文化的プロセスであるとともに、自然のプロセスでもある。また、自然と文化という対立軸は、少なくとも民俗語彙のレベルでは登場せず、寿衣の着衣による死者の身体の制御を解釈するうえでこの図式の正しさは保証されていない。死者の着衣は、死（自然）の文化・化といった一方向的な懐柔を促すのではなく、着衣がさしはさまれることで立ち現れる二つの異なる意味世界を、相互に関連づけ、意味づけ、移行を可能にしている。文化－自然という二項対立は、あらかじめ前提とし得るものではなく、着衣を通して関係づけられる意味世界の一つのあり方にすぎないのである。この点に関して、漢族系住民における死者の着衣と死者観の変化を通して確認しておこう。

（2）　香港および東南アジアの漢族系住民における死者の着衣[7]
　漢族系住民の死者観、祖先観、死者の着衣は、墓地風水（陰宅風水）や魂魄説、神、鬼、祖先をめぐる観念の点で韓国の祖先祭祀と共通している。しかし、いくつかの点で違いもある[8]。

香港や東南アジアにおける漢族系住民の死者の着衣は、韓国と同じく「寿衣」という語彙を用いるものの、韓国の場合とは大きく異なっている。寿衣の材質が麻ではなく絹であること、黒や赤、青などの色彩を用いること、金銀の糸を用いた刺繍が施されること、デザインを選択する余地があること、五嚢などの小物を用いて全身をくまなく覆うということが意図されていないことなどである。また寿衣を着用したうえに寿被と呼ばれる布を被せる点も異なっている（写真３）。寿被の色は黄色の縁取りに赤い布が用いられる[9]。

　こうした寿衣とともに興味深いのは、死者や祖先のために紙で作られる衣服である。香港や台湾、東南アジアの漢族系住民は、葬儀や中元節の際に紙で作ったお金（紙銭）や家屋、家具調度、飛行機、ヘリコプター、高級車、携帯電話や時計、クレジットカードなどを燃やす習慣を持つ。これらはすべて紙で出来ており、死者（祖先）が死後の世界（冥界）において使用するものである。携帯電話やクレジットカードなどは死者の供養の域を越えてユーモアとしか思えないが、衣服もこれら紙料に含まれる。

　紙でつくられた衣服は、写真４のように通り普段着と大きな違いはない。これらの紙料は香燭紙料を扱う店で購入することができ、紙製のため豪華さはないが、デザインも多様である。死者のためにどのようなものを揃えるか、どういったデザインのものを選ぶかは顧客の選択にまかされている。

　紙で作られた衣服は葬儀の際以外にも中元普渡（旧暦７月15日）に紙銭と同じように燃やされる。中元普渡で燃やされる衣服は衣服をかたどってはいるものの、ちょうど紙銭がお金の代替物であるように衣服を象徴的に表しているだけのものもある（写真５）。これらの衣服は黄色の紙に赤字で真言が書かれたものであり、ユーザーがデザインを選択する余地は少ない。むしろ祖先への供物としての意味あいの方が強い。

　紙でつくった衣服は燃やすことを目的としている。より正確に言えば燃やすために紙でつくられているといったところであろうか。東アジア、東南アジアの漢族系住民のあいだでは、祖先は煙のなかでしか生きられない、あるいは煙を食べて生きると考えられている。祖先に線香を献じたり正月に爆竹を鳴らしたりするのはこのためである。紙銭や紙の衣服、家、車などを燃やして煙と化

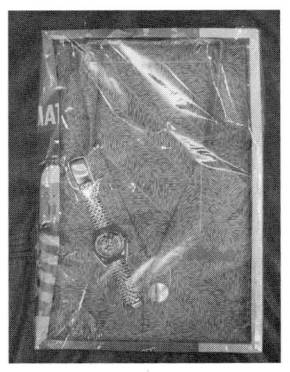

写真3（左）　クアラルンプールの漢族系の壽衣／写真4（右）　香港の紙料

写真5　祖先のために燃やされる衣服（クアラルンプール）

したり、供物に線香をたててその煙を介することでお金や衣服、供物は冥界の祖先のもとに届く。祖先祭祀の折には5種類あるいは三種類の肉（五牲、三牲）や果物（五果、三果）が祖先に捧げられるが、これらの供物には線香が立てられる。祖先は煙が運んだ衣服を着衣するのである。

　香港や東南アジアの漢族系住民の死者の衣服が持つ媒介性は、韓国の寿衣に見られるような生と死の劇的な断絶を表現してはいない。むしろ、煙を介して運ばれる衣服は、紙銭や他の供物等とともに冥界での死者の生活を快適なものとするアイテムの一つに過ぎない。寿衣の方も死者に特徴的な衣服というよりも、生前の衣服の延長線上に位置づけられる。この場合、衣服は生と死の連続性を表現しているのである。

　一方、死を懐柔するという点では、火の役割が注目に値する。祖先が煙の中にしか生きられないというのは、祖先が火とともにあること、火によってコントロールされる存在であることを暗示している。祖先に捧げられる五種類ある

いは三種類の肉（五牲、三牲）がすべて火を通したものであることも、同様の理屈によると考えられる。祖先は火を通した衣服を着用し、火を通した食事をとり、火を通した金を使う。いわば祖先は、火によって生かされているのである。

　こうして火は、韓国の寿衣がそうであったように死を懐柔する企ての一つと見ることが可能である。しかし、紙料や紙銭、供物、線香、爆竹などに関わる火は、祭祀される側の祖先と祭祀する側の子孫を媒介しこそすれ、畑地の造成や土器製作、食材の調理にみられるような火の自然への強力な介入を伴うものではない。漢族の祖先祭祀において、「祖先」や「神」は、適切な「教化」（神のあるべき姿を教え諭すこと）がなされず、放置されると人に災いをもたらすと考えられているが、経を読み聞かせること（唸経）と並んで、火もまた死者を「教化」する道具の一つであるといえよう。

　火を介した死の懐柔を考えるうえで、死者を「教化」する火と好対照をなすのは、近年に普及してきた火葬における火であろう。香港においても、東南アジアの漢族系住民のあいだにおいても、また韓国においても、今日、従来の土葬に代わり、徐々に火葬が普及してきている。

　漢族にとって火葬は、もともと紙料や線香を通じて死と火は何らかのかたちで結びついてきたことや、仏教的な死生観の影響もあって、完全に異質なものではない。しかし、近年になって火葬が普及しつつある背景には、これらいわば従前からの論理に加えて、生と死を相容れないものとして厳格に区別する近代的な死生観を見てとることができる。従来、漢族の祖先祭祀は、宗教的な世界観としてのみならず、死者の生と生者の生との互酬関係にもとづいた、ある種の完結性を保った経済システムや社会システムでもあった。現世での経済的、政治的成功や子孫繁栄は、墓地風水を通じて子孫にもたらされた祖先のご利益と解されてきたのである。

　一方、社会が複雑化し、親族組織への労働集約が経済力の単純な源とはならなくなると、祖先からのご利益は期待しにくくなり、子孫たちは、せめて祖先からの災厄だけは避けようと、祖先を遠ざけるようになる。生と死の厳格な区別に基づく近代的な「死」と死者に対する見方が、従来の祖先観にとってかわ

るのは、おそらくこの地点である。そこで火葬は、「死」と死者を生きている者から隔離する装置となるのである。

ながながと火の問題について論じてきたが、着衣の持つ媒介性について次のことを言わんがためである。すなわち、着衣は、「自然」と「文化」というような予め用意されたカテゴリーを媒介するのではない。身体と外界とのあいだに衣服がさしはさまれることで、交渉可能なカテゴリー、もしくは意味世界が立ち現れるのである。もちろん、着衣が媒介するカテゴリーには、近代的な二項対立概念としての自然と文化や、男性と女性、公と私などが含まれる。しかし、ここで注意すべきことは、「文化による自然の飼い馴らし」、あるいは「死の文化・化」といった解釈が厳密な意味で成立するのは、近代のコンテクストにおいてのみだということである。次に着衣の媒介性が近代のコンテクストにおいてどのようにあらわれるのか、東南アジアの中国系クレオール、具体的には近代国民国家が萌芽する19世紀半ばのフィリピンにおける中国系メスティソとマレー半島のプラナカンの着衣と身体を通して検討してみよう。

2　クレオールの着衣と身体

もともとクレオールとは、イベリア半島生まれのスペイン人と植民地生まれのスペイン人を区別するための語であったが、転じてある特定の場所の影響を受けたり、その土地の住民と混血したりすることで獲得された文化的混淆性を含意している。こうしたクレオールは、ベネディクト・アンダーソンによってナショナリズムが登場する契機と位置づけられる[10]。東南アジアにおいては、18世紀半ば以降、植民地中間層として登場するフィリピンの中国系メスティソ（Mestizo）や、マレー半島のプラナカン（Peranakan）がこれにあたっている。

19世紀後半、フィリピン諸島ではスペイン植民地統治に対する不満から、1896年、ついにフィリピン革命が勃発する。この革命の主な担い手となったのは、今日的な意味でのネイティブとしてのフィリピン人ではなく、エミリオ・アギナルド、アポリナリオ・マビニといった中国系メスティソであった。中国系メスティソは、一般に中国人とフィリピン人の混血をさす。しかし、その意味合いは、近代国民国家の萌芽期における歴史的なメスティソと、今日のメスティ

ソでやや異なっている。中国系メスティソ（メスティソ・サンレイ Mestizo Sangley）は、18世紀半ば、啓蒙主義的な植民地改革の一環として、従来のインディオ（フィリピン諸島人）とサンレイ（中国人）に加えて、新たに設けられた税制上のカテゴリーである[11]。啓蒙主義的な植民地改革の眼目は、フィリピン諸島での流通を独占していた中国系商人の商業活動を制限することであり、カトリックに改宗していない中国系商人の居住と移動を禁止するとともに、フィリピン諸島で生まれ、インディオの母とカトリックに改宗したサンレイの父を持つメスティソに移動の自由を保証した。こうして中国系メスティソは、植民地中間層として、のちにフィリピン国民意識をいち早く獲得していく第一歩を踏み出すのである。

　フィリピン諸島における中国系メスティソのような植民地中間層は、他の東南アジア諸国においても見いだすことができる。マレー半島やインドネシアのプラナカンも、そうしたかつての植民地中間層の一つである。プラナカンは、中国系、インド系、主にマレー系の混血が民族的なカテゴリーになったものであり、後にプラナカンどうしが結婚するようになって一つの民族集団を形成するようになった。こう説明すると混血性にこそその本質があるように見えるかもしれない。しかし、マレー語の「プラナカン」は、「その土地で出生した者」を意味しており、フィリピンのメスティソと同様に、啓蒙主義に端を発する属地主義の要素をそのうちに見て取ることもできる。

　マレー半島でプラナカンが隆盛を極めるのは、19世紀後半から20世紀初頭にかけてである。19世紀半ばに、東南アジアが世界経済にリンクするようになると、経済ブームにのって、ゴムのプランテーション経営などで財をなすプラナカンが出てくるようになる。一方で、同じ中国系でも、新たに中国大陸から流入してきた移民は、いわゆる苦力となってゴム農園で働く労働者となった。フィリピン諸島においても、19世紀後半から新たな中国系移民が流入するようになるが、彼らがフィリピン国民意識の形成に参与することはなかった。今日、プラナカンは、フィリピンのメスティソと同じように、居住地においてエリート層を形成している。

　19世紀後半から20世紀の初頭にかけて、メスティソの女性たちは、マリア・

クララという、ホセ・リサールが表した小説の登場人物の何にちなんだ衣装を着ている。マリア・クララ（Maria Clara）は、スカート（サヤ）、シャツ（カミサ）、肩掛け、オーバースカート（タピス）の4つのパートからなっている[12]。サヤがスペイン風スカートの様式を踏襲しているのに対し、上半身の肩掛けやシャツは、フシ（バナナの繊維）やピーニャ（パイナップルの繊維）で中国風の色あいが強い。当時、マニラは中国とスペインをつなぐ中継港で、青地に赤の花鳥をあしらった肩掛けなどは、メスティソによって消費されるだけではなく、スペインにも輸出されていた。

マリア・クララのデザインは、様々な点で外界の多様性を取り込んだものとなっている。この点は、シンガポールのプラナカンの着衣においても同様である。シンガポール・プラナカン美術館の学芸員であったランダール・エー氏によると、プラナカンの衣服は、形状の面でプラナカン独自の改良がみられ、また、柄に花鳥などの中国風のモチーフを用いながらも、地の色に鮮烈な青を配するなど、色使いの面で中国の衣服とは異なっているという[13]。

プラナカンの着衣の特徴は、単に異質な要素の配合が企てられるだけではなく、オリジナルからの意識的なバリエーションがみられる点にある。プラナカンの衣服の中国風モチーフや鮮やかな色使いは、結婚式用のサンダルやビーズワーク、壺、布、皿、金細工、テーブルなどの工芸品に素材をかえながら、少しずつバリエーションを加えつつ展開させていく。この点でのプラナカン、そしてメスティソの着衣は、外界の多様性を取り込みながら、衣服に覆われた身体の劇的な変容を暗示している。と同時に、こうした媒介性の表象としての衣服が身体と外界とのあいだにさしはさまれることで、混沌とした外界に秩序がもたらされるのである。

メスティソやプラナカンの着衣が結婚を一つの集約点としていることは、至極当然のことと言える。混血としてのプラナカンやメスティソの発端は、中国系とマレー系の結婚にある。このためプラナカンの祖先祭祀では、諸説あるものの、当初、マレー半島にやってきた祖先（来馬祖）以降の祖先が対象となり、中国大陸の祖先まで遡ることはない。そのかわりに、マレー系、もしくはプラナカンの女性が祖先祭祀の対象として加わっている。

プラナカンの男性はババ（峇峇　baba）、女性はニョニャ（娘惹　nyonya）と呼ばれるが、かつてニョニャにとって自らの結婚式に用いるビーズワークのサンダルを作るのが「花嫁修業」の一つであった。このサンダル作りは、母親から娘に伝えられる。また、一般に漢族がピアスをしたがらないのとは対照的に、ニョニャは、幼少期に耳にピアスの穴をあけるが、これも結婚に備えるためとされる[14]。この他、プラナカンの結婚式では、新郎が使うハンカチやサンダル、新郎新婦の結んだ手にかける布などのウエディングアクセサリーがあり、プラナカン的なデザインを持っている。結婚式では、男性がひれ伏し、女性は立て膝の姿勢をとるため、男性の方だけ膝当てが用意される。その他に小銭入れやウエディングチャンバードなど、結婚式には、プラナカンの文化が凝集されている。

　プラナカンやメスティソに見られるこのようなクレオールの着衣、そして身体装飾は、何を生み出したと言えるのだろうか。あるいは、着衣の媒介性に焦点をあてるとすれば、それは外界をどのように秩序づけたのだろうか。19世紀後半以降、東南アジアでは、新たな中国系移民の流入が見られるようになる。彼らは、苦力として、雑貨商として、あるいは米商人として地域経済に大きく関与するようになるが、前世紀のプラナカンやメスティソと異なり、中国人であり続けることをアイデンティティの拠り所とするよう国民国家によって半ば強いられてもきた。このような「中国人」のカテゴリーは、「国民」のカテゴリーと対になってクレオールの着衣の外側に生み出される。もちろん、ここでの着衣の役割は、時代のある種の気分を映し出す鏡のようなものであって、クレオールの着衣が東南アジアにおける近代国民国家の誕生に絶対的な役割を果たしたといいたいわけではない。国民国家との距離感も、フィリピンのメスティソのように彼ら自身がナショナリズムの担い手となる場合もあれば、むしろ、「中国人」に近いところに位置づけられる場合もある。着衣という場は、外界に対して近代を逆照射する場であるとともに、その枠組みが交渉される場であると、ひとまず考えられそうである。

　1990年代以降、国際労働市場の流動化により、中国大陸からの新たな移民の波が生み出された。この波は、東南アジアにも押し寄せ、そこで新規中国系移

民と出会った旧来の漢族系住民は、自分たちと新規移民の違いをまざまざと思い知らされることになる。それは、東南アジアから北米などに移動し、そこで中国大陸からの新たな移民と出会った中国系の再移民の場合も同じである。「中国人」として自らを位置づけることでグローバル化の波にのっていけると思っていたものが、よくよく見ると自分たちはこの150年の間にフィリピン人やマレー人になっていたということに気づいたのである。こうしたなかシンガポールでは、2008年にプラナカン美術館がオープンした。これまで述べてきたように、プラナカンは19世紀から20世紀初頭にかけて植民地中間層として活躍した歴史的な存在であり、なぜ今、プラナカンを再評価する必要があるのか、と訝しがるむきもあろう。私は、この理由を、旧来の漢族系移民のアイデンティティ・クライシスに求めたいと思う。新規中国系移民の流入に直面したことで、彼らは自分たちを歴史的なプラナカンに近い存在として位置づけようとした。そうしなければ、「中国人」であると自認してきた自分たちの存在が確認できなかった。「中国人」と違う自分たちの存在を再認識しようとした時、プラナカンの着衣が持つ、外界に新たな意味をもたらす喚起力——今度は近代国民国家を克服するそれ——に再度頼る必要があったのである。

結びにかえて

　本章では、韓国、香港、東南アジアにおける死者の着衣、クレオールの着衣を手がかりに、着衣が持つ媒介性、そして喚起力について述べてきた。着衣が外界と身体のあいだにはさまれることによって、生物学的身体は文化的身体となるとともに、外界は着衣の持つ喚起力によって、文化的に意味づけられた世界となる。「文化」と「自然」の二項対立的によって構成される西欧近代的の空間は、着衣の喚起力によって生み出される外界の一つのあり方に過ぎないのである。

　西欧近代は、ともすれば非西欧世界における衣服と染織を「物質文化」として扱ってきた。こうした見方は、かたや民族衣装や伝統染織のデザインや材質、製作技術に関する膨大な資料の集成を生み出し、かたや非西欧、あるいは前近代の布、あるいは毛皮の材料と生態環境との関わりや伝統染織のデザインの記

号論的研究などの興味深い研究を生み出してきた。しかし、非西欧世界における衣服と染織を「物質文化」として扱うことは、カタログ的な有用性にもかかわらず、予め「文化」と「自然」の二項対立を前提としてしまうことで、布をモノとして括りだし、着衣とそのコンテクストから注意をそらしてしまうという面があった。この結果、一方で西欧近代の外側に、モノとしての「民族衣装」が発見され、分析ないし記述されるとともに、他方、そうした「民族衣装」が喚起する非西欧近代的な意味的な世界は、等閑視されてきたのである。

近代国民国家において、私たちは、いずれかの国の国民として「本質主義的な身体」を持つことを要請されてきた。今日、こうした本質主義的な身体は、医療技術と生体認証技術によって管理され、さらに行き着く先の見えないところに迷い込んでいる感がある。衣服がモノとしてとらえられることで、私たちの身体もまたモノと化すのである。なぜ多様性を吸収するクレオールの着衣が文化と自然の二項対立を生み出したのか、なぜ近代と伝統や、文化と自然、国民と移民といった二項対立で語られる身体を持たされるのか、これらの点について、ここで詳細に立ち入っている余裕はないが、いずれにせよ着衣の持つ喚起力とモノとしての衣服の関係を歴史的に読み解くことが一つの鍵となろう。

（1）　西村三郎『毛皮と人間の歴史』（紀伊國屋書店、2003年）、17頁。
（2）　ネアンデルタール人の絶滅要因をギリガンは、着衣製作技術の稚拙さに求めている（Gilligan, Ian, "Neanderthal Extinction and Modern Human Behaviour : The Role of Climate Change and Clothing", *World Archaeology*, 39, 4, 2007, pp. 499–514.）。
（3）　鷲田清一『ひとはなぜ服を着るのか』（日本放送出版協会、1998年）。
（4）　박성실[외]공저『韓國의 壽衣文化』（한국출토복식연구회、2002年）。
（5）　フィリピンの漢族系寺廟では、白い衣服を着た参拝者の入門を制限するところもある。これとは別に黒い衣服の着用者を制限する場合もある。
（6）　韓国の自殺に関しては、この一例から全体を推し量ることはもちろんできない。
（7）　ここで紹介する資料は、科学研究費「着衣する身体と女性の周縁化」による調査（香港、2007年9月3日〜6日）ほかに依っている。
（8）　陳継成・陳宇翔『殯葬禮儀：理論與實務』（五南圖書出版、2006年）。
（9）　香港、における寿衣の図柄は萬福壽綢緞壽衣のウェブページに掲載されている（http://www.shroud.com.hk/index.htm　2008年3月3日参照）。
（10）　Anderson, Benedict, *Imagined Communities : Reflections on the Origin and Spread*

of Nationalism, London ； New York ： Verso. 1991.
(11)　18世紀半ば以降の税制区分は、インディオ、メスティソ・サンレイ、サンレイ、フィリピノ、ペニンスラーレスであり、インディオを1とすると、メスティソは2、サンレイは4の税金を支払わなければならなかった。フィリピノとペニンスラーレスは、それぞれフィリピン諸島生まれのスペイン人とイベリア半島生まれのスペイン人をさし、いずれも非課税であった。こうした税制区分では、宗教とともに出生地が問われている一方で、今日では一般的な「民族」という基準は見られない。ここでの出生地による区分は、中南米のスペイン植民地で近代国民国家がいちはやく誕生した要因としてベネディクト・アンダーソンが着目しているものである。
(12)　Moreno, Jose, Philippine Costume, J. Moreno Foundation. 1995, p. 178.
(13)　武田佐知子・宮原曉編『着衣する身体の政治学——周縁化される「伝統」の共鳴』（科学研究費補助金報告書）（大阪大学武田研究室、2009年）、92頁。
(14)　プラナカンの人たちは、ピアスのことを anting－anting と呼ぶが、この語はフィリピンではお守りのことをさす。

[引用・参照文献]
武田佐知子・宮原曉編　2009『着衣する身体の政治学——周縁化される「伝統」の共鳴』（科学研究費補助金報告書）大阪大学武田研究室
西村三郎　2003『毛皮と人間の歴史』紀伊國屋書店
鷲田清一　1998『ひとはなぜ服を着るのか』（NHKライブラリー96）東京、日本放送出版協会
박성실[외]공저　2002『韓國의 壽衣文化』서울:한국출토복식연구회
陳継成・陳宇翔　2006『殯葬禮儀：理論與實務』台北：五南圖書出版

Anderson, Benedict （1991） *Imagined Communities: Reflections on the Origin and Spread of Nationalism*. London ； New York ： Verso.
Gilligan, Ian （2007）"Neanderthal Extinction and Modern Human Behaviour：The Role of Climate Change and Clothing." *World Archaeology*, 39, 4, 499－514.
Moreno, Jose （1995） *Philippine Costume*. Manila： J. Moreno Foundation.

魔女は何を着て踊っていたのか
―― フュルステンベルク伯領の魔女裁判における着衣 ――

牟田　和男

はじめに

　近世ヨーロッパの魔女裁判を巡る言説の中では、視覚的イメージが多く提供されている。悪魔や魔女、そして魔女の集会がどのような姿を取っているかについて様々に語られ、想像が想像を呼ぶことになった。魔女について書かれた数多くの著作、絵入り新聞やビラだけでなく、魔女裁判の被告から引き出された自白の中にも視覚的な描写は少なからぬ役割を与えられている。ここでは17世紀にドイツのフュルステンベルク伯領で起きた一連の魔女裁判における着衣の言説を主題とし、尋問記録の中に現れるその特徴を考えていく。そのため本章で扱う着衣とは、現実のものではなく、想像上の、あくまでも一連の言説の中の着衣である。

1　着衣をめぐる時代状況

　まず当時のフュルステンベルク伯領が存在した西南ドイツ地域の衣服をめぐる状況を概観しておきたい。17世紀前半のドイツ語圏神聖ローマ帝国は、服飾に関して大きな転換期を迎えていた。男性の貴族や都市上流市民についてはシャウベと呼ばれるガウンと並んでスペイン風の膨らんだ短ズボン、マントが幅を利かせていたが、1620年代以降になると固く張りつめた印象を与えるスペイン風の衣装がようやく廃れる気配を見せていた。代わってフランス風の軽い着こなしが新しい「流行」として一部に取り入れられ始める[1]。
　しかし総体としてドイツ語圏では特に女性の衣服に保守的な傾向が強く、例えば16世紀に大流行を見た襞襟はドイツでは17世紀を通じても健在で、襟ぐりの大きく開いた新しいモードは拒絶反応をもって迎えられていた。ヨスト・ア

マンの『婦女子衣装帳』に描かれたような襞襟は、後の時代になっても上流の支配階層だけでなく下層市民や奉公人にまで正装として広く見られていた[2]。フランス愛好者からはこうしたドイツの保守的風俗は「野暮」、ドイツ側からはフランスの衣服は「軽薄」と見られる風潮が生まれていく[3]。

　この時代はヨーロッパで「モード」というものが成立した時代でもある。地域的な差異を越えて誰もが同じ型の服を着ようとする。流行が服飾の美意識の基準になった。流行にうまく乗れるかどうかは経済的条件及び流行発信地からの情報を利用できるかどうかによって決まってくる。一方、流行を意識することはそれへのあこがれと反発という二律背反的な感情を生み出す[4]。

　衣服規制の立法はそれまでも散発的に見られていたが、1530年の帝国ポリツァイ条令で各身分の服装が細かく規定された[5]。これを受けて各領邦で衣服規制条令が公布されるようになる。身分秩序の可視化・厳格化、奢侈の抑制など法令の目的は多岐にわたるが、外国の風俗を退けて自国産の素材を使った国風衣服を推奨するのも特徴の一つであった[6]。特に衣服の地域内自給自足を奨励した衣服条令は、下層の職人や農民を念頭に置いていた。この種の法令の実効性には疑問があるにしても、軽薄な外国の流行に背を向けるという心性では民衆の生活感情にも合致していた。ただしここで取り上げるフュルステンベルク伯領では服装規制の立法自体が見当たらないことに、まずは注意を促しておきたい。

　さて当時の時代背景として最も重要な特徴は、この地方の人々の服装が三十年戦争を境にして大きく変わったことである。戦争の災禍と窮乏化の中で財産としての服は戦争をくぐり抜けられず、多くは売られたり奪われたりしてしまった。日常着はすり切れた後の補充がなく、間に合わせで凌がざるを得なかった。だから従来のこの地方独特の型を維持することにはこだわっていられなかったのである。例えばこの地方の農民男性の衣装で特徴的だったのは、ほとんど胸まで届くぴったりした革ズボンであった。これは上衣とは紐で留める形になっていた。これが三十年戦争を境に男性のズボンは股上が短くなり、肩で支える吊り帯が導入されて、他地域との差は減少する[7]。しかし以下では服飾の変化そのものよりも、それを余儀なくされた社会状況と当時の心性の有り

様に注目していきたい。

2　メディアの中の魔女の着衣

　この当時の図像に描かれた魔女の着衣には大きく二つのタイプが見て取れる。一つは現実に着られている普通の服、もう一つは裸体である。絵入り新聞やパンフレットは不特定多数の読者を想定したメディアであるが、ここにも裸体の魔女は描かれている。図1は1571年に出されたパンフレットの

図1　16世紀のパンフレット

ものだが、アルザス地方の町シュレットシュタットで処刑された4人の魔女の自白の概要を載せ、神に背いて悪魔に従った者どもが受けるべき罰を説いている[8]。『神を畏れぬ魔女どもについて真相を語る新聞』と題された37ページに及ぶこの小冊子の中で図像はこれだけである。確かに想像を喚起する強い力はあるが、事件の報告というジャーナリズムの基本機能はすべて文字の方に託されており、図からストーリー性を読み取ることはできない。そもそもこの表紙の絵は本文の内容とは直接には関係せず、他の絵でも置き換え可能なものである。しかも本文は初めに魔女の罪業の神学的説明が延々と続いている。このパンフレットが想定していた名宛人はかなりの知識を持った読書家であったことは間違いない。

　これとまったく同じ絵は1583年にフランクフルトで発行されたパンフレットにも使われている。版木の再利用は当時広く行われていた。修道僧によって著された『悪魔の幻惑』というこのパンフレットは魔女が現実になしたと思い込んでいる所業そのものが実は悪魔による目くらましの結果だということを説いている[9]。

　この絵の構図は左右が逆ながらも1516年に出されたヨハンネス・ガイラーの説教集の挿絵を踏襲している（図2[10]）。この木版画はハンス・バルドゥン

グ・グリーンの工房での制作によるものと推測されており、フォークにたなびく布は木に登っている男性の衣服を象徴するものと解釈できる[11]。これは「ズボンを巡る戦い」に仮託されてきたのと共通のテーマ、つまり男女間の支配権争いを想起させる。近年こ

図2　ガイラーの説教集より　裸の魔女

の画像とテキストとの関連に着目して再解釈を試みたジカによれば、木に登っている男はザトゥルンであるという。父を去勢して我が子を喰った彼は、近世には魔女と関連づけられるようになる。木に登っているのは女に主導権を奪われた惨めな男であると同時に魔女の饗宴を主宰する神＝悪魔でもある。実はそうした女の性の自律性こそが悪魔の幻惑の上に成り立っていることをこれらの画家は示そうとしたのだという[12]。

16世紀の初頭にアルブレヒト・デューラーやハンス・バルドゥングらの画家は、服を着ているのが通常だった初期の魔女の図像の伝統から踏み出して、魔女を裸体で描くようになる。背景には理性の統制に従わない無秩序、男の支配に服そうとしない女の自律性に注意を向けることがあった。こうした魔女像は当時の生活倫理批判を背景にしている。宗教改革直前の当時、聖職者の独身制は守られず、女と戯れる坊主というイメージは教会の内外から風刺と批判の対象になっていた。女はその肉体の魅力＝魔力によって神に仕えるものを誘惑し堕落させる。魔女は言わば「坊主の情婦」のイメージと重ね合わされ、神の手による秩序を内側から侵犯する危険な表象でもあった[13]。ただしこれは社会的に半ば許容された現実的な可能性であったからこそ、風刺と批判が意味を持ち得たのである。

ところで1571年と1583年のパンフレットでは、元絵の説教集の挿絵にはあったザトゥルンを示す松葉杖が既に消えている。この種の絵は転用される度に次第に本来の意味に沿った絵解きが難しくなっていったことが予想される。使い

回しのきく図像は具体的な事件性を離れて強い想像力を掻き立てるが、一方でものごとを具象的に理解しようとする普通の人々には疎遠で理解が難しくなってしまう。16世紀には裸の魔女の図像が広く流通してはいたが、これはきわめて都市的な現象であり、都市の知識人の想像の世界を中心としたものだった。魔女裁判を取り仕切った審問官のレベルではこうした図像のメッセージが影響力を持った可能性は否定できない。しかし本章で問題にする被告の自白という位相においては、16世紀の図像の複雑なメッセージと17世紀の現実の魔女裁判との具体的な接点を見つけるのはかなり難しい。

これに対して図3は、1669年にアウグスブルクで発行された一枚のビラの上部に掲載されているものである[14]。アンナ・エーバーレリンという子守り女が悪魔によって誘惑され、魔女の宴会とダンスに参加し、子供を供儀にし、裁判官によって尋問され処刑されるまでの一連の出来事を絵だけでストーリーとして追えるようにしてあり、全部で六つの場面が描かれている。掲載したのはそのうちの二つの場面、悪魔の誘惑とサバトである。非識字の民衆が読み聞かせられ、図像から視覚的に出来事を了解するとしたら、むしろこちらのビラのような形態がふさわしかっただろう。

誘惑する悪魔は鍔の広い帽子に羽飾りを付け、三十年戦争当時から軍隊に導入されたシャルペ（胴章）をしている。アンナはスペイン風衣装の影響が残る胴着と直線的なスカート、それに襞襟を付けている。晴れ着であるが、南ドイツの女性の風俗の保守性が表れていよう。右は空中飛行、ダンス、饗宴という

図3　17世紀の絵入りビラ　左：悪魔の誘惑／右：魔女のサバト

三つの場面が描かれている。はっきりとは分からないが、ダンスを踊る女性はゴラーと呼ばれた襟元から肩を覆う衣服を着用しているように見える。男性は膝下で絞るズボンをはいている。いずれにしても当時のごくありふれた服装である。空中を飛ぶアンナもやはり服を着ている。魔女は外見では普通の人と区別できず、その肉体もそれ自体では象徴性を持っていない。ただ悪魔との関係によって特別の存在となるのである[15]。

3　フュルステンベルク魔女裁判と尋問調書

　フュルステンベルク伯領はキンツィヒ渓谷とバール地方を合わせる中規模領邦だが、魔女迫害に関してまとまった史料が残っているのはバール地方のヒュッフィンゲンとレッフィンゲンの2つの管区のみである。ここでは1631－32年にヒュッフィンゲンで9人が魔女罪で訴追を受けたのを皮切りに、続いてハプスブルク領の町ブロインリンゲンに飛び火して14人が尋問され、それから1635－36年には再びフュルステンベルク領のレッフィンゲンで35名が魔女裁判に巻き込まれた。フュルステンベルク側では合計39名、ブロインリンゲンでは少なくとも6名が処刑されている。この一連の集中的迫害は史料的制約から背景を知るのは極めて難しいが、全体的には個別訴追の集積ではなく、被告が拷問で仲間の名前を言わされ、それがまた次の逮捕に結びつくという、典型的な連鎖型迫害であった。そして管区や領邦の枠を越え、所属が異なった司法官僚の間で相互に密接な情報交換があったことが、こうした連鎖的迫害を可能にしている。犠牲者の圧倒的多数は女性で、ヒュッフィンゲンでは処刑された8名のうち7名、レッフィンゲンでは31名の処刑者中28名が女性であった[16]。

　特徴的なのはいずれの迫害でも最後は土地の高官ないしその縁故者の処刑で終わっていることである。ヒュッフィンゲンではラント裁判所書記のマティアス・ティンクトーリウス、ブロインリンゲンでは市参事会員の寡婦バルバラ・リートミュラー、そしてレッフィンゲンではやはり主席裁判官であったマティアス・グルンクが処刑されることで、それぞれの町の迫害が終結している。特にグルンクは1635年に迫害が始まった時は、自ら初期の裁判の最終判決を言い渡しており、それが一転して被告に転じるという運命を辿っている。その他に

ザビーナ・フォン・シェレンベルクという貴族の寡婦がヒュッフィンゲンで訴追を受けるが、逃亡して命拾いをしている。こうしたエリートに対する迫害は、他所者の成功者に対する敵意が関係しているのではないかと疑われる。ティンクトーリウス、グルンク共にそれぞれの町で他所者であり、ザビーナ、バルバラも他所から嫁いできた後妻だった。特にティンクトーリウスは君侯の覚えめでたい忠実なエリート官僚であり、在地の名望家からは明らかに憎まれる存在だったことが知られている[17]。

さてこの一連の裁判においては被告の自白を記録した尋問調書、特にレッフィンゲンのそれを見ると、魔女と悪魔の着衣について詳しく描写してあるのが目を引く。帽子から襟や袖、ズボンにスカート、靴や靴下、その他装飾品に至るまで、魔女のサバトに参加する者がどのような装束であったかが事細かく描かれている。これは他地域の尋問調書に比べてもかなり異色で、着衣の描写に執着したのはフュルステンベルクだけの特殊な事例かもしれない。しかしこれを透かして当時の社会状況と魔女観念をその向こうに見ることができる。

ところで魔女裁判における尋問調書というものはどういう特質を持った史料なのだろうか。魔女裁判では審問官が被告を尋問して調書をとり、それが本裁判では自動的に証拠として採用される。被告の運命は言わば数名の審問官が非公開で行う尋問の段階で決まってしまう。多くの場合に拷問が用いられ、その痛みの下で被告は自分の罪を告白させられるのである。拷問の助けによって絞り出される自白は、審問官が自分の頭の中で思い描いた像を一方的に押し付けて被告の口から言わせた、言わば彼らの自作自演による創作物だという見方が一つありうるだろう。

まずは調書を見てみると例えばこんな具合である。「主席のグルンクは黒い出立ちでバルヘント織のズボンとヴァムス（胴着）を着ていました。長靴を履いていたかどうかは分かりません。黒い帽子を被っていました。彼が最初に踊ったのはシェレンベルク夫人で彼女は黒と赤の重ねスカートをはいていました。黒い方のスカートが下になっていました。また白い羽飾りのある帽子を被っていました。グルンクはさらにロジーナ・シュンプや情魔とも踊りました。彼の愛人の悪魔は灰色のスカートをはいていました。素材は何だったか分かり

ません。そのスカートには赤い綺麗な線が入っていました。（スカートが広がって）黄色い靴下（が見えました）。靴は赤で靴底が高いものでした。靴には灰色で幅広のタフェット（加工処理した絹の一種）のリボンをしていました。情魔の胴着は美しい素材でできており、背中と袖に切れ込みがはいっていました。絹でできた3段に大きく広がった襞襟をしていて、美しい首飾りをしていました。赤い珊瑚と金や銀の飾りを付けていました。それらは緑の紐に下がっていたと思いますが、飾りの付いた紐はたくさん重なっていたので、何色だったかよくは分かりません。頭には長いレースのついたボンネットをしていました[18]」。

「（彼の情夫の）靴は……鼠の皮でできていました。ストッキングは赤と黄色で茶色の胴着を着ていました。袖と背中には切れ込みが入っていて、大きな襞襟は短く切り縮められていました。首には赤い珊瑚と白と金の硬貨がたくさんぶら下がっていました[19]」[以下引用文中（　）内は筆者による補足]。

　何のためにこういう自白をさせたのだろうか。視覚的にありありと想像できるような着衣の描写は、被告の供述にそれが本人自身の目で見た真実であるとの信憑性を付与する効果がある。魔女裁判は本来決定的な目撃証言に乏しい犯罪であり、特に魔女の飛行やダンス、悪魔との饗宴についてはほとんど目撃証言を得られない。唯一の証拠と言えば被告本人の自白であり、これが真実であるためにはどこかで具体的で視覚的な描写が必要になると考えられる。しかも一番規模が大きかったレッフィンゲンの裁判では被告の自白のみを頼りに次の逮捕者が生み出されるという過程を辿っており、証人尋問や物証集めも行われた形跡がない。魔女裁判の信用性確保のためには、どうしてもありありとした描写が必要だったのかもしれない。これは審問官自身に自らの仕事の正当性を確信させる効果もあっただろう。

　魔女が行った害悪魔術についても記録されているが、記述は非常に淡泊でしかも多数の「被害者」が登場する。被告はたいてい逮捕から2週間以内に処刑されており、この短い期間に自白の裏付けを取ったとは思えない。言わば聞きっぱなし、言わせっぱなしのおざなりな取り調べである。

　さらに重要な点として、レッフィンゲンでの裁判には魔女裁判でよく見られ

るようなあらかじめ作られた尋問の雛形があって、尋問はそのマニュアルに従ってなされていたのである。ところがこのマニュアルには着衣についての言及がない[20]。しかもフュルステンベルク伯領では臣民の衣服を直接に規制するような立法は見られない。それにそもそも着衣の詳細は魔女犯罪の本質的な構成要件をなすものですらない。明文化された着衣の規範がないにもかかわらず、審問官は着衣に異様にこだわって詳しく供述させている。これは何を意味するだろうか。彼らは自由裁量でその時その場での関心のままに質問したのだ。魔女の着衣はこうある筈だという予断を審問官が被告に押し付けただろうことは容易に想像できる。しかし被告の供述がたまたま審問官の聞きたいことと一致して調書に記録された時、既に審問官と被告との間にはある種の共犯関係が成立していたとは言えまいか。どちらもかなり自由な想像の世界でものを言っているからだ。調書の中にどちらの観念がどれくらいの割合で反映されていたかを知るのはほとんど不可能に近い。しかし調書の記述が被告の意識とはまったく無縁に押し付けられたものだとばかりも言えないのである。

4　サバトの秩序

ところでこれら着衣についての詳しい供述は常にサバトで見かけた他人の服についてであり、尋問されている被告本人が何を着ていたかについてはほとんど語られていないのが一つの特徴である。このことはつまり審問官がそのことについて質問しなかったことを意味する。しかも自白で詳しく描写されるのは、レッフィンゲンのグルンク、ブロインリンゲンのリートミュラー、そしてヒュッフィンゲンのフォン・シェレンベルクさらにフォークトの職にあったシュンプといった身分的・社会的に上層の人々のものにほぼ限られている。総じて言えば、現実社会でのお偉方の服は詳しく描写されるが、それ以外の魔女の服についてはほとんど言及がない。審問官が興味を示したのは詳述に値するような立派な服だけだった。その理由はおそらく単純だろう。被告の大部分を占める下層市民・村民は詳しい描写に値するようないい服を持っていなかったし、審問官もそれを知っていたからだ。

魔女は神の手になる秩序をひっくり返した「逆立ちした世界」の住人である

という含意がある。富裕な知識人の趣向に応えて生産されていたのは、野生と無秩序の側から文明と秩序の世界を脅かす存在としての魔女イメージである。だがここで取り上げた被告の自白によれば魔女の饗宴はおどろおどろしいものではなく、むしろ農民の村祭りといった観を呈している。キリスト教で象徴的意味を持つパンと塩は供されないが、食べ物は持ち寄り、たいてい決まった者が炊事係を引き受ける。嵐を呼ぶための鍋も煮込まれるが、饗宴の「楽しい一時」に比べれば害悪魔術についての記述はそっけない。さらに登場する情魔は彼の愛人の魔女が他の男と一緒にいると嫉妬心さえ持つ人間的な存在である。自白の中の魔女のサバトは確かに公の秩序のパロディーではあるが、実際の世界の模写といった様相を呈しており、秩序を侵犯してくる危険な臭いには乏しいと言える。

　さらにサバトという饗宴での席次を見ていくと、ほとんど必ずと言っていいほど現実社会でのお偉方が上座に座り、それ以外の者は末席である。親玉悪魔の傍に座を占めることのできる者、ダンスでは先に相手を選んで踊ることのできる者の序列が高く、下位の魔女は踊る時もむしろ強制的に踊らされたりする。配膳係や炊事係、照明係をやらされる者もいる。現実社会の序列は想像上の饗宴にもそのまま持ち込まれ、上位の者はそれに応じた立派な服装をしているのである。

　もし魔女のサバトが神によって作られた秩序の転倒、そのパロディーであるとするなら、それは着衣に関して幾つかの異なった表現を取りうるだろう。身分の低い者が贅沢で許されざる服を着る、またはその逆というのが一つの可能性だ。しかし上述のようにサバト内部の秩序は現実世界のコピーとなっており、転倒も逆転もしていない。被告にとっての魔女の饗宴は、そこに秩序への挑戦を見て取ろうとする悪魔学的世界とはいささか違っているのである。

　次に着衣のコードにおける性的な倒錯、つまり女性の男装、男性の女装についてはどうだろうか。頻度は高くないが、女の魔女に女の格好をした愛人悪魔がつく事例も史料には見える。ただこれは男性悪魔の女装と言うより、レスビアンの事例と見た方が適当だろう。アンナ・メツィンの情魔は「女のスカート」をはいていたし、ウルスラ・ローラリンの情魔は「黒い格好で立派な女の

服を着ていました。首には襞襟を付け、頭には彼女（ウルスラ）が持っているのと同じ帽子を被っていました[21]」。性的倒錯は魔女であることの一つの徴候でもある。ザビーナ・フォン・シェレンベルクの行状に関する証人尋問で、証人達は彼女が奉公人の女性と通常の範囲を越えて親密に接していたと証言し、さらには落馬した彼女を見た者がザビーナは両性具有ではないかと指摘するなど、彼女の性的特性と魔女嫌疑との関連を強く臭わせている[22]。社会的序列への反逆的要素は見られない一方で、性的逸脱についてはこれを悪魔化していく思考があると言えよう。

ちなみに同性愛が神に背く大罪とされていたのに対し[23]、服装の女装趣味は単純な風紀取り締まりの範囲内だった可能性がある。文化的にも近いアルザス地方のミュンスターでは、1585年に夜な夜な女装して出歩いていた塔の監視人が、風紀紊乱の廉で罰金刑を課されたという記録が残っている[24]。但しこの町は当時既にプロテスタントだったので、宗派による取り締まりの違いについては今後の検討課題としたい。

さて究極の着衣としての裸体はどうだろうか。ここで検討の対象にした魔女裁判の尋問記録には、サバト参加者が裸であったことを窺わせるような記述は一切ない。強いて言えばサバトでは下位の魔女は松明を肛門に突っ込まれ、逆立ちしてあたりを照らす照明係の役をやらされたという記述がある[25]。この現実には考えられないような光景は、裸体を想定していたと解釈できないこともない。しかも臀部の露出はファスナハト（カーニバル）に形象化される「阿呆共（Narren）」の観念とも通じるものがある。しかしそうだとしてもこれをやらされた魔女は現実社会の中でも社会的序列が下位にある者たちであった。これは尻の露出によって秩序を馬鹿にしながらも、その内部では現実世界の序列をそのまま持ち込んで屈辱的にした姿態でもある[26]。

ところで悪魔は兵隊の格好をして現れることも多い。羽飾りの付いた帽子と、肩から掛けた胴章が特徴である。ちょうど図3に出てくるイメージが当てはまると言える。自白調書の兵士は長靴を履いた17世紀風のもあるが、前時代のドイツ傭兵に特徴的な姿でもよく登場する。16世紀の傭兵はその奇抜で派手な格好で知られていた。胴や袖、ズボンに切れ込みを入れ、そこにゆとりを持

たせて別の布を裏から当てて仕立てることで、服は大きく膨らんだ。それは戦闘のための実用性という目的にはそぐわず、むしろ彼らの自己顕示のためのものであった[27]。そして魔女や情婦悪魔が「兵隊の女（Kriegsweib）」の格好をしていたという記述も自白の中に頻出する。「主席の情婦は兵隊の女のような格好をしていました。（主席は）黒い切れ込みの入った胴着を着ており、その胴着は絹でできており、後ろにもスリットが入っていました。彼の情婦のスカートは緑で絹でできているかのように光沢がありました。この緑のスカートの上には光沢のある銀の紐がかかっていました。（中略）白い靴を履いていました。でもアレンベルクでは赤い靴を履いていました。兵隊の女のように彼女は白い靴に黒い絹の紐をしていました。赤い靴では緑の紐を使っていました。（中略）兵隊の女のような襟を付けていました。（中略）首には赤い珊瑚の首飾りとさらに金の飾りをしており、それらを絹の紐で下げていました。頭には黒い帽子を被っており、そこに白い羽飾りを付けていました。帽子には紐が付いていて真珠と金と銀の飾りが結びつけてありました。兵隊の女のようでした。髪は今風（allamodisch）に頭頂で結い上げ、そこにレースの被り物をしていました[28]」。非戦闘員を数多く抱えながら移動していた当時の軍隊における同行女性である（図4[29]）。兵士の妻、情婦、娼婦などいろいろだが、いずれにしても利那性と性的放縦という逸脱者のイメージがあったのは間違いない[30]。兵隊とその情婦という組み合わせは、敬虔さ、慎み深さという徳からの逸脱を象徴的に示すものであった。その逸脱イメージは洗練された奢侈というより、ちぐはぐさや悪趣味な野暮ったさであったように思われる。だがそれでも流行は意識されているのである。

図4　傭兵と同行女性

　三十年戦争の災禍がこの地方を直接的に襲ったのは1632年である。この年にはヴュルテンベルク兵によって数百名の市民が殺されたヒュッフィンゲンの虐殺事件も起こっている。軍隊の移動と宿営そして略奪はこの地域にも大きな被

害をもたらしていた。平地部の住民はあらかたシュヴァルツヴァルトの山中へと逃げ、村には人影もまばらという状態だったという。このような時代状況の中、人々の生活感情が刹那的なものになっていたとしても驚くには当たらない。飢えと裏腹の暴飲暴食は、それへの夢という形で自白調書の中の饗宴で実現する。衣服についても同様であった。フィリンゲンのベネディクト会修道院長であったゲオルク・ガイサーが残した日記には乱痴気じみた服装の華美さについて記されている[31]。聖職者の目に軽薄で度を外していると映った田舎町での市民の服装は、経済的な豊かさを背景にした大都市における華美とはたして同じだったのか検討する必要がある。

5　民間信仰の要素

　尋問調書の中の魔女や悪魔は特定の色の服を纏って現れている。最も多いのは黒である。色調の微妙な差さえ度外視すれば染色としては比較的安上がりにできたこともあるが、黒は同時に気高い色でもあり、当時特に上流階級が好んで着た色だった。だが何よりも宗教的な慎しさを表す色でもある[32]。17世紀オランダの黒好みは言うに及ばず、帝国西南部のヴュルテンベルクでも黒はその敬虔さを表す色として広く用いられている。一方で黒は暗闇、地下の世界を暗示させる悪魔的な色でもある。だから悪魔が黒い服装で現れても不思議はない[33]。

　「シェレンベルク夫人は赤いスカートをはいていました。しかしそれが絹でできていたかどうかは分かりません。悪魔の親分（Lucifer）が彼女の情夫で、体中緑の服をまとっていました。頭には白い羽飾りのついた黒い帽子を被っており、兵隊のような赤い長靴を履いていました。……平たく折り返した袖には長いレース飾りがついていました。赤い胴章をつけていて、何かきらきら光るものを下げていましたが、それは胴章にではなく、下僕がよくするように体の側面に下げていました。主席（グルンク）は雄ヤギに乗って、バルバラ（リートミュラー）に言い寄っていました。（中略）主席の情婦悪魔は……切れ込みの入った胴着を着ていました。胴着の背中にも切れ込みが入っており、赤く光っていて兵隊の女のようでした」[34]。赤も多く登場するが、この場合赤色が

持つ魔術的な意味合いを詮索するよりは、日常生活で普通に用いられていた色であることを認識しておくことが大事だろう。赤は当時この地域では平民にも広く行き渡った色であった。その背景については諸説あるが、原料である茜がイタリアからアルザスまで広く栽培されていたこと、ヴュルテンベルクの町カルフで染色業が盛んだったことなど、生産と流通の面で普及していたのは確かである(35)。ただ赤い珊瑚の装飾品が頻出するのは、珊瑚が魔除の力を持つという信仰と関係がありそうだ。だからロザリオにもよく用いられた珊瑚の首飾りを魔女や悪魔がするのは、カトリック儀礼のパロディーなのである。

だが何と言っても目立つのは緑である。「(悪魔は) 緑の服に白い羽飾りで現われ、自分は樵だと言いました(36)」。悪魔は頻繁に緑の衣服で登場する。色彩のほどこされた当時の図像を見ても緑色の比率はごく少ないから、自白の中の緑は現実生活の反映を越えて不釣り合いに多いのは明らかである。緑には自然や植物の精を象徴する意味合いがある(37)。悪魔は時に「グレースリン (Greslin)」や「グレースレ (Greßle)」といった名前でも現れる。これはディリンガーによって調査されたハプスブルク領シュヴァーベンの状況と一致している。Greslin という名前はおそらく Gras (草) から派生した名前であり、自然や植物の精との関連があるのだろうとディリンガーは推測している(38)。悪魔と出会う場所もしばしば野外の畑や道であり、そしてこの名前を持った悪魔はまさに緑色の服を着て現れているのである。

少なくとも着衣の象徴性という点では、尋問調書の中の悪魔は都会の知識人が親しんでいた古典世界の神話のモチーフとは明らかに異質である。農民や半農手工業者の村民や小都市の市民の精神世界は日常生活上の不思議や脅威と直結したものであった。

衣服と民間信仰ということで言えば、ついでながら魔女は聖三位一体に祈る代わりに「古ズボンと古靴」ないしは「繋ぎ紐 (Nestel)」に祈らねばならなかった(39)。俗世のありふれた価値のないものに祈ることで、キリスト教儀礼のパロディーをやっているわけである。ちなみにベヒトルト゠シュトイブリの『ドイツ迷信事典』にはシュヴァーベン地方の風習として古ズボンと害悪魔術との関連が指摘されているが(40)、ここでは必要以上の穿った解釈は差し控え

ておきたい。

おわりに

　三十年戦争という厳しい時代背景の中では、衣服というものが持つ文化的、象徴的機能はとりあえず物質的必要性の前に後退していたようである。魔女裁判の犠牲者のうち、若干の者には財産没収のため財産目録が作られている。しかし家具や食器以外の動産で織物と言えば寝具や掛物があるくらいで、身に付ける衣服は記録されていない[41]。このことも物質的窮乏の皺寄せがまずは衣服に来ていたことを裏付ける。ハレの日のために着飾った姿というのは、非日常性を表現するものとして人々の記憶に留められてはいただろう。しかし日常の仕事着、外出着、教会へ行く時の服装、婚礼の際の衣服といった具合に、場面に応じた着分けが細かくできるはずもなかった。日常的に目にする着衣の微妙な差で社会的に何らかの意味を表現するといったことは不可能か、或いは人々の関心がそこまでは及ばなかったと言える。結果、着衣の象徴性は、どうでもいい服か上等の服という二極に縮減される。

　ところで裸体というのは、着衣が文化的機能を強くかつ繊細な形で持っている時に初めてそれ自体が象徴的意味を帯びてくるものである。裸体は言わば着衣する身体の裏側の世界、着衣を前提として初めて成り立つ逆着衣であるとも言える。そうでなければ裸体はただ着るものがないので裸でいるというのと変わらない。着衣がその象徴的意味を減じれば、裸体もまたその意味喚起力を弱めていく。本章で取り上げた魔女裁判の尋問調書には、裸体が一切出てこない。このことは衣服への言及がほぼ最上層の人間に限られていることと相まって、被告の観念世界は裸でいる余裕すらないものだったと見ていい。

　それにもかかわらず、魔女が持つ逸脱と放縦のイメージは被告の自白を彩っている。かなり多くの被告は魔女犯罪の前にまずは姦通の罪を自白している。自分は姦通を犯したが魔女ではないと主張するのである。罪を小出しに自白することで、さらなる本格的な拷問を回避したいという被告なりの戦略だと考えたい。性的放縦は魔女の属性ではあるが、ふしだらな女は必ずしも魔女ではない、こう被告なりに線引きしたぎりぎりのところで彼女らは破局的な魔女犯罪

の自白強要から逃れようとしていただろう。

　拷問される被告は、自らは良きキリスト教徒であり秩序の側に立っていると信じている。だからこそ自分は無実であり、魔女とは自分の外部にいる逸脱者なのだ。これら一連の裁判の背後にはおそらく成功した他所者に対する敵意があることからも、魔女イメージは他所から来る「流行」の軽薄さというイメージとどこかで結びついていたのではないか。自白の中に現れる彼らが実際にそのような格好をしていたかどうかは、ここではさしたる問題ではない。あくまでも拷問下で被告が綴った想像上の世界でのできごとである。そしてその「流行」イメージもそれを直接目にする機会のあった大都市の市民のそれではなかった。自らの想像を混ぜ合わせ、やたらと光り物をぶら下げるようなけばけばしさと抱き合わせのちぐはぐなものであったと言える。

　フュルステンベルクは宗派的にはカトリックだが、対抗宗教改革の中、様々な生活規制が行われている。服装規定こそないものの、この当時のラント条令を見ると、結婚については両親や周囲の同意が必要とされ、ファスナハトは異教的であると断じられて禁止され、教会で正式の結婚をせずに同棲している者は結婚を強制された[42]。実効性には疑問があるものの、こうした当局の公式イデオロギーには、伝統的な教会法の分野にまで踏み込んで信仰と生活倫理の守護者たらんとする初期絶対主義国家の姿を見ることができる。三十年戦争期の事情は宗教改革前とは大きく違っている。フェルステンベルク伯領における現実の魔女迫害は、分かりやすい想像上の逸脱者＝外部の敵に対する正義の戦争となっていたのである。

(1)　能澤慧子『モードの社会史：西洋近代服の誕生と展開』（有斐閣、1991年）、89-95頁。

(2)　Conrad Lautenbach, *Im Frauwenzimmer wirt vermeldt von allerley schönen Kleidungen vnnd Trachten der Weiber*……(mit Holzschnitten von Jost Amman), Frankfurt am Main 1586, Ein Augspurger Magd u.a.

(3)　Jürg Stockar, *Kultur und Kleidung der Barockzeit*. Mit 112 teils farbigen modegraphischen Darstellungen des 17. Jahrhunderts, Zürich 1964, S. 159-200；マックス・フォン・ベーン『モードの生活文化史１』（河出書房新社、1989年）、417-418

頁。
(4) 例えば1640年頃成立の Hans Michael Moscherosch, *Gesichte Philanders von Sittewald*（Hrsg. von Felix Bobertag）, Berlin/Stuttgart 1883, S. 111－198.
(5) Matthias Weber, *Die Reichspolizeiordnungen von 1530, 1548 und 1577*. Historische Einführung und Edition, Frankfurt am Main 2002, S. 141－151.
(6) Liselotte Constanze Eisenbart, *Kleiderordnungen der deutschen Städte zwischen 1350 und 1700*. Ein Beitrag zur Kulturgeschichte des deutschen Bürgertums, Göttingen 1962, S. 65－87.
(7) Angelika Bischoff-Luithlen, *Der Schwabe und sein Häs*, Stuttgart 1982, S. 31－34.
(8) Reinhardus Lutz, *Warhafftige Zeitung. Von den gottlosen Hexen, auch ketzerischen und Teufels Weibern, die zu des heyligen römischen Reichsstatt Schletstat im Elsass…1571*. [o.O.].図1と図2についての図像学的解釈については、Sigrid Schade, *Schadenzauber und die Magie des körpers. Hexenbilder der frühen Neuzeut*, Worms 1983, S. 107－112；Charls Zika, *Exorcising our demons. Magic, witchcraft and visual culture in Early Modern Europe*, Leiden 2003, pp.260－265；i.d., *The Appearance of witchcraft. Print and visual culture in sixteenth-century Europe*, New York 2009, pp. 70－73. また黒川正剛『図説魔女狩り』（河出書房新社、2011年）、42－79頁参照。
(9) Paul Frisius, *Wohlgegründeter Bericht den gantzen handel von der Hexerey betreffendt mit sonderbahrem fleiß gar kurtz vff wenig bögen zusammen gefaßt…*（Deß Teuffels Nebelkappen）, Frankfurt am Main, 1583, passim
(10) Johannes Geiler, *Die emeis. Dis ist das buch von der omeissen, …* Strasburg 1517, fol. 37 v.
(11) Schade, S.107 f.；Zika, *Exorcising*, p.262－263, i.d., *Appearance*, p.72；vgl. August Stöber, *Zur Geschichte des Volks-Aberglaubens im Anfange des XVI. Jahrhunderts. Aus Dr. Joh. Geilers von Kaisersberg. Emeis*, Basel 1856, S.1 Anm. 3
(12) Zika, *Exorcising*, p.481－521, i.d., *Appearance*, pp.70－75.
(13) Schade, S. 80－125.
(14) Herrmann Wäscher（Hrsg.）, *Das deutsche illustrierte Flugblatt. Bd.1：Von den Anfängen bis zu den Befreiungskriegen*, Dresden 1955, Nr. 31.
(15) Schade, S. 23－41.
(16) 拙稿（Kazuo Muta）, *Fürstenberg, Grafschaft*. In：*Lexikon zur Geschichte der Hexenverfolgung*, hrsg. v. Gudrun Gersmann, Katrin Moeller und Jürgen-Michael Schmidt, in：historicum.net, URL：http：//www.historicum.net/no_cache/persistent /artikel/5580/ , 2007（10. 10. 2011）
(17) Wilhelm Franck, *Der Hexenprozeß gegen den Fürstenbergischen Registrator Obervogteiverweser und Notar Mathias Tinctorius und Consorten zu Hüfingen. Ein Sittenbild aus den 1630 er Jahren*, in：Zeitschrift der Gesellschaft für Beförderung der

Geschichts-, Allterthums-und Volkskunde von Freiburg, dem Breisgau und den angrenzenden Landschaften 2（1872）, S. 1 – 42.
(18)　FFA Criminalia, Amt Löffingen, Vrgicht: Rosina Luzin Schuesters weib von Löffingen.
(19)　FFA Criminalia, Amt Löffingen, Prothocoll: Salz Anna von Reiselfingen.
(20)　FFA Criminalia, Amt Löffingen, Erster Band, Ihnterrogatoria
(21)　FFA Criminalia, Amt Löffingen, Zweiter Band, Vrgicht vnd Bekandtnus: Ursula Lorerin von Reiselfingen.
(22)　FFA Criminalia, Amt Hüfingen, Inquisitete von frawe Sabina von Schellenberg etc. gefiehrtes Leben hendel vnd Wandel etc.
(23)　グルンクは男色の罪でも告発されており、彼の相方とされた男も処刑されている。FFA RA Lö, Einn.
(24)　AMM FF 76（28. 8. 1585）.
(25)　FFA Criminalia Amt Löffingen, Urgicht von Anna Friderichin（Ludis Annele）22. 11. 1635；この情景はアルザス地方ハーゲナウでも記録されており、帝国西南部の魔女の自白にある程度共通した特徴だと考えられる。AMH　FF 174, fol. 10 v ; Vgl. Joseph Klélé, *Hexenwahn und Hexenprozesse in der ehemaligen Reichsstadt und Landvogtei Hagenau,* Hagenau 1893, S. 130.
(26)　但し魔女の下半身から吹き出る火という16世紀に広く見られた観念との関係については今後に委ねたい。Vgl. Schade, S. 104 – 107 ; Zika, *Exsorcising,* p. 253 – 255.
(27)　黒川祐子「スリットとランツクネヒト――16世紀ドイツの傭兵像とその服飾」（『服飾美学』37、2003年）、1－16頁。
(28)　FFA Criminalia, Amt Löffingen, Urgicht von Maria Freiin 3. 12. 1635.
(29)　Christof Metzger, *Daniel Hopfer:*　Ein Augsburger Meister der Renaissance. Eisenradierungen Holzschnitte Zeichnungen Waffenätzungen, Berlin 2009, S. 186.
(30)　ラインハルト・バウマン『ドイツ傭兵の文化史――中世末期のサブカルチャー／非国家組織の生態史』（新評論、2002年）、207―209頁。
(31)　Georg Gaisser, *Tagebuch des Abt Michael Gaisser der Benediktinerabtei St. Georg zu Villingen 1595 – 1655,* Villingen 1984, S. 1074（書名中の名前の Michael とあるのは日記編纂者の誤り）。
(32)　Christina Burde, *Bedeutung und Wirkung der schwarzen Bekleidungsfarbe in Deutschland zur Zeit des 16. Jahrhunderts,*（Elektronische Dissertation）, Bremen 2005, S. 134 – 140.
(33)　Carl Mengis, Art. schwarz, in : Hanns Bächtold-Stäubli（Hrsg.）, *Handwörterbuch des deutschen Aberglaubens* 2006（Digitale Ausgabe）.
(34)　FFA Criminalia, Amt Löffingen, Vrgicht von Anna Vettingerin.
(35)　Bischoff-Luithlen, S. 26 – 29.

(36) FFA Criminalia, Amt Löffingen, Erster Band, Welsch Marej Prothocoll des Elsëßrin genand.
(37) Carl Mengis, Art. grün, in : *Handwörterbuch des deutschen Aberglaubens*
(38) Johannes Dillinger, *»Böse Leute«*. Hexenverfolgungen in Schwäbisch-Österreich und Kurtrier im Vergleich, Trier 1999, S. 112 − 113
(39) 例えば FFA Criminalia, Amt Löffingen, Erster Band, Vrgicht Anna Pauschin など。
(40) Erich Seemann, Art. Pfeiffen, in : *Handwörterbuch des deutschen Aberglaubens.*
(41) FFA Criminalia, Amt Löffingen, Zweiter Band, Verzaichnus (21. 2. 1637 ; 24. 3. 1636).
(42) FFA OA 13 ad Nr. 1, OA 13 fasc. 1.

[引用史料略号]
FFA : Fürstlich-Fürstenbergisches Archiv Donaueschingen
AMM : Les Archives municipales de la ville de Munster
AMH : Les Archives municipales de la ville de Haguenau

第Ⅲ部
着衣する身体

禁じられた着衣
——国家そしてタイ人の着衣と身体に対する考え——

宮本　マラシー

はじめに

　デズモンド・モリス［1980（1977）］によると、衣類には三つの基本的な機能がある。保護、慎み深さ、ディスプレイの三つである。保護については、暑さ寒さ、害虫、放射線、紫外線から身体を守るなど、時代が進むにつれて人間の活動が複雑化することにより、その必要性が進化してきた。慎みを保つということについては、女性の乳房、尻、腰、太もも、丸みのある手足、そして男性の胸、体毛、広い肩、腕や脚の筋肉といった人間の体は性別信号のかたまりであり、異性を潜在的に刺激するため、このようなメッセージを減じる為には何かで覆い隠す必要があった。その覆うものの中では下帯がもっとも広く行きわたっている。そして、この慎み深さの社会的基準は時代や時期に応じて変化してきた。性に対する社会の要求が厳しくなればなるほど、衣類は身体全体を覆うようになる。ベールで厚く覆われたアラブ諸国の女性たちはその典型的な例であろう。19世紀のイギリスでは、「脚」という言葉をしゃべることすら、わいせつであると考えられ、グランドピアノの脚は、人前での演奏の時には覆われねばならなかった。女性が海水浴をする前に水着に着替えるときに使う更衣車への出入りの際に、海岸にいる人々に脚を見られないようにカーテンで仕切られた階段が必要とされたこともその一例である[1]。そして、体を保護したり、慎みを保つという目的には重要ではないネクタイのような着衣は、着用者を特定の社会的範疇にはめ込み、文化的なバッジとしての役割を果たす。これが衣類の三つ目の基本機能、着衣のディスプレイであり、しばしばその機能は人々に過酷な規制や選択を強いることがある。たとえば、14世紀のイギリスでは、議会において、社会の各階層によって許される服装の様式に関する規則が

作られ、下層階級の者が、上の階級だけに着衣が認められている衣類を着ると、罰金を料せられたり、違反した衣服を没収されたりした[2]。ファラスカ・ザンポーニ［2002］によれば、1920年代のイタリアでは、ブラック・シャツはムッソリーニ時代、ファシストを連想させるシンボルであった。ファシストの十戒の一つには「イタリアそしてムッソリーニのために何の疑いもなく身体と心を捧げ、奉仕することができない者はファシストのシンボルであるブラック・シャツを着衣するに値しない」とまで、記されていた[3]。また、マリー・ヴィンセント［2002］によれば、1930年代のスペインでは、ブルー・シャツはファランヘ党のシンボルであり、最下層階級（proletarian）のシンボルでもあった。ブルー・シャツを着ることはファランヘ党への支持を表し、「市民軍」となることを意味した。シャツは新しい世代の新スタイルであり、青色はスペインの労働者の平日の服の特徴であった。青色は他の薄い、曖昧な色と違って、正確、幸福、清潔、勤労、強さ、を意味するのである。ファランヘ党の支持者にとっては、「ブルー・シャツ」は単なる仲間（comradeship）の象徴以上のものであり、公共の場でブルー・シャツを着ることは社会に対する挑戦的な態度を表す行為であった[4]。一方、タイの場合で見ると、2006年から2008年にかけて、タイの国全体が黄色で染まったかのように、タイのどこに行っても黄色の服を着用する人達がいた。2007年に満80歳の誕生日を迎えられた、現国王ラーマ9世がお生まれになった月曜日の色が黄色であるところから[5]、そのお祝いのシンボルとして多くの人が黄色の服を着用したためである。また、2005年からは、当時の政権に反対する人々が王政を支持する意味で黄色いシャツ[6]を着用したのに対し、2007年には、新政権に反対する人達が赤いシャツ[7]を着用し始めた。これらのことは、着衣の色が政治的思想のシンボルとして用いられていることの典型的な例であろう。

　1687年にタイのアユタヤ[8]を訪れたフランス大使であった、ラ・ルベールの時事記載[9]には、当時のタイ人はあまり服を着ず、一般の女性は男性と同じように、一枚の布で下半身を巻いているだけで、上半身は露出されたままである。しかし、上流階級の女性なら、上半身を一枚の布で巻いている、という記録が見られる[10]。一般庶民は、昔から身体の下半身を巻く腰巻を着用している。

写真1（左）　店内に並べられている「パー・カーオ・マー」。男性用の着衣は高い位置にかけられている／写真2（右）　パー・シンを着用している女性

イラスト　「チョーング・グラベーン」と「パー・テープ」を着用している18世紀〜20世紀前半までの上流社会の女性たち［イラスト：隅田敦子（大阪大学言語文化研究科言語社会専攻博士後期課程3年生）］

代表的なものは、「パー・カーオ・マー」[11]（男性用、写真1参照）と、「パー・シン」[12]（女性用、写真2参照）、そして、「チョーング・グラベーン」[13]（男女用、イラスト参照）と呼ばれる腰巻である。19世紀の半ばには、一般の女性の場合でも「パー・テープ」（イラスト参照）と呼ばれる薄い長方形の布で上半身を巻く人が見られた記録が残っている。

　このように、タイの歴史には衣類の保護の役割があまり見られない時代があった。熱帯の国であるから、保護の中でも最も重要な防寒機能の必要性がなかったためであろう。しかし、外国との交流が増えるにつれて、着衣の持つ慎みやディスプレイの役割を意識せざるを得なくなってくる。タイでは、19世紀半ばから現在に至るまで着衣における変化や流行が多く起きている。それらの変化や流行には、ファシストに忠誠を表すブラック・シャツのように、その支持者以外には着衣出来ない衣服、また、19世紀イギリスの身分を表すネクタイの着装といったように、ある特定の人達でなければ着衣出来ない、もしくは許されない衣服があるのかどうか、あるとすれば、どのようなものなのか、なぜ着用してはいけないのか。そしてタイの社会はそのことに対して厳格なのか寛

容なのか。また、国家はどのように関わっているのかということを分析し、着衣と身体に対するタイ人の意識を考察したい。分析の対象として取り上げるのは、伝統的着衣とその着用状況、そして19世紀から現在までのタイの社会でもっとも注目される着衣の変動の5つの事例である。

1　伝統的着衣とその着用状況

　まだタイが国家として成立していなかった11世紀から、タイの男性は「パー・カーオ・マー」を、女性は「パー・シン」を着用していたと言われている。「パー・カーオ・マー」は、男性が下半身に巻いたり、ベルトのように腰にまわしたり、ターバンのように頭に巻いたり、風呂敷や敷物の代わりとして使用したり、さらに、ハンモック代わりに赤ん坊を寝かせたり、と幅広く用いられる。女性も「パー・カーオ・マー」を胸に巻いたり、屋外の作業中、帽子代わりに頭にかけ顎の下で結んだり、タオル代わりに顔を拭いたりすることはあるが、下半身に巻いたりすることは許されない[14]。「パー・シン」は女性の腰を巻くために用いられたり、昔は、古くなると赤ん坊のオムツ代わりに使われることもあったが、それ以外の目的には用いられなかった。伝統的に、「パー・カーオ・マー」と「パー・シン」とは一緒に洗わない。また「パー・カーオ・マー」を洗うために使用される盥では「パー・シン」を洗ってはいけない。干すときにも、「パー・シン」は「パー・カーオ・マー」より低い位置になるように干さないといけない。2007年の調査[15]においても、そのような洗い方、干し方をする人が現在でも少なくないことが確認できた。その理由としてあげられたものは、「パー・シンは卑しいものだから」「パー・カーオ・マーは時々、ターバンのように頭に巻くので、パー・シンやスカートと一緒に洗って、パー・シンやスカートのように卑しいものになってしまうと困る」「母に言われた」「父の信仰」「パー・シンは卑しくて汚い」「女性の衣類だから」「伝統的信仰」「パー・シンは卑しい物の中で一番卑しいもの」「父親は家庭の大黒柱だから、パー・シンを男の衣類と一緒に洗濯すると、縁起が悪くなり、仕事が上手くいかなくなる」「男性は出家するので女性より栄誉ある者だから」などであった。また、その時の調査では腰巻に対する印象については、タイらしさの

象徴であると指摘する回答が多くある一方、地方の人のシンボル、庶民の生活の象徴、女性らしさや男らしさを表す伝統の衣服のイメージがあると指摘されるものも見られた。そして、2008年の調査では、50代の男性へのインタビューで、雨が降っても、干されている女性のパー・シンをとり入れない男性もいることが分かった。つまり、触ることすらしないのである。また、女々しい男性に対しては「スカートを履きなさい」や「パー・シンを頭に被りなさい」のような、男性を侮辱する表現があることも分かった。

2　着衣文化の変遷

(1)　伝統の着衣文化における初めての変化

　上半身の露出が珍しくない生活様式が長く続いていたタイで、チャクリ王朝第4代の王ラーマ4世（1851－68）は、「上半身の露出は、汗やたむしなどの皮膚病が見えるので、とても汚く感じる。服を着ていない野蛮で下等な人間以外、大きな国の人々はどこでも上半身にも服を着る。大きな国であるシャム[16]は今までのように野蛮な格好をすべきではない。皆さんは、私に会うときには（上半身の）服を着て私に会いに来るように」と官僚の人たちに申し渡された[17]。これが、タイで初めて着衣の習慣というものが公に語られたもので、伝統的な着衣文化における初めての改革が行われたと言える。その後、官僚の人たちだけではなく、一般の人々も真似をして、上半身にも服を着るようになってくる。そして、外国との交流の機会が多くなってきた第5代の王、ラーマ5世の時代（1868—1910）には、タイの近代化の一環として、積極的に西洋文化を受け入れることになる。衣服の場合は、下半身の「パー・ムアング」[18]と呼ばれるチョーング・グラベーンに合わせて、「ラチャ・パテン（Raja Pattern──国王のデザイン──）」と呼ばれる立襟で、前開きの5つボタンのジャケットが、1871年にインドを訪問する際、付き添いの王族や官僚の人たちが着衣するために、王自らデザインをされている（写真3）。女性の場合は、王が1897年にヨーロッパから帰国後に、ヨーロッパの女性が着ていたようなレースの長袖のブラウスを着用するようになった。それ以外にも、シャツ、チョッキ、帽子、ネクタイ、靴、靴下、女性のハイヒールやストッキングもこ

の時代から着衣されるようになった[19]。そして、ラーマ5世の後期には、官僚に、「パー・ムアング」の代わりにズボンを着用させるようになった。これらの変化は、王室から官僚に、そして一般の国民へと広がっていった。このように、着衣の習慣を積極的に改革した王は「以前のままでは、タイ人は野蛮であると西洋人に見下されるから」と、その理由を述べられている[20]。

（2） 立憲革命時代の着衣文化における変化

1932年6月24日に起きた民主革命により、絶対君主制は立憲君主制に変わった。その革命により、タイで初めて憲法が制定され、国会が開設された。政治の変化に伴い、伝統的な文化にも大きな変化が見られた。着衣については、時代遅れであると見られる「パー・ムアング」の着衣は禁止され、西洋の国々と同じように官僚はズボンを着衣することが法律で決められた。また、ピブーン・ソングクラーム首相（1938-44）の時代には、「国の名誉に配慮せず、好きなように着衣することは外国人から見下されるばかりである」という理由で、着衣習慣の規則を作るようになった。1939年、愛国心を育み、そして先進国と対等になるように文化を改善しようと、「ラッタニヨム（国民信条）」が発令された。「ラッタニヨム」の第10条にはタイ人の着衣について次のように記されている。

政府によって「スパープ・チョン（礼儀正しいもの）」であると決められた衣服を着用しなければならない。たとえば、男性は帽子を被り、国際社会で一般的に着用されているような背広とズボンを着用し、踵または足首まで隠す靴及び靴下を履くこと。女性は帽子を被り、肩を隠すブラウスを着用し、パー・シン、そして踵まで隠す靴及び靴下を履く、等々[21]。

写真3 パー・ムアングにラチャ・パテンを着衣している男性

そして、1942年の内務省の発令により、「きちんとした着衣は国を発展させる文化である。故に、国民は政府に協力し政府が打ち出した国民信条を履行するよう」要求した。国民も政府に協力し、一般の男性は洋服を着用し、女性は「チョーング・グラベーン」を止め、パー・シンや洋風のスカート、帽子、ハイヒール、ストッキングも着衣するようになった。

（3）民主化時代における着衣状況
　1932年の民主革命後、タイは「カナラート（人民党）」一党専制体制がしばらく続き、1957年、クーデターで人民党が崩壊、軍に政権が握られた。1970年代初めに、主要国立大学に学生の政治サークルが生まれ、その後それらサークルを基盤に結成されたタイ学生センターが、1973年、当時の政権に対し新憲法の制定要求運動をし、「ヘートガーン・シプシー・トゥラー（10月14日事件）」によって、当時の政権は退陣に追いやられ、長く続いていた軍事政権に一旦終止符がうたれ、民主化の時代が到来した。この事件は、政治や社会の変化が王や政府など、指導者によって起こされてきたタイにとっては、初めて民衆が起こした変化だと思われる。腐敗した軍事独裁政治を打倒した、1973年の政変の中心となった学生たちは、「大学生は自分の将来のためにだけ勉強するのではなく、貧しい人々の生活を良くする社会を作ることも学生の義務である」、「今までの教育は支配者たちの思惑に支配されすぎた」、「資本主義はタイの社会を悪化させる」、「海外からの文化や経済的な侵略はタイの未来の危機である」、など、それまでの支配者によって用意された学生生活や既存の秩序に対し疑問を持ち、抵抗感を持っていた。着衣については、日本製品の不買運動[22]の一環として、あまり皺の寄らない日本から輸入される化学繊維より「パー・ディップ（未さらし綿布）」と呼ばれるタイの綿を使うように運動した。そこで、「パー・ディップ」で制服のシャツを作ることが学生の間で流行った。また、規制された制服ではなく、ジーパンに皺が寄った綿のシャツまたはTシャツ、洋風のカバンではなく「ヤーム」と呼ばれる伝統の綿製ショルダーバッグを持ち、髪の毛を伸ばし、そしてサンダルを履くといった着衣スタイルも流行った。このような着衣スタイルはタイ語では、「ハー・ヨー（5つの

Y)」と言われた。5つのYは、Kangkeng Yiin（ジーパン）、Sua Yuut（Tシャツ）または Sua　Yap（皺の寄ったシャツ）、Yaam（綿制のショルダーバッグ）、Phom　Yaao（伸びた髪）、そして、Rong‐thao　Yang（ゴム製のサンダル）といった着衣を表す言葉の頭文字から来ている。1970年代から80年代の初めまで、しばらくの間「ハー・ヨー（5つのY）」は大学生を中心に若者の間で大流行したファッションであった。だが、このファッションは教育機関の人たち、親、政府の関係者にとっては好ましいものではなかった。「マイ・スパープ（礼儀正しくない）」、「大学の秩序を乱す」、「教官に対しての敬意がない」、「大学の名誉を傷つける」といったような理由で、「ハー・ヨー」の格好をした学生は教室への入室や、図書館への入館を断られたり、また教官に会いに行った際にも、会わせてもらえなかったりすることがあった。

3　着衣文化の現状

（1）　キャミソールとミニスカート

　19世紀の終わりごろより西欧風のブラウスを着用し始め、1940年代には、当時の政府の指導の影響もあり、高齢者以外のタイの女性は、普段は公共の場で上半身を露出する人はだんだん見られなくなってきた。腰巻の「チョーング・グラベーン」と「パー・テープ」といった着衣は「チュット・タイ（タイの民族衣装）」とされ、タイ舞踊や伝統的な儀式が行われる際以外は着用されなくなった。その頃から、胸だけではなく、肩や腕を露出する衣服の着用も「マイ・スパープ」と思われ、着用できる時と場所が制限されるようになった。

　1990年代から、世界中でキャミソールやチューブトップが、上着としても着用されるようになってきて、その流行はタイにも広がってきたが、キャミソールを着用する女性は、「下着を公共の場で平気で着て何とも思わないのか」と非難されることもある。両肩にそれぞれ細い一本の紐で留めるキャミソールはタイ人にとっては下着と感じられるので、当初は抵抗があったのだろう。しかし、西欧から入ってきたチューブトップまたはベアトップも、肩の部分が完全に露出する衣服としては、タイの伝統服のパー・テープと何ら変わらない。それでも、ファッションとして一時的な流行であると思う人もいる反面、肌を露

出しすぎていて、淑女としては相応しくない、異性を誘惑し性的な犯罪の要因になると考える人も多くいる。特に、若い女性の親、大学の先生から国の指導者まで、その現象に対して非常に敏感であり、さまざまな動きや意見が見られた。

例えば、2009年には、タイの女優がキャミソール・ドレスを着て映画祭に出席した時、ドレスの下半身が大きく開いていたので、マスコミや一般の人々の間で話題を呼んだ。体の部位を

写真4　身体部位を露出しすぎていると思われる若い女性の着衣

露出し過ぎていて、タイ人の名誉を傷つけるものだと言われたり、「プーイン・カーイ・トゥア（身を売る女性――売春婦）のようだ」とも言われたりした。また、2004年4月には、ソングラーン祭[23]の間性犯罪を防ぐためにキャミソールなどの衣類を着用している若い女性が、特にカーオサーン通り地区、サパーン・プラ・ラーム・ペート地区、プラ・アーティット通り地区、スアン・サンティ・チャイプラーカーン地区、そして王宮前の広場での水かけ祭りに参加することを禁じる、とバンコク市が発令した。

（2）　学生の制服

タイの大学生は高等学校以下の学生同様に制服を着用している。大学によって、デザインが微妙に違っていても、基本的には紺または黒のスカートに白い半袖のブラウスである。男子学生も基本的に、紺または黒のズボンに白いシャツだが、女子学生より色もデザインも自由である。学生が制服に流行のファッションを取り入れることは現在だけではなく、過去にもよく見られた。ミニスカートが流行っていた1960年代～70年代には、制服の丈も短かったが、1970年代後半には、脹脛の中程の丈のミディまたは踝が隠されるほど丈の長いマキシというスカートの流行に合わせ制服のスカートの丈も長くなった。校則ではスカートの丈は膝を隠すぐらいとされていたので、ミニスカートが流行った時期の膝より上の丈も非難され注意されたが、長い丈が流行った時期には、やはり

写真5 ボディーラインが強調されているブラウスとスリットの深いミニスカートの制服を着用している大学生

長い丈のスカートも注目された。21世紀の初めから現在までの制服で、最も注目されるファッションは、女子学生では、ボディーラインを強調する小さいサイズのブラウスとスリットが入っているミニスカートであり、男子学生では、パンツが見えるぐらいズボンのウェストを下げて履くことである。女性のブラウスは本来のサイズより小さめのサイズにする。普段はMサイズならSまたはSSにする。業者もその流行に合わせて、ブラウスのサイズを3Sまで用意する。小さいサイズのブラウスを着るとボディーラインがはっきり出せて細く見える、というのがその理由である。しかし、小さいサイズのブラウスを着ると、前ボタンを留めても、胸の部分が少し開いてしまう。このような格好をしている学生を非難する書き込みがネット上でよく見られる。その一部を以下に紹介してみよう。

例1：濃い化粧をしていて、「プーイン・カーイ・トゥア（身を売る女性）」であるような制服を着る学生に対してはどう思いますか。学生の制服を着ているのに、胸がはみ出すほどあまりにもぴちぴちしたブラウス、丈が非常に短いミニスカートを着ているので、非常に不細工で、本当の学生ではなく、学生の制服を着ている風俗営業の女のようだ[24]。

例2：最近の女子学生の大部分は、学生の制服を着ているクンソー（売春婦）だと思われるほど、胸がはみ出すほどぴちぴちのブラウス、前、または横、または後ろに深いスリットの入ったスカートを履いている。男子学生もゲイやおかまのようなあまり男らしさがみられない格好をしている人が多くいる[25]。

そして、国家や組織の管理者の反応には次のような例がある。

例3：文化相、カイシー・シーアルンは、ボディーラインを強調し、また隠す

べき部位を露出する女子大生、そして、パンツが見えるほどズボンのウェストを低くして着衣する男子学生の着衣行動を厳しくコントロールするように文部省に要求した。特に、女子学生の場合は、3Sサイズのブラウスやミニスカートの着用は大学生として相応しくなく、礼儀正しくもなく、さらに性的な犯罪を招くこともあると指摘した。個人の権利だと主張してはいけないとも語った。その後、文化省は各大学に学生の服装、特に女子学生の着衣の規則を確認させ、適切な対処をするように要求した[26]。

例4：国立タマサート大学は学生の着衣についての校則を次のように決めた。私服であろうと、制服であろうと、異性を誘惑するような着衣、礼儀正しくない着衣、また、時と場所に相応しくない着衣をする学生は、入校、または入室を断られる場合もあれば、大学の中の様々な施設のサービスを利用することができない場合もある。誘惑するような着衣とは、女子学生の場合は臍を露出するブラウス、チューブトップ、ベアトップ、キャミソール、ノースリーブまたは体のラインを強調するブラウスであり、太ももを露出する丈のミニスカート、膝丈より上のショートパンツ、ローライズのズボンである。男子学生の場合は、ノースリーブのシャツ、膝より上の丈のショートパンツを着衣することや、時と場所に相応しくない服装をすることである。この規則を定めた理由は、そのような着衣は大学や教師の名誉を傷つけるものと考えるためである。

また、ホー・ガーンカー・タイ大学の学長も、上記と同じような着衣をする学生は、入校許可はされず、行為点が減点され、40点になればお寺へ行かされる。この規則に従わないと試験を受ける資格がないと発表した[27]。

ここで上記例1と2に関連して、タイ語の「ポー」という言葉について少し触れてみたい。「ポー」とは、隠すべき身体部位を適度を超えて意図的に露出することを意味する[28]。公共の場でキャミソール、チューブトップ、小さめのサイズのブラウスでボディーラインを強調するような着用、スリットが深いスカートの着用は一般のタイ人にとっては「ポー」だと思われる。また「ポー」はタイの良い文化に傷をつけるものであり、淑女の資格を失くすものであ

る。そして、「ポー」をする女性は「プーイン・カーイ・トゥア（身を売る女性——売春婦）のようだ」と表現されることがしばしば見られる。そのため、キャミソールやチューブトップを堂々と着用する女性は良い女性であるとは思われない。海で水着姿の女性が今でもほとんど見られないのも、そんな考えが影響しているためであろう。

(3) トランスジェンダーの学生の制服

　トランスジェンダーの学生が女子大生の制服を着用し登校することは1990年代から話題に上り始めた。当初、タマサート大学、シラパコーン大学、そしてチェンマイ大学のように、自由にさせる大学もあれば、チュラーロンコーン大学のようにその着衣を認めない大学もあった。認めなかったチュラーロンコーン大学の学長は、大学の名誉に傷をつけるものだということを理由にあげた。また、自由にさせる大学でも、試験を受ける時、または卒業証書を授与するときには大学に登録されている性のとおりに制服を着用しないといけないという校則を定める大学もある。2004年には、ある大学での卒業式で女子学生の制服を着ていたトランスジェンダーの学生（一人）が記念の集合写真に入れてもらえなかった。

　そして、2009年12月12日に行われたタイ全国師範大学の学長会議の場で、卒業式にトランスジェンダーの学生が女子学生の制服を着用して出席した場合は卒業証書を授与することが出来ないことが決定された。卒業証書を渡すのは王室の人で、その前では男子学生の名前を呼ぶときには、「ナーイ（Mr.）」[29]をつけて呼ぶので、女子学生の制服姿はその場に相応しくないというのが理由である。このように、身体的性別と自己認識の性別とが一致していないトランスジェンダーの人たちをどのように扱えばいいのか、社会もまだ迷っているところであると言えるだろう。

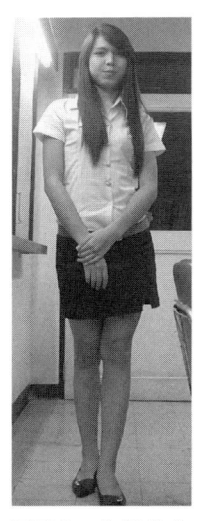

写真6　女子学生の制服を着用しているトランスジェンダー大学生

4　着衣文化における伝統と流行

　上記のように、様々な時代に注目を集める着衣文化は、国王や政府のような指導者たちによって働きかけられた変化と、国民の間から発生した流行とに大きく分けられる。前者は、「野蛮ではなく文明国である」ことを認められるために、伝統的な着衣文化を継承しながらも、部分的に西欧の着衣を受け入れたものとを混合させるといった調整をしたり、またその伝統的な着衣の一部を廃止したりして、西欧の文明に遅れをとらないように次々と変革を行った。一方、国民の間で勝手に流行を作ったり、それを受け入れたりすることは、継承されてきた素晴らしい伝統的な着衣文化を壊し、国家や所属する組織の対面や名誉を傷つける行為として扱われてきている。国民の間で新しい流行が広がる際、自国の素晴らしい着衣の文化を守るといった理由で、指導者は様々な方法を使って、その流行に歯止めをかけようとする。また、西欧から入ってくる流行を積極的に取り入れることはタイの良い文化を破壊する行為であると常に指摘してきている。タイの着衣文化に誇りを持たせるために、伝統的な衣服を着衣させるような運動もしばしば行われてきた。たとえば、1980年代には「ヒュ・タグラー・ヌング・パー・タイ（籠バッグを持ち、タイの服を着る）」というキャンペーンがあった。そのときには、タイシルクのシャツを着て登校する男性の教官やタイシルクまたは綿のパー・シンやブラウスを着用して登校する女性の教官も多くいた。また、2007年より、文化省は、少なくとも週に1回はタイの伝統の素材で作った衣服や伝統の着衣をするように、公務員や民間に呼び掛けたり、毎週金曜日を「タイの伝統的な着衣の日」にし、全国の学校でタイの伝統の服を着て登校させたりしてきている。

5　着用してはいけない服

　西欧の着衣の文化を積極的に受け入れてきているにもかかわらず、現在でも見られるように、「パー・カーオ・マー」と「パー・シン」という伝統的な衣類は、衣類そのものだけではなく、それらの衣類の着用における人々の意識をも継承してきていることは既に述べている通りである。そして、トランスジェ

ンダーの人たちが女性の衣類を着用することは、戸籍上の性と違うという理由でまだまだ公には容認されていないのが現状である。このように、男性が女性より上に位置づけられているだけでなく、男性の着衣も女性のものより上に位置づけられている。従って、男性が女性のパー・シンやスカートを履くと男性としての価値が落ちると考える人もいる。反対に、伝統のパー・ムアングの代わりに洋服のズボンを受け入れたときから、ズボンは男性の衣服であると位置づけられ、女性はズボンを着衣するべきではないという考えが、現在でも見られる。女性教師や教員はズボンを着用して登校することは許されず、国王の誕生を祝うパーティなどのようなフォーマルな催しの場では、たとえパンツスーツでも着用が禁止されている。若い女性が肩や脚といった身体部位を過度に露出したり、ボディーラインを強調したりすると、良い女性とは言われない。その意味で、肩を大きく露出するキャミソールを着用することは良くないと言われているが、肩を大きく露出しているのはタイの伝統衣装である「パー・テープ」も同様、又はそれ以上と言えるが、決してその着用が悪く言われることはない。もともと王室や上流社会の女性が着用していたことがその理由であろう。また、身体部位を露出しないのが良いなら、女性は、脚のラインを完全に隠すズボンを履くことも認められるべきであるが、ズボンは女性の正式な衣服としてはまだ認められていない部分がある。このように、着衣の是非の基準は必ずしも身体部位の露出度だけとは限らない。着ることの良し悪しの判断には、服そのものよりも、着衣する社会的なボディーが重視されるのではないかと考えられる。その社会的なボディーとは、男性であるのか女性であるのか、男性らしい男性なのか、それとも男性としての価値が認められない男性なのか、そして、良い女性なのか、それとも悪いと決め付けられている女性なのか、ということである。つまり、社会的な身分や立場による違い、行為や振る舞いによる違いというものがその判断の重要な基準となっている。そういった基準が着衣の可否の条件としてタイ人の意識に潜在していると考えられるだろう。

6　着衣する身体におけるディスプレイ

モリス［1980（1977）］は、衣類には、保護、慎み深さ、そしてディスプレ

イの3つの基本的な機能があると指摘したが、タイの場合、着衣文化は、慎み深さとディスプレイの機能を中心に変遷をしてきたことが分かった。そしてディスプレイとしての着衣には、社会的なボディーの違いに対するタイ人の意識が見られることが確認できた。また、個々の着衣する身体には真の自由はなく、自国の文化を大事にする時代においても、西欧志向の時代においても、それぞれの時代の権力者や支配者達の意向を反映して、着衣する身体が注目され、利用されるのは昔も今も変わらないこともまた確認することができた。要するに、権力者や支配者にとっては、着衣する身体を美的な対象としてではなく、人々が持つ価値観及び自国の文化に対する敬意、そして国家や上位の者に対する忠誠心の度合いを確認するものとして意識していると考えることが出来るだろう。

おわりに

現在のように、人権が重視されてきている社会では、着衣する身体が国家や権力者に管理されることに、人々は疑問を持ち、国民は皆平等であると謳われているタイの憲法に反すると指摘する人々もいるので、今後、着衣文化における国家や権力者の役割と一般の人々の意識にどのような変化が生まれてくるのか、引き続き注目していきたい。

(1) モリス、デズモンド著、藤田統訳『マンウォッチング：人間の行動学』(小学館、1980年 [1977])、213－6頁。
(2) 同上、216頁。
(3) ファラスカ・ザンボーニ「Peeking Under the Black Shirt : Itarian Fascism's Disembodied Bodies」in Parkins, Wendy (ed.)『Fashioning the Body Politic』(Oxford、2002年)、150頁。
(4) ヴィンセント「Cammisas Nuevas : Style and Uniformity in the Falange Espanola 1933－43」in Parkins, Wendy (ed.)『Fashioning the Body Politic』(Oxford、2002年)、168－170頁。
(5) 生まれた曜日の色はインドから伝わってきたそれぞれの曜日を守っている神格の体の色から来たと言われている。月曜日を守る神の体の色が黄色なので、月曜日の色は黄色となり、同じように、火曜日はピンク、水曜日は緑、木曜日は橙色、金曜

日は空色、土曜日は紫、そして、守っている神が太陽である日曜日は赤である（宮本マラシー「タイ語における色彩表現の意味的特徴」『論集』第2号、大阪大学世界言語研究センター、2010年、36頁）。
（6）「パンタミット・プラチャーチョン・プア・プラチャーティパタイ（People's Alliance for Democracy──PAD）」という政治活動団体を呼ぶ言葉として用いられている。2005年あたりから、当時の首相の辞任を求めるためにデモをする人たちが黄色のシャツを着ていたことからその名が由来する。黄色は国王の誕生曜日である月曜日の色なので、国王を支持するその組織のシンボルカラーとして使われている（宮本マラシー「タイ語における色彩表現の意味的特徴」『論集』第2号、大阪大学世界言語研究センター、2010年、52頁）。
（7）　2007年に結成された「ネーオルアム・プラチャーティパタイ・カップライ・パデットガーン（Democratic Alliance Against Dictatorship──DAAD）」と呼ばれ、タクシン元首相の不正に抗議をする黄色いシャツを着た人たちに対抗して、赤いシャツを着てタクシン元首相を支持する行動をとっていた政治活動の団体である（宮本マラシー「タイ語における色彩表現の意味的特徴」『論集』第2号、大阪大学世界言語研究センター、2010年、48頁）。
（8）　タイ中部に位置する。1351〜1767年、タイ王国の首都であり、山田長政が主導した日本人町の存在、琉球王国との貿易等、日本とも関係が深い（日本タイ学会『タイ事典』、めこん、2009年）。
（9）　ラ・ルベール（Simon de La Louberre）というフランス人の大使が1687年にアユタヤを訪れた際に書いた「Du Royaume de Siam（シャム王国──タイ王国の前の国名──について）」という時事記載は、当時のタイ人の生活様式、社会、習慣、歴史、文化が多く記録されている非常に重要な歴史文献であり、また多くの歴史研究家に参考資料として利用されている（ラ・ルベール『シャム王国の時事記載』、サン・T・カモンブット（訳）シーパンヤー、1967年、13-4頁）。
（10）　同前書、93頁。
（11）　Kamar band（kamar＝腰、下半身、band＝巻く、かける）というペルシア語に由来すると思われる。縦約75センチ×横約200センチの長方形のチェック柄の布であり、綿で作られるが、まれに絹で作られたものも見られる。
（12）　「パー・ヌング」または「パー・トゥン」とも呼ばれる。縦約100センチ×横約90センチの筒形の綿または絹のスカート。巻いて腰のところで片方に寄せて結んでとめたり、巻いた上から金属のベルトをし、そのベルトを巻きこむようにしてとめたりする。
（13）　縦約100×横約190センチの長方形の綿または絹であり、両端を合わせて巻き、前から股間を通し腰の後ろに挟み込む。男性も女性も着用する。インドの最上階級であるバラモンの着衣から影響を受けたと言われている（クロワート『プラワット・クラン・テーンカーイ』ルアム・サーン、1997年、92頁）。

(14) 2008年8月16日〜24日、タイ国立ウボン・ラチャターニー大学、パースサポン・ピュポーチャイ講師の協力を受け、タイ南部プラチュアプ・キリカン県と中部ナコーンパトム県を中心に、パー・カーオ・マーとパー・シンの着用状況の観察及びインタビューでの調査の際のインフォーマントによる指摘。

(15) 2007年7月22〜30日、タイ国立ウボン・ラチャターニー大学、パースサポン・ピュポーチャイ講師の協力のもと、バンコク、ウボン・ラチャターニー県、ナコーンパトム県を中心に、パー・カーオ・マーとパー・シンの着用状況の観察と10代〜70代までの男女358人を対象に行ったアンケートとインタビューの調査。

(16) タイは1939年6月24日に国名を「タイ」と改名されるまで「シャム（Siam）」と呼ばれていた。

(17) クローワート注（13）前掲書、93頁。

(18) 中国上海の「ムアング」という町で織られる上質の絹で作られる布であり、伝統のチョーング・クラベーンとして着用され、「パー・ムアング」と呼ばれる。紺、赤、緑などの様々な色がある（同前書、82頁）。

(19) 同前書、84-85頁。

(20) 同前書、80頁。

(21) ナ・ポムペット、ウィチットウォン「大東亜戦争中のタイ人の着衣文化の改革」（『トアン・アディート（過去の回想）』セーン・ダーオ、2008年）、57-59頁。

(22) 高度成長に伴う日本企業の海外進出が著しい70年代にアジアの国々で起きた反日運動はタイでも広がりを見せ、日本製品があふれるタイでは日本の経済的侵略の勢いに恐れを抱き、学生たちやエリート層の人達を中心に、日本製品の不買運動が行われた。

(23) 4月13日は「ワン・ソングラーン」と呼ばれるタイの旧正月である。13〜15日の間に行われる「ソングラーン祭」は水を掛け合う祭りとして知られている。

(24) パンティップ（Pantip）http://pantip.com/cafe/woman/topic/Q8787022/Q8787022.html（2010年1月20日閲覧）

(25) サーラネー（Saranair）http://www.saranair.com/article.php?sid=9999（2004年7月30日閲覧）

(26) バーンムアン（Banmuang）タイ字新聞 http://www.banmuang.co.th（2006年12月5日閲覧）

(27) コム・チャット・ルック（Khom Chud Luek タイ字新聞）http://www.komchadluek.net（2008年5月18日閲覧）

(28) ラチャバンディットタヤサターン（The Royal Institute）『大辞典（Photchanaanukrom Chabap Rajabanditayasataan Phoo Soo 2542）』（ナーン・ミー・パブリシン、2003年、720頁）。

(29) 英語ではMr.、Mrs.そしてMissを名前の接辞として用いるのと同じように、タイ語にも男性であれば「ナーイ」、既婚の女性は「ナーング」、未婚の女性は「ナ

ーング・サーオ」、15歳未満の男子は「デック・チャーイ」、そして15歳未満の女子は「デック・イン」といった名前の接頭辞がある。

[参考文献]
日本タイ学会　2010『タイ事典』東京：めこん
モリス、デズモンド　1980［1977］『マンウォッチング：人間の行動学』（Morris,Dismond, *Manwatching*. 藤田統訳）小学館
Conway, Susan（1992）*Thai Textiles*, Bangkok：River Book.
Falasca－Zamponi, Simonetta（2002）"Peeking Under the Black Shirt：Itarian Fascism's Disembodied Bodies" *in* Parkins, Wendy（ed.）*Fashioning the Body Politic*. New York：Oxford.pp. 145－165.
Vincent, Mary（2002）"*Cammisas Nuevas*：Style and Uniformity in the Falange Espanola 1933－43" *in* Parkins, Wendy（ed.）*Fashioning the Body Politic*. New York：Oxford. pp. 167－187.
Eiaosriwong, Nithi（1995）*Phaa Khao Maa, Paa Sin ,Kangkeng Nai, Lae*, Bangkok：Matichon.
Kurowart, Phuangphaka（1994）*Prawat Khruang Taengkai*, Bangkok：Ruamsarn.
Monsier De La Louberre *"Du Royaume de Siam"*, Sant T. Komolbutra 訳（1967）, Bangkok：Sri Panya.
Na Pompet,Vichitwong（2008）"Kaan Patiruup Kaan Taeng－kaai Khong Khon Thai Nai Rawang Songkram Maha Asia Burapa" in *Thuan Adiit*、Bangkok：Sang Daw, pp.51－87.
Nawigamune,Anake（1982）*Thai Costume in the Rattanakosin Period*, Bangkok：Muang Boran.
Santasombat, Yot（1992）"Mae"*in* Satha―Anan, Suvanna and Bunyanate, Nuangnoi（eds.）*Kham：Rongroi Khaam―Khit Khwaam―Chua Thai*, Bangkok：Chulalongkorn University.pp. 150－163.

ムスリム女性のパルダ擁護論
—— ボーパール藩王国女性藩王スルターン・ジャハーン・ベーガムの『ムスリム女性の慎み』について ——

松村　耕光

はじめに

　ムスリム女性の行動は、西欧化した地域を除けば、パルダ（pardah）制度によって規制されている。パルダとは、語義的には遮蔽物を意味し、男女の間に遮蔽物を置いて男女を分離することである。地域差や階層差、家庭の方針などによって程度の差はあるが、多くの場合、パルダとは、男女分離と言うよりは、社会から女性を隔離することを意味する[1]。男性は自由に家の外に出て行けるのに対し、女性にはそのような自由はなく、女性は家の中にいなければならない。女性が外出する場合には、顔や体を覆い隠すことが必要であるとされている[2]。

　このようなパルダ制度に関して、ムスリム女性はどのように考えてきたのであろうか。本章では、女性の地位向上が大きな問題となっていた時代に、女性教育の発展に大きな寄与を行いつつも、パルダ制度に関しては強固な擁護論を展開したインド・ボーパール（Bhōpāl）藩王国女性藩王スルターン・ジャハーン・ベーガム（Sultān Jahān Bēgam, 1858-1930）のパルダ擁護論を紹介し、その特徴を検討したいと思う[3]。

1　スルターン・ジャハーン・ベーガムのパルダ擁護論

（１）『ムスリム女性の慎み（'Iffat al-Muslimāt）』

　スルターン・ジャハーン・ベーガムには、『ムスリム女性の慎み』という題名の、パルダ制度を論じた、以下のような構成の200頁ほどの著書がある[4]。

　1　序文
　2　序論

3　パルダとシャリーア（sharī'ah イスラーム法）[5]
4　パルダ不順守の結果
5　イスラーム世界におけるパルダ不順守
6　東洋、西洋の家庭
7　パルダ反対派の主張とそれに対する反論
8　結論

以下、スルターン・ジャハーン・ベーガムの、同書で展開されたパルダ論の要点を紹介し、その論点の特徴を明らかにしたいと思う。

（２）　スルターン・ジャハーン・ベーガムのパルダ観
ベーガムはパルダについてこう述べている。

> 実際のところ、パルダは名誉を守ってくれる慎み深さと結びついている。慎み深さは、人間を大きく卓越させる高貴な資質である。（13頁）

ベーガムによれば、ムスリム女性の本務とは、「夫を満足させること、子供をしつけ、育てること、家を夫や家族の男性たちの安息の場にすること、必要な時にはどのような困難であろうと耐え忍び、労苦を厭わないこと、宗教・道徳の素晴らしい見本となること——最も大事なのは、慎み深さを体現すること、慎み深さを身の飾りとすること」（19頁）である。

ベーガムの見解では、男性と女性の役割は神意によって分けられており、男性は家の外を活動の場とするのに対し、女性は家庭を活動の場としている。

> 神が人間を二つの種類に分けられたということ——それが、両者の義務が異なっており、両者の活動の場が異なっていることを示す証拠であることは明白である。強い方の活動範囲は広く、弱い方の活動範囲は狭いのである。弱い性は、決められた範囲の外に出て義務の遂行に支障を生じさせてはならないし、家庭生活に問題が生じかねないような影響を被ってはならない。これこそがパルダの目的である。（20-1頁）

以上のような観点からベーガムは、次のような疑問を投げかける。

> 女性は、弁護士、官吏、検査官などの職に就きながら、上に述べたような義務を果たすことができるであろうか。選挙活動に加わりながら家事を行うことができるであろうか。男性との自由な交流がもたらす影響から身を守れるように、その生来の弱さを克服することができるであろうか。(20頁)

ベーガムによれば、「パルダは女性発展の道を塞ぐ障害物であり、パルダがある限り女性は発展することができないと声高に叫ばれているが、見るべきは、女性発展の意味や基準が何であるのかということ、どの段階に達すれば女性は発展したと言うことができるのかということ」(16頁)であり、「ムスリム女性にとって発展とは、その本来の義務を果たすこと」(19頁)に他ならないのである。

以上のような、ムスリム女性の活動の場は社会にではなく家庭にあると主張してパルダ順守を説くベーガムのパルダ観は、きわめて伝統的なものであると言えよう。

(3) パルダ不順守の悪影響

パルダ不順守のもたらす悪影響についてベーガムは、「4. パルダ不順守の結果」で次のように論じている。

(a) 道徳的堕落、民族（共同体）の衰退

パルダ不順守によって民族（共同体）は悲しむべき状態になってしまう、とベーガムは警告する[6]。ベーガムによれば、パルダ制度こそ家庭生活や社会生活の基本であり、パルダ制度が無視されるようになると、道徳が守られなくなり、民族（共同体）は発展できなくなってしまうのである。

> 世界諸民族（共同体）の歴史を読めば解るように、如何なる民族（共同体）においても、発展の混乱期にあるときにはこの慣習（＝パルダの慣

習）は守られなかった。文化の安定期には、この慣習は女性の道徳的な飾りであった。安楽な生活によって文化体制が崩れると、男女の無節操な交際が広がり、発展の土台である道徳が破壊されるのである。ローマ帝国、イラン、古代エジプト、バビロン、古代アラビア、インド、トルコがこのことの証人である[7]。(111頁)

(b) 結婚忌避

ベーガムによれば、男女の自由な交際や享楽手段の増加は独身者を増加させる。「結婚が避けられ、たとえ結婚してもうまくいかないのである」(137頁)。

(c) 女性による犯罪の増加

ベーガムによれば、女性による犯罪の増加もまたパルダ不順守の「当然の結果」(145頁)である。男性と同じような生活をするようになれば、女性もまた男性と同じように犯罪に手を染めるようになってしまうとベーガムは考えていたようである。

(4) 反パルダ論批判

ベーガムのパルダ擁護論には二つの大きな特徴があると思われる。その特徴の第一は、パルダ批判論に一つ一つ激しく反論していることである。

(a) パルダと安楽な生活

パルダを順守しない女性は、日々の糧を自ら得る能力を持つことができ、安楽に暮らすことができるのに対し、パルダを順守する女性は、他人に依存しなければ生きていけない、という意見に対してベーガムは、「西欧の大部分の女性は、自ら日々の糧を得なければならないので、若い女性は工場や商店などで働き、給料で生活に必要なものを得ているが、このように仕事をしていることで常に恐るべき事態に直面しなければならない」(181-2頁)と反論し、働く女性の健康や貞操は常に危険にさらされている、育児にも悪影響が出る、と指摘する文献から引用を行っている。

(b) パルダと健康

パルダ制度は女性の健康に悪影響を及ぼす、という意見に対してベーガムは

こう反論する。

> もしそれが本当であるなら、パルダが守られていた時代から今日までの間に、その（肉体的な）弱さは次第にひどくなりながら世代から世代へと伝えられ、女性はいなくなってしまっていたことであろう。そうはなっていなくても、寝台から起き上がるのが困難なほど弱々しくなっていたことであろう。しかし、女性の健康状態が男性よりも悪いということはなく、逆にパルダ制度のおかげで、常に疫病は男性を襲うのに対し、女性は、ほとんどそのような病に冒されることはないのである。（184頁）

(c) パルダと教育

パルダ制度は女性を高等教育から遠ざけてしまう、というパルダ批判論に対してベーガムは、「称賛すべき数人のムスリム女子学生が大学の試験で示したいくつかの例は、明確にこの見解を否定している」（188頁）と述べ、パルダが完全に守られた教育施設を作るべきであり、そこで女性教育が失敗してからパルダを批判するがよい、と反論している[8]。

(d) パルダと愛国心

パルダ制度は愛国心を育成しない、という意見に対し、イスラームの歴史はパルダを順守する女性たちが国や国民のために働いたことを示しており、「ムスリム支配時代のインドにおいても、王家の女性のみならず一般女性までも——召使いの女性に至るまで——幾度となくこの感情（＝愛国心）に基づいて行動した」（195頁）とベーガムは述べている。

(e) パルダと女性の置かれている環境

パルダは女性を隷属的地位に置いている、という意見に対してベーガムはこう反論している。

> パルダに反対する者は、パルダは、女性に対する一種の不当な束縛、奴隷制度であり、（女性にとっては）非常に屈辱的な、（男性の女性に対する）不信感の表れであると考えている。事実はそうではない。女性にパルダを

守らせることによって、男性の方が女性の奴隷となったのである。女性に安楽な暮らしを提供する責任を男性は負ったのである。パルダは（家族以外の）男性と交わることによって生じかねないような疑念が生じないようにした。おかげで女性は、パルダ順守の義務を負うかわりにあらゆる権利と自由を得たのである。（198頁）

(f) パルダと結婚生活

パルダ制度があると結婚前に相手をよく知ることができないので真の夫婦愛が生まれない、結婚後は性格の不一致に悩み続けなければならないという意見に対してベーガムは、「見るべきは、熱烈な恋愛と求愛の期間を経て結婚が行われる地域では、どのような（結婚）生活を送っているか、ということであり、夫婦の仲たがいや離婚があるかどうかということである」（202頁）と述べ、パルダ制度のないアメリカやイギリスの離婚や別居について記された文献から引用を行って反論している。

（5） 反西欧化論としてのパルダ制度擁護論

ベーガムのパルダ論の特徴の第二は、パルダ批判論を西欧化論として捉えている点である。

> パルダに対する攻撃の真の動機となっているのは、道徳的、教育的に優れているところを何とか獲得したいという思いではない。そのように主張されてはいるが、その真の動機となっているのは、実は単に西欧を模倣したいという浅薄な思いである。人間は本質的に模倣する生き物であり、誰であれ自分より優れていると思えば、そのすべてを真似ようとするのである。（110頁）

> 西欧人は、文化、文明、学問、知識、富、権勢において、今日、我々をはるかに凌駕しており、西欧人の間にはパルダの慣習がないので、女性がパルダを守らないことが文化の不可欠の要素である、パルダは非文化的な慣

習である、という考えが生まれたのである。(110頁)

このようにベーガムは、パルダ批判論が西欧崇拝に基づくものであると断じ、次のように西欧追随の姿勢を批判している。

> 広い目で見れば、この考えが誤りであることは明白である。見識ある者なら誰でも知っているように、未開人や半開人のすべての慣習が野蛮、非文化的であるわけではないし、文明人の慣習すべてを文化的と呼べるわけでもない。文明人の中にも野蛮な時代の慣習が残っているし、文明の欠陥、腐敗から生じる慣習も数多く存在するのである。(110-1頁)

ベーガムは西欧模倣者を諫めて言う、「先進諸民族(共同体)の間にパルダが見られないからといって、我々のパルダの慣習は悪習であるとか、非難すべき慣習であるとか思ってはならない。パルダをやめれば文明人と思われる、などと考えてはならない」(113頁)。悪習は改めなければならないが、パルダはイスラームの教えに基づく慣習であり、宗教の教えに基づく慣習には、益こそあれ、害は全くないのである[9]。

> 勿論、有害な慣習は廃止されなければならない。しかし、宗教的な命令に基づく、さまざまな叡智を含んだ慣習は廃止できない。そのような慣習は、いささかも有害ではあり得ない。何故なら宗教の目的は人間に高い倫理性を植え付けることであるからであり、高い倫理性は決して有害ではないからである。(113頁)

ベーガムは、パルダを順守する東洋の女性とパルダの慣習のない西欧の女性とを比較し、東洋文化の優位性を主張するかのように、次のように述べている。

> 公正かつ真摯に、偏見なく、持論に固執することなく、パルダを順守する女性とそうではない女性の倫理性を比較すれば、両者の倫理性に明白な違

いのあることが感じられるであろう。特にこの違いは、家庭生活において顕著に見られるであろう。結婚生活の本来の目的は、夫婦が互いに心からの歓びや満足の源となることである。このようなことは西欧ではほとんど見られないが、東洋では普通に見受けられる。東洋の半開の妻は、西欧の文化的で教育ある女性に比べてはるかに子どもや夫を理解し、安らぎを与えており、家庭を守るという義務を立派に果たしているのである。（161－2頁）

おわりに

スルターン・ジャハーン・ベーガムは、著書『ムスリム女性の慎み』の序文で、「およそ3、40年前からイスラーム世界で議論されているさまざまな問題の一つに、パルダの問題がある。この問題は大きな議論を呼んでおり、西欧の文化、教育、文明、社会の大きな影響を受けている国々で特に議論の的になっている。そのような国々の中で特に重要なのは、トルコ、エジプト、インドである。これらの国々では、昨今、近代的学問の教育や文化・社会の改革運動の他に女性教育にも関心が払われるようになり、女性の教育や権利そして社会・文化改革の問題の一つとしてパルダの問題も議論を呼んでいる」（3－4頁）と述べ、パルダの問題が大きな問題になっていること、そしてその原因が西欧との接触にあることを指摘し、パルダに関する議論には、次のような三つの論調があると記している。

（1）パルダを全く否定する論調。
（2）イスラームの教えを解釈し直し、現行のパルダ制度を改革して弱めようとする論調。
（3）現行のパルダ制度の存続を望み、その如何なる変更をもムスリムの名誉を害するもの、イスラームの教えに反するものと考える論調。

ベーガムのパルダ擁護論は、第3の論調に属するが、伝統墨守の立場からのパルダ擁護論ではなく、西欧模倣批判論であり、さらに、西欧文化批判論にもなっている点に注意しなければならないと思われる[10]。

ベーガムのパルダ擁護論が、どのような影響をインド・ムスリム社会に及ぼ

したか、資料の面では不明であるが、「道徳的に堕落した西欧社会」対「パルダ制度に基づく道徳的なムスリム社会」という二分法は、保守的なムスリムの発想法を明確に表しており、ベーガムの『ムスリム女性の慎み』は、パルダ論の観点からだけでなく、ムスリム思想史の観点からも重要な著作であると思われる[11]。

（1）家の中も男性の居住空間「マルダーナー（mardānah）」と女性の居住空間「ザナーナー（zanānah）」に分けられており、家族・親族以外の男性が来たときは、女性は「ザナーナー」に引きこもる。

（2）インドやパキスタンの保守的な家のムスリム女性は、外出時に、ブルカ（burqa‘）と呼ばれる、体全体を覆う外出着を着たり（写真1〜7）、チャーダル（chādar 大きな布）を頭からかぶったりする（写真8・9）。アフガニスタンでは、頭の上から体全体を覆う、目の部分の編み目が粗いブルカが主流であるが（写真1〜4）、インドやパキスタンでは、ベールのついた黒いフードと黒いコートのセパレート・タイプのブルカが主流である（写真5〜7）。前者のタイプのブルカの方が古いと

写真1

写真2

写真3

写真4

写真5

写真6

写真7 　　　　　　　写真8 　　　　　　　写真9

写真10 　　　　　　写真11

されている。南アジアで一般的なブルカは、有名なウルドゥー小説家ヤルダラム（Yaldaram, 1880-1943）の妻ナズル・サッジャード・ハイダル（Nadhr Sajjād Haidar, 1894-1967）がデザインし、広めたものであると記述している文献があるが（Tharu, Susie and K. Lalita, eds., *Women Writing in India : 600 B.C. to the Present*, Vol.1, Oxford University Press, Delhi, 1995 [First edition published by The Feminist Press at the City University of New York in 1991], p. 391）、詳細は不明である。

　パキスタンのラーホールやカラーチーなどの都市部では、ブルカやチャーダルを着用しないで外出する女性を多く見かけるが、女性が洋装で外出するのは一般的ではない。パキスタン女性は、普通、シャルワール（shalwār ゆったりとしたズボン）とカミーズ（qamīẓ 裾の長い、頭からかぶるシャツ）を着て、ドーパッター（dōpaṭṭā）と呼ばれる長いスカーフを着けている。ドーパッターは、本来、頭や胸を覆うためのものであったようであるが、布の中央が体の前面に来るようにして、両端を肩から後ろに垂らすような着用の仕方をしている女性が多い（写真10）。かしこまる場合には、ドーパッターで頭を覆う（写真11）。インドではムスリムは少数派であり、また、服装に大きな地域差があるので、インドのムスリム女性は、パキスタンのムスリム女性とは異なった衣服文化を持っているが、保守的な家ではパ

ルダ規制が守られている。
（3） インドでは、1880年代以降、女性の教育や権利、パルダの問題などが熱心に議論されるようになった。詳しくは、Minault, Gail, *Secluded Scholars*, Oxford University Press, Delhi, 1998を参照。

ボーパールは、ムガル帝国の弱体化に乗じて、18世紀前半にパシュトゥーン族のドースト・ムハンマド・ハーン（Dōst Muḥammad Khān, c.1672-1728）が樹立した事実上の王国で、1818年以降は、イギリスに従属する藩王国となった。ボーパール藩王国は、ハイダラーバード（Ḥaidarābād 英語表記は、Hyderabad）藩王国に次ぐ、2番目に大きな、ムスリムが支配する藩王国であった。

ボーパール藩王国の歴史で興味深いのは、複数の女性が19世紀初頭から20世紀初頭までの長期間、藩王国を統治したことである。その最初の統治者は、クドゥスィヤ・ベーガム（Qudsiyah Bēgam, 1801-81）で、1819年に夫の藩王が死去した後、1837年まで摂政として藩王国を統治した。1844年に、その娘のスィカンダル・ベーガム（Sikandar Bēgam, 1816-68）が統治者となり（1837年から44年まではスィカンダル・ベーガムの夫が藩王として統治した）、1868年まで藩王国を支配、1868年から1901年まではスィカンダル・ベーガムの娘シャー・ジャハーン・ベーガム（Shāh Jahān Bēgam, 1838-1901）が統治した。スルターン・ジャハーン・ベーガムは、シャー・ジャハーン・ベーガムの娘で、1901年から、1926年に息子のハミードゥッラー・ハーン（Ḥamīdullāh Khān, 1894-1960）に藩王の座を譲るまで藩王位にあった。1947年にインドは独立、1949年、ボーパール藩王国はインドに併合された。

（4） 本書は、インド・ムスリムの文化語で、ボーパール藩王国の公用語でもあったウルドゥー語で書かれており、1918年にアーグラーより出版された。本書には、英訳（*Al Hijab or Why Purdah Is Necessary*, Calcutta, 1922）がある。訳者名はなく、内容に若干の異同がある。本章では、英訳を参照したが、翻訳はウルドゥー語版より行った。

（5） この部分では、コーランやハディース、イスラームの預言者ムハンマドの教友たちの逸話や著名なムスリム法学者、神学者の見解によってパルダの宗教的正当性を証明しようとしている。シャー・ワリーウッラー（Shāh Walīullāh, 1703-62）、「バフルル・ウルーム（Baḥr al-'Ulūm 諸学の大海）」アブドゥル・アリー（'Abd al-'Alī, 1731/31-1810）、シブリー（Shiblī, 1857-1914）、ナズィール・アフマド（Nadhīr Aḥmad, 1836-1912）といったインドの学者、文学者の見解も、パルダの宗教的正当性の証明に用いられている。

（6） ウルドゥー語原文でベーガムが用いている語 qaum には、民族あるいは共同体という意味がある。ムスリムも一つの qaum である。

（7） ベーガムは別の箇所で次のように述べている。

この安穏な生活を、問題だらけの悲惨な生活に変える必要があろうか。もし今

の低劣な状況を脱して進歩しなければならないとするなら、家庭の平和と平穏
　　　を保証するパルダ制度がどうしても必要である。パルダ制度のない生活をどう
　　　して選択する必要があろうか。そのような生活は、事あるごとに危険と問題に
　　　直面しなければならないような生活である。もし女性たちがパルダ規制から解
　　　放されたなら、発展を得ることはできない。民族（共同体）の存在自体が危う
　　　くなってしまうのである（21頁）。
（8）　ベーガムは男女の完全な別学が必要であると考えており、「ムスリムの若い女性
　　を何の制限もなく――たとえブルカを着せたり、ベールを付けさせたとしても――
　　若い男性のいる学校やカレッジの様々な教育の場に出させるのは、若い女性たちの
　　倫理性や信仰を殺すことを意味する」（189頁）と考えていた。
　　　ベーガムはインド・ムスリム近代化運動の中心地であったアリーガル（'Alī-
　　garh）に設立された女子校に多大な援助を行ったばかりでなく、ボーパール藩王国
　　内においても女性教育のためにさまざまな活動を行い、インドにおける女性教育の
　　発展に大きく貢献している。良き妻、良き母となる女性を育成することがベーガム
　　の女性教育の目的であった。ベーガムの教育理念や教育支援活動については、Lam-
　　bert-Hurley, Siobhan, *Muslim Women, Reform and Princely Patronage : Nawab Sul-
　　tan Jahan Begam of Bhopal*, Routledge, Arbington, 2007の第3章 Scholars and
　　schools が詳しい。
（9）　ベーガムは、「他の民族（共同体）の真似をして、あるいは益があるだろうと思
　　い込んで自分たちの慣習や特質を捨て去ることは自分たちの独自性を捨て去ること
　　である」（113頁）と述べ、次のように説いている。
　　　有害な慣習や益よりも害の方が多い慣習は捨て去るべきである。しかし、捨て
　　　去るべき慣習を決めるためには総合的に判断し、過去の諸民族（共同体）の歴
　　　史から学ぶ必要がある。過去の諸民族（共同体）の発展や衰退の原因から現在
　　　の諸民族（共同体）が結論を導き出して教訓を得ること――これこそが歴史
　　　（研究）の目的だからである。過去の諸民族（共同体）の発展の原因となった
　　　慣習を採用し、衰退の原因となった慣習は避けなければならないのである（113
　　　頁）。
（10）　パルダ順守を説くベーガムは、自らパルダを守りながら藩王国の統治を行ってい
　　た。宮廷では男性の大臣や藩王国民とはカーテン越しに会っていた。パルダ規制を
　　受けない男性とは直接対面し、政務で人前に出るときはアフガニスタン式のブルカ
　　を着用していた。女性統治者のパルダ順守はボーパール藩王国の伝統であったわけ
　　ではなく、クドゥスィヤ・ベーガムやスィカンダル・ベーガムは、パルダを順守し
　　ていなかった。スルターン・ジャハーン・ベーガムの母シャー・ジャハーン・ベー
　　ガムは、1867年に最初の夫が死亡してから1871年に再婚するまで完全にはパルダを
　　順守していなかった（Jacobson, Doranne, "The Veil of Virtue : *Purdah* and the Mus-
　　lim Family in the Bhopal Region of Central India", in Imtiaz Ahmad, ed., *Family, Kin-*

ship and Marriage among Muslims in India, Manohar, New Delhi, 1976, pp.201－2 及び Lambert-Hurley, Siobhan, *op.cit.*, pp. 61－2 を参照）。

　スルターン・ジャハーン・ベーガムは、1926年、藩王位を息子のハミードゥラーに譲ると孫娘で藩王位継承者のアービダ・スルターン（'Ābidah Sultạ̄n、当時12歳）にパルダを順守させたが、アービダは反発し――アービダにとってパルダは、「ベールによる終身拘禁」に他ならなかった（Abida Sultaan, *Memoirs of A Rebel Princess*, Oxford University Press, Karachi, 2004, p. 73）――、パルダを順守しなくなった。ハミードゥラーは自由主義的な人物で、アービダを擁護し、他の娘にもパルダを順守させなかった。ハミードゥラー夫人は1928年にパルダをやめてしまった。このような状況を受けて――と Siobahn Lambert-Hurley は言う――ベーガムもパルダ反対を唱えるようになった。1928年の All-India Women's Conference の議長演説でベーガムは次のように述べている。

　　インド・ムスリムが順守しているパルダのシステムは、イスラーム的とは言えないこと、そして少女たちの教育の発展に非常に有害であるということを私は躊躇なく認めます。それは、少女たちの肉体的、精神的発達を阻害してもいます。ムスリムは、単なる慣習を尊重して女性を仮死状態に置いておくべきかどうか、これからの世代の将来を盲目的偏見の祭壇に捧げるべきかどうか、冷静に考えて決定しなければなりません（Lambert-Hurley, Siobhan, *op.cit.*, pp. 121－2）。

　1929年には、ベーガム自身がパルダ順守をやめてしまった。「時代が変わった。私も変わらなければならない。ボーパールの人たちに、少しずつパルダをやめて人々と交わり、子供を教育する模範的な姿を示さなければならない」とベーガムは語ったという（Jacobson, Doranne, 前掲論文, p. 203）。

(11)　南アジアの有名なイスラーム思想家マウドゥーディー（Sayyid Abu'l-A'lā Maudūdī, 1903－79）のウルドゥー語の著作『パルダ（Pardah）』にも、次のように同様の発想法が認められる。

　　もし道徳的で清らかな文化を望むのであれば――高い倫理性と高潔な性格が育成されるような文化、知的、精神的、物質的発展に適した静穏な環境が提供されるような文化、男女が動物的な感情に邪魔されることなく、持てる能力を最大限に使ってそれぞれの文化的義務を果たせるような文化、文化の基礎である家族が確固たる土台の上に築かれ、血統が守られ、血統に問題が生じることのないような文化、家庭が安らぎの楽園、子供にとっては慈愛溢れる訓育の揺籃、家族にとっては協働・相互扶助の場となるような文化を望むなら、もし以上のような目的を達成したいのであれば、西欧の道に目を向けてはならない。それはまったく別の方向に向かうものであるからである。東に向かって西に着くことは有り得ない。もし本当に以上のようなことを望むのであれば、イスラームの道を歩まなければならないのである（*Pardah*, Islamic Publications, Lahore, 2000 [First edition published in Lahore in 1939], pp. 113-4. 本書には次のような英訳がある。Al-Ash'ari, tr. and ed., *Purdah and the Status of Women in Islam*, Islamic Publications, Lahore, 1972.)。

イランのヒジャーブと女性
―― 政治・法律・個人 ――

藤元　優子

はじめに――ヒジャーブとは――

　ヒジャーブ（hijāb、ペルシア語ではヘジャーブ hejāb）とは、アラビア語で「覆うもの」を意味し、ムスリム女性が用いる身体の覆い一般を指す。ヒジャーブの形態は地域により千差万別であるが、現在のイランでは二種類に大別される。ひとつは、大きな半円形の布で全身を覆うチャードル（chādor）を羽織る方法で、最も敬虔な形態とされる。もうひとつは、ルーサリー（rūsarī）と総称されるスカーフやショール、あるいは頭巾型のメグナエ（meqna'eh）で髪を覆い、ズボンかロングスカートをはいた上、マーントウ（māntow）もしくはルーブーシュ（rūpūsh）と呼ばれる長袖の上着で少なくとも臀部までを隠すもので、1970年代末期から主流となった簡易式である。

　現代のムスリム諸国のヒジャーブに対する対応は、千差万別である。サウジアラビアとイランのように、婚姻・血縁関係にない男性がいる場でのヒジャーブ着用が法律で義務化されている厳格な例がある一方、エジプトやシリアのように個人の選択に任されている国も少なくない。このような相違には、いうま

写真1（左）　願掛け儀礼に集まったチャードル姿の女性／写真2（中）　小学校の制服のメグナエ／写真3（右）　ルーサリーとマーントウ

でもなく各国の歴史的、宗教的、文化的事情が複雑に絡み合っており、近年ではイスラーム復興の流れを受けて、政治的側面も重要な要素になってきた。

本章では、1979年のイスラーム革命以来、宗教を政治・社会の中心に据えてきたイランのヒジャーブ問題を扱う。とくに、これまで詳しく述べられることが少なかった、この制度の法律的裏打ちや取り締まりの実態、また女性たちの受け止め方について、ペルシア語資料や筆者による現地調査も利用しながら検討し、イランにおける着衣の政治化についての一考察としたい(1)。

1　イスラーム共和国政権とヒジャーブ

(1)　ヒジャーブの義務化(2)

1979年2月11日、パハラヴィー朝を倒したホメイニー師とその支持者たちは、イスラーム革命の成立を宣言した。これにより、パハラヴィー朝二代の60年足らずの間ひたすら西洋化の道を突き進んだイランは、宗教指導者を国家の最高位に戴く世界的にも特異なイスラーム共和国へと大幅な路線転換を行うこととなった。

とはいえ、革命自体は王制打倒を目指すさまざまな勢力の協力によって成ったため、新しい政権が宗教色を前面に押し出すことを望まない人々も少なくなかった。これに対しホメイニー師は、あらゆる西洋の影響を払拭する文化革命を目指し、その第一歩として早くも2月26日には1967年に制定された家族保護法の撤廃を宣言した。女性の権利向上を目指したこの法律が、結婚年齢の引き上げや一夫多妻の制限、女性からの離婚申し立ての容易化など、イスラーム法と相容れない多くの条項を含んでいたからである。その後、3月3日には女性の判事職を廃し、同月6日には女性の職場でのヒジャーブ着用の必要を説く演説を行うなど、革命成立後のごく早い時期に、女性に関する施策が次々と打ち出された。4月に行われるイスラーム共和国の

写真4　ホテルで見かけたポスター。「敬虔な姿」と題し、「イランの敬愛すべき婦人たちは、敬虔と純潔の砦であることを証明した」というホメイニー師の言葉が添えられている

是非を問う国民投票を前に、「東洋でもない、西洋でもない、イスラーム共和制」というスローガンが喧伝されてはいたが、それが実際にどんな社会であるのかは曖昧模糊としていた。そんな中で革命政権が見せた女性問題への矢つぎ早の対応は、新共和国の性格と方向性を内外に明示する意志表示といえた[3]。

このような政策は、革命が拓くであろう自由な社会を期待していた女性たちを深く失望させた。その結果、3月8日から5日間にわたり、数万人規模の反対デモが行われたが、政府勢力によって圧殺された。

その後、12月の共和国憲法発布を経た翌1980年6月、ホメイニー師は「行政革命」を唱えて、政府機関での女性のヒジャーブ着用を要請、同年夏には国会に女性のヒジャーブ着用義務化法案が提出された。こうして今では、遅くとも学齢期以降の女子には配偶者・近親者以外と接触する場でのヒジャーブの着用が義務づけられており、外国人も例外ではない。

(2) 争点の移行——ヒジャーブの是非から「ヒジャーブの乱れ」へ——

ヒジャーブ着用が定着した1980年代後半からは、問題の所在が「いかに」着用するかへと移行し、「ヒジャーブの乱れ（bad hejābī）」た女性たちを対象に、取り締まりが行われるようになった。摘発の厳しさは、政治状況や政府指導者の立場によってさまざまに変化し、実際に摘発を行う人物によっても対応は千差万別である。そのため、何が取り締まり側のドレスコードに抵触するのかの境界線がはっきりせず、同じ服装でも、ある時は許され、ある時は取り締まられるという納得しにくい状況がしばしば起こっている。

そこで、そもそもこの「ヒジャーブの乱れ」はどのような法的根拠に基づいてどのように取り締まられているのかについて、次章で考えてみよう。

2 「ヒジャーブの乱れ」摘発の根拠と現状[4]

公権力による服装の取り締まりには、その根拠となる法律が存在するはずである。イランでは、革命の起きた1979年に制定されたイスラーム共和国憲法が、国家の法律体系の最上位に位置づけられる。この憲法は、フランス第五共和国憲法をモデルとし、民主主義、基本的人権の保障、三権分立など、諸外国の民

主的憲法と同様の原則を保持しつつ、前文で「イスラーム的原理と戒律に基礎を置く」ことを宣言し、第4条でも、「すべての法律および規則はイスラーム的規範に基づく」と定めている。女性の権利保護を説く第21条も、「イスラーム的規範に則って」という但し書きつきで、民法・刑法を始めとする法律のイスラーム化を要請する形となっている。

実際、王政時代に西洋法を基本としていた刑法は根本的に書き換えられ、殺人・傷害加害者に被害者と同一の苦痛を与えるキサース刑や、性犯罪や棄教等に対する手足の切断や鞭打、石打などを含むハッド刑など、近代法では否定される刑罰を多く含んでいる。以下に述べるように、ヒジャーブの遵守もこの刑法中に言及されているのであるが、ここでは先に、「イスラーム的原理」や「イスラーム的規範」という文言が示唆する「イスラーム法（シャリーア）」中のヒジャーブについて論じておきたい。近代法が出現する遙か昔からイスラーム世界で確立していた宗教法と、現在でも重視されるイスラーム法学者（ファキーフ）たちの見解を踏まえることなしに、現代の法律とヒジャーブの関係を語ることはできないからである。

(1) イスラーム法との関連
（1） 法源[5]

イスラームでは、国家の政治から個人の生活まで多岐にわたる問題を、法で規定している。法解釈には根拠となる四つの「法源」があり、そのうち最高位に置かれるのが、神の啓示である聖典クルアーン（コーラン）である。女性が良きムスリムとしてヒジャーブを身につける必要についてのクルアーンの啓示としては、「また、女子の信者にはこう言え。目を伏せて隠し所を守り、露出している部分のほかは、わが身の飾りとなるところをあらわしてはならない。顔おおいを胸もとまで垂らせ」（第24章30節）や、「預言者よ、おまえの妻たち、娘たち、また信者の女たちに言え、長衣を纏うようにと。そうすれば見分けがつきやすく、危害を加えられることがないであろう」（第33章59節）などが挙げられる［藤本　1979：333］。

また、次に重要な法源である預言者の言行録（ハディース）には、「成人に

達した女性は、ここを除きどの部分も見られてはならない、と言って預言者は顔と手を示された」（アル＝バイハキーの伝える伝承）など、預言者が具体的に指示を与えたという記録がある。

（２）法学（フィクフ）と慣習（ウルフ）
　①法学による制限
　フィクフは、預言者の死後、法学者たちが法源の解釈を行うことによって生まれた具体的な規定であり、権威ある法学者による著作を参照して特定の法問題についての結論を得る営為がなされてきた。

　ヒジャーブに関する法解釈では、クルアーンの表現のあいまいさ故に、ヒジャーブが義務であるかについては諸説がある。また、見せることが許される「露出している部分」とはどこで、隠すべき「わが身の飾り」とは何を指すのかについても、歴史的に数多くの学説があった。たとえば、伝統的な化粧品であるアンチモニー（アイライン用）や頬紅、指輪、手に施すヘンナ模様（飾りとして手をヘンナで染めたり模様を描いたりする）などを「飾り」と見なすかどうかは法学者により見解が異なっていた。現代でも、ホメイニー師は結婚指輪も化粧も夫や近親者以外に見せるべきでないとしたが、別の法学者は、手は「飾り」には入らないので指輪等は構わないが、社会に腐敗をもたらさぬため他所の男に化粧した姿を見せるべきでないと唱えたし、一般的な多少の化粧は構わないとする法学者もある、という具合である。

　このように、法学によるヒジャーブの規定は、時により、また各法学者により揺れ動くものである。ただ、最も一般的な法解釈では、女性が婚姻関係にない者に陵辱を受けることから自分の身を守るためにヒジャーブは必須であるとされ、実際には顔と手首足首より先以外は覆う形態を勧めるのがふつうである。

　②慣習による相違
　ヒジャーブ遵守の伝統的ドレスコードに関してもう一点挙げておくべきなのが、「ウルフ」の問題である。イスラーム法体系は、地域社会に固有の慣習も認めて、柔軟に対応する構造となっている。そのため、ある場所で咎められる服装が他の場所では許されるという不一致が容認され得るのである。

　たとえば、色、デザインなど種々の要素のために人前で注目を集める服装は、

「派手な服装（lebās-e shohrat）」と呼ばれ、腐敗をもたらすとして非難の対象になる。しかし、「派手」とか「腐敗をもたらす」とかいった基準は時と場所により大きく異なるため、首都と地方、都会と田舎、あるいは大都会の場合、同じ市内でも、「派手な服装」と見なされる基準がまちまちであることを、宗教的に「慣習」として認めることが可能になる。

このように、ヒジャーブに関する宗教的見解の揺れが随所に見られることを念頭に置いた上で、次にイスラーム政権が法律的にヒジャーブをどのように統制しようとしているかを検証しよう。

(2) 法律による規定

この問題を規定する法律として最も重要なのは、イスラーム刑法638条付則[6]の「合法的ヒジャーブなしで公道および公衆の面前に現れた女性には、10日から2ヶ月の収監もしくは5万から50万リアルの罰金を科す」である。これに加えて、1987年に国会で承認された「非合法の着衣利用者の違反に関する法律」も重要である。第3条には、「公衆の面前での着衣や化粧がイスラーム法に反したり、腐敗を広めたり、公衆の純潔を貶める場合、当該人物は逮捕の上、管轄裁判所で繰り上げ裁判を受け、第2項に定める刑罰に処される」とあり、罰金は2万から20万リアルで、違反の回数や状況等により罰の軽重が定められる[7]。

これらの法律の適用に際しては、「合法的ヒジャーブ」が何を指すのかで議論が分かれるところである。イスラーム法的には身体を「何で」覆うかは問題にされていないのだが、実際の適用にあたってはさまざまな規定が設けられている。たとえば、服の種類、色、形に制限があるし、公表されていないが、髪がどの程度はみ出しているかや、化粧品の種類によって、罰金が区別されているようである。1992年に法曹関係者、政府関係者等からなる「腐敗現象対策委員会」が発表した違反リストには、上記の「派手な服装」の例として、「紳士用スーツ（つまり男装）、マーントウなしのブラウスとスカート、マーントウで膝丈以上のもの、半袖、縫製の凝ったもの、電飾付きの靴」などが挙げられている。また、1997年の別のリストでは、「ベルト、腕輪、奇抜なデザインの

眼鏡、柄やラテン文字のついた指輪、狼や狐などの猛獣や昆虫類のデザインの衣服」といった基準のはっきりしない項目もある。黒いエナメル靴、薄いストッキング、踵の音が高いハイヒールなどが槍玉に挙げられたこともある。

ともあれ、これらの規定に基づき、服飾品の生産・販売側に対して様々な通達がなされる一方、数え切れない通達や訓令が職場や学校、公共施設に入り乱れ、女性たちのファッションを制限してきた。例えば、チャードル着用はモスクや参詣地で求められるだけでなく、革命防衛隊付属病院で働く医師にも義務づけられている。また、学校では女生徒はメグナエとマーントウを制服とし、アクセサリーや化粧は許されない。

しばしば問題にされるのは、この種の通達類が非公開の内部規則で、管理職の交代によって変更されることが少なくない点である。そのため、保守派の人物が管理職になった途端、文化施設でのメグナエ着用が義務となり、図書館を利用しようとしたルーサリーの一般女性が入館を断られる、などというのは、日常茶飯の出来事なのである。

(3) 取り締まりと自己規制・自己主張

以上のように複雑に絡み合った多数の判断基準の存在を知ると、女性の着衣を統一的に規定し、「ヒジャーブの乱れ」を画一的に統制することは、ほぼ不可能といえることがわかるだろう。そしてそこに、「ヒジャーブの乱れ」を正そうとする取り締まり側と女性たちのおしゃれ心との微妙な関係が生まれる。

(1) 取り締まり

取り締まりを行う人々のうち第一に名が挙がるのは、治安警察 (nīrū-ye entezāmī) で、町中でヒジャーブの乱れた女性たちに尋問し、連行したりする。捕まった女性たちは、待機しているミニバスなどで警察や宗教指導省のオフィスに連行され、長時間留め置かれる。その後、身分証明書を形に釈放され、翌日には裁判所に出頭して、判事から罰金を言い渡される、というのが一般的な過程である。

学校や官公庁にもチャードルを着て廊下を歩き回り、服装を注意して回る女性たちがいるし、査察官が入ることもある。守衛が女性の服装チェックを行う

オフィスも少なくない。また、喫茶店や予備校、語学学校などの私的な施設にも女性をチェックする人物がいて、入り口で注意を受ける場合もある。

　こうして、取り締まりは家庭外の数え切れない場所で行われ、運悪く目をつけられた女性は、口汚い罵りや冷たい嘲りの言葉をじっと耐えるほかないことになる。

（２）自己規制と自己主張

　ヒジャーブ着用が義務であり、その善し悪しを他人に判定されるという環境に置かれて、イラン女性は当然ながら自己規制を行い、制限の中でいかに自己主張するかに腐心することになる。

　もちろん、ヒジャーブに意義を見出し、積極的に受け入れる女性も多い。中西久枝はこのような立場から見たヒジャーブの意味について、次のように分類している［中西　1996：110－120］。

　①クルアーンの規定としてのヴェール：ムスリムとしての当然の義務という捉え方

　②男性のまなざしからの解放としてのヴェール：ヴェールにより、男性の肉欲の対象にならないことを示し、「女」としてではなく「人」として認知されるという捉え方

　③ムスリム女性の自己高揚としてのヴェール：女性本人がムスリム女性としての美徳を確認する効用があるという捉え方

　④個人の避難場所としてのヴェール：外界から自分を隔て、自分自身を模索できる空間を確保できるという捉え方

以上のような捉え方をする女性たちの多くは、最も推奨されるチャードルを身につけることになる。また、消極的な意義として、

　⑤社会活動への参加拡大のためのヴェール：他人に干渉されず、社会に参加するための道具という捉え方

もあるとする。この第五の捉え方は、好むと好まざるとに関わらず強制されるヒジャーブに対する大多数の女性の見解であろう。

　ただ、ヒジャーブの強要を快く思わない女性たちは、自己主張としてのファッションと「派手な服装」という烙印との狭間で、TPOを考えて衣服の

いわば「着分け」を行い、時に大胆に冒険することもある。

次章では、このような状況について実例を挙げながら説明したい。

3　ヒジャーブの現状——大都市と中小都市の調査から——

前章の法的規制の存在を念頭に、現在のイランにおける女性とヒジャーブとの関係を、筆者自身の調査や経験を踏まえながら検証してみよう。

（1）ヒジャーブの種類による女性の分類

シャハシャハーニーは、「テヘランのストリートファッション」と題した論文で女性たちをヒジャーブの着用状況によって10種類に分類し、職業や性格、価値観を読み取ることができるとしている［シャハシャハーニー　2010］が、ここではもう少し大まかに三種類の分類を行う。

（1）チャードリー（chādori）たち

ヒジャーブのうち最も厳格とされるチャードルを日常的に着用している女性たちは、チャードリーと呼ばれる。王政時代には時代遅れの守旧派とみなされ、一時は着用を禁止されもしたチャードルであるが、着慣れた人にとっては様々に活用できる便利な上衣でもあるため、夜眠る時以外、彼女たちが日常生活でチャードルを手放すことはない（写真5～7）[8]。素材も多種多様で、チャードリーたちは数多いチャードルを用途により使い分けている。彼女たちが革命政権の方針をすんなり受け入れたのは、当然である。

ただ、中には結婚を機に婚家に合わせてチャードリーになったという女性もあれば、逆に、自分はチャードリーだが、娘の世代にはヒジャーブを強要するべきでないと考える母親もいたりと、チャードリーの中でも考え方はいろいろである。また、前項⑤の理由が示すように、チャードル着用が必ずしも篤い信仰を意味するわけではない点にも留意が必要である。

（2）チャードルと他のヒジャーブの折衷タイプ

TPOに応じてチャードル、メグナエ、ルーサリーなどを使い分ける女性で、かなりの割合を占める。チャードルは宗教施設などへの参詣のほか、公私ともに宗教的色彩の濃い集まりなどに用い、家庭内で常用することはない。メグナ

[さまざまなチャードルの着方]

写真5（左）　ゆったりと片手にまとめる／写真6（中）　斜めがけにして腰に絡げる／写真7（右）　両裾をうなじ部分でくくる

エは職場や学校に、それ以外の私的外出にはルーサリーを、と使い分ける。
（3）ルーサリー型

　主に都市の、どちらかといえば若年層に多いタイプで、チャードルはまず使わず、メグナエも職場や学校など必要な時のみかぶる。ルーサリーとマーントウはTPOに応じて多数所有する。このタイプの女性たちは、家の中でも常に何かをかぶっている人と、他人の目がなければ何もかぶらない人の二通りに分かれる。体制側から求められるヒジャーブを快く思わない若者の中には、ナヴァール（テープの意）と呼ばれるオブロングのスカーフを申し訳程度に髪に巻くものの、前髪とポニーテールをはみ出させたり（写真9）、身体のラインをくっきり示す流行のマーントウを着て闊歩する姿も見られる。このような女性たちは、「ヒジャーブの乱れ」を理由に拘束される危険に常に晒されながらも、自分のスタイルを追求しているのである。

（2）首都と地方の落差

　ヒジャーブ着用状況は、地域ごとに大幅に異なる。ここでは筆者の訪問した大都市としてテヘラン、ファールス州シーラーズ、地方中小都市としてヤズド州ヤズド、ケルマーン州スィールジャーン、またファールス州ヌーラーバードの各地点を、いくつかの項目に分けて比較してみる。

写真8　テヘランで手を繋ぎ歩くカップル／写真9　「ナヴァール」とポニーテール（手前の女性）

（1）ヒジャーブの種類

　ヒジャーブの種類は、大都市でルーサリー型の割合が高いのに対し、中小都市の外出用ヒジャーブとしては、黒のチャードルの比率が高い。当然の帰結として、ルーサリーやマーントゥの流行は大都市でたいへんサイクルが早く、上述の「派手な服装」の女性も多い。ただし、同じ市内でも地域差があり、テヘランの場合なら富裕層の多い北部へ行くほど、「派手な服装」が増加していく。

　スィールジャーンのような地方の小都市では、ルーサリー型のヒジャーブも控え目なものとなっている。筆者が訪れた2006年夏、比較的富裕な女性たち数十人の集まりで、テヘランで流行していた大きな花柄のルーサリーをかぶっていたのは一人だけだった。

（2）TPO

　女性たちはTPOに非常に敏感である。大都市では、日中、完璧な黒いメグナエとマーントゥで勤めに出ていた若い女性が、夜のレストランへは派手なルーサリーをふんわりとかぶり、ようやく腰を隠すだけの短くぴったりしたマーントゥで現れる（写真10）、という姿がまま見られる。また、パーティーなどでは、室内で着る盛装[9]に合わせてヒジャーブを新調することも稀ではなく、出費がかさんで困るという不満も聞いた。

　イラン南部のスィールジャーンでは、町に出ると黒いチャードル姿の女性が圧倒的に多い。ここで出会ったある名家の女性たちはチャードリーではなく、普段はルーサリー型のヒジャーブを身につけている。だが、いつ何時チャード

写真10（左）　シーラーズのレストランで外食する娘たち／写真11（右）　スィールジャーンの女性たちと

ルが必要になるかわからないので、常にバッグに携帯しているということであった（写真11）。

（3）取り締まり

　近年のヒジャーブの取り締まりは、髪一本ヒジャーブからはみ出しても許されないような1980年代頃までに比べてずいぶん緩和された[10]。また、その時々の政治・社会問題との関連で、締め付けが厳しくなったり緩められたりもする。つまり、何らかの問題で国民の不満が鬱積している時期には、ガス抜きのためにヒジャーブの乱れがある程度見逃されたりするのである。

　現在テヘラン北部の富裕層の多い地域には、欧米の最新ファッションを集めたファッションビルがいくつも存在して、外国からの訪問者を驚かせる。そこに出入りする若い女性たちは、最低限のヒジャーブを上手にアレンジして着こなしていて、そこがイランであることを一瞬忘れそうになる。ところが、ビルの入り口近くにはこれ見よがしに治安警察のワンボックスカーが駐車して、時折目立ちすぎる若者をターゲットにする。ここにも、アメとムチを両用して国民を管理しようとする政府側と、それに消極的に反発する若者の微妙な関係が見てとれる。取り締まりの基準はやはり曖昧で、取り締まり側の匙加減ひとつでスケープゴートになるかどうか分かれる、というのが実態である。

（4）マイノリティとヒジャーブ

　ゾロアスター教徒のような宗教的マイノリティや、遊牧民のヒジャーブは、どうなっているのだろうか。垣間見た程度であるが、筆者の体験に即して述べておきたい。

2006年に訪れた中部の都市ヤズドのゾロアスター教徒のコミュニティでは、年長者を中心に、伝統的な衣装（写真12）が今も普段着として残っていることが確認された。彼らにはムスリムのチャードルよりは小さい長方形のヴェールがあるため、伝統衣装のままコミュニティの外に出ることにも何ら支障はない。一方、中年以下の女性の中には、ムスリムと同じルーサリー型のヒジャーブを身につけている者が少なくない（写真13）。ただしチャードルを着用することはないとのことであった。

　南部ヌーラーバード周辺では、定住遊牧民のロル族の女性たちに会った[11]。元来遊牧民はあまり宗教色が強くないし、ゾロアスター教徒同様、民族衣装にもヴェールがあるので、年配女性には昔と変わらない服装の人が少なくない。多くが、トンバーンと呼ばれるギャザースカートの上に、ピーラーハンという脇の下10センチメートルあたりまでスリットの入った長いワンピースを重ねるという伝統的な衣装を身につけている。ヘッドドレスは、前頭部のみをカバーする帽子の上に大きめの薄手のヴェールを被り、顎下をピンで留めた後、大判スカーフを細く畳んで額に巻き、後頭部で一括りするのが正式であるが、最近はふつうのルーサリーに変わっていることも多い（写真14・15）。

　これが20代までの若い世代になると、普段はルーサリー型の衣装（写真16・真中の３人）で、民族衣装は結婚式に着る程度の晴れ着となっている。

　南部の大都市シーラーズで出会った女性は、遊牧民ガシュガーイ族の出身

写真12（左）　ヤズドにて　伝統衣装の老婦人／写真13（中）　ルーサリー型のヒジャーブに身を包んだゾロアスター教徒／写真14（右）　ロル族の老婦人（右の二人）

写真15(左)　ヌーラーバードの母娘／写真16(右)　ヌーラーバードの若者

写真17(左)　ガシュガーイー族女性の仕事着／写真18(中)　同一人物の民族衣装姿／写真19(右)　市場の民族衣装エリアに買い物に来た女性。民族衣装にチャードルを羽織っている

であるが、市内で一般の男性と結婚して、民芸品店で働いている。彼女が仕事用に着るのはメグナエとマーントゥ（写真17）であるが、旧来の生活を守っている郊外の実家に戻れば民族衣装（写真18）を身につける。

　このように、元々宗教的ドレスコードに抵触しない独自の民族衣装を持っていた遊牧民女性は、イスラム政権の誕生で着衣にそれほど影響を受けていない。ただ、民族衣装の女性も、町に出かける際にはチャードル——とくに黒いもの——をつけるようになった（写真19）のが、目立つ変化だということであった。そして、年齢が下るほどに、また、都市生活に組み込まれるほどに、民族衣装から離れていきつつあることが確認された。

おわりに

　イラン女性といえば黒いチャードル姿を思い浮かべられることが多いため、日本ではイランの町中は黒一色なのだろうと思われがちである。しかし、実際に現地に赴くと、女性たちの服装のヴァラエティの豊かさに圧倒され、ヒジャーブに関する彼女たちの思いの複雑さに思い至る。

　政治が、法律が、そして日本人の多くにとって理解しにくい信仰心が、女性たちの服装を型にはめ、コントロールしていることは確かである。だが、制約があっても、いや、あるからこそ、人は自分の個性をファッションに投影させようと試みるのだろう。国家権力と個人の意志の果てしないイタチごっこは、今日も連綿と続けられているが、どんな権威・権力も、おしゃれ心の抹殺には決して成功しないに違いない。

*本章に掲載した写真のうち、1・5～7、9・11～13は羽田美希氏、8は森茂男氏の撮影写真を利用させて頂いた。

（1）　1987年頃については［川瀬　1987］に、1990年頃については［中西　1996：107－124］に記録がある。また、［シャハシャハーニー　2010］は、テヘランのファッション事情についてのイラン人研究者のユニークな分析である。
（2）　この項の歴史的事実に関しては、以下のFoundation for Iranian Studiesのウェブサイトを主に参照した：http://www.fis-iran.org/en/women/milestones/post-revolution（2010年1月20日閲覧）。
（3）　革命直後に変更されたこれ以外の女性の既得権利としては、海岸やスポーツの場での男女隔離、女性の結婚最低年齢の13歳への変更、既婚女性の普通学校通学禁止などがあった。その後、学校や公共バス内の男女隔離も進み、男女が混在するパーティーなどを革命防衛隊が急襲して、居合わせた未婚女性の処女テストを行う、といった事件も起こった。
（4）　この節の内容は、とくに記さない限り［Sadr　2004］に依っている。
（5）　法源とヒジャーブとの関係については、［ミールホセイニー　2004：156-183］に詳しい。
（6）　イスラーム刑法では、刑罰は固定刑（ハッド）、同態復讐刑（キサース）、および矯正刑（タアズィール）の三種に分類される。ヒジャーブに関する刑は、クルアーンでは触れられていない違反について、裁判官の裁量で矯正を目的として科せられ

る矯正刑のひとつである。
（7）　罰金は、通貨リアルの下落により、2010年現在で最大でも数千円程度とそれほど高額ではない。
（8）　チャードルの実用性については、［川瀬　1987］および［藤元　1996］を参照のこと。
（9）　このような場での女性の身なりは、普段の反動もあってか派手なドレスに濃い化粧のことも多く、昼間の職場とのギャップに驚かされる。
（10）　この変化には、1997年に改革派のハータミー大統領が誕生したことが大きな影響を与えたと言われている。
（11）　このロル族の着衣に関する調査については、［藤元　2009］を参照のこと。

[参考文献一覧]
川瀬豊子「革命下イランにおけるヘジャーブ着用」（『東京外国語大学アジア・アフリカ言語文化研究所通信』61、1987年：22-31頁
桜井啓子『現代イラン　神の国の変貌』岩波新書　2001年
シャハシャハーニー、ソヘイラー「テヘランのストリートファッション」（Shahshahānī, Soheilā, 'Lebās dar piyādeh-rowhā-ye Tehrān' 藤元優子訳、森茂男編『イランとイスラム』春風社　2010年：163-192頁
中西久枝『イスラムとヴェール――現代イランに生きる女たち』晃洋書房　1996年
藤本勝次編『コーラン』中央公論社　1979年
藤元優子「ヴェール小史」大阪外国語大学女性研究者ネットワーク『地球のおんなたち――女から女へ，女を語る』嵯峨野書院　1996年：74-82頁
藤元優子「イラン女性の服装は何によって決まるのか――都市化、年齢、階層、教育、信仰そして政治」武田佐知子・宮原曉編『着衣する身体の政治学――周縁化される伝統の共鳴』2008年度科研費報告書　大阪大学　2009年：102-109頁
ミール＝ホセイニー、ズィーバー『イスラームとジェンダー――現代イランの宗教論争』（Mir-Hosseini, Ziba, *Islam and Gender : The Religious Debate in Contemporary Iran*）山岸智子・編訳　明石書店　2004年
Sadr, Shādi（2004）'Bad hejābī dar qānun, feqh va ruyeh-hā-ye 'amalī（法律、宗教法および政策実施におけるヒジャーブの乱れ）,' *Zanān*, 107：44-49.
Foundation for Iranian Studies http://www.fis-iran.org/en/women/milestones/post-revolution　（2010年1月20日閲覧）

近世イタリア絵画におけるエロティックな足先
―ランフランコ作《音楽の寓意》あるいは「チョピンを履くウェヌス」―

新保　淳乃

はじめに　裸体／着衣――裸足／履物

　身体とその表象は、伝統的な造形言語体系と、歴史的文脈に即したジェンダー構造の双方に規定される。その基本的な表象コードのひとつが裸体／着衣であり、それはつねに、階級・ジェンダーごとに細かく規定された実生活上の着衣・振舞いのコードと表裏一体となっている。近世イタリアでは、古代の裸体彫刻に学び人体美を再発見したルネサンスを経て裸体表現が許容されるようになると、現実の服飾モードや礼儀作法と連動した着衣／脱衣の表象コードが形成された[1]。例えば貴婦人の肖像を描く際、露出して良い部位は顔、手先、首から胸元に限られた。一方、乳房や二の腕、腰から足先を露出した女性像は、原則として神話画と寓意擬人像の枠組内でのみ許された。

　16世紀から、神話や聖書に登場する女性を官能的に描く作品が急激に増加する。これらの「エロティック絵画」は、限定された鑑賞者が私的な環境で受容することを前提に、現実には公的な視線に晒されてはならない女性の裸体を可視化してゆく。隠されるべきものを見るという窃視症的欲望を刺激するために、衣服や履物の脱ぎ着を仄めかす表現が編み出されていった。

　西洋絵画史における裸体表現を考える際の基本的枠組みは、性愛的含意を除外した「ヌード」と性愛的含意のある「ネイキッド」に分けるケネス・クラークの定式である[2]。ネイキッドの指標は脱衣を連想させる意匠であり、例えば裸身に帽子や宝飾品、靴、ストッキングをつけた女性像は衣服を「脱いだ」エロティックな身体と見なされる。ただしこの定式を検証したホランダーは、「ヌード」の場合も女性身体を多量の布や襞で囲う意匠によって「脱がされた」着衣が暗示され、結果としてエロティックな意味合いを帯びると看破し

図1

た⁽³⁾。さらに、設置＝鑑賞環境はもとより、時代や制作の文脈に応じた身体観、女性観、図像伝統に則って特定の主題が選ばれ、特定の解釈に合う造形言語が駆使されることも看過できない⁽⁴⁾。解釈の際には、複合的な記号操作や表象の文法を明らかにする必要があろう。

　近代以前の西洋服飾史を通観すると、中世以降の男性服飾が両脚の輪郭の強調に向かうのと対照的に、女性の下半身は常にスカートで覆われ、二本の脚の存在を秘匿するモードが守られた⁽⁵⁾。この二元的体系のもと、女性の脚部は、服地で適切に覆われることで婦徳の印にもなれば、不可視の裸体への欲望も喚起する両義的な部位となった。裾から見え隠れする足先と靴は、隠された下半身すなわち女性性器の換喩でもあった。近世のエロティック絵画は、履物を脱ぐ、靴下を脱ぐ、下着を脱ぐという脱衣行為を直接・間接に視覚化することで足先のエロティシズムを喚起し、女性身体を観者のまなざしに供する事例に満ちている⁽⁶⁾。

　1630年代初頭のローマで画家ジョヴァンニ・ランフランコ（Giovanni Lanfranco, 1582-1647）が制作した《ハープを奏でるウェヌス》（1630～33年の間、画布油彩214×150 cm、ローマ、バルベリーニ宮国立美術館／図1）は、裸体女性像の足先に特異な記号操作がなされた例として注目に値する。彼女は裸の足先を露わにするだけでなく、特徴ある履物を着けている。

　本作はパルマ出身のランフランコが、同郷の友人で音楽家のマルコ・マラッツォリ（Marco Marazzoli, 1602?-62）のために描いたとされる大寸法の油彩画で、2人の保護者だった枢機卿アントニオ・バルベリーニに遺贈された⁽⁷⁾。画面には腰から下を布で覆って坐す裸体女性と特徴のある大きなハープが描かれている。マラッツォリは遺言状で本作を「ハープを奏でるウェヌス」と呼んでおり、先行研究でも神話の物語場面ではなく音楽の寓意と見なされる。カ

ミッツによって画中のハープが実在のバルベリーニ・ハープ（1630年代、ローマ楽器博物館／図2）と同定されたが、それ以上の分析はない。しかし画面前景にはもう1つ特異なモチーフが描かれている。

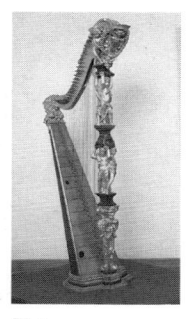

　女性像の下半身を覆う布地の下から底の厚い特異なサンダルと裸足が覗く。これはヴェネツィア女性を中心に16世紀以降大流行したファッション・アイテムでチョピン、ゾッコリなどと呼ばれる（図3）。17世紀ローマ絵画でチョピンが描かれるのは異例だが、唯一本作のチョピンに言及したカミッツも、施主や画家がこの履物を挿入した意図は議論していない。

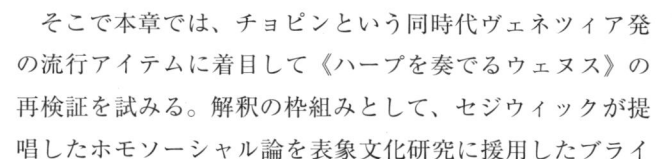

　そこで本章では、チョピンという同時代ヴェネツィア発の流行アイテムに着目して《ハープを奏でるウェヌス》の再検証を試みる。解釈の枠組みとして、セジウィックが提唱したホモソーシャル論を表象文化研究に援用したブライソンの議論が参考になる[8]。すなわち、競合関係にある男性の間では、文化的先進性を認められた服飾文化や芸術様式を纏った女性身体とその表象が眼差しの対象となり、共有・交換されることによって、男性同士の絆が深められる。表面的には女性による服飾文化の消費や、女性と表象を巡る男の争いに見えるが、じつは男性同士が文化的先進性を高め合い結び付く機構であって、女性の排除と男性支配を強化する構造である。以下、この理論に依拠しつつランフランコ作品を再読してみたい。

図2

図3

1　近世イタリア絵画における奏楽の女性像

（1）　奏楽の女性像とオブジェとしての高級娼婦図像

　16〜17世紀のイタリアでは神話、歴史、聖書に取材しつつ、女性身体への異性愛的欲望をあからさまに喚起するエロティック絵画が流行した。欲望の客体となった女性身体はオブジェすなわち交換・消費される商品と化し、観者にエロティックな女性身体とそれを取り巻く物質文化を所有するファンタジーを提

供した。その一例が「奏楽の高級娼婦」である。

16世紀のヴィラ文化では知的議論と奏楽、性交渉が一体となり、そのすべてに対応できる知識人＝高級娼婦が求められた。町で客引きする一般娼婦と異なり、高級娼婦には肉体美の鍛錬はもとより、男性宮廷人と同じく人文主義的素養と巧みな話術を備え、舞踏の心得と、少なくともリュートかチェンバロを演奏し歌える技量が不可欠とされた[9]。この文化を背景に、1560年代ヴェネツィアのパオロ・ヴェロネーゼ（1528-88）工房周辺でリュートを奏で歌う女性半身像が多く描かれ、広く影響を及ぼした[10]（パラシオ・ミケリ《リュートを弾く高級娼婦》1560年代、ブダペスト美術館／図4）。写実的自然主義と、同時代の女性美議論を取り入れた女性像は、当世風の髪型と宝飾品で装い乳房をはだけた官能的な姿で表された。楽器は制作時期が特定できるほど精緻に描かれ、しばしば楽譜も判読可能である。また手指は演奏技法に従った正確な位置に置かれ、半開きの口によって彼女が自己伴奏で歌う技量の持ち主であることが示される[11]。一群の奏楽の女性像は、エロティックな身体と高い教養をもつ高級娼婦のイメージだった。

図4

図5

（2）ファッションリーダーとしてのヴェネツィア高級娼婦の記号

ヴェネツィアの高級娼婦はファッションリーダーと目され、貴族女性から下層売春婦までを巻き込む消費文化を牽引した。その影響力は絵画、旅行記、服飾図版を介して共和国を越えて広がった。しばしばファッションだけでは既婚貴族女性か未婚処女と区別がつかず、階級別の規制を設けた奢侈禁止令も実質的な効果を得なかった[12]。ただしベルテッリ著『当世各国風俗』（1589年）では、ヴェネツィア売春婦の挿図にだけスカートの中身があらわになる仕掛けが

施されている（図5）。スカートをめくると、奢侈禁止令が執拗に規制した贅沢に布地を使った下着と靴下、そして数十センチはある厚底のチョピン／ゾッコリを履いた下半身が露わになる。風俗本では窃視と揶揄の対象となった厚底のチョピンだが、実際より肉体を大きく見せ性的アピールに役立つアイテムを求めた女性たちの熱狂が想像される。

　チョピンは15世紀末から16世紀のヴェネツィア絵画に登場し、高級娼婦と貴婦人双方の当世風モードとして描かれた。両者の差異はエロティックな身体表象の有無、すなわち性的と見なされた身体部位の視覚化や閨房の場面設定などを通して描き分けられた。そのうち楽器を奏で歌う行為、2本の角のような髪型、厚底のチョピンは、ヴェネツィア高級娼婦が率いる文化とファッションの記号として近世イタリア各地に流通した。

2　ランフランコ作≪音楽の寓意≫の新解釈

　近世イタリアのエロティック絵画とヴェネツィア高級娼婦の記号としての楽器演奏、当世風服飾モードにおける厚底サンダルの流行と記号性をふまえ、それらを吸収し再解釈した絵画として《音楽の寓意》を再検討する。

（1）注文主マルコ・マラッツォリ

　本作の依頼者と目されるマラッツォリとは誰か[13]。カリッシミやマッツォッキと並び17世紀半ばのローマ音楽界を代表する才能としてW・ヴィッツェンマンらによる楽曲復刻や再評価が進んでいる彼は、生地パルマで聖職叙階され大聖堂合唱隊のテノールとして出発した。高位聖職者に見出され1626年11月にローマに移る。1629年から、教皇ウルバヌス8世（在位1623-44）の3人の甥のうち最年少の枢機卿アントニオ・バルベリーニ（Antonio Barberini, 1608-71）の小宮廷に作曲家兼テノール歌手として仕えた。マラッツォリは、パトロンの枢機卿アントニオの地位昇進と呼応してローマの音楽界で成功を収めていった。1637年にアントニオが要職を得ると、ヴァチカン宮殿システィーナ礼拝堂付テノールに任命される。宰相マザランの尽力で1643年にフランス宮廷へ招聘され草創期の音楽劇を同国にもたらした彼は、現存するだけで

も379作のカンタータやオラトリオを遺す作曲家で、一族の新宮殿でアントニオが開いた音楽劇を多く手がけた[14]。

　では、枢機卿アントニオの庇護下に入って間もない1630年代初頭にマラッツォリが委嘱した本作は、パトロンと共に社会的成功を強く願う彼の意図とどう関連するのだろう。画面中央のハープは、施主の職能と枢機卿宮廷メンバーという社会的地位をよく表している。これは油彩画とほぼ同時期に制作されマラッツォリが使用した17世紀ローマ製のバルベリーニ・ハープ（図2）である。枢機卿アントニオの財産目録（1636－40）に記録されたことから、おそらく枢機卿からの下賜品と思われる[15]。実物のハープは、三弦で弧の部分が鍍金彫刻になった豪華な造りで、先端にバルベリーニ家の紋章がついている。油彩画の描写にはわずかな異同がある。紋章部分が見えないのは、注文主がアントニオではなくハープの所有者マラッツォリであることを強調する意識的な操作であろう。ハープは施主の分身と言ってよい。

　ランフランコとマラッツォリは同じ枢機卿の庇護者の中でも同郷で、画家が娘のハープ教師を頼むほど親しい間柄だった。両者には本作のほかにバルベリーニ宮廷音楽劇に関連する油彩画2点の委嘱関係があり[16]、共同構想の可能性もある。本作の制作時期はバルベリーニ家が独自の芸術潮流を打ち出しつつあった1630年代初頭であり、それぞれ芸術界と音楽界で新潮流に乗ろうとする2人の野心が表れてもおかしくない。ランフランコは、マラッツォリの演奏姿ではなく、女性寓意像と「奏楽の高級娼婦」の定型を借りることで、自身、施主、パトロンが推進する芸術文化の新しさを表現しようとしたのではないか。そこで、本作の制作と受容の文脈を再考してみたい。

（2）　チョピンを履くウェヌス：奏楽の女性像としての特異性
　室内に設定された場面の中央に、上半身をはだけた女性がバルベリーニ・ハープを演奏する姿で座っている。画面左上から右中景にかけて、植物模様が織り込まれた赤い厚手のカーテンが半分引き上げられた状態で掛かっている。画面左中景には、緑のベルベッドで覆われた小卓に寄りかかるように、2人のプットが楽譜と思しき紙片を覗き込んでいる。裸体女性の下半身を覆う光沢あ

る布地が豊かなドレープを作り、左右に大きく開かれた脚の間に大ぶりのハープが置かれている。両手指はハープの弦をつまびく独特の形に曲げられている。女性は観者のほうを見据え、口を半開きにしている。施主がハープ演奏と歌唱のプロだったことを考えると、これらの細部は実際のハープ伴奏付き独唱法を反映していよう。

　一連の奏楽女性像と比べ、本作にはいくつかの特異点がある。まず、楽器と裸婦を描くタブロー画の主流は半身像だったのに対して全身像である。

図6

全身裸婦のカノンとなったジョルジョーネの「横たわるウェヌス」と異なり、座像である点も目新しい。2メートルほどのハープを実寸大で画面に収めるための工夫と思われるが、女性が両膝を開くポーズも類例を見ない。奏楽の女性よりも、エロティック絵画に多用される、両脚を開き乳房、太腿、足先を露わにする「脱衣し誘惑する女」類型に近い（ヴェロネーゼ《ウェヌスとアドニス》c.1586、ウィーン、美術史美術館／図6）。

　かなり重いはずのハープは右肩側に傾けられているが、よく見ると女性身体のどこにも接していない。大腿部で挟むように見えてじつは布に隠れた女性の膝頭はハープから数十センチ離れている。そのため、女性の上半身はハープで隠されることなく観者のまなざしに晒され、また椀形の引き締まった乳房は楽器の重みでつぶされず、丸みを帯びた輪郭を見せている。

　本作の最も異例な細部が女性の両足先を飾るチョピンである。神話的人物を思わせる寓意的画面に、施主が用いたバルベリーニ・ハープと、本作の制作当時もなおヴェネツィア女性服飾市場で流行したチョピンという、2つのきわめて特殊な同時代アイテムが挿入されていることになる。

（3）　1630年代ローマにおけるヴェネツィア文化受容
　この特異なイメージはいかなる制作・消費の場に置かれたのだろう。そこで重要になるのが施主とそのパトロンの関係である。

マラッツォリは1662年1月の遺言状作成時、バルベリーニ宮殿の近く（現システィーナ通り）に住んでいた[17]。生涯独身の彼は、1629年に枢機卿アントニオ宮廷に入ってからパトロンの元に寄宿または近くに居住し続けたようだ。
　1630年12月のアントニオの日誌によると、ボローニャ教皇特使の任務を終えてローマに帰還したばかりの彼は、クィリナーレ教皇宮殿の一画に居室を確保し、叔父の教皇ウルバヌス8世や長兄の枢機卿フランチェスコの居室に日参して教皇庁の政治・外交に食い込もうと奮闘していた[18]。目と鼻の先に建造中の一族新宮殿はウルバヌス8世が実質的なパトロンであったが、枢機卿フランチェスコと一族家長の次兄タッデオ（1603-47）の邸宅として構想されており、アントニオの入居は想定されていなかった。彼が正式かつ唯一の居住者となるのは、長兄が1632年末に教皇庁尚書院に、次兄が1634年に一族旧邸宅に移った後の1635年2月である。
　なおランフランコは1634年2月にナポリに移ってしまうため、本作の制作時期はアントニオがローマに戻った1630年11月から1633年末の間が妥当である[19]。1631年にマラッツォリは宮廷の同僚音楽家2人とともにアントニオの中部イタリア出張に随行しており、筆者はこの前後に本作の委嘱があった可能性が大きいと考える。1637年5月以前のマラッツォリの居所が確定されず傍証による推定の域を出ないが、本作制作時に想定された鑑賞の場はアントニオ宮廷であり、最も可能性が高いのはクィリナーレ教皇宮殿内の彼の区画と考えられる。
　画家ランフランコの画業における位置づけはどうか。まず絵画様式を確認しよう。全体は対角線構図に基づく計算された演劇的構図である。ハープの縦長の線と女性の脇腹の輪郭が作る左上から右下につながる斜線と、画面左下から女性像の右足、左腕、赤い緞帳の襞につながる斜線とが交差する。大寸の楽器を生かした対角線構図は、ローマで活躍したヴェネト画家サラチェーニの《聖女チェチリアと天使》（c.1610）を先例とする。ランフランコが郷里で師事したアゴスティーノ・カラッチも、ローマで協働したアンニーバレ・カラッチも、1590年頃にはヴェロネーゼの祭壇画から、主要人物を片側に寄せて斜線を強調する演劇舞台のような構図を取り入れていた。ローマでは1602年にルーベンス

がヴェロネーゼ様式を持ち込んだ後、ランフランコもサンタゴスティーノ聖堂ボンジョヴァンニ礼拝堂（1616）で同構図に挑んでいる。グレゴリウス15世（教皇在位 1615-21）時代は、ドメニキーノの古典主義とグエルチーノの滲むような陰影がローマ画壇を席巻したが、1620年代半ばからヴェネツィア絵画への新たな関心が高まった。

《ハープを奏でるウェヌス》は、画面左の暗さと強い対照をなす布地の鮮やかな色彩が特徴的である。1620年代半ばまでランフランコ作品を特徴づけた画面全体を覆う茶の色調は消えている。カーテンの赤、女性身体の陶器のような白さ、布地の青が鮮明に塗られ、要所に白が入ったドレーパリーが光沢を放つ。光り輝く色彩と対角線を活かした構図の霊感源として1630年代の新ヴェネト主義が参照したのは、歴史画主題と光り輝く自然主義的色彩を融合したヴェロネーゼ作品であった[20]。

新ヴェネト主義の関心は、構図、色彩、身振りによる情感表現にあった。北イタリア出身でヴェネツィア絵画に親しかったランフランコの絵画観はこの方向と一致しており、古典主義的均整と理想的位置で動きを止めた静的な表現を主張するドメニキーノと真っ向から対立した[21]。新ヴェネト主義の最大の参照源が大規模タブローから天井画までを手がけたヴェネツィア画家ヴェロネーゼであったことは、本作の構想を明らかにする上で重要な意味をもつ。まずヴェロネーゼは歴史画に「当世風モチーフ」を散りばめることを得意とした画家である。また奏楽の高級娼婦主題はヴェロネーゼ周辺で定型化され量産された。つまり、ランフランコが本作で実践した新ヴェネト主義とは、絵画観＝造形様式（構図、色彩、情感表現の重視）ばかりか、主題（楽器を奏で歌うエロティックな女性像）、そして着想（当世風オブジェの挿入）と複数のレベルに及ぶものだった。

続いて、1630年前後になぜ新様式を試みる必要があったのか、画家のキャリアとパトロネージの点から検討する。生地パルマでボローニャの画家アゴスティーノ・カラッチに学んだランフランコは、1602年にパルマ公の意向でローマに送られた。はじめファルネーゼ宮装飾を手伝い、カラッチ派を継いだグイド・レーニ、アルバーニ、ドメニキーノらと協働した。教皇パウルス5世（在

位1605-21)の保護を得た後、1614年にレーニ、16年には生涯のライバルとなったドメニキーノがローマを離れたのを契機に、1621年まで教皇直属の公的委嘱を手にした。フィレンツェ系銀行家サッケッティから礼拝堂装飾（1621-24）を一任された直後、その保護者でバルベリーニ家出身の教皇ウルバヌス8世の治世となる。ドメニキーノと再び委嘱争いを繰り広げた末、サンタンドレア・デッラ・ヴァッレ聖堂大天蓋フレスコ画を実現した（1625-27）。ランフランコの名をバロック絵画史に刻むこととなるこの大作は、16世紀パルマの巨匠コレッジョによる法悦的ヴィジョンを均整ある構図に修正して、ローマ画壇に新風を巻き起こした。同聖堂に一族礼拝堂を建立していたウルバヌス8世から高く評価され、サン・ピエトロ大聖堂装飾（1628-31）、教皇の肝いりで建立されたコンチェツィオーネ聖堂主祭壇画（1628-30）を次々と任された。1631年には教皇から騎士に叙勲され、ローマ画壇を統べる聖ルカ・アカデミーの院長を2年連続で務めた。

　ウルバヌス8世は、ローマを芸術発信地としたルネサンス教皇に倣ってローマ芸術界を支配し、新体制に相応しい芸術潮流の発信に力を入れた。1630年前後に輪郭を現した新たな芸術文化は、教皇一族や側近のパトロネージ競争を通じて「バルベリーニ様式」[22]と呼ぶべき方向性を打ち出した。

　教皇の威光で要職についたバルベリーニ兄弟3人はそれぞれ気に入りの芸術家を保護し、教皇庁関係の重要な装飾事業に競って推挙した[23]。長兄フランチェスコは、古典主義芸術を好む碩学カッシアーノ・ダル・ポッツォ（1588-1657）を助言者に、ベルニーニ（1598-1680）とピエトロ・ダ・コルトーナを新様式の旗手として支援した。家督を継いだタッデオは、古典主義に傾いた画家アンドレア・カマッセイ（Andrea Camassei, 1602-49）を庇護した。長兄に続いて1628年に異例の枢機卿指名を得たアントニオは音楽文化発展に力を入れたことで知られる。画家ではアンドレア・サッキ（Andrea Sacchi, 1599-1661）を熱心に保護し[24]、兄たちとの駆け引きの末、一族新宮殿の広間天井画《神の摂理》（1629-33）を彼に実現させている。「バルベリーニ様式」の担い手と期待されたのは16世紀末から17世紀初頭生まれの若手だった。一方、1582年生まれのランフランコは初期バロック形成期を担った一世代前の画家であり、

1630年代には世代交代を迫られていた。

　1630年頃から、枢機卿フランチェスコ・バルベリーニが錚々たる芸術コレクターと互角に渡り合おうとヴェロネーゼ作品を求めたのと前後して、画家の間でもヴェロネーゼへの関心が再び高まった。サッキは1635－36年に、ピエトロ・ダ・コルトーナはバルベリーニ宮大広間天井画（1631－39）制作を中断して1637年にそれぞれヴェネト旅行を敢行しており[25]、パトロンと画家がともに16世紀後半のヴェネツィア絵画に新たな源泉を求めたことが分かる。ところがランフランコは、バルベリーニ家から委嘱を受け始める1627年頃いち早く新たなヴェネト絵画受容に動いている。1634年春のナポリ行きまでの数年間、ボローニャ派古典主義の演劇的かつ安定した画面構成と、ヴェネツィア絵画の鮮明な色彩と明暗表現を統合した様式を追及した。それは、若い世代が中心の新芸術潮流に参入し、再び大規模装飾を手がける機会を狙った中堅画家のサバイバル戦略と言えよう。なお1634年3月から13年間にわたるナポリ時代の彼は、カラッチ様式の再興や、荒い筆致を多用して情感表現を追求するなど、ローマ時代末期とは異なる試みに向かっている。

　最終的にローマ画壇での成功に見切りをつけたとはいえ、ランフランコがヴェネト様式を梃子にバルベリーニ家主導の新芸術潮流に残ろうと格闘したことは、ことのほか重要に思われる。なぜなら《ハープを奏でるウェヌス》の様式的特徴はランフランコの個人様式における新ヴェネト時代のもの、つまり積極的にヴェネツィア絵画を意識して描かれた画面だからである。枢機卿アントニオの周辺で制作されたことも偶然ではない。バルベリーニ家の中で、新ヴェネト主義時代のランフランコを重用したのは他ならぬアントニオであった[26]。重要なことに、枢機卿がはじめから外国要人への贈呈品として委嘱した作品もあり、画家がナポリに移ってからも保護関係が続いた[27]。少なくともこのパトロンは、ランフランコ作品に有力者間で交換される外交贈答品としての――ローマの芸術的先進性に教皇庁の政治的発言力を託した「芸術外交」手段となる――価値を見出していた。枢機卿の関心がランフランコに向かう過程で本作が重要な踏み台となった可能性はかなり高い。

(4) チョピンを履いた女性像をめぐる男同士の絆

　すでに指摘したとおり、楽器を奏でる高級娼婦像は、ヴェネツィアの文化サロンにおいて男性の文化的卓越性を確認する表象として交換・消費された。そこには女性知識人と高級娼婦が参与し、服飾文化と芸術文化を牽引した。一方、本作の施主マラッツォリは聖職者であり、制作・消費の場と思われる枢機卿アントニオ宮廷は、教皇親族の高位聖職者が営む政治文化サロンである以上、公式的に男女の性的交渉は排除されていた。音楽劇の大パトロンだったアントニオはソプラノ名手レオノラ・バローニをはじめ女性音楽家も庇護したが、枢機卿宮廷の基本的構成員は男性である(28)。

　アントニオは名カストラートとなるマルカントニオ・パスクァリーニ（1614－91）を13歳の時から廷臣に迎えて寵愛し、数々の音楽劇に出演させた(29)。後年、宮廷音楽劇や祝祭の指揮を巡って年長のマラッツォリと小競り合いを演じたように、宮廷の主アントニオの保護と寵愛を賭けて音楽家や画家の間で協働と競争が日々繰り広げられたことは想像に難くない。例えばアントニオが庇護した画家アンドレア・サッキは、おそらく同宮廷の脚本家で後に教皇になるジュリオ・ロスピリオージの注文で、古典主義様式によるパスクァリーニの肖像（c.1634／44、メトロポリタン美術館／図7）を描いている(30)。サッキは、長いシャツに獣皮を巻いた粋ないでたちの歌手に、おそらく宮廷で使われた珍しい楽器、クラヴィチテリウム（竪型チェンバロ）の前でポーズをとらせた。没個性なランフランコの女性像と対照的である。パスクァリーニに月桂冠を授ける詩神アポロンは、古代彫像《ベルヴェデーレのアポロン》を引き写した全裸の美青年である。これは「バルベリーニ宮殿のアポロン」と呼ばれた枢機卿アントニオへのオマージュである。

　このように、ほぼ同時期に同じ文化的環境でランフランコの女性像と対照的な構想と様式の絵画が作られていたことは、宮廷内部での男性芸術家同士の対立・競合関係を如実に表してい

図7

る。彼らのパトロン枢機卿アントニオもまた、個性や芸術潮流も多様な才能を庇護することで兄弟との競合と協働に奮闘した。こうした競争・協働に携わる者すべての戦略は、最終的にローマとヨーロッパにおけるバルベリーニ家の文化的・政治的卓越性の確立に寄与するものであった。

　施主マラッツォリと画家ランフランコが「チョピンを履いてハープを奏でる女性裸体像」を作り上げた枢機卿アントニオ宮廷とは、異性愛が排除されホモエロティックでさえある男性同盟の世界である。強調すべきことに、本作の限定された観賞の場に実際にチョピンを買い求め使用する女性はいない。それゆえ、ここに描かれたチョピンは、女性用の消費財としてではなく、絵画モチーフとして記号化され流通・消費されたことになる。

　チョピンの記号性を証拠づけるように、ランフランコは女性像の白い足先とチョピンの組合せに巧妙な仕掛けを施している。画面右前景で青い布地からわずかにのぞくチョピンの先とそこから親指と人差し指が出ているのを見ると、彼女の左足先がチョピンの奥まで差し入れられ、これを履いていることが分かる。他方、ドレーパリーに目を這わせていくと、硬質な木製ハープを挟んで大きく広げられた下肢の線が暗示され、最後に布地の下から右足の足首より先が露出している。いうまでもなく足首から足先は「品行方正な女性が露わにしてはならない」部分であり、女性性器の隠喩である。ランフランコは、布地の青色と床の茶色がかった灰色の間に浮き上がるように、女性像の右足先を青白く塗っている。そして足先のエロティシズムを補完し強化するように、チョピンを履くでもなく脱ぐでもない曖昧な位置に右足先を乗せた。そのため観者は、横向きに捉えられ特徴的な厚底を見せるチョピンと、足先の肌、しかも内側の白い肌とを同時に鑑賞することができる。左足先とは違い、右足先とチョピンが着脱（履く／脱ぐ）どちらにも取れる位置関係にあることで、この女性が着衣を「脱いだ」身体であることが示唆される。

　つまり足先とチョピンは、裸体を取り巻く履物、青い布地、右後景から垂れさがる赤いカーテンがすべて引き剥がすことのできる装飾物＝覆いであることを観者に想起させる意匠なのである。観者の窃視的ファンタジーの中で、ウェヌスや寓意像としての変装具──女性裸体を表象可能にする神話の枠組み──

を奪われた女性は、文字通り裸にされてしまうのだ。

では記号としてのチョピンは何を指示したのか。これまでの考察を総括すれば、チョピンは第一に、ヴェネツィア高級娼婦とその性的身体に代表されるヴェネツィア流行文化の象徴である。ハープを弾くエロティックな女性身体と組み合わされることによって、ヴェロネーゼを典範とする「奏楽の高級娼婦」絵画を共示する。第二に、バルベリーニ庇護下の若手に先立ちランフランコが積極的に摂取した、新ヴェネト様式の画面に挿入されることによって、観者の関心を新芸術潮流に向ける重要な契機となる。本作におけるチョピンは、1630年前後にバルベリーニ家が打ち出した新芸術潮流の重要な一画を占める、「ヴェネツィア芸術文化」の換喩といえるのではないだろうか。

結論　女性身体、消費財、文化的卓越性をめぐる交換と領有

ランフランコが描いたハープを奏でる裸体女性像は、個人を連想させる身体的特徴をもたず、音楽の寓意と見なされてきた。近世イタリア絵画では、女性身体への性的欲望に直接訴えるエロティックな絵画が隆盛した一方で、寓意擬人像の伝統が体系化された時代でもある。寓意像としての女性身体は、形而上学的意味を入れる「意味中立的な」容器として扱われ周縁化されてきた。ところが本作のように、寓意的女性表象の中に具体的な同時代オブジェ（チョピン、ハープ）が挿入されるやいなや、寓意像とエロティック絵画との境界は揺らぎ始め、「音楽の寓意」を装う表象空間に亀裂が入り、近世イタリアの歴史的時空がなだれ込んでくる。ただし、現実の物質文化が表象空間に変質をもたらしてもなお、まなざしの主体となる観者だけは表象を領有し操作する位置を担保される。枢機卿アントニオ・バルベリーニ宮廷において本作を鑑賞できる人々だけが、この絵をめぐるオブジェ、表象、まなざしのエコノミーに参与できた。ヴェネツィア高級娼婦のチョピンと施主が所有したハープを正しく認識し、現実の物質文化をめぐる交換関係の場を起動させるのは彼らのまなざしなのだ。

本作には欲望の喚起装置としてチョピンが巧みに使われている。この履物は、女性の裸足と組み合わされることによって観者に着衣／脱衣を連想させ、女性身体への窃視を誘う。しかしそれは欲望のまなざしを発動させる契機に過ぎな

い。本作の制作・受容環境と重なる枢機卿の宮廷は、原則として異性愛を排除した男性同盟の世界である。「チョピンを履きハープを奏でる裸体女性」像は必ずしも異性愛交渉を要請せず、表象と想像力の次元で領有と支配の欲望を満たす。とはいえ、女性の性的交換を伴わないこの男性同盟にとって欲望の終着点は生身の女性の性的支配ではない。1630年代ローマの小宮廷において、新ヴェネト様式の画面に挿入された奏楽の女性像とチョピンは、「ヴェネツィア芸術文化」の換喩となって観者間で共有され、先進的芸術潮流の領有という真の欲望を満たす記号であった。

　流行の履物、奏楽の裸体女性という主題、新ヴェネト主義の絵画様式はいずれも、本作の制作・受容共同体にとって文化的卓越性の記号として欲望されたものだった。彼らは本作の鑑賞を通して、チョピンと女性身体が共示する「表象としてのヴェネツィア芸術文化」を領有することができた。そして教皇都市ローマにおける政治文化の主体をめぐる男性間の闘争に、文化的卓越性をもったエージェントとして参入しようとした。そこでは服飾市場と表象市場の消費者としての女性が排除されているため、チョピンは消費財として欲望されるわけではない。同様に女性身体も異性愛的欲望の対象としての交換価値を持たない。チョピンを履いた女性身体は、最先端の新芸術潮流という記号の容れ物＝表象として交換されていた。まさにこれが、男性同盟の生み出す表象空間が女性身体とその服飾文化を周縁化する構造なのである。

（1）　Rogers, Mary, "The Decorum of Women's Beauty," *Renaissance Studies*, 2−1（1988）：47−88.
（2）　ケネス・クラーク『ザ・ヌード』（美術出版社、1971年）。
（3）　Hollander, Anne, *Seeing through Clothes*, Viking Press, 1978.
（4）　Matthews Grieco, Sara F., *Ange ou Diablesse*, Flammarion, 1991, p.134.
（5）　Pisetzky, Rosita Levi, *Il Costume e la Moda nella Società Italiana*, Einaudi, 1978.
（6）　Farwell, Beatrice, "Courbet's 'Baigneuses' and the Rhetorical Feminine Image," *Woman as Sex Object : Studies in Erotic Art, 1730−1970*, Hess, T.B. and L.Nochlin eds., Newsweek, 1972：64−79. 本書を山崎明子氏に教示頂き近世絵画再考の示唆を得た。
（7）　Camiz, Franca Trinchieri, "Una Erminia, una Venere ed una Cleopatra di Giovanni

Lanfranco in un Documento Inedito," *Bollettino d'arte*, 67 (1991): 163-8, p.165.
(8)　Bryson, Norman, "Westernizing Bodies: Women, Art and Power in Meiji *Yoga*," *Gender and Power in the Japanese Visual Field*, Mostow, Joshua S. et al. eds., University of Hawai'i Press, 2003: 89-118, 242-4. 池田忍氏の助言を得て本章の理論的枠組は構築された。記して感謝申し上げる。
(9)　Rogers, *art.cit.*; Laini, Marinella, "Le Cortigiane e la Musica," *Le Cortigiane di Venezia*, Davanzo-Poli, Doretta et al. eds., Berenice, 1990: 95-7.
(10)　Davanzo-Poli, D., "Le Cortigiane e la Moda," *ibid.*, 1990: 99-103.
(11)　Laini, *art.cit.*, p.96.
(12)　Davanzo Poli, *art.cit.*; Hughes, Diane O., "Sumptuary Law and Society Relations in Renaissance Italy," *Disputes and Settlements: Law and Human Relations in the West*, Bossy, John ed., Cambridge University Press, 1983: 69-99, p.91.
(13)　Zaslaw, Neal, "The first opera in Paris," *Jean-Baptiste Lully and the Music of the French Baroque*, J.H.Hayer ed., Cambridge University Press, 1989: 7-23, pp.13 ff.; Witzenmann, Wolfgang, "Marazzoli, Marco," *New Grove Dictionary of Music and Musicians online*, 2004.
(14)　Murata, Margaret, *Operas for the Papal Court*, PhD.Diss., University of Chicago, 1975, pp.314-39; Zaslaw, *art.cit.*; Hammond, Frederick, *Music & Spectacle in Baroque Rome*, Yale University Press, 1994, pp.276-7.; Wolfe, Karin, "Ten Days of the Life of a Cardinal Nephew at the Court of Pope Urban VIII," *I Barberini e la Cultura Europea del Seicento*, Mochi Onori, Lorenza et.al. eds., De Luca, 2007: 253-64. パトロン兄弟のフランス亡命 (1646-53) を挟み、彼はバルベリーニ劇場主席作曲家として音楽劇『災い転じて福となる』(1654)、『人間の生』(1656) を製作。
(15)　Lavin, Marilyn Aronberg, *Seventeenth-Century Barberini Documents and Inventories of Art*, New York University Press, 1975, p.156.
(16)　Camiz, *art.cit.*, pp.167-8.
(17)　Lavin, *op.cit.*, p.156.
(18)　Wolfe, *art.cit.*, pp.253-64.
(19)　Camiz, *art.cit.*; *Giovanni Lanfranco: Un Pittore Barocco tra Parma, Roma e Napoli*, Schleier, Erich ed., Electa, 2002, p.432.
(20)　ローマ画壇の新ヴェネト主義興隆の契機について、ロンギは、1598年に枢機卿ピエトロ・アルドブランディーニによってティツィアーノの《バッコス祭》がフェラーラからローマに移されたことを挙げたが、バルシャムらは1620年代後半の関心の対象はヴェロネーゼだと指摘する。Longhi, Roberto, "Gentileschi, Padre e Figlia," *L'arte*, 19 (1916): 245-314; Barcham, W. L.and C. R.Puglisi, "Paolo Veronese e la Roma dei Barberini," *Fondazione Giorgio Cini: Saggi e Memorie di Storia dell'Arte*, 25 (2001): 55-87, pp.65-8.

(21) Kessler, Leslie B., *Lanfranco and Domenichino : The Concept of Style in the Early Development of Baroque Painting in Rome*, PhD.Diss., University of Pennsylvania, 1992.
(22) Solinas, Francesco, "Lo Stile Barberini," *I Barberini, cit.*, 2007：205－12.
(23) Haskell, Francis, *Patrons and Painters*, Yale University Press, 1980, pp.24－62.
(24) Mochi Onori, Lorenza, "Giovanni Lanfranco e la Famiglia Barberini," *I Barberini, cit.*, 2007：77－82, p.77.
(25) Barcham and Puglisi, *art.cit.*, pp.70－2.
(26) なかでも新規主題を開拓した《栄光の聖セバスティアヌス》(1633－34) は枢機卿アントニオが死ぬまで手元に置いていた。Mochi Onori, *art, cit*., p.79.
(27) 《アンジェリカとメドド》(1633) がローマ駐在仏大使に贈られるなど、ランフランコ作品は教皇の親仏外交の一翼を担った。*Ibid*., p.80.
(28) Cametti, Alberto, "Musicisti Celebri del Seicento in Roma: Marc'Antonio Pasqualini," *Musica d'Oggi*, 3 (1921)：69－71, 97－9, pp.71, 97 ; Haskell, *op.cit*.
(29) Cametti, *art.cit*., p.70 ; Wolfe, *art.cit*., pp.253－4.
(30) Harris, Ann Sutherland, *Andrea Sacchi : Complete Edition of the Paintings with a Critical Catalogue*, Phaidon, 1977：82－4 ; Ford, Terence, "Andrea Sacchi's 'Apollo Crowning the Singer Marc Antonio Pasqualini'," *Early Music*, 12－1 (1984)：79－84.

在満亡命ロシア女性の着衣の表象
—— コロニアル・モダニティの視点から ——

生田　美智子

　　　　　　　は じ め に

　日本は中国東北部に作った傀儡国家満洲で多民族支配に直面した。総督を送りこみ武断政治をおこなうだけでは効果があがらないことは、朝鮮統治の経験から明白だった。絵葉書、ポスター、伝単（宣伝ビラ）などの紙媒体だけでなく、映画やラジオ、音楽や舞踏、さらに「ミス満洲」などのコンクールを通じて「民族協和」や「王道楽土」のスローガンをプロパガンダしたのは、日本や満洲国に対する畏敬の念をうえつけ、占領地住民の協力を得るためだった。プロパガンダの中では、日本人、満洲人、漢人、朝鮮人、蒙古人などに混じってヨーロッパの人間である亡命ロシア人の姿がひときわ目を引いていた。

　ここでいう亡命ロシア人とは、ロシア革命後にロシア帝国から他国へ亡命・逃亡した人々のことである。帝国の多民族構成を反映して、エスニック的にはロシア人だけでなく、ウクライナ人、ポーランド人、ユダヤ人、ドイツ人、タタール人、ラトヴィア人、グルジア人、エストニア人、リトアニア人、アルメニア人など多くの民族が含まれていた。世界各地に離散した彼らは日本や満洲では「白系露人」と呼ばれることになったが、日本や西洋の亡命地と違って満洲では状況がいささか複雑だった。満洲の中東鉄道沿線ではロシア帝国が築いた植民地状況が革命前にできあがっていたことから、中国に赴任していたロシア人の多くはロシア帝国崩壊後も満洲に残留し、革命の推移を見極めようとした。この残留ロシア人も白系露人と言われた。

　日本はソ連を仮想敵国としていたので、対ソ戦略に利用するために反ソの点で共通点のある白系露人を統合管理すべく、ロシア人の「自治組織」の形をとった白系露人事務局を創設した。ソ連への対抗上、日本は亡命ロシア人を教

育し反ソ謀略活動をさせることに力を注いだので、その方面の先行研究は多い。しかし、着衣を利用したイメージ戦略が着目されることはなかった。近接した研究としては服飾史家ヴァシリエフ（Vasil'ev）の『流浪の美』[1]があるが、彼の主要な関心はパリなど西側諸国にもたらされた亡命ロシアのファッションである。そのため渡満した亡命ロシア人への言及が少ないうえ、日本統治下の満洲時代は関心の対象外であった。満洲の亡命ロシア研究でも、ラザレヴァ（Lazareva）、セルゲエフ（Sergeev）、ゴルカヴェンコ（Gorkavenko）の共著『満洲におけるロシア人女性』[2]以外はジェンダーと着衣問題を看過してきた。彼らの共同研究も、満洲における亡命ロシア女性の人口分布、慈善活動、文化活動、社会活動の検討を主たる目的にしており、着衣や表象は完全に視野の外におかれていた。

　本章では、先行の諸研究を踏まえた上で新しい史料を用いて、支配側が着衣の亡命ロシア女性により表象するもの、ならびに、亡命ロシア側が着衣により表象するものに考察を加えてみたい。史料としては、満洲国や日本で発行されていた日本語の視覚メディア（絵葉書、旅行案内書など）と亡命ロシア人が発行していたロシア語定期刊行物（『ルベジュ（Rubezh）』、『ルチ・アジイ（Luch Azii）』など）を用いた。亡命ロシア女性はなぜそのような衣服で写真に撮られているのか、ならびに、亡命ロシア女性は着衣という行為を通じて何を表象したのかを考えてみようと思う。

1　亡命ロシア人略史

　着衣の亡命ロシア女性の表象を分析するに先立ち、満洲におけるロシア人の歴史を概観しておこう。

　1898年、ロシア人が満洲の地に大挙して押し寄せたのは、中東鉄道を建設するためだった。ロシアは三国干渉により日清戦争で日本が獲得した遼東半島の領有を阻止し、その報酬として1896年の露清同盟密約により中国領土内に鉄道を敷設し、経営する権利を獲得した。1897年、ロシア政府は中東鉄道（東清鉄道）株式会社を設立し、1903年には営業を開始した。それから約20年間ハルビンを中心とする中東鉄道沿線は完全にロシアの支配下にあり、中東鉄道長官で

あるホルワット（Khorvat）将軍の名前をとって「幸せなホルワット王国」と讃えられた。

中東鉄道は、鉄道沿線（鉄道附属地）で「絶対的かつ排他的な行政権」を認められていた。これは鉄道の敷設に必要な土地管理権のことであるが、ロシアはそれを軍隊駐留権、警察権、司法権、徴税権、通信権などに拡大した。鉄道附属地は清国にあるロシアの飛び地ないし植民地といっても過言ではなかった。さらに鉄道の経営だけでなく、附帯事業としてスンガリー川の水運や鉄道沿線の両側30清里における採炭事業、林業経営も行った。

1912年、辛亥革命により清朝が崩壊し、中華民国が誕生した。ロシア人の生活にさしたる変化はなかったが、1917年、ロシア本土で勃発したロシア革命は彼らの生活に激変をもたらした。ロシア革命に続く国内戦やその後のソビエト政権の政治に悲鳴をあげたロシア人が国外に脱出した。世界中に離散したロシア人は約200万人と言われている。アジアに逃れた人々は難民となって中東鉄道の沿線に住みついた。ことに難民が集中したのは中東鉄道最大の基地ハルビンであり、世界四大亡命地のひとつとなった。

ロシアにおける革命と内戦は、ハルビンを極東における亡命ロシア人の中心都市にした。何千人もの難民たちが、戦争や飢饉、疾病から逃れるためにハルビンへとやってきた。この難民の波は、この地に西側ロシアの文化をもたらし、それによりハルビンは未曾有の繁栄を経験することになる。大量の難民の中には知識人も多く含まれており、露中工業大学、ハルビン法科大学、ハルビン教育大学、東洋学・商学大学といった高等教育機関の設立を可能にした。

1919年7月、ソ連は、帝政ロシアと清国との不平等条約を破棄するカラハン（Karakhan）宣言を出した。ソ連は帝政ロシア時代に獲得した全ての利権を返還するはずだったが、最大の経済利権であった中東鉄道は手放そうとせず、翌1920年には第二次カラハン宣言を出して、中東鉄道の運行に関してはソ連の必要を考慮した特別条約を結ぶこととなった。その一方で、中国における帝政ロシアの治外法権は廃止され、亡命ロシア人は特権を失った。

1924年5月、中ソは正式に国交を回復した（北京協定）。さらに、同年9月、ソ連は東三省政府との間に奉ソ協定を結び、鉄道は中ソ合弁企業となった。中

国とソ連の合意により中東鉄道で勤務できるのはソ連国民か、もしくは中国籍を持つものとなった。従来の帝政ロシア国籍を持つ鉄道員や移住者の一部は、失業するのを恐れてソ連国籍を取得し、ソ連のパスポートを入手した。中国籍を取得した者もあった。第三の道を選び、無国籍者の地位に留まった者は毎年住民票を更新しなければならなかった。

1931年、日本が中国東北部を占拠するという事件がおこった。亡命ロシア人にとってはホスト国が第三国の支配下に入ってしまったことを意味した。1932年には満洲国の建国が宣言され、亡命ロシア人の運命は再び激変する。「満洲国建国宣言」には以下のことが述べられていた。

まずは「新国家建設の旨は一に以て順天安民の主と為す。施政は必す真正の民意に徇ひ、私見の存するを容さす」と、順天安民、民本主義がうたわれた。さらに、「新国家領土内に在りて居住する者は、皆種族の岐視尊卑の分別なし、原有の漢族、満族、蒙族及日本、朝鮮の各族を除くの外、即ち其他の国人にして長久に居留を願ふ者も亦平等の待遇を享くることを得。其の応に得へき権利を保障し、其をして絲毫も侵損あらしめす」と漢・満・蒙・日・朝の五族およびそれ以外の民族も平等に共存共栄をはかっていくという民族協和の理念が述べられた。さらに統治理念としては、「王道主義を実行し、必す境内一切の民族をして熙熙皞皞として春台に登るが如くならしめ、東亜永久の光栄を保ちて世界政治の模型と為さむ」[3]と王道主義が唱導された。すなわち、順天安民、民本主義、五族協和、王道主義が宣言されたのである。しかし平等な民族協和や民本主義は、本来、王道主義とは相容れないものであり、やがて日本人を頂点とする民族序列が作られることになった。

2　白系露人事務局

日本は満洲を占領することで、長大な地域において新興の巨大国家ソ連と国境を接することとなった。1932年から1934年までの間に小規模な国境紛争は152回あったという[4]。亡命ロシア人に対しては特務機関がその指導に当っていたが、対ソ戦略上、領域内の亡命ロシア人に対する管理、統制を強化する必要があった。1934年12月28日に「白系露人事務局」が設立された。事務局は、細部

にわたり個々の亡命組織や亡命者の社会活動を指導し、その法的、経済的、文化的利益を擁護し、亡命者間の訴訟を調停し、亡命者の人口移動を把握した[5]。亡命ロシア人は満洲国の国籍を取得しない間は、事務局に登録するものとされた。

白系露人事務局の機関紙『ルチ・アジイ（アジアの光）』（1935年5号）は、白系露人事務局の創設を以下のように報じている。

> 満洲に避難所を見つけた亡命ロシア人の生活において新時代が始まった。1934年12月28日、満洲帝国の政府は白系露人事務局の創設を承認したのだ。
> 事務局には以下の課題がある。
> 1　満洲帝国に住む亡命ロシア人の物質的および法的状態の強化を促進する。
> 2　亡命者に関係する全ての問題に関して帝国の当局と接触をはかる。
> 3　亡命者の問題に関し当局のしかるべき機関に協力する。
> こうして、年明けの1935年に、以前は多くの組織に分散していた亡命ロシアは、自己の権威ある統一の代表組織を持つた。今後はこの機関が帝国の全ての亡命者問題を担当する。満洲国政府は亡命ロシア人を満洲に住む五つの民族のひとつとみなすと再三宣言してきたが、今や、それが実行に移されたのだ[6]。

亡命ロシア人は事務局に登録をするものとされたことで、この組織は「亡命者の政府」のごとき性格を帯びるようになった。実際、満洲国の行政機関としての白系露人事務局は、亡命ロシア人と満洲国との相互関係を調整する役割をはたした。とはいえ、全ての問題の最終的な決定権は日本の特務機関にあった。白系露人事務局は、週刊誌『ゴロス・エミグランタ（Golos Emigranta／亡命者の声）』や月刊誌『ルチ・アジイ』を発行していた。そのほか、教育機関や図書館の運営もおこなった。事務局の活動も日本当局によりコントロールされていた。白系露人事務局の内部は、タスキナ氏によれば、以下のような部にわかれていた。第一部は総務、第二部は、文化・啓蒙、第三部は行政（下位組織

に鉄道課を含む）、第四部は経営、第五部は慈善、第六部は法律を担当していた。このほかに、ある時期、極東軍人同盟と名づけられた第七部も存在していたという。職業斡旋、物資援助、ハルビンに配給券制が導入されてからは必需品の支給などもおこなった[7]。

3 満洲帝国国防婦人会ロシア部

政府当局は国家基盤の磐石化を図るため、女性を国防に組み入れることにした。女性をリクルートするために、1938年4月3日に満洲帝国に国防婦人会が創設された。その成立の経緯は以下のようなものと説明された。

> 銃後にある婦人が真に婦人としての健全なる婦女を養成し、美徳を発揚し、家庭経済の確立を図り、以て治安維持の大使命に活躍せる男子に後顧の憂なからしめんとする奉公の至誠、国難に備へんとする愛国の至情より日満の諸名士及婦人が団結し康徳元年十月廿日満洲帝国国防婦女会が生まれたのである[8]。

本部は新京に置かれ、各地要都に分部が設置された。翌1939年には、ロシア部がハルビンに開設された。ロシア部のことはほとんど知られていないが、ハルビンで当時発行された『大満洲帝国』[9]と『満洲帝国協和会』[10]をもとにその活動を見てみよう。

満洲帝国国防婦人会ロシア部にはロシア人、ウクライナ人、ユダヤ人、チュルク・タタール人、グルジア人、アルメニア人、カライム人（クリミヤ、リトアニアなどに住むチュルク語系民族）が加入していた。会長は、白系露人事務局の局長キスリーツィン（Kislitsin）の夫人であった。理事には会長と副会長以外に、ウクライナ居留地、ユダヤ居留地、チュクル・タタール居留地、グルジア居留地、アルメニア居留地、カライム居留地の各代表が就任した。

結成の趣旨は、一徳一心民族協和の実を挙げ、婦徳を発揮し以て強き銃後の力となすことにあった。そのために、以下のような七つの宣誓を掲げていた。

一、大いに婦徳の涵養に努め、国防の堅き礎となり強き銃後の力となりましょう。
二、心身共に健全な女子を養育して御国の御用に立てましょう。
三、台所を整え如何なる非常時に際しても家庭より弱音をはかないように致しましょう。
四、国防の第一線に立つ方々や御国の為に傷つき病める方々を慰めてあげましょう。
五、母や姉妹のような心をもって軍人遺家族や傷痍軍人の御世話を致しましょう。
六、一旦緩急の場合慌てず迷わぬよう常に用意を致しましょう。
七、日満一徳一心民族協和の実をあげ建国精神の具現に寄与致しましょう。

満洲帝国国防婦人会ロシア部の事務局が協和会のロシア部に置かれたことからも明らかなように、満洲帝国国防婦人部は協和会と緊密に結びついていた。協和会の指導のもと、国防婦人会は帝国内の民族協和の精神を家庭で実践し、住民の間で根付かせようとした。

年に二回、6月と12月に、国防婦人会ロシア部は兵士に手紙や慰問袋を送ったり、兵士のために慰問コンサートを催したり、傷病兵と軽いスポーツをしたりした。また、野戦病院のためにはつくろいものをした。出征軍人や戦死者の遺骨の送迎を行い、忠霊塔で行われる戦死者の合祀に参列した。国家の祭日にはハルビン神社で行われる行事に参列した。

さまざまな行事に参列する際には白いカッポウ着（家庭のエンブレム）と国家への奉仕を象徴する満洲国国防婦人会の白いタスキをつけることが奨励された。

4　日本語メディアに見る亡命ロシア女性の着衣

前述したように、日本は満洲事変でつくりあげた人工国家、満洲国に住民を帰順させるためにイメージ作戦を展開した。その中で白人であるロシア女性はどのような着衣でどのようなものを表象していたのかを見てみよう。

(1) 都市空間のモダンガール（モダンの象徴）

図1　絵はがきに付されたキャプションには「満洲情景、女学生——街路に集ひしモダンガール」とある（『追想の哈爾濱』哈爾濱桃山書学校同窓会、2005年）

　図1の写真は、ハルビンにおけるモダンガールを撮ったものである。短髪のヘヤースタイルで帽子をかぶっている。近代的でコスモポリタンで都会のシンボル的な存在がハルビンにも出現していた。大衆消費文化の形成とともに語られることの多い西欧的な新しい女性である。細い眉毛、濃いルージュなど都会的な化粧、ヒール、ネックレス、西欧の消費文化、挑戦的な新しい女性の雰囲気がある。モダンガールは働く女性の出現とともにあらわれ、良妻賢母型の女性像に対する脅威であると考えられていた。モダンガールは欧米的な生活様式と結びついており、欧米との同一化を象徴していた。ハルビンのロシア女性は総じてデカダン的な着衣で表象されており、当時のソ連の労働婦人や農婦のポスターと比較すれば違いが際だつ。図1の写真背景にある広告は横文字（キリル文字）で、西洋のような印象を醸し出している。ロシアが最初の統治者であったので、その刻印がいたるところに残っていた。そこには日本内地とは違う異種文化が混交する「外地文化」が形成されていた。

　権力側はメディアを駆使し満洲国を文明国として描いてみせた。中華民国との差異を強調し、デパートやホテルといった高層ビル、飛行機、超特急アジア

号がある満洲国の近代性を宣伝した。満鉄は国際列車が売り物であった。当時、ヨーロッパに行くのに汽船で行くのと、満鉄を利用してヨーロッパに行く方法があったが、経費や時間の点で汽車は汽船の三分の一で行けた[11]。流線型の外観をもち全車両に空調装置をとりつけた満鉄超特急アジア号は、まさに近代性の象徴だった。アジア号の食堂車両では金髪のロシア女性が洋食を提供し、満鉄の国際性、近代性を強調した。旧軍閥時代とは違う王道楽土を宣伝するには、亡命ロシア人は格好の広告塔だった。

　当時、ハルビンは「日本に最も近いヨーロッパ」と言われていた。ロシアが最初に町づくりをしたので、ハルビンにはヨーロッパの香りが満ちていた。ロシア人自身もアジアという異文化環境でディアスポラ（離散共同体）な状況にあって、本土のロシア人より西洋的になった。日本内地にない大陸的な理想を象徴する存在が、近代的なアジア号が発着するハルビン駅やロシアのデパート、ロシア女性であった。

（2）　民族衣装のロシア女性（民族協和の象徴）

　満洲には、満系・漢系・鮮系・蒙系・露系など多くの民族が暮らしていた。民族協和がうたい文句であったが、構成民族同士の関係は対等でないことがだんだん明らかになってきた。1943年2月に発表された「各民族の鍛錬」では、日本人は他民族から敬愛さるべき「各民族の中核」、鮮系、満系、蒙系の民族は「忠誠なる満洲国国民」、露系住民は「忠誠なる満洲国国民たる如」きものとされるに至った。ロシア人は兄貴分の日本人と弟分の満・漢・鮮・蒙のアジア系民族の周縁に位置づけられ、日本人の異民族支配の対象であった[12]。

　前述したように、多民族支配に際して、総督府が官僚的に植民地を統治するシステムではうまくいかないことは、朝鮮支配の経験から、明らかだった。占領地の住民を支配するには武力にのみ頼っていたのでは不十分で、文化を通して、植民地の住民に宗主国に対する畏敬の念をおこさせなければ他国からの侵略に対応できない。そこで、諸民族が力をあわせて王道楽土をつくりあげようという宣伝がなされた。

　民族協和をうたいあげるポスターでは満洲国旗の五色（黄、白、黒、青、

赤）が使われ、五族が輪になったり、手をつないだりする構図のものが多かった。

　民族協和のプロパガンダはポスターや伝単（宣伝ビラ）だけでなく、歌や踊りを通じて分かりやすく行われた。たとえば、「四族協和舞姫隊」である。1941年5月に歌と踊りを通じて東亜民族協和の思想を吹き込もうという理想のもとに結成された民族協和の舞姫隊で、その構成員は日系・鮮系・満系・露系と四族であった。図2の男装のロシア女性はコサックの衣装、すなわち、頭にフラシカというひさしのある帽子をかぶり、立ち襟に刺繍をほどこしたルバシカを着て、腰のところを紐でしめ、ゆったりした乗馬ズボンの上から長靴を履いている。民族服の女性は頭にプラトーク（スカーフ）をかぶり、袖のゆったりしたブラウスの上にサラファン（ジャンパースカート）をはき、その上にエプロンをつけている。

図2　四族協和の舞姫隊（朝日新聞大阪本社富士倉庫資料）

　ちなみに、建国10周年の1942年に発行された記念切手に取り上げられた民族服をきた五族の少女は、日・漢・満・蒙・朝で、ここにはロシア人は入っていない。複合民族国家の中で周縁に位置づけられたロシア人は主要民族に入れられたり、はじきだされたりした。

（3）　普段着のロシア女性（満蒙開拓の象徴）
　図3のロマノフカ（Romanovka）村は1936年にできたロシア人村である[13]。部落建設の許可を白系露人事務局に提出、許可をえて柳樹河子[14]（中国名）に建設された。満洲旅行案内書のなかには必ずとりあげられているロシア人部落である。ロマノフカ村に関する本も数多く書かれている。
　満洲国立中央博物館副館長、藤山一雄は「不遇薄命のエミグラントが何等、官辺の経済的援助をうけず、営々孜々、僅か五年ならずして既に自給自足生活の孤立経済圏ユトピアを構成せる精神力と、その農牧村経営の技術の優秀

さ」⁽¹⁵⁾に着目している。

藤山一雄は自給自足の経済圏を作りあげる組織力と農村経営技術の優秀さに注目するだけでなく、これを積極的に日本の満蒙開拓にとりいれることを以下のように提言している。

「彼等は実に亜寒帯生活に於ては吾人の畏敬すべき先輩であって、これを見習ひ、咀嚼し、及び吸収して、自らの開拓生活の血液とすることは最も能率的にして、且つ賢明なる方法である」⁽¹⁶⁾。ロシア人はもともと大陸で生活しており、彼等にとり満洲は、同緯度を東に移住した地にすぎず、高緯度自然諸象は経験ずみなので、生活文化、生産形態、およびその方法を変える必要はなかった。それに比べ、日本人は大陸での生活、とりわけ高緯度地圏の生活経験が乏しいために錯誤が多く、日常の生活形態がその自然に即応していなかった。

図3　ロマノフカ村の女性（藤山一雄『ロマノフカ村』満洲移住協会、1942年）

「シベリアを始め満洲の実生活に於て勝って居るのはロシア人」であると、藤山は高緯度生活圏におけるロシア文化の優位を認めている。衣服についても次のように書いている。

> ルバシカは裁縫が簡単であり、着用してだぶだぶしてゆとりがあり、運動が円滑に出来、作業服としてはまことに絶好、農民にもって来いといへる。（中略）ルバシカは寒さにいくら下着を重ねても、寛容である。全く「寒」に対する必要より創り出された一つの服装様式であらう。（中略）女子の衣装は男子のよりも一層中世的であり特異の感を深からしめる。（中略）彼等は日本人の如く、冬服、あい服、夏服、真夏服といったやうに季節に応ずる色々の服を決してもたない。冬服を真夏に着て平気で居る。従って衣服の数量も極めて少く、各戸に一個、或は二個、手製の衣装櫃をもって居るに過ぎない。その理由の一つは、此の村の衣数は殆んど単衣のものである。これは冬季、室内が保温され、外出の時は狩猟による毛皮を

利用したパリト（外套――生田）やシューバ（毛皮外套――生田）などの防寒衣、或は前述の如く、ルバシカや、女子の上衣が寛容で、いくらでも下着を抱擁するので結構平気であり、従って非常に種類も量も少ないやうに思はれる。此の点日本開拓民の生活様式によい参考でなければならぬ。衣服が単衣であることは、その製作、保存、修理及び洗濯が頗る容易で、確に経済的である[17]。

ロシア人の衣服が寒さに対する必要から創り出された一つの服装様式として奨励されている。日本は満洲に500万の開拓移民を送る計画を立てた。満洲の人口の10%を日本人で占め、対ソ防衛や抗日運動の防波堤にするためである。満蒙開拓団農民の手本にされたのが、ロマノフカ村のような北満のロシア人村であった。当時の日本人一般のロマノフカ村住民によせる関心は、彼らの勤勉さ（敬虔な旧教徒なので酒や煙草はタブー）と寒冷地適応のスキルに集中しており、彼らの精神文化の基層への関心は一部の例外を除き、ほとんどみられなかった。

（４）　半裸体のロシア女性（帝国主義的欲望の象徴）
　日本が満洲における支配を強化するにつれ、満洲の旅行案内や絵葉書にはエロチックな半裸体の亡命ロシア女性が登場するようになってきた。図４の絵葉書のキャプションにあるとおり、ロシア女性のダンスは有名だった。当時の観光案内の多くには「夜のハルビン」という一章があり、金髪ロシア女性の半ヌードのダンス姿と共にお勧めのキャバレーの情報が掲載されていた。たとえば、1940年に書かれた『北満事情』には以下のような記述がみられる。

　　哈爾濱を訪れる人の誰もが、仮令それが厳かめしい教育視察団であろうが、まづ露美人踊りとキャバレーを覗かぬ者はあるまい。それ程ハルビンのロシヤ、キャバレーは名が売れて居る。（中略）何もかもが、一時は国際都市とか北の魔都とか云はれたハルビンが、薄つぺらな、アメリカニズムの不消化そのもののやうな日本色に、夜のハルビンをも包みつゝある

図4 「ハルビンの女　満蒙の上海ハルビンの街頭風景。ロシア女のダンスはあまりにも有名だ。ハルビンの舗道は女の靴音に明け靴音に更ける」と書いてある

　　（中略）以前は、筆者なども新しいロシヤ語を憶へると早速キャバレーに出かけては、酔にまかせて会話の実習をやって喜んで居たものだが、今日此頃ではなまじロシヤ語なんか使はうものなら、「ヨウ云はんワ、この人、何云ってんのサ」程度に（中略）日本語でオチャラかされてしまふ程、日本文化は巷の隅まで浸潤し尽してしまった[18]。

　政治的権力や経済基盤を失ったロシア人に巨大な消費文化の維持が出来るはずもなく、満洲国建国後はキャバレーで働いていた多くの亡命ロシア女性が上海へ逃避した。金銭的余裕のある亡命ロシア人は中華民国時代のアバウト管理とちがう日本の厳しい統制が肌にあわず、アメリカやオーストラリアなどに第二次亡命するものが多かった。残ったロシア人は貧困層が多かった。女性は春をひさぎ、その日暮らしをしていた。
　一方、日本にとり、満洲、特にハルビンは一番近いヨーロッパであり、風俗営業のロシア女性を目当てに観光客が押し寄せた。観光名所をめぐる絵葉書の中に次のようなものもあった。ほとんど真っ暗でよく見えないが、暗がりのソファに男性を真中にしてロシア女性二人がはべっている。右の女性の白い足と

左の女性の白い腕と胸があやしげに浮きあがっており、男性の欲望の対象としての女性が配置されている。キャプションは「赤い灯、青い灯……歓楽の街！ジャズ！ウォッカ！エロ！エロ！グロ！グロ！あっ！消燈！！！」で終わっている。

　この絵葉書にある男女関係は満洲における日本人とロシア人の関係の反映である。日本人の相手をするのは二人のロシア娘である。一対一の対等な男女関係ではない。

　かつて日本が始めて満洲に入植したころ、この地の支配者はロシア人だった。日本人は、鉄道建設の仕事を手伝ったり、理髪店や洗濯屋などのサービス業に従事したり、ロシア人の補助的な仕事をしていた。満洲国時代には日露の権力関係が逆転していた。この絵葉書には「東亜の覇者」として白人との決戦に臨んでいる日本のセルフイメージが反映されている。

（5）　タスキがけのロシア女性（国家総動員体制の象徴）
　国民精神総動員の段階に入った満洲では亡命ロシア女性も満洲国防女性の一員とみなされた。前述したように、満洲国防婦人会が協和会の中に設けられ、ロシア部も創設された。満洲国民としての一体感を高め、戦意高揚をはかるために、カッポウ着とタスキを身につけるよう奨励された。

　図5は「街の協和色」と題し、隣組の満洲国防婦人会の活動を扱ったスナップである。右の女性は毛皮のコートを着て、イヤリングをしている。左の女性はプラトーク（スカーフ）をかぶり、皮のトリミングのついたフードのあるコートを着ている。いずれも、モンペ姿でタスキ掛けの日本女性に比べるとおしゃれである。それだけではなく、左の女性は、タスキをしていない。

　この頃のロシア語新聞では、満洲国防婦人会が「マンシュウコクボウフジンカイ」とそのまま音訳ロシア語で登場している。慰問袋

図5　『観光東亜』10巻10号（1943年）

を作り、日本人や満人とともに消火訓練や防空訓練をする亡命ロシア女性の写真が新聞雑誌の紙面を飾った。興味ぶかいことに、ハルビン神社で行われた満洲国防婦人会の結成6周年記念式典でも、日本女性は、モンペをはき、白いカッポウ着をつけ、白いタスキをかけているのに対し、亡命ロシア婦人は外套に白いタスキをかけているだけで、着用が奨励されていた白いカッポウ着はつけていない。

　満洲国国防婦人会ロシア部は、日本が亡命ロシアを統制し、満洲国家建設に利用するために創り出した装置であり、亡命ロシア人が難を逃れた他のホスト国には見られない独自のものであった。ロシア人を国家総動員体制に組み込もうとするものであり、日本のイデオロギーに都合のいいようにロシア人を帰順させようとした。生活の細部に至りロシア人を指導する協和会に対するロシア人の態度は、以下のようなものであった。ロシア語では協和会は中国読みの音訳で「セ・ヘ・ホイ」というが、ロシア人は音相の類似からそれを「スメフ・オフ・オイ！（笑わせる）」と言い換えて、笑い飛ばした[19]。

5　ロシアメディアの中の亡命ロシア女性の着衣・表象

　従来、亡命ロシア人は祖国であるソ連やホスト国（中華民国や満洲国）にふりまわされ、アイデンティティの危機に何度も陥った客体として語られてきた。だが、彼ら自身は主体的にみずからのアイデンティティを主張することはなかったのであろうか。満洲国時代の亡命ロシア人には、同時代の西側に亡命したロシア人と比較すると以下の四つの特徴があった。第一は革命前ロシアの生活環境の存在、第二は西洋文明の伝搬者としての優位性の意識、第三は白系露人事務局の存在、第四はソ連との共存である。このうち、第四の特徴についてはすでに他のところで考察したので、ここでは省略する[20]。満洲独自の時代性・地域性を切り口に着衣の亡命女性を考察することにしよう。

　第一の特徴は革命前のロシア生活様式の存在である。これは亡命地の状況に適応しなければならなかった西側の亡命地とは違う生活環境であった。中東鉄道沿線地帯ではソ連内ではすっかり忘れられた風習がいまだ残っていた。いたるところでロシア語が響き、キリル文字が使われていた。通りでは、ルバシカ

図6 チューリン百貨店の毛皮の広告『ルチ・アジイ』15号（1935年）

を着て房飾りのついた腰紐をしめた正真正銘のロシア人の農夫や、プラトーク（スカーフ）を被り、刺繍を施した服を着たロシア人農婦を見ることができた。通貨はルーブルやコペイカが用いられ、長さを測る単位には古いアルシンが使われていた。パリでもベルリンでもコンスタンチノープルでも亡命ロシア人たちはロシア人コロニーを形成したが、ハルビンでは亡命ロシア人たちはよそ者ではなかった。パリでは亡命ロシア人がもたらした毛皮やロシア刺繍は珍しがられ、エキゾチックなものとして流行したが、ここではごく普通のアイテムであった。

　日本統治下の満洲国時代になると、当局はソ連への対抗上ではあるが、革命前のロシア文化を保護した。たとえば、40年代の戦時下でも関東軍はロシア文化の保持のための援助金を与えていた。従来からの三河地方のコッサック部落だけでなく、満洲国時代にロシア古儀式派の亡命ロシア人によりロシア人村が開墾された。伝統的なロシア生活を送るという実用的目的からも、ロシア人としてのアイデンティティを表示するうえからも革命以前の日常着が着用された。

　北満のロシア村では、綿羊を何頭も飼い、春になると毛を切ってほぐし、糸につむいでセーターや靴下、冬用の手袋など編み、厚い布を織った。さらに、麻を植え、糸をつむぎ、機織り機で布を織った。ロシア語メディアでは昔ながらのロシア生活がよく取り上げられた。彼らは着衣により対ソ戦略の局面では革命前ロシアにアイデンティファイする一方で、満洲国を構成する露系民族としてのアイデンティティも主張した。

　第二の特徴は、他のヨーロッパ亡命地と異なり、満洲では亡命ロシア人が文化的優越性を感じていたことである。中東鉄道を建設したロシアは、未開の地にヨーロッパ文明の光をもたらしたと自負し、ことさら西洋文明の伝搬者としてふるまった。彼らの着衣や化粧も西洋性を体現するものであった。すでに1900年には、チューリン（Churin）商会が既製服を豊富にとりそろえた店を旧市

図7 『ルベジュ』41号
（1934年）

街にオープンさせた。この店では常にロシアのヨーロッパ地域の最新モードに触れることができた。1903年に鉄道の運営が始まると、ハルビンと西洋の経済的商業的結びつきはますます深まっていく。1923年、ハルビンの人口は12万7千人で、その大部分はロシア人だった。鉄道員の福利厚生施設である鉄道倶楽部は図書館、レストラン、ビリヤード、バーなどを備えており、大ホールではオペラ、オペレッタ、コンサート、バレー、舞踏会が行われ、まるでヨーロッパのサロンがそのまま移植された感があった。ロシアの新聞や雑誌が次々に創刊され、イラスト入りの雑誌『ルベジュ』はいつも新しい流行を紙面で取り上げたので、ロシア人はヨーロッパの最新モードの動向を知ることができた。ハルビンのロシア人の大部分は、パリのモード雑誌をまねてヨーロッパの最新モードを着ようとした。亡命ロシア女性は、中国の国際的都市上海のモードを真似ようとは決してしなかった。

亡命ロシア女性はハルビン建都の日から西洋ファッションの最前線でファッションをリードする存在だった。満洲国時代になっても亡命ロシア人は、チューリン百貨店（所有権がロシア人の手を離れても「ロシアの企業」とみなされていた）とともに身近で具体的な美の規範だった。日本や満洲国が西欧の模倣である以上、ロシア人はその容貌、体格の点で優位性を保証されていた。

第三の特徴は、白系露人事務局の存在である。この組織は日本が亡命ロシアを間接的にコントロールするための組織であった。しかし、その一方で、日本の政策とはいえ、亡命ロシアが一つにまとまったのは画期的なことであった。従来から亡命ロシア人は、民族、信仰、出身階級、出身地、イデオロギーなどが多様で、内部抗争を繰り広げ、団結することは不可能と思われていた。ハバロフスクの文書館にはソ連軍が押収した白系露人事務局の文書が残っているが、それを見ると、1945年7月の段階でも亡命ロシア人自身が132もの互助会、組合、同窓会人的などの人的ネットワークを構築し、生き残りを図っていたこと

が分かる。その多くが満洲国時代に設立されたものである(21)。満洲国政府の肝いりで設立された白系露人事務局ではあったが、それには亡命ロシア人自身が亡命社会の内部構造を把握し、組織化しようとする側面もあった。ネットワークの中でひときわ目をひくのが、ヨーロッパ美容室協会やヨーロッパ料理店などの西洋性のくくりでまとめることのできるグループの存在である。彼らはヨーロッパ性、近代性をセールスポイントにして生活基盤を再構築しようとした。『ルベジュ』では洋装洋帽の亡命ロシア女性がマニキュア、ペディキュア、コスメティックなどの宣伝をしているのが毎号観察される。

おわりに

日本では、絵葉書、旅行案内書などを通じて、「北満の平和郷ロマノフカ村」のロシア旧教徒や「ハルビン名物ロシア娘の裸踊り」の表象が伝播され、何度となく再生産されているうちに亡命ロシア人のステレオタイプとなった。多様な民族からなる亡命ロシア人が満洲で生活していたはずであるが、「平和郷ロマノフカ村の勤労農民」、「国際都市ハルビンの金髪風俗女性」に亡命ロシアの表象が集中させられている。伝統的な普段着を着たロシア女性は日本の「満蒙開拓」政策に、半裸体の金髪ロシア女性は「大東亜共栄」政策の推進に、それぞれ重要な役割を担わされていたといえる。亡命ロシア女性の表象は現実の亡命ロシア女性とはずれがあり、そこには植民地住民に対するのと同じような偏見が感じられる。タスキがけのロシア女性など、満洲帝国の構成員を意味する表象は亡命ロシア女性のステレオタイプにならなかった。

日本は在満亡命ロシア人を「他者」とし、「参照枠」とすることで自らのナショナル・アイデンティティをつくりあげていった。ユーラシアに位置するロシアはヨーロッパ諸国のなかではアジア的と見なされてきた。しかし、満洲における「アジア／ヨーロッパ」の二項対立のなかでは非アジア性の体現者としての側面がクローズアップされた。「東亜の覇者」を自負する日本が西洋世界にキャッチアップするという目標が現実的なものであり、西洋恐るるに足らずというイメージを形成する役割を、亡命ロシア女性は好むと好まざるとにかかわらず担わされていたといえよう。その一方で、亡命ロシア女性はアジアの地

にあって自らの西洋性・ロシア性を強く意識した。対ソ戦略では革命前の衣服を用い、対日戦略ではファッショナブルな洋服を用いて自己のアイデンティティの保持を図っていたといえる。

　着衣それ自体はいかなるメッセージも担うことができる。ボガティリョフ（Bogatyrev）が指摘したように、衣装は多くの機能をもち、それぞれのコンテクストに応じてドミナントな機能が発動する。満洲における着衣は、支配する側とされる側、それぞれの描く自他イメージを表出する手段がドミナントに機能していたといえる。日露が着衣により表象しようとしたものはコロニアル・モダニティという言葉でくくれるだろう。日本当局も亡命ロシア女性もロシア人のもつ西洋性をモダンとして表象した。記号表現の点では両者の表示するものは似通っていたが、その記号内容と機能は違っていた。支配する側は着衣の亡命ロシア女性を通じて大東亜帝国主義支配の論理を可視化し、亡命ロシア人は着衣をナショナル・アイデンティティ保持のよりどころとしたのである。

＊本章では、民族名や国名、地域名に関しては歴史的事象として、当時の呼称をそのまま用いた。また、中東鉄道は、日本語では、東清鉄道、東支鉄道、中東鉄道、北満鉄道と呼称が変わったが、ロシア語では常に中東鉄道（Kitaĭsko‐Vostochnaya zheleznaya doroga）なので、それを用いた。引用に際しては、旧字体は新字体に改めた。

（1）　Vasil'ev, Aleksandr（2007）Krasota v izgnanii. Moskva：Slovo.
（2）　Lazareva, Svetlana, Sergeev, Oleg i Gorkavenko, Natal'ya.（1996）*Rossiĭskie zhenshchiny v Man'chzhurii*. Vladivostok：Institut istorii, arkheologii i étnografii narodov dal'nego vostoka.
（3）　満洲弘報協会　『満洲国現勢――建国・大同二年版』（満洲国通信社、1933年、2000年復刻版、株式会社クレス出版）、1頁。
（4）　西原征夫『全記録ハルビン特務機関――関東軍情報部の軌跡』（毎日新聞社、1980年）、46−47頁。
（5）　GAKhK（Gosudarstvernnyĭ arkhiv khabarovskogo kraya）．F. 830. Op. 1. D. 1. L. 1.
（6）　*Luch Azii*, 1935, №. 5.
（7）　Taskina, Elena（1994）*Neizvestnyĭ Kharbin*. Moskva：Prometeĭ. S. 118.
（8）　『康徳三年版満洲国現勢』満洲国通信社、1934年、389頁。ここでは名称が満洲帝国国防婦女会となっている。筆者が見た『ヴレーミャ』（ハルビンで日本人が発行

していたロシア語新聞）ではロシア語で満洲国防婦人会がそのまま音訳されていた。もとになった日本の団体名は国防婦人会なので、本章では国防婦人会とした。
（9） *Velikaya Man'chzhurskaya Imperiya : K desyatiletnemu yubileyu*. (1942) Kharbin : Gos. org. Kio‐Va‐Kaĭ glavnoe byuro po delam rossiĭskikh émigrantov v Man'chzhurskoĭ Imperii. S. 219‐221.
（10） Man'chzhurskoĭ Imperii Kio‐Va‐Kaĭ. Kharbin : Biblioteka Kio‐Va‐Kaĭ. S. 67‐70.
（11） 小林英夫『満鉄──「知の集団」の誕生と死』（吉川弘文館、1996年）、39‐40頁。
（12） 満洲帝国協和会「協和会運動基本要綱」（『満洲評論』第24巻第13号、1943年）、8‐9頁。
（13） 廣岡光治『満洲事情』（哈爾濱興信所、1940年）、194頁。
（14） 岡崎雄四郎（『北満事情』満洲事情案内所、1933年）、150頁。
（15） 藤山一雄『ロマノフカ村』（満日文化協会、1941年）、1頁。
（16） 同上、1頁。
（17） 同上、36‐38頁。
（18） 廣岡光治『北満洲事情 附哈爾賓観光案内』（哈爾濱興信所、1940年）、107‐109頁。
（19） Bakich, Olga. (2002) *Harbin Russian Imprints : Bibliography as History*, 1898‐1961. New York : Norman Ross. p. 18.
（20） 生田美智子「日本統治下ハルビンにおける『二つのロシア』──ソビエトロシアと亡命ロシア」（『言語文化研究』第35号、大阪大学大学院言語文化研究科、2009年）。
（21） 生田美智子「トラウマとアイデンティティの模索──ハルビンの亡命ロシア人の場合」（大阪外国語大学グローバル・ダイアログ研究会・松野明久編『トラウマ的記憶の社会史──抑圧の時代を生きた民衆の物語』明石書店、2007年）参照。

[引用・参照文献]
伊賀上菜穂 2009 「日本人とロマノフカ村」『セーヴェル』第25号 ハルビン・ウラジオストクを語る会
生田美智子 2007 「トラウマとアイデンティティの模索──ハルビンの亡命ロシア人の場合」大阪外国語大学グローバル・ダイアログ研究会・松野明久編『トラウマ的記憶の社会史──抑圧の時代を生きた民衆の物語』明石書店
─── 「植民地主義の表象：『満州』のロシア人ディアスポラの場合」『ロシア・東欧研究』第12号 大阪外国語大学ヨーロッパⅠ講座
─── 2009 「日本統治下ハルビンにおける『二つのロシア』──ソビエトロシアと亡命ロシア」『言語文化研究』第35号 大阪大学大学院言語文化研究科
─── 2010「満洲の亡命ロシア女性の表象──着衣と裸体──」『セーヴェル』第

26号　ハルビン・ウラジオストクを語る会
岡崎雄四郎　1933『北満事情』満洲事情案内所
貴志俊彦　2010『満洲国のビジュアル・メディア：ポスター・絵はがき・切手』吉川弘文館
小林英夫　1996『満鉄──「知の集団」の誕生と死』吉川弘文館
西原征夫　1980『全記録ハルビン特務機関──関東軍情報部の軌跡』毎日新聞社
廣岡光治　1940『満洲事情』哈爾濱興信所
────　1940『北満洲事情　附哈爾賓観光案内』哈爾濱興信所
藤山一雄　1941『ロマノフカ村』満日文化協会
藤原克美　2010「ロシア企業としてのチューリン商会」『セーヴェル』第26号　ハルビン・ウラジオストクを語る会
ボガトゥリョフ、ピョートル著・松枝到＋中沢新一訳　1981『衣装のフォークロア』せりか書房
満洲弘報協會　1933『満洲国現勢──建国・大同二年版』満洲国通信社　(2000年復刻版、株式会社クレス出版)
安富歩・深尾葉子編　2009『「満洲」の成立：森林の消尽と近代空間の形成』名古屋大学出版会
山本有造　2007『満洲：記憶と歴史』京都大学学術出版会
山室信一　2004『キメラ：満洲国の肖像』中央公論新社（増補版）
Bakich, Olga. (2002) *Harbin Russian Imprints: Bibliography as History*, 1898-1961. New York: Norman Ross. p. 18.
GAKhK (Gosudarstvernnyĭ arkhiv khabarovskogo kraya). F. 830. Op. 1. D. 1. L. 1.
Lazareva, Svetlana, Sergeev, Oleg i Gorkavenko, Natal'ya. (1996) *Rossiĭskie zhenshchiny v Man'chzhurii*. Vladivostok: Institut istorii, arkheologii i étnografii narodov dal'nego vostoka.
Man'chzhurskoĭ Imperii Kio-Va-Kaĭ. Kharbin: Biblioteka Kio-Va-Kaĭ.
Taskina, Elena (1994) *Neizvestnyĭ Kharbin*. Moskva: Prometeĭ.
Vasil'ev, Aleksandr (2007) *Krasota v izgnanii: tvorchestvo russkikh émigrantov pervoĭ volny: iskusstvo i moda*. 7-e izdanie, dopolnennoe. Moskva: Slovo
Velikaya M an'chzhurskaya Imperiya: K desyatiletnemu yubileyu. (1942) Kharbin: Gos. org. Kio-Va-Kaĭi glavnoe byuro po delam rossiĭskikh émigrantov v Man'chzhurskoĭ imperii. S. 219-221.
Luch Azii. (1935.) 13
Rubezh (1934) 41

「甲子園」のパンチラ
―― 女子応援団から見る高校野球の歴史 ――

池川　玲子

はじめに

　「春の甲子園」、「夏の甲子園」、あるいはただ「甲子園」。春と夏に阪神甲子園球場で開催される「選抜高等学校野球大会」と「全国高等学校野球選手権大会」は、歳時記のように「日本人」の生活に馴染んでいる。しかし「甲子園」を定義することは存外に困難である。高校スポーツのイベントとして、「甲子園」は、あまりにも破格であり別格でありかつ多面的であるからだ。

　よく知られているように、「甲子園」を主催しているのは、新聞社（「選抜」は毎日、「選手権」は朝日）と財団法人日本高等学校野球連盟（以下、高野連）である。

　つまり一面、「甲子園」は、大新聞社が仕掛ける巨大なメディア・イベントである。大会期間中は、主催新聞社の出版物はもちろんのこと、NHKをはじめとしたテレビ局が、各種チャンネルを通じて、海外にまで「甲子園」を届けていく。ラジオ、インターネット等々にも甲子園情報が横溢する。全国からの注視の中、無名校は一夜にして全国区レベルの知名度を獲得し、抜きん出た選手は、瞬く間に一挙手一投足が注目されるスターと化す。

　しかしまた一面、「甲子園」は、高野連という団体によって運営されている教育事業でもある。したがって他の多くのスポーツ大会と異なり、文科省の外郭団体である高等学校体育連盟の指揮系統の外にある。そしてその高野連が要求する「高校野球」とは、競技そのものとは基本的に無関係な「高校生の在り方」全般を包括するものである。その「高校生らしさ」が、例えば選手の極端な短髪といった、時代錯誤なまでに規律的で自由度の少ないものであることはもはや常識となっている。しかもその要求の範囲は、選手のみならず応援に駆

けつけた一般学生にまで及ぶのである。

　加えて「甲子園」は、サブカルチャー分野における一大ジャンルを形成している。小説、映画、コミックの別を問わず、戦前から現代に至るまで大衆に享受されてきた「甲子園もの」はまさに枚挙にいとまがない。

　たかだか高校の部活動が、社会、教育、文化、経済に及ぶ広大な領域を横断的に展開し、巨大な熱狂を創り出していく。あえて定義するならば、「甲子園」とは、その巨大にして越境的な動きそのものといえようか。

　さて、高校生のスポーツ大会では例外的なことであるが、「甲子園」には女子の部が存在しない。女子の硬式野球大会は、別の球場で別個の組織によって運営されている[1]。また、男子と女子の混成による野球部が全国には相当数存在するが、出場資格が「男子」に限定されているため、女子選手はベンチに入ることすら許されていない。ベンチ入りを許される女子部員は、記録要員としてのマネージャーだけである。過去に女子の出場に関する要望書が提出されたケースもあるが、「体力面で男女一緒にプレーするのは危険」として門前払いとなっている。「甲子園」はグラウンドから女子選手を完全にオミットしている競技大会なのである。

　一方で「甲子園」は、開会式閉会式などのセレモニーに多くの女子高校生を動員するイベントでもある。プラカード・ガール、コーラス、司会進行など、その役割は多岐に渡る。いずれの場合も彼女たちに期待されているのは、身振りや声、そしてスカートの制服姿といった「女性性」である。そしてアルプス・スタンドには、女子応援団員たちが、男子応援団員とともに陣取っている。

　女子高校生に焦点を当てた時、「甲子園」が、中心＝戦う男子、周縁＝戦う男子のためにさまざまな役割を担う女子＆男子、外部＝戦う女子という、同心円状のジェンダー配置で構成された場であることが浮かび上がってくる。

　「甲子園」は、その多面性や規模の大きさ、そして人気ゆえに、スポーツ史学、教育史学、社会学、文化学といったさまざまな領域で分析の対象となってきた。筆者は、それらの先行研究を踏まえつつ、そこにジェンダーの視点を導入する必要性を感じている[2]。「甲子園」は、これを享受してきた当該社会のジェンダー秩序を解析するための極めて有効なフィールドであると考えるから

だ。

　さて、本章が注目するのは女子応援団員である。興味深いことに、無名で多数の彼女たちの姿は、ある意味「甲子園」を象徴するものとしてメディアに露出している。可憐な団員の上半身のクロース・アップ写真が、甲子園を特集した雑誌や書籍の表紙を飾ることも珍しくない。その一方、彼女たちの下半身姿、いわゆる「パンチラ」映像がポルノ・マーケットの定番商品として流通していることは周知の事実である。

　そもそも彼女たちは、どのような過程を経て「甲子園」に登場したのだろうか。ミニスカートを着衣するようになったのはいつ頃のことだったのだろうか。現在のように「上半身」と「下半身」に切断された姿でメディアに扱われるようになるまでには、いかなる変遷があったのだろうか。

　本章は、「甲子園」の女子応援団、特にその「パンチラ」現象の生成と発展の歴史を追跡し、もって日本の近現代社会における「女性の周縁化システム」の一端をめくりあがらせることを目的としている。

甲子園「パンチラ」史

　以下、「パンチラ」をめぐる諸現象に注目しつつ、「甲子園」の歴史を通覧していく。記述の必要上、以下のような時代区分を設定する。

　（1）「パンチラ」以前期　1915年〜
　（2）「パンチラ」見参期　1947年〜
　（3）「パンチラ」見世物期　1963年〜
　（4）「パンチラ」激写期　1970年代後半〜
　（5）「パンチラ」不可視化期　1994年〜

（1）「パンチラ」以前期　1915年〜
（1）「甲子園」の誕生
　「甲子園」の起源である全国優勝野球大会は1915年に創設された。中学野球の指導にあたっていた三高（現・京都大学）野球部員と、箕面有馬電軌（現・阪急電鉄）社員が、それぞれ別ルートで大阪朝日新聞社に持ちかけて実現させ

た企画だった。「甲子園」は、生まれ落ちた時から、鉄道会社が仕掛けた地元密着型のレジャーであり、行政とは一線を画した教育的活動であり、大手新聞社が仕掛けたイベントという多面的な性格を有していたことになる。

　多面的であるがゆえに、このイベントには、統一的かつ説得力のあるコンセプトが必要であった。有山輝雄は、「甲子園」はまず「武士道的精神を基調とする日本の野球」として意義づけられ、その武士道野球には、「犠牲的精神」とイギリス流のフェアプレーの翻訳概念である「敢闘精神」が包摂されたと分析している。詳細は先行研究に譲るが、アメリカ由来のベースボールが「野球」として日本に土着化する道程には、数多の批判との対決と交渉があった。「武士道的精神」、「男らしさ」、「敢闘精神」はいずれも、この道程において、プレイする側が批判に応えるべく捻出してきた概念であった。当然ながらこれらのいずれにも、本音と建前が分かちがたく混在していた。それまでの野球の歴史が作り上げてきた「本音と建前」性を引き受けて、「甲子園」は誕生したのである。ちなみに大会のモットーは「凡てを正しく、模範的に」であった。

　さらに清水諭は、箕面有馬電軌の専務取締役・小林一三が、男＝「甲子園」＝「強く、正しく、逞しく」、女＝宝塚唱歌隊（現・宝塚歌劇団、1914年に第一回少女歌劇公演開催）＝「朗らかに、清く、正しく、美しく」というジェンダー・イメージに基づいた経営戦略を構想していた可能性を示唆している[3]。

（２）「甲子園」の応援団

　「甲子園」の「本音と建前」性を端的に表すものとして、「甲子園」における応援団の取り扱いが挙げられる。

　明治以来、野球競技の主たる担い手は、一高、三高などの旧制高等学校、あるいは早稲田や慶応などの大学で学ぶ学生たちであった。そして、試合に駆けつける学生たちの応援とは、いわゆる「バンカラ」文化の最たるものであった。応援合戦の名の通り、野球の試合とは別個の戦いを応援団同士で繰り広げ、勢い余って試合そのものをぶちこわしにしてしまうというような本末転倒な状況がしばしば出来していた。野球自体は、明治末から大正を通じて、年長の学生から中学生へと伝播していったが、それとともにバンカラな応援振りも全国の中学生が真似るところとなっていく。「甲子園」創設当時には、グラウンドに

石を投げ込んで試合を妨害するような中学応援団もあり、教育関係者の頭痛の種となっていたのである。

これがため、「正しく、模範的な」「武士道野球」を標榜する全国優勝野球大会では、応援団の規律化が大課題となった。「規約を設ける」、「応援団を定席に隔離する」、「三・三・七拍子の秩序だった応援に限って許可する」等々の対策が試みられるが、結局、大正末から応援行為自体が禁止されたという。ただしそれとても建前的な処置に過ぎず、新聞の紙面は、「応援団の野次合戦の風景」で賑わい続けた。「乱暴だが生気ある応援は大会必須の風物詩」であり、「甲子園」というイベントの盛り上げに果たす役目は大きかった[4]。

(3) 女子と「甲子園」と野球

そのような「甲子園」と女子学生は、どのような関係を結んできたのだろうか。全国優勝野球大会は中学校野球部日本一を決める競技会であったから、小学校卒業後は、男子は中学、女子は高等女学校という男女別コース制のもとにあった当時、当然ながら女子の学内応援団員は存在し得ない。女子はただ観客として「甲子園」に参加を許されたということになる。1915年の第1回大会には、バックネット裏に「婦人席」が設置された。そこに案内されたのは、「関係者の娘、選手の姉」など3人であったという。昭和に入ると、付き添いの女教師とともに応援する着物姿の女学生や、スコアをつける洋装断髪のモダンガールといった多様な女性観客の姿が写真に記録されはじめる。戦時下では観客席に招待された傷痍軍人の接待のために婦人団体が動員されることもあったという[5]。

ならば戦前には女子の学生応援団というもの自体が存在しなかったかといえば、そうでもない。「甲子園」の草創期は、女子学生の間で運動熱が盛り上がった時期でもあった。1920年代には、テニス、陸上、バスケットボールといった様々な種目の女子競技会が開催されはじめる。スーパースター・人見絹枝の登場もスポーツ・ブームに拍車をかけた（ちなみに、プラカードを掲げての入場、校歌吹奏、校旗掲揚といった「甲子園」セレモニーの発案者は、人見その人であるといわれている）。そして当時の女学校のいくつかには、応援団が存在していた。例えば実践女学校の昭和初期の運動会映像には、応援旗を振

り回す勇猛果敢な女学生たちの姿が残されている[6]。少女向け雑誌の投書欄などからも、「雄々しい」先輩に声援を送る女子応援団の熱狂の一端を窺い知ることができる[7]。

　また野球に関していえば、「甲子園」が興業として拡大の一途を辿っていった大正期には、女学校にも続々と野球部が設立されている。1917年の今治高等女学校を皮切りに、京都、名古屋、仙台が続いた。県の仕切りを取り除いた競技会も開かれている。1918年、新愛知新聞が、名古屋で「インドーア・ベースボール大会」を開催、その後「キッツンボール（現在のソフトボールに類するものであったらしい）競技会」を経て「東海キッツンボール大会」へと発展する。これは想像に過ぎないが、それらの大会では、女子応援団が選手の一挙手一投足に声を張り上げるというようなシーンもあったのではないだろうか。しかし、全国的な女子野球禁止の気運の高まりとともに、女子の大会は、昭和の初期には姿を消した[8]。

（２）「パンチラ」見参期　1947年〜
（１）「甲子園」の再出発
　敗戦による実質上のアメリカ単独占領は、野球の地位向上に直結した。柔剣道部、グライダー部、ブラスバンド部といった戦時体制下で重んじられた部活動が教育現場から放逐される一方で、野球は、アメリカ流の民主主義精神を体現したスポーツと看做されたのである。1945年にはプロ野球、翌年春には東京六大学野球、続いて「甲子園」が復活した。曲折はあったものの、「甲子園」の運営には、新組織の全国中等学校野球連盟（1947年、学制改革に伴い全国高等学校野球連盟へ改称）と、朝日新聞社・毎日新聞社があたる運びとなった。

　有山は、「甲子園」の再出発にあたって関係者たちから示された言説においては、「犠牲的精神、敢闘精神、精神主義といった武士道野球の徳目」が復活する一方で、その徳目の拠りどころは、「青春」という曖昧な観念が引き受けることになったと指摘している[9]。

　現場においては、「野球＝民主主義＝アメリカ」というもう一つの理念が示された。そしてそれは、GI特別席、米軍の戦闘機から投下されたボールによ

344

る始球式といった視覚聴覚に訴える形で現前した。言説で示されたものを、現場の光景が時に補強し時には裏切ってゆく。これもまた戦前から戦後を貫通する「甲子園」の形である。

（２）男女共学と「甲子園」

「女性」もまた、占領政策によって劇的な地位向上を遂げた。その女性と「甲子園」との関係は、この時期どのように推移したのであろうか。セレモニーとスタンドの応援団の双方に注目しつつ整理を試みてみたい。

まずセレモニー面であるが、女子学生の導入が極めて積極的に推進されている。1949年の「夏の甲子園」において、「男女共学の思想」により、あり合わせの白いブラウスに端切れで作ったバラの胸飾りという格好の市立西宮高校の女子学生が、「はじめてグラウンドに足を踏み入れ」、式典誘導係（プラカード・ガール）をつとめた。当時の甲子園球場長が生徒の保護者だった関係で、朝日新聞社から要請を受けたという[10]。女子学生の「声」も取り入れられた。1947年から春・夏ともにコーラスを導入し、特に春の選抜大会では、毎日音楽隊から羽衣学園の学生をへて、1955年（第27回）から神戸山手女子高の学生300人による大合唱を定番としている。もし先述のように、「甲子園」の創設にあたって、男＝「甲子園」＝「強く、正しく、逞しく」、女＝宝塚歌劇＝「朗らかに、清く、正しく、美しく」というジェンダー・イメージに基づいた経営戦略が存在していたのだとしたら、戦後の「甲子園」における女子の導入とは、その反復に過ぎなかったともいえるだろう。

次にスタンドである。共学化は応援席への女子の参入につながった。朝日新聞は、1948年の夏の大会の「関西―天王寺戦」にセーラー服の集団が登場したことをもって、女子応援団の起源としている（ただし彼女たちは夕陽ケ丘高校の一年生で、「天王寺高校が夕陽ケ丘の敷地に仮住まい中」という関係による参加であった）。中にはソフトボール部で捕手を努めている学生もおり、本格的な野次を飛ばしていたという[11]。

制服を脱ぎ、応援のための特別な服を着衣した女子学生が甲子園に出現した時期を特定するのは容易ではない。現時点で確認できる最も早いものは、1951年夏の、長いスカートに白手袋で応援のリードをする女子の姿である[12]。1954

年には、京都代表平安高校が「宇治の茶摘み隊」を送り込んでいる。この頃には、郷土色を出した応援演出が衆目を集めており、その流れにのった着衣戦略であったようだ。

彼女たちがどのような経緯で、「学校を代表する女子」として、アルプス・スタンドに登場してきたかについてはまとまった調査があるわけではないが、1956年に和歌山県代表校のために応援団を創設したという二階俊博（現・衆議院議員）の評伝には、以下のような興味深い記述がある。「女友だちに声をかけたが、みな嫌がった。『いやよ。人前でそんなことをすれば、お嫁にいけなくなっちゃう』。二階は懸命に説得した。『そんなこと心配するな。一人くらいは、応援団か野球部のだれかが、責任を持つからさ‥』」[13]。なおこの時の女子の応援服は、上はセーラー服、下は白い体操用の長ズボンであったという。

（３）「甲子園のパンチラ」見参

高等教育の共学化、それだけでは甲子園の「パンチラ」成立の要件には不十分であった。そこにさらに、国産ブラスバンドの復活とバトン文化の輸入、加えて高度経済成長期における都市交通インフラの整備を待つ必要があった。

ブラスバンドは洋式軍制の導入に伴って日本に伝来したものである。明治初年には早くも、陸海の軍楽隊が制度化された[14]。そして軍楽隊を窓口として日本に流れ込んできた洋楽は、次第に、学校そして街中に拡散していく。野球との関係でいえば、昭和の初期にはすでに早慶戦でブラスバンド応援が用いられていた。敗戦後、先に述べたように、ミリタリズムとの親和性が災いして、ブラスバンド部は学校から一旦駆逐される。しかし甲子園のグラウンドでは、ブラスバンドによる演奏が途切れることなく響いていた。1947年、春の選抜復活大会では占領軍の軍楽隊が12曲を特別演奏している。1949年には全関西吹奏楽連盟に交代し、ようやく国産の楽団によるセレモニー演奏が実現した。学校ブラスバンド部の「甲子園」における出足は若干遅れ、1952年の春の「日大三―長崎商戦」でようやく応援シーンに復帰する。この時、指揮には女性教師があたり話題をまいた[15]。

一方のバトンであるが、これが日本で知られるきっかけとなったのは、芸能事務所マナセプロの社長・曲直瀬(まなせ)正雄が、1959年、NHKの「私の秘密」にア

メリカの女性トワラーを登場させたことであると言われている。翌年、曲直瀬は、日本人トワラー第1号として、自プロ所属の慶應女子高生・高山アイコを、NHK「それは私です」へ出演させた。高山を看板としたバトン普及活動は、早慶野球でのソロ演技披露、全国縦断パレードと続き、その結果、60年代を通じて学校教育にバトン演技が取り入れられていく。

　1962年、「春の甲子園」開会式のブラスバンドの先導役として[16]、大阪帝塚山学園のバトントワラー隊15人が登場する。その3年前、甲子園球場北側に立体交差道路が建設され、開会式の名物となっていた花火の使用が大幅に制限されることになった。そのために開会式の盛り上げ役として選ばれたのが彼女たちであったという。その「白ベレー、白靴、白地の服に胸だけピンクという可愛い服装」をもって[17]、本章はこれを「甲子園のパンチラ」の嚆矢と位置づけたい。

（3）「パンチラ」見世物期　1963年〜
（1）ミニスカ応援団の登場
　帝塚山学院バトン隊に遅れること1年、1963年の「夏の甲子園」のアルプスの高見に、ミニスカートを翻したバトン応援団が登ってくる。しばしばバトンを取り落とし、「ボトンガール」のあだ名を奉られたという若狭高校2年生女子4人である。そして翌64年の夏には早くも、「各地方にそれぞれ色とりどりのバトンガールが登場」といわれる活況を迎える。とはいえ、いずれの学校でも、「甲子園」出場が視野に入ってから急遽準備する場合がほとんどだったとみえ、テクニックを要するバトン演技は次第に廃れていく。応援女子＝バトン＋ミニスカートという図式からバトンが抜け落ち、代わってより扱いの簡単なポンポンやフラッグなどが取り入れられるようになっていくのである。すでに1953年にはNHKがテレビの実況中継を開始していた。テレビや新聞、その他のメディアを通じて、女子応援団のミニスカート姿が人々の注目を集めるようになったこの時代を、「パンチラ」見世物期と名付けたい。
（2）ローアングルへの無批判とその背景
　彼女たちを「甲子園」で待ち受けていたのはカメラのレンズだった。そして

風俗雑誌はもちろんのこと、甲子園を主催する大新聞のカメラですら、スカートの裾からアンダースコートやブルマーがのぞく「パンチラ」図像を好む傾向が強かった。興味深いことに、たびたび応援のあり方に介入してきた高野連は、これをまったく問題視しなかった。管見の限り学校側からも異議が出された形跡はない。同時代、漫画『ハレンチ学園』（1968年連載開始）に端を発する小中学生の「スカートめくり」が教育現場で問題化していたことを考えると、これはかなり奇妙な現象である。

　そもそもこれほど速やかに、そして多数の学校が、ミニスカ応援団を叢生させていった要因は一体どこに求められるのだろうか。

　もちろん、60年代におけるミニスカートそれ自体の流行がある。加えてテニスのアンダースコートに代表される「スポーツ用下着」が、「見せてもいいパンツ」という社会的コンセンサスを得ていたことも大きかったと考えられる。「女子＝ダンス、男子＝競技」として、体育教材に男女差を設けてきた「文部省学習指導要領」の影響も見逃せないだろう。

　さらに指摘しておきたいのは、マナセプロと関係の深い芸能事務所・渡辺プロの事業展開が、女性身体の露出をめぐる社会的な規範を変化されていた可能性である。マナセプロも曲直瀬の娘・渡辺美佐の経営にかかる渡辺プロも、進駐軍クラブへのジャズバンド斡旋事業で成功を収めた会社であり、ジャズブームが一段落した後は、アメリカ文化の日本移植という次なるビジネス・チャンスを狙っていた。マナセプロのバトン文化導入はその皮切りでもあった。1963年、渡辺プロは、ジャズ、ポップスをこなせる人材の育成を目的に東京音楽学院を発足させた。その人材を集約したのが、白いテニススコート姿とポンポン・ダンスの「スクールメイツ」である。つまりミニスカ応援団が登場し、バトンをポンポンに持ち替えて「甲子園」を席巻していった時代は、同様の格好をしたタレントの卵がテレビ画面に頻繁に映し出されていった時期とぴったりと重なっているのである。

（3）学校が送り出す「アルプスの乙女」

　しかし最も大きな要因は、「甲子園」の膨張をめぐって学校そのものが変貌を遂げていたことではないだろうか。高度経済成長から安定期に至るこの時期、

高等教育の一般化が一気に進んだ。1950年に40パーセント前後であった高校進学率は、80年に男女とも95パーセントを超えた。これに連動して「甲子園」は膨れ上がる。「夏の甲子園」の場合、1946年の地方大会参加校数は745校、それが1963年には2000校にまで増加し、なおも止まるところを知らなかった。「甲子園」は今や名実ともに国民的な大イベントであった。漫画、アニメといった大衆文化圏における爆発的な野球ブームもその人気に拍車をかけた。

　限りなく狭まる「甲子園」への門と反比例して、「甲子園」がもたらす有形無形の恩恵は倍加していく。そして、ある学校が本気で「甲子園」を目指した時、学校のあり方そのものが根本的な変質を余儀なくされていく。野球に秀でた学生を「特別待遇」で獲得し、「甲子園請負監督」ともいうべき人材を指導者として用意し、雨天練習場や合宿所を整えるといった、現在では常識となっている「甲子園」対策がこの時代に確立していった。

　そして薄い可能性を乗り切って「甲子園」出場が実現した時、学校は、女子生徒がミニスカートをはくことを強制／許可し、「アルプスの乙女」とラベリングして送り出すことにほとんど躊躇しなかった。

　男女共学は、女子に男子と同等の勉学の機会を与えたが、別学の中で培われた女子校文化を窒息させ、学内家父長制ともいうべき新たなジェンダー規範を創り出すことにも繋がった。より深く追究する必要があるが、今回は紙幅の関係もあり、女子応援団員選別に際してのいくつかのケースを紹介するに止めたい。まずは男子学生によるものである。先述の若狭高校では、「男子生徒が米国式のバトンガールを提案、二年生の女子四人が選ばれた」との証言がある[18]。また学校側が、「体育委員」等の名目で一定数の女子を応援要員として確保し、有事の際に動員できる体制を整えておくという方法も実在した[19]。男子校の応援団に近隣の学校が協力して女子応援団員を調達したという「美談」も頻繁に報道されている。教師の結託なしでは成立しない事例であろう[20]。

　そして、他個体から抜き出た女子たちのいくばくかは、坊主頭の野球部の応援などはそっちのけで、視線の束にさらされる快感を味わっていたのではなかったか。あらかじめ「甲子園」の中心から排除されている女子学生たちには、

「甲子園」以前の苦労もなければ「甲子園」以後の栄光もない。チャイナドレス風、レオタード、あえて浴衣というふうに個性化していく衣服や、最前列でのラインダンスといった、もはやバトンもポンポンも振り落とした振り付けからは、女子学生たちが、グラウンド内での野球の試合とも男子学生にリードされる応援合戦とも位相の異なる、ありていにいえば「女子の魅力合戦」とでもいったものを独自に戦っていた形跡が窺われる。

そして「甲子園」は、学校から差し出された彼女たちのそのような姿を、ローアングルで快く迎えたのである。

（4）「パンチラ」激写期　1970年代後半〜
（1）「激写」の時代

見世物化した「甲子園のパンチラ」は、カメラ機材の大衆化によって次なるステージを迎えることになる。「スカートの中を狙うアマチュア・カメラマンを、女子応援団がとっちめた」という記事や、「周りに大勢の大人がいるのにだれも注意しない」という女子応援団員の困惑が新聞紙上に散見されるようになるのは、1970年も終盤のことである。大いなる画期は、『アクション・カメラ術——盗み撮りのエロチズム』（馬場憲治、K.Kベストセラーズ、1981年）の出版であったというのが、衆目の一致するところのようだ。80年代には、この書物をバイブルとする老若の「カメラ小僧」たちが、雲霞のごとく「甲子園」に押し掛け、自慢のカメラ機材を女子応援団のミニスカートの中に突っ込まんばかりにして撮影するという光景が、アルプス・スタンドで日常化していく。女子応援団員の下半身が、アマチュア・カメラマンの格好の被写体となっていくこの時期を、「パンチラ」激写期と名付けたい。

80年代は、エロ文化市場そのものが拡大し多様化した時期でもある。ビニ本（ビニール袋に入れて販売される猥褻な写真集）、三流劇画誌、ロリコン漫画誌、アダルトビデオなどの、新しいメディアが次々と開発されていく中、投稿写真雑誌というアマチュア・カメラマン専用マガジンが創出される。「甲子園のパンチラ」写真は、ここで、女子体操、新体操、バトンなどとともに、「女子学生盗撮もの」という一大ジャンルを形成することになる。

(2)「パンチラ」撮影の犯罪化

　このような事態に法的規制がかけられるまでには長い時間が必要だった。1993年、国営放送社員が同僚から借りた取材章を不正に利用し、ローアングルでスカートの中をビデオ撮影しているところを球場職員に見つかった。再三注意されたが聞き入れなかったため、甲子園署が事情聴取、当初は厳重注意でおさまりかけたが、結局、兵庫県迷惑防止条例（正確には、『公衆に著しく迷惑をかける暴力的不良行為等の防止に関する条例』）の「（粗暴行為（ぐれん隊行為等）の禁止）第3条2　何人も、公共の場所又は公共の乗物において、人に対して、不安を覚えさせるような卑わいな言動をしてはならない」が適用されて、神戸地検尼崎支部に書類送検された。かつてメディアがこぞって勤しんでいた「パンチラ」撮影はここに来て犯罪であると判断された。

　そしてこれもまた奇妙なことに思えるのだが、若い女性が痴漢被害にあう度に繰り返されるあの常套句―「そんな格好をしている方にも責任がある」―は、聞こえてこなかった。「甲子園」では、男子応援団やPTAが陣形を組み、さらにその外周を教員が巡回して、この悪質な犯罪から女子応援団を庇護する姿が見られるようになった。彼女たちは無傷であった。無傷であるがゆえに、ミニスカートを脱ぐ必要もなければ、脱ぐ機会もなかった。

(5)「パンチラ」不可視化期　1994年～
(1)「甲子園」の転換

　1990年の「夏の甲子園」の総入場者数は92万9000人。この記録はまだ破られていない。つまりこれが「甲子園」のピークである。1991年から1996年にかけて、全国的に硬式野球部の部員数は減少した。対して、サッカー、バスケット部では、明らかな増加を示した。1993年のJリーグ開幕もその傾向に拍車をかけたものと思われる。

　都道府県外に及ぶ中学生野球部員の獲得活動が問題化したのもこの時期である。学生野球憲章に抵触するとして、1990年には高野連から通達が出されたが実効性には乏しかった。「甲子園」出場校に占める私立校の割合は増加を続け、昨今では80パーセントに及んでいる。女子校を共学化してわずか三年目に甲子

園初出場初優勝を果たした済美高校のようなケースは特別としても、少子化時代の生き残りをかけ、「甲子園」出場を経営戦略の柱と位置付けている私立学校の多さをこの数字は反映している。2007年の「特待生問題」をめぐる高野連と日本私立中学高等学校連合会の対立もまた、そのことを示して余りあった。

　強豪校の野球部員の多くは地元出身者ではなく、同級生とは隔絶した野球中心の学生生活を送り、プロ野球を「甲子園」後の目標に据えている。それでも彼らは、学校の代表として、郷土の代表として、アマチュアリズムの体現者として「甲子園」を目指す[21]。当然ながら、「普通」の高校の「普通」の野球部にとって、「甲子園」はとてつもなく遠いものに変わった。

　1996年に、記録員として女子マネージャーのベンチ入りが認められたことは、従来の男子中心主義を改めた画期的な出来事として受け止められた。しかしそのことで、戦う男子／ケアする女子という「甲子園」の構造に本質的な変化がもたらされたわけではもちろんない。私見では、女子マネージャーをめぐる報道は、60年代から散見されはじめ、70年代には、性的なからかいの視線と母性的貢献への賞賛とが同居しつつ増加してくる。80年代末には、フェミニズム視点から、クラブ活動における性別役割分業への疑義が提出され、女子マネージャーのベンチ入りの是非をめぐって、朝日新聞紙上で意見の応酬がなされるに至る。女子マネージャーの歴史を検証した高井昌史は、これを「女子マネ論争」と命名し、この論争の背景には、Jリーグへの対抗措置という仕掛けがあったこと、「甲子園」に女子マネを迎え入れるにあたって主催者側から示された理由からは、性別役割分業への問いかけが拭い去られていたことを指摘している[22]。

　セレモニーの面でも一定の転換が実施されている。司会進行を担当する放送部員、国歌を独唱する音楽部員、プラカードの文字を任される書道部員というふうに、様々な高校生がその技能を買われて「甲子園」に登用されるようになった。押し並べて新聞社主催の高校生コンテストの入賞者であるところから判断するに、「甲子園」は、高校生文化の見本市的なメディア・イベントに性格をずらしはじめているのかもしれない。かつてと異なり男女で組まされるケースが目立つのは、男女共同参画時代を意識してのことだろうか。

（２）「パンチラ」の現在

　では、転換期を迎えた「甲子園」において、女子応援はどのように変わってきたのであろうか。「甲子園」出場決定後に結成された即席女子応援団の練習光景が、地方メディアの格好の時事ネタとなっていることは今も昔も変わりない。ただしこの十年ほどの間に、女子応援団の服装はアメリカン・チア風のユニフォームが主流となった。かつて「甲子園」をにぎわせた郷土色豊かな応援も、オリジナリティ溢れる女子応援団の衣装も消えて久しい。現在、高野連の「応援指導指針」には、「チアリーダーを含めた応援団のリーダーの服装は、祭り装束や奇異なものは避け」「高校生にふさわしい」ものと明記されている。「応援指導指針」をめぐっては、沖縄の民族衣装エイサーを着た応援団への自粛要請問題（1994年）や、田中康夫長野県知事の県マスコット着ぐるみ問題（2001年）なども起こっている。着ぐるみ問題の際には、田中から「チアガールはよくて、なぜ着ぐるみがいけないのか」という疑問が出されたが、本質的な議論には至らなかった。

　応援団に「高校生らしさ」を求める高野連の姿勢は強まり続けている。選抜大会では、1998年から「応援団賞」が設けられた。「整然とした節度ある応援」、「愛校心や母校愛を育む、真摯に取り組む高校野球にふさわしい応援」という評価基準に加えて、アルプス・スタンドの清掃態度なども加味される。「応援指導」NPO組織なるものも設立され、出場校の中には、ここに指導を仰いでいるところもある。

　とどのつまり、「甲子園」では、相も変わらずミニスカートの裾が翻り続けている。ただ、テレビでも大手の新聞雑誌でも、「パンチラ」姿を周到に回避するようになっただけのことである。かくして、女子応援団員たちは、妙によく似たユニフォームを着用し、はるかな遠景画像として、もしくは上半身画像として、それぞれのメディアのフレームの中にちんまりと収まることになった。「パンチラ」不可視化期と呼ぶ所以である。

　その一方、「甲子園」では、大会のたびに「盗撮」カメラマンが逮捕されている。ただし迷惑行為防止条例の及ぶ範囲は「言動」に限られるため、首尾よく球場の外に持ち出された映像それ自体は違法性を問われない。現在「甲子園

のパンチラ」は、「表メディアでは不可視のもの」という価値を付加され、ネット・マーケットで売り買いされるポルノ商品として流通している。

　だが、「甲子園のパンチラ」が、ポルノでも商品でもなかった時代などあったためしはないのである。戦後一貫して、「甲子園」は、女子学生の身体的な魅力をメディア・イベントの盛り上げ装置として使ってきた。そのような事態に、メディアも社会も学校も、そして当の女子学生たちも加担してきた。常に誰かが「甲子園のパンチラ」によって儲けていたが、それは見て見ぬふりをされてきた。

　たかだか高校の部活動が、社会、教育、文化、経済に及ぶ広大な領域を横断的に展開していく「甲子園」。そのダイナミクスの中心から排除され、その上で、視覚的には「パンチラ」に焦点化され、その結果として、逆説的にも、「甲子園」になくてはならないものと化したミニスカートの女子応援団員の有り様が、この国のジェンダー感覚に与えてきた影響は、まさに測り知れないほどのものだ。

　そしてそれは、女子学生に限ったことでもない。「甲子園」のど真ん中に据えられた男子選手たちもまた一面、「甲子園」の創設以来100年近くの長きにわたって、「正しく、模範的」「武士道」「フェアプレイ」「青春」「高校生らしさ」といった宣伝コピーにコーティングされた「若い男」の物語を大衆に供給し続けてきた商品に他ならなかった。「甲子園のパンチラ」史がめくりあがらせるのは、国民的イベントに膨れ上がり、そして現在、緩慢に空洞化しつつある「甲子園」のそんなあられもない姿である。

まとめにかえて——「甲子園のパンチラ」の行方——

　論を閉じるにあたって、学生応援団の状況全般におけるいくつかの変化について触れておきたい。

　特に大学の応援団における顕著な現象が、男子応援団の凋落である。部員数の激減や部内いじめによって、団の存続そのものが危ぶまれているケースも増えていると聞く。これに連動する部分もあるのだが、学ラン着用の女子応援団員が目立って増加しはじめている。応援団長を学ラン女子が担っている大学も

あり、これなどはコスプレを遥かに超えた領域に突入した感がある。「甲子園」も、昨今は、ちょっとした学ラン女子ブームに沸いている。「甲子園」を目指す学ラン女子をヒロインに据えた『フレフレ少女』(松竹、2008年)のような映画も製作された。ジェンダー越境的な姿が魅力的に映るものと見え、「甲子園チアマニア」の間ですこぶる評判がよい一方、ネット上では「ジェンダーフリーの悪影響」と、見当違いのバッシングも流布している。チア衣装の女子団員と学ラン衣装の女子団員が混在している学校もあり、どうやら総合職と一般職的な別コースが女子に用意されはじめているらしい。

最後にチア・リーディングの競技化をあげておきたい。このアメリカ発祥の応援形式は、それ自体が本格的な競技として確立している。競技としての側面が発達するにつれ、その起源たる応援行為は意味をなくしていかざるを得ない。大学やクラブのチア・チームの中には、競技の邪魔になるものとして応援を忌避する傾向がはじまっていると聞く。少なくとも、チアの最先端部分では、誰を応援するか何のために応援するか、といった設問自体が意味をなさなくなりつつあるらしい。

どうやら「甲子園のパンチラ」の行き先ははなはだ視界不良のようだ。それは、おそらくこの国の、ジェンダーをめぐる状況ととても似ている[23]。

(1) 主催：全国高等学校女子硬式野球連盟。
(2) 「甲子園」に関する主な先行研究としては以下がある。ジェンダー視点を盛り込んだ研究もいくつかあるが、女子応援団に特化した検討はなされていない。
有山輝雄『甲子園野球と日本人　メディアのつくったイベント』(吉川弘文館、1997年)、江刺正吾・小椋博編『野球の社会学——甲子園を読む』(世界思想社、1998年)、清水諭『甲子園野球のアルケオロジー——スポーツの「物語」・メディア・身体文化』(新評論、1998年)、坂上康博『にっぽん野球の系譜学』(青弓社、2001年)、有山輝雄「戦後甲子園野球大会の『復活』」(津金沢聡広編著『戦後日本のメディア・イベント——1945-1960年』世界思想社、2002年)、23-45頁、中村哲也・功刀俊雄「学生野球の国家統制と自治——戦時下の飛田穂州」(坂上康博、高岡裕之編著『幻の東京オリンピックとその時代』青弓社、2009年)、354-378頁、西原茂樹「関西メディアと野球——戦時下の甲子園野球を中心に」(同上) 379-404頁。
(3) 清水注 (2) 前掲書、211頁。
(4) 有山注 (2) 前掲論文、103頁。

（5）　朝日新聞社『全国高等学校野球選手権大会40年史』（朝日新聞社、1958年）。
（6）　下田歌子電子図書館「実践女学校三校合同秋季運動会」。
　　　http://www.jissen.ac.jp/library/shimoda/documents/his 09.htm（2011年2月15日閲覧）
（7）　高橋一郎「女性の身体イメージの近代化——大正期のブルマー普及」（高橋一郎、萩原美代子、谷口雅子、掛水通子、角田聡美共著『ブルマーの社会史　女子体育へのまなざし』青弓社、2005年）、126-133頁。
（8）　庄司節子「東海女子学生キッツンボール大会と女子野球の普及活動」（『日本体育学会大会号』1997年8月）、142頁。
（9）　有山注（2）前掲論文、43頁。
（10）　朝日新聞「女性も刻んだその歴史」（1977年8月7日、日曜版、31面）。当時の正式な校名は西宮市山手高等学校。同年に男子の入学を開始したばかりであった。
（11）　同上。
（12）　朝日新聞社注（5）前掲書、37頁。
（13）　大下英治『永田町動乱を駆け抜ける若き獅子』（芹沢企画、1996年）。なお本書はインターネット上で閲覧可能であり、本章ではこちらを参照した。
　　　http://www.nikai.jp/book/book 05/index.htm（2011年2月15日閲覧）
（14）　塚原康子「軍楽隊と戦前の大衆音楽」（阿部勘一・細川周平・塚原康子・東谷護・高澤智昌編著『ブラスバンドの社会史　軍楽隊から歌伴へ』青弓社、2001年）、84頁。
（15）　注（10）前掲朝日新聞。
（16）　写真に残る制服デザインからして、おそらく兵庫県の警察軍楽隊と思われる。今後、より詳細に調査したい。なおこの時の入場曲は『上をむいて歩こう』。
（17）　毎日新聞社『選抜高等学校野球大会50年史』（毎日新聞社、1978年）、50-52頁。考案者は「大阪帝塚山短大の北村映子先生（旧姓岡野）」であった。
（18）　注（10）前掲朝日新聞。
（19）　1975年当時、高校生であった筆者が実際に経験したケースである。
（20）　「更衣室　中学のバトンガール」（『週刊朝日』臨時増刊46号、1964年）、30頁など。
（21）　高野連はこのような事態への対応策として、2010年に学生野球憲章の全面改正を実施した。詳細は、中村哲也『学生野球憲章とはなにか——自治から見る日本野球史』（青弓社、2010年）。
（22）　高井昌史『女子マネージャーの誕生とメディア——スポーツ文化におけるジェンダー形成』（ミネルヴァ書房、2005年）、137-154頁。
（23）　本稿脱稿（2011年2月）以後の甲子園応援をめぐる状況について若干の補足をしておきたい。「春の甲子園」（第83回選抜）では、東日本大震災の影響により、ブラスバンド不許可、チアリーダーのポンポン使用禁止といった措置がとられた。続く「夏の甲子園」（第93回選手権）では、例年通りの指導指針が示された。また、"強

豪”チアリーディング部による開脚ジャンプ場面がテレビ放映され、インターネットの掲示板を中心に話題をよんだ。これが「パンチラ」不可視化期の終わりを意味する現象であるのか否かについては判断を留保したい。

戦後女性の着衣・割烹着と白いエプロン
——分断される身体・連続する母性——

身﨑　とめこ

はじめに

　エプロンや前掛けは労働着として長い歴史を持ち、割烹着と共に戦後世代の女性のごくありふれた日常衣類である。しかしこれまで戦後衣料研究ではいわゆる「よそゆき」と呼ばれる華やかな流行ファッションが主流で、衣服の脇役である割烹着やエプロンにその本質と役割が問われることは少なかった。だが脇役ではあるが逆に一番外側に着衣される所から、時には実用の枠組みを越え直截的に着る人の身体状況を表す役割をも果たして来た。様々な場で人々の身分・立場・階級など諸々の身体情報を外部に向かって公然とする衣料でもあったのである。本稿では戦後女性の着衣としてこの割烹着とエプロンが果たしてきた住空間における戦後役割に注目する。

　本来衣服の役割が身体の保護・安全にあるとすれば、「三界に家無し」といわれた女性達の「安心して暮らせる私の居場所はどこに」という命題を負って、戦後女性の真の最終着衣は住宅である。台所という周縁化された私的住空間で家事労働着として機能してきた割烹着とエプロンは、戦後女性がまさにその最終着衣「住宅」に到達する道程にあった。

　最初に身体表象となって、既婚女性を公的領域に押し出す役目を果たしたのは「戦時の白い割烹着」であった。戦時協力の大義を掲げた大日本国防婦人会が会服として採用したのである。ここで割烹着身体の母達は一様に「軍国の母」の栄光を得て銃後における既婚婦人の象徴となる。日本の軍国主義は割烹着によって母性の統括を図り、その女性身体に戦時の総動員令をかけたのである。

　一方従来の前掛けとは別に西欧風「白いエプロン」の普及は敗戦後に本格化

する。新憲法による法制度上の女性解放を措いて、生活に密着した身近な女性解放の戦後はまず衣料からであった。一面焼土と化した大都市空間では全ての物資が欠乏を極め食料・住宅・労働問題等が一気に噴出し、「タケノコ生活」といわれた戦後占領期である。生活不安を伝える諸ニュースが日々紙面を埋めた。

　このような時期、女性にとってモンペ・国民服・ズック・防空頭巾といった「戦時」衣料からの解放は自由の第一歩であったと伝えられる。物資全般が統制下にある中、いち早く復刊した婦人総合誌・ファッション誌・マンガ・結婚読本、さらに映画などのメディアでは「白いエプロン」の女性像が多々登場する。その白く輝く「エプロン」は特に若妻や未婚女性に着衣され、その身体に明るく清潔で平和な暮らしを演出した。真っ白なエプロンは敗戦の困窮の中で何よりもアメリカのもたらす平和な暮らしをイメージし、その民主主義を体現して人々に豊かさへの確かな憧憬を焼き付けたのである。新時代の到来であった。

　この戦後メディアに氾濫した「白いエプロン」は、その後実用と表象の間を往来しつつ高度経済成長期社会に向かって郊外戸建住宅群に「幸福な家族像」を称揚する。そこで主唱されたアメリカの民主的家族イメージの創出はポスト占領期に入ると女性の再主婦化と連動し、戦後女性を再び私的住空間へ押し戻す役割を果たしたのである[1]。

　いまだ煙る国防色の中で、このようにメディアに花開いた「白いエプロン」は戦後女性に何を憧憬させ、又どんな女性身体の構築に関与したのであろうか。ここでは軍国の母の記号「白い割烹着」と戦後民主主義の象徴となった「白いエプロン」の相互補完関係を踏まえ、戦中の「割烹着」身体を分断し戦後の「白いエプロン」へ母性を連続したジェンダー・ポリティクスを再考する。

1　割烹着のポリティクス——召集される母性の着衣——

　明治期に考案された割烹着は、人力車で通う裕福な上流家庭子女の料理教室で使う着衣が原型である。1882年日本橋に初めて設立された赤堀割烹教場（現赤堀料理学園）で始まり、一説では1913年『婦人之友』に掲載された笹木幸子

デザインの「家庭用仕事着」から広まったといわれる。当時上流社会では衛生面から木綿の白が用いられたが、広幅の綿を要する割烹着は到底庶民のものではなかった。その後綿布が安価に普及し始めると家庭雑誌などを通じ広く巷間に紹介され、大正昭和年間にはやがて庶民にも流行してゆく。割烹着は女性の労働内容が変遷した過渡期の反映で、襷に前掛けという非活動的な和服も割烹着を着ることによって働き易くなったのである。元来前掛けは古い衣類の転用が常であった。明治初期では庶民の衣料はまだ麻が主流であったから、家庭着とはいえ汚れ易い白い綿の割烹着は「よそゆき」の衣類に属したと思われる。

　一般家庭では新年を迎えて割烹着を新調し古いものを常用に下ろされた。殊に白い割烹着は年中行事や冠婚葬祭の欠かせない定番着衣で、日常は依然前掛けや古い割烹着の重ね着であった[2]。

　しかし満州事変が勃発すると割烹着は改めて脚光を浴び、初めて実用から象徴へ大きな転換期を迎えることとなる。1932年、軍部（主に陸軍省）の指導下に戦争協力婦人団体「大日本国防婦人会」が発足し、会服として白い割烹着を採用したのである。この国防婦人会による既婚女性動員に端を発し、「白い割烹着」は着衣する身体と共に一挙に台所から公の場に躍進する。会の象徴として「銃後の着衣」となった割烹着は女性身体にも戦時役割を要請したのであった。

　堀ひかりの研究によると、戦時におけるこの白い割烹着の役割はまず女性身体からその出自を消し、兵士の母という「再生産する身体」を抽出してこれを統括することにあったと述べられる[3]。すなわち既婚女性を押しなべて「軍国の母」へ再編する役割を果たしたことになる［堀　2004：41-59］。

　このように割烹着により前面を白く覆われた女性身体は、背後にある「個人」を抹消し、誰もが一様に「戦争協力に可能な身体」即ち「再生産と貞潔」を属性とする母の身体に変換されたのであった。白に象徴される清潔を身体の貞潔にスライドさせ女性の再生産機能を「兵士を生み育てる役割」に特化する、この挙国一致体制の仕組みこそ戦時社会が期待した軍国主義を支える女性身体の再編という政治システムに他ならない。

　下記写真のように戦時下国民全体に可視化された白い割烹着は出征兵士と

図1（左）　武藤貞義大将夫人能婦子会長／図2（中）　紀元二千六百年記念総会神戸支部／
図3（右）　荒木貞夫大将夫人錦子副会長出典『大日本国防婦人会記念写真帖(4)』

「母」を結ぶ衣装であり、国家奉仕の象徴として銃後の既婚女性が自ら流布した表象の着衣であった。上流家庭の台所から出発し実用家庭着として庶民に広まった割烹着はここで確固たる公的な座を獲得し「日本の母」という象徴性を帯びる。即ち天皇制国家が推進した聖戦を支える「母の記号」となるのである。

　だが象徴としての割烹着の役割は敗戦にとどまらない。1956年経済白書は「もはや戦後ではない」と宣言し衣料はさらに安価で豊富になるが、多くの記録写真や映像ではまだ白い割烹着姿が女性の日常を圧倒的している[5]。割烹着は第一に安価であるから、衣服の保護と防寒を兼ね実用に立ち戻って再び戦後を長く生き抜くのである。また今日のように専門会堂やホテルでの冠婚葬祭が一般化する以前、近隣社会では様々な行事に戦前の隣組的相互補助の慣習が残存した。白い割烹着はその欠かせない儀礼用の実用着衣として各家庭に常備されている。女性身体に戦時協力を課した母性の着衣・白い割烹着は戦後も庶民の生活底辺でなお「向こう三軒両隣」を拘束する着衣として引き継がれたのである。

　「大日本国防婦人会」の残像というこの見えざる政治の影はさらに冠婚葬祭という共同体内部の公的空間を越えて地域社会の活動にもこの有効性を示す。

　1957年製作岩波映画による教育映画『町の政治——勉強するおかあさん[6]』はその一例である。この映画は国立市の町議会活動に参加し自主的に地域の政治に関わる母親達の姿を記録したものであるが、映像は町の選挙活動の場面で多くの白い割烹着の母親達を捉える。そこに見る割烹着を着た身体は団結する

図4（左）　割烹着姿の国立市選挙風景［岩波映画　1957］／図5（右）　『百人の陽気な女房たち[7]』［桜映画社　1955］

女性の表象として描き出され、母の身体を再び公的な場へ導く政治性を現前とする。

　この「白い割烹着」を身にまとう母親達が、おおかた団塊世代を育成した世代である。この映画は戦中戦後を貫き、割烹着を着衣した既婚婦人の存在とその活動を顕らかにするものであった。軍国色を拭った「白い割烹着」はこのようにして戦後も命脈を保ち、戦前に連続する母性を内包して多くのメディア上に「日本の母」を代表する。

2　白いエプロンのポリティクス——戦後民主主義の衣裳——

　エプロンの近代は女中の記号に始まる。エプロン・前掛けの系譜を辿ると、一枚の布と紐からなる点で洋の東西を問わず同形である。共に実用の領域で身体や衣服の保護を旨とし、表象の領域では着衣する身体の身分・階級を表す。

　中世以降西欧社会では華麗な飾りエプロンが流行し、高位聖職者や王侯貴族の女性によりその豪奢さが競われた。近代に入ると形・材質・色彩・用途などますます多様化したエプロンは、次第に身分・階層・豊かさの具体化した身体記号となり上流女性から女中までその表象領域を拡大する。前者の華麗な装飾・畏敬のエプロンは現在でも祭事や民族衣装[8]に引き継がれているが、労働と清潔を象徴する実用エプロンはメイドの制服となり女中そのものの表象となった。

　18・19世紀西欧で、このメイドのエプロンには暗黙裡に主人・支配者側に凌

図6　大正カフェ風景⁽⁹⁾ 　　図7　下働き⁽¹⁰⁾ 　　図8　下男と女中⁽¹¹⁾

辱される身体というエロティックな身体記号が付加される。図7は英国貴族による女中（愛人後に妻）をモデルにしたフェティシズムとジェンダーの典型的作品で、この身体記号はその後も数々の映像・文学のテーマに取り込まれてゆく。

　しかし20世紀初頭からアメリカを中心に女中不在の専業主婦が誕生し始めると、この隠された身体記号は家事の栄光化と共に密かに封印される。日本では明治期西欧文化の流入によりこのメイドのエプロンが紹介されたのである。

　戦前では中上流用住宅・同潤会資料にも白い割烹着が主婦の象徴として登場し、サロンエプロンの一般化はまだ遠く、庶民の日常までには至っていない。

　次いで大正期に入って大正モダニズムの中でこのエプロンはまず婦人職業着として流行する。カフェ女給の着衣、サロンエプロン⁽¹²⁾である。上流社会の女中もカフェ女給もその奉仕する対象は違えるものの、共にメイド・サーヴァントの領域にある。日本では明治期の上流階級から戦後庶民の大量受容までの間、西欧で確立したエロティックな身体記号をも含めこのサロンエプロンが「女給の着衣」⁽¹³⁾となって戦前・戦後を中継ぎする。

　では戦前このように上流家庭女中やカフェ女給の制服・記号であったエプロンは戦後どのような変容を果たして戦後女性の生活に浸透したのであろうか。敗戦まで実用と象徴両面を圧倒していた割烹着に対し、様々なエプロン図像が占領期メディアに現れる。若い女性にとって白い清潔なエプロンは生活を彩る手軽でしかも安価なファッションであった。その着衣は女性自身へのエンパワーも含め、平和な時代の象徴ともなって新しい家族の再生を呼びかける。

このよう状況下からエプロンの戦後は衛生と豊かな暮しを勧奨する GHQ 占領政策と深いつながりを持つ[14]。GHQ の認識では、兵士の再生産と糧食の供給この二点の銃後を支えた農村の封建的家族の解体こそ国家再生の基盤であり、民主的家族の形成に早道と看做されていたからである。アメリカによる GHQ 戦後改革は国民生活底辺からまず軍国主義的風潮を払拭し、さらに共産主義防衛の最前線、すなわち太平洋の防波堤たる日本国家再建を目するものであった。

従ってアメリカ陸軍を核とした GHQ／CIE（民間情報教育局）と NRS（天然資源局）の啓蒙教化活動は、戦災で壊滅した都市より当時労働人口の 6 割強を抱える地方農山村に向けられた。ここで CIE と NRS の主たる対象はさらに農村女性の生活改善に絞られる。清潔と美しい暮らし即ち衛生概念の普及を基軸した占領政策はまさしく「占領と近代化」という植民地支配の常道であった。

その先鋒が CIE（通称ナトコ）映画の全国展開と NRS の生活改善普及運動である。初代農林省生活改善課長の山本松代は、活動の中心とされた「カマドの改善」提唱はその第一歩でありいわば GHQ の女性解放のイメージ・アドヴァルーンであったと証言する[15]［西　1985：190］。そこでは農村の生活改善を担って多くの白いエプロン図像が活躍する。当時「民主主義のセールスマン」と呼ばれた GHQ／CIE 民間情報教育局のこの活動は、占領地に対し占領者／啓蒙者が自らのイデオロギーを自国の生活文化でコーティングし、教化啓蒙を娯楽として大衆に提供するプロパガンダそのものであった［谷川　2002：236-237］。

この占領期メディアにおける若い女性のエプロン図像は、その身体共々戦争に疲弊した人々にとって"家庭の癒し"であった。背後にはアメリカのもたらす平和で豊かな生活が示唆され、まさにアメリカの民主主義は「白いエプロン姿」で敗戦日本に上陸したといえる。この戦後におけるアメリカ対外文化戦略の構図[16]は日本での劇的な成功を機に、東アジア全体や欧州にも及ぶものであった。冷戦期、米ソはそれぞれの体制論争の先頭に「理想的家族家庭像」を掲げ、最後に台所論争をもって締め括る。1959年モスクワでのアメリカ博覧会における「ニクソン・フルシチョフのキッチン・ディベイト[17]」はその代表的事例である。

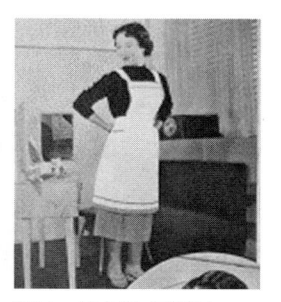

図9　『花嫁文庫』　　図10　同掲載広告　　図11　同文庫「美容」

　パリ・モードが戦後日本を席巻する直前、当初このアメリカの啓蒙教化とファッションを模した婦人誌出版が相次ぐ。下図は戦前の『嫁入り文庫』（実業の日本社）や『花嫁講座』シリーズ（主婦の友社）などを受け、1949年刊行の『花嫁文庫』（主婦の友社）のグラビアである。このシリーズは『料理文庫』と共に1950年代に爆発的人気を呼びベストセラーとなった。随所で「庭のない狭いアパートには……」といった様々な主婦努力と工夫が提案され、若い女性の身体と白いエプロンが清潔で洋風な新生活をイメージし幸福な若妻を演出している。
　また映像分野では、戦後第一作となった松竹大船作品『そよかぜ[18]』が挙げられる。この作品は当時の流行歌「りんごの唄」を主題歌に新時代の到来と民主主義礼賛を謳い上げたいわゆる自由恋愛モノである。並木路子、上原謙、佐野周二など人気スターを集めるが、安直な作品とされ当時の評価も芳しくない。
　しかしこの映画はエプロンと割烹着シーンを頻繁に用い、戦後女性の着衣に関する興味深い映像を数多く残す。また製作背景には占領政策への迎合という政治性が窺われ、ストーリー共々占領期特有の象徴的作品となっている。
　1945年10月映画は幣原内閣の婦人参政権閣議決定と同日に公開され、その製作意図は確実にGHQ占領政策を踏まえCIE映画検閲をも視野にしたと考えられている。テーマには女性の自由な職業選択、自由恋愛に代表される男女の平等、さらには障害児を受容する「人権思想」までもが取り込まれている。

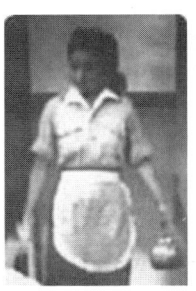

（左から）図12　若妻のエプロン／図13　母の割烹着／図14　短エプロン／図15　サロペット

　舞台は戦後まもないレビュー劇場、主人公はそこで働く照明技師で歌手志望の若い女性である。彼女の恋愛と夢を舞台回しに物語が展開する。しかしこの映画で注目される点は主だった登場人物四人の女性の三種の着衣にある。
　第一には洋装と白いエプロンに見る身体の設定、第二は和服と割烹着に託される母性、第三には舞台衣装・お姫様のシンデレラドレスから連想される結婚願望である。洋装と和装、割烹着とエプロンは各々役柄を得て戦後女性を新旧二世代に峻別し三種の「エプロン」が若い世代の身体状況を観客に識別させる。
　第一の着衣では未婚の主人公は白い短エプロンとサロペットを、主人公の近未来像である民主的家庭の象徴・新妻はサロンエプロンとターバンである（図12）。二人は新世代を代表する。第二の着衣では主人公の母がほぼ和服と割烹着を通し（図13）、旧世代の温存を示す。第三の着衣は舞台衣装・ドレスである。華やかなロングドレスは映像には登場しないウェディングドレスへの憧れに繋がれている。
　主人公は私的住空間ではフリルのついた短エプロンで家事を（図14）、公的空間・仕事場ではワークスーツ・サロペットを着用する（図15）。ロージー・ザ・リベッターの着衣に代表されるこのサロペットは出征兵士を代替する欧米職業婦人の戦時表象[19]であった。二人の着衣により、「映像上」ではあるが女性にも職業（サロペット）や結婚（サロンエプロン）を自由に選択できる新時代が到来することを観客に予告する。明らかに若妻のサロンエプロンとターバンはアメリカ女性の模倣で、そのスタイルは観客に将来の豊かな生活とアメリ

カ主婦像を髣髴とさせる。物語は最後に第三の着衣に及ぶ。ロングドレスのスター歌手に「結婚こそ女性の真の幸福」と言わしめ、公的空間での女性の成功（スターの座と華麗なロングドレス）を女性の幸福成就としての結婚に回収する。

　第一の着衣から第三の着衣へ、さらに第二の着衣へと女性身体は回帰し、作品の諸テーマと民主主義が完成する。登場するエプロンはGHQが戦後民主主義に仮託した女性の解放と男女平等概念の可視化であった。いわばその実現を仮託する「見立ての着衣」であり豊かで幸福な生活への「みなしの衣装」であった。

　『そよかぜ』の民主主義は、戦後を担う若妻・未婚女性と戦時の母の身体を割烹着とエプロンによって分断し、再び「家族の形成」というキーワードを媒介に両者の連結を図る。この映画には敗戦の悲惨も兵士であった父の存在も無く、戦時色を消した母の白い割烹着のみが旧家族制度の定型と規範を母性の連続線上に留保する。「台所の仕事は女の……」という台詞が「割烹着」の母から娘の「エプロン」に語られ、密かに家事労働と母性復活がエプロン下に目論まれる。

　また主人公を「知恵遅れ」の少年の擁護者とする「人権思想」の挿話があるが、その数カットの映像は女性に何らかの主体性を付与して主人公を社会的弱者の庇護者と見せるが、逆に弱者に弱者の庇護を押し付ける構図を露呈する。

　この映画は戦前の企画・戦意高揚映画「百万人の合唱」脚本を下敷きに、CIE映画検閲にあわせ改編された経緯を持つ[20]。この映画の限界はそこにあった。

　『そよかぜ』が先取りした民主主義解釈の矛盾と混乱は文部省「社会科教科書」で更に顕著になる。教育分野での憲法24条解説は映画と同様に女性を民主的家族形成の為の「家庭の天使」の役割に引き戻す［文部省　1949：305－328］。

　この軍国主義を換骨奪胎した『そよかぜ』の着衣身体が戦後メディアに繰り返し反復され、割烹着からエプロンに「母性」を伝達し続けたのである[21]。

　このほかエプロンが登場する図像では、戦後直近のコミック分野にアメリカ風俗の魅力を伝える漫画『ブロンディ』（ヤング、1949）がある。昨今この作

品は各分野から戦後のアメリカナイゼーションの文脈で論及されるが、特にエプロン姿で活躍する平均的アメリカ人主婦ブロンディの活躍は、敗戦日本に強烈な生活印象を与えたと言われている。食卓に溢れる豊かで豪華な食料は飢えた人々の目を奪い、電化製品・車といった生活事物はアメリカそのものであったという。その「美しい暮らしと豊かな消費」図像は人々の目に民主主義の偉大さをまず台所と食卓上に具現していったのである。［黒田　2004：214］。

　本邦の作品では、長谷川町子のロングセラー『サザエさん』が戦後家族を代表する。この漫画は1946年地方新聞「夕刊フクニチ」に連載され、1951年全国紙朝日新聞朝刊に躍進して戦後家族の顔となった。当初独身であったサザエさん[22]は作者と共に上京しエプロン姿の若い主婦に変身する。割烹着の母「フネ」とエプロンの娘「サザエさん」、この二世代同居家族は二人を専業主婦に設定しその家計は二人の夫が支えている。映画『そよかぜ』が再編した「母性」と「民主主義の語り」は全国紙朝刊というマスメディアに乗り、再びフネ・サザエさんの「身体と着衣」を通じ世代間を通底してゆく。長谷川は引き続き1957～65年「サンデー毎日」誌上に『エプロンおばさん』を発表するがこの作品では表題「エプロン……」に反し概ね割烹着[23]が復活する。メディアに溢れる白いエプロンをよそに日本ニュースや記録写真に残る女性の日常は依然古い割烹着と前掛けであったから、作者は的確に時代の様相を把握していたといえよう。

　占領翌年、すでにGHQは対共産主義路線を大きく変え、ニューディール精神に基づく女性解放は確実に終焉を迎えつつあった。高度経済成長期前夜、女性の家庭回帰が促される時代の幕開けである。

　『エプロンおばさん』は「割烹着」をかけて登場し、エプロンをかける『サザエさん』はその後永遠に戦前の二世帯型家族モデルを脱却しない。

3　皇太子妃美智子のエプロン

　実用から表象へ、戦後エプロンの地位を決定付けたのは皇室のエプロンであった。周知のように皇室女性の肖像は、明治の錦絵から今日の皇室アルバムまであらゆるメディアの常連である。戦前では婦人誌『主婦の友』の巻頭は毎

図16（左）　皇后服の良子皇后[24]／図17（中）　皇后の割烹着／図18（右）　皇太子妃と三皇妃の割烹着

号の様に皇室女性の肖像が飾っている。しかしそこに掲載される皇室女性の華麗な着衣は、国民に全くその模倣を許さない身分の隔絶を示す身体表象であった。

　戦後新憲法によって皇室が国家の象徴に位置すると、皇室一家の肖像は民主的家族イメージを前面にする。皇室の私生活は民主主義国家の「家族モデル」として半ば公開を余儀なくされ、御真影から下りた家族写真が徐々にメディアに提供され始める[25]。占領期を通し戦時着衣「皇后服」を着用し続けた良子皇后が初めて華麗な和服姿を国民に公開したのは、占領終了直後の第四皇女婚儀の際であった。以後皇后は多くの洋・和装姿をメディア提供する。しかしふくよかな皇后の身体が国民のブロマイド的要望外とはいえ、家庭内労働を示唆する割烹着やエプロンの着衣像は見当たらない。皇室の民主的映像を求める大衆の視線は「かつての国母」良子皇后の割烹着像を戯画上に実現したのみである[26]。

　だが映画『そよかぜ』が見せた割烹着とエプロンによる戦後の身体領域分断はその後の皇室写真でも明確になる。図18は日赤本社での諸皇妃の活動を撮影したものだが、ここでも戦前戦中派に属する三皇妃は世代を分かたれて割烹着身体を見せている。皇太子妃美智子のみが白地にストライプのサロンエプロン姿であった[27]。この撮影は1961年2月とあり、当時皇太子妃はボランテイアとして毎週日赤に通ったとの説明が添えられている。しかし国民の認識では皇室女性の慈善活動は当然皇族の果たすべき義務範囲であった。ミッチー・ブー

ムの継続とはいえ、妃の慈善活動は国民の眼にさして新鮮なものではない。大衆の視線は慈善活動に勤しむ皇太子妃のエプロンを特に注視しないのである。

が、初めて皇太子妃のエプロンがダイニングキッチンに現われた時、観客たる国民の視線は映像に釘付けとなり、俄然その設定に熱狂しフィーバーする。

1963年皇室はかつてない皇太子妃美智子の台所姿、「白いエプロン」像をメディアに公開した。若い母となった妃とその着衣は「皇室の民主化」と戦後民主主義のシンボルとして喧伝され、テレビや婦人誌、女性週刊誌等の媒体に乗って一挙に国民全体に開示される[28]。小さなダイニングキッチン[29]に立つ皇太子妃の白いエプロン像は広く国民に受容され、そこで幸福な家族像のあり方を示す。フリルと黄色い薔薇模様の妃のサロンエプロンには背後に清潔なダイニングキッチンが整えられ、そこにイメージされる家事労働は妃の身体に結ばれた。この写真は様々な角度から複数存在し、いかに家事労働に勤しむ皇太子妃のエプロン像が大衆に欲望され、メディアから需要されたかを物語る。

吉見俊哉は「大衆天皇制の終わり――ミッチー・ブーム以後の半世紀[30]」と題し中央公論上で次の様に語る。

「皇太子妃や皇室の写真は、もはや御真影ではなくブロマイドとなった。そこで消費されるのは、新しく豊かな幸福な家庭のイメージです。これはやがて所得倍増を通じて実現する消費者としての［私］の像だったともいえます……。」と論じ、皇太子妃美智子がメディアを介してドラマの主役として焦点化され、そこに新たな文化システムとしての天皇制が成立したと述べる［吉見2009：162-169］。

「皇室のダイニングキッチン」という舞台装置の中で白いエプロンにセットされた皇太子妃の身体は、良き母の称号を得て理想としての日本の「幸福な家族モデル」を示す。即ち戦後社会はこの皇太子妃身体を通して人々に戦後家族の典型をあらたにし、「家庭の天使」たる女性規範を再び浸透させてゆくのである。白いエプロンをめぐる

図19　皇太子妃のエプロン[31]

このメディアの動向は高度経済成長期における女性の家庭回帰を決定付けた。エプロンを着衣する皇太子妃の身体は国民生活の中にその家族家庭像を増幅し、その理想を郊外戸建住宅群に浸透させるのである。

このエプロンとダイニングキッチンを媒体とした女性周縁化システムこそ消費を基軸とする高度経済成長期社会を支えた基本構造の一つにほかならない。

1932年、確かに大日本国防婦人会は割烹着をもって「国防は台所から」としたが、再びこの図式が白いエプロンを中心に繰り返されたといえる。

高度経済成長期社会は、戦時兵士を企業戦士に割烹着をエプロンに替えてこのスローガンを声高に復唱することになる。かつて女中と女給の着衣表象であったサロンエプロンはダイニングキッチンに返り咲き、民主的家庭のシンボルとして定位置を確保し戦後女性を再び私的住空間へといざなったのである。

4 「皇后」美智子の割烹着

高度成長期を過ぎると、美智子妃は再びその身体記号を変化させる。妃はこの時未だ皇太子妃の地位にあったが、既に三子を得て老齢の皇后にかわる実質的皇后役割を担っていた。第三子紀宮清子内親王の養育に際し、エプロンと割烹着二つの身体を提示して、母の記号を新旧両世代に往来自在なものとする。

1973年4月妃が真紅のエプロン姿で四歳の内親王と花遊びをする光景は、2年後の1975年4月全く同じ構図をもって和服に白い割烹着姿に再現される。

満開の桜の下で豪華なままごと家具を並べ遊びに興じる皇室母子の光景は、戦後女性に家庭回帰を促し再び女性身体の台所への周縁化を暗示する。

図20（右）　美智子妃のウエストエプロン[32]／図21（左）　美智妃子の白い割烹着[33]

幼い内親王は小さな花模様のエプロン、母妃は和服に割烹着姿である。背後には桜が咲き乱れ、敷物には豪奢な西欧家具が「美しい暮し」を象徴する。
　母妃の白い割烹着から小さな白いエプロンへ、かたわらに揃えられた母の草履から小さな赤い靴へ、あるべき「美しい日本の家族像」が伝達されてゆく。
　現在皇室関係のメディアでは、この「真紅のエプロン母子像」が多く流通し「白い割烹着像」は少ない。白い割烹着に寄託された戦前の母性は、ここでエプロンへの母性継承を完結するのである。

ま と め

　以上のように白いエプロンの20世紀はGood wife in the kitchenの象徴に代表される。既に女中不在のアメリカ郊外住宅では、主婦自らが無償の女中であった。主婦の家事労働は神聖化され、白いエプロンは幸福な主婦を象徴する役割を担う。アメリカに追随して電化と住宅消費へ邁進した戦後日本は、つとにこの状況に類似する。だが女性身体と住空間の関係には欧米諸国と異なる日本の特殊要因が介在した。第一に住宅事情の差異である。日本の都市周辺は戦災により壊滅し、住宅不足は唯一真珠湾を被害とするアメリカの比ではない[34]。

　またアメリカは帰還兵士の住宅問題を二度の大戦で経験し、一次大戦後既に「郊外住宅都市レヴィットタウン」を誕生させている。このレヴィットタウンが代表する郊外住宅の拡大は今大戦後も続き、長いベビー・ブーマー時代を経てアメリカ中産階級の核をなす層を形成した。彼らの住宅需要はコンスタントに戦後のアメリカ経済を長期に支え、その上昇トレンドはさらに都市人口の増加を吸収するサイクルにあったとされる。これに反し日本の都市部では伝統的に借家が普通であり、持ち家中心のアメリカ中産階級に比肩する層はごく薄い。

　しかし女中賃金は法外に安く狭い借家でも一定収入の庶民家庭では概ね女中を雇っている。女工の住宅は寮であり僅かにその住環境が注目されたが、女中は住み込みが基本であった。子供に個室など無い時代である。女中には北側の納戸があればよい。このような日本の都市住環境は戦災で壊滅的打撃を受けたのである。復員兵士・引揚げ家族は都市に溢れ被災家族共々行き場を失った。

農村への一時避難が限界に達すると戦後の長い本格的住宅難が始まるのである。

差異の第二は戦後の政府住宅政策にある。国民福祉の歴史が浅い日本の住宅政策は同じ戦災を蒙った欧州各国とも大きく異なった。英国をはじめ欧州諸国では居住福祉が伝統的に国民福祉の基本概念である。従って公共住宅の建設供給が戦後復興の最優先とされていた。これに対し日本の戦後復興は重工業を先んじ、公共住宅の建設は大幅に遅れをとる。都市労働者の居住は自助努力に任され、その供給は劣悪な賃貸アパートや住宅市場に委ねられたのである[35]。

このような国家経済の選択下では住宅問題はまず「家族」単位の問題であった。住宅復興の要とされた住宅金融公庫や銀行ローンは第一に返済能力の如何を問い、何よりも有産階級を対象とする。そこで女性の居住が論じられる余地は皆無に近い。仮に未婚女性が取得の諸条件を満たしてもさらに多くの関門が女性の所有を阻んできた[36]。依然女性の住宅問題は解決から遥かに遠く、居住空間の確保に関して戦後女性の選択肢は極度に狭められていた。しかも団塊世代を出現させた戦後の社会構造は居住のみならず教育・職業とも男子を先んじている。女性の住宅取得や家産の相続は極めて少なく、女性の僅かな所得では親の住居か、結婚によって夫に依存する以外道は無かったのである。25歳を過ぎれば「売れ残りのクリスマスケーキ」といわれた時代であった。

「居住」という生活の第一必須条件が整わなければ誰もライフスタイル選択の自由は得られない。そこには戦後女性が常にその身体に内在化させてきた深刻な問い、「私の居場所はどこに」という未だ解決されない命題が屹立する。

戦後農地改革は多くの自作農を創出したが、土地所有は依然男子の独占であった。しかも長男を優先する農地相続の慣習は戦後も続き農村の人口消化は極めて限定的であった。従って復興と共に農村の余剰人口は都市に集中し女中も1955年の国勢調査まで漸次増加する。農業につぎ女性労働の第二を占めた女中は地方女性にとって戦後も引き続き食住保障の隠れた人口吸収の場として機能していたからである。しかし厚生省婦人少年局の職業指導プログラム（1948年）にも家事労働従事者・女中は表向きすでに登場しない。では大正9年初の国勢調査で約70万人、敗戦後も35万人を記録した都市の女中はどこで見えないものとみなされたのだろうか。「住宅の55年体制」を掲げ住宅難解消の先端を

切った公団51Ｃ型住宅は13坪の狭さであった。1959年最低賃金法が施行されると都市賃金は上昇し女性の雇用機会が拡大する。女中は「お手伝いさん[37]」に変り、低賃金での女中雇用はもはや困難となった。女中や女工・事務員で都市に働く女性は適齢期を迎えても生家に戻らず同じ環境の配偶者を得て郊外へ拡散した。新しい家族の形成である。戦後日本に中流を模する層があったとすれば、安価な労働力を提供したこの占領期の女性と彼女らを母体とした団塊世代やベビーブーマー世代の核家族群による。白いエプロンをかけた女性達は「夢の公団」の小さなダイニングキッチンで「貧しいけれど幸せ[38]」という中流意識を紡いでゆく。その着衣は女性身体をダイニングキッチンに繋留するが、同時に身の安全を約束しアイデンティティ発露の場をも提供するものであった。この構造は戦時の「白い割烹着」が実現した女性身体の状況に類似する。その諸刃の意において戦後の「白いエプロン」は女性周縁化という象徴性の内在を看過して、なお戦後女性が自ら求めた自己実現の着衣でもあった。女中の減少と戦後女性の住空間の確保、この二つの経済ラインの交錯した地点に置かれた表象の着衣なのである。郊外核家族住宅の中で中流を眼差した戦後女性の自衛の衣であり、しかしながら戦後民主主義の幻想の着衣であったといえよう。

　事実この白いエプロンが獲得した居住空間も未だ戦後女性の解放を実現しない。郊外戸建住宅の中に約束された女性の住空間はあくまで占有にとどまり、女性の所有を許さなかったからである。占有は経済的本質において確実に所有に従属する。アメリカのプライムローン問題が世界的規模で経済を揺るがし、住宅建設とその消費が世界経済の指標となっている今日、何が女性身体の安全を護りその自由と尊厳を保つ役割を担うか。経済の自立なくしてライフスタイル選択の自由はない。その大きな役割を「身を護るべき着衣」が担うとすれば、住宅が戦後世代最大の消費でありかつ財である限り、戦後女性の最終着衣は所有に完成する「住宅」である。戦後の白いエプロンは女性が最終着衣に達する道のりに位置したイメージの着衣であった。

　1953年、知的女性誌を目指した花森安治と大橋鎭子の『美しい暮しの手帖』は、他誌と一線を画すべく白いエプロンの安易な使用を微妙に避けている。

そこには家事労働の単純な賛美を退けて家庭における女性の主体性を主張した花森の言説があった。しかし彼もまた「お母さまの手作り」を強調し、暮しを美しく保ち賢く切り回す責を女性に求める。その知的外装の下に消費を核とした「工夫と手製」を、つまり戦前に変わらぬ絶えざる無償の家事努力を要請したのであった。家事労働の神聖化という点で、『暮しの手帖』もまた白いエプロンと同じ範疇に括られる。住空間の貧困という根本的社会問題の解決を覆い隠くし、戦後女性のアイデンティティとその存在自体を郊外核家族住宅の私的居住空間に回収してしまった責を負うはずである。

1950年占領期のさなか、「女学生よ　白いエプロンの如くあれ……[39]」と女性に家庭回帰を最初に促したのは三島由紀夫であった。時に応じてメディアはたくまずしてこの言を繰り返す。戦時における白い割烹着が女性を「再生産する母の身体」へ統括・馴致する最も安価な政治システムの着衣であったとすれば、戦後の白いエプロンもまた戦後民主主義のいう社会システムの最も安価な幻想の着衣にほかならない。総じて戦後民主主義のプロパガンダとして母性を戦後世代に連続し、その住空間に女性の周縁化を可能にした政治システムの所産ではなかったかと考える。

（１）　戦後民主主義と女性の住空間に関するジェンダー構造への考察は、「GHQ／CIE教育映画とその影響——戦後民主主義とダイニングキッチン」（『イメージ＆ジェンダー研究会誌7』）で論じた［身﨑　2007：64－83］。
（２）　首藤功『写真ものがたり　昭和の暮らし１農村——写真で綴る昭和30年代農山村の暮らし』（農山漁村文化協会、2004年）。割烹着とエプロンの図像が多出する。
（３）　堀ひかり「1930－1950年代の日本における映像をめぐって」で詳細に論じられる［環太平洋女性学研究会会報2002：41－59］（『環太平洋女性学研究会』）。
（４）　大日本国防婦人会編『記念写真帖』［大日本国防婦人会　1942：15－56］。
（５）　戦後の衣料統制と外貨獲得の為逼迫した国内綿布需要は、朝鮮戦争後の輸出不振から安価になる。「130主要商品別輸出入状況」（日本銀行統計局『昭和三十年報本邦経済統計』）では1953年綿織物の輸出量は増加するが単価が下がり、綿糸輸出は激減し国内需要に回った経緯を示す。
（６）　時枝俊江監督藤瀬季彦・撮影『町の政治——勉強するおかあさん』（岩波映画自主作品、1957年）。国立市の町議会活動に参加する女性たちの活動をドキュメントした記録映画である。

（ 7 ）　青山通春監督『百人の陽気な女房たち』（桜映画社、1955年）。この映画は、下町の母親達が子供達に衛生的な環境と遊び場を実現するまでの活躍を描く秀作である。当時の生活実写が非衛生的な庶民の生活を克明に映し出す。
（ 8 ）　装飾と畏敬を兼ねるエプロンの伝統は民俗衣裳等に引き継がれる。民俗学者ボガトゥイリョフは、司祭の説教に合わせた52種類もの華麗なスロヴァキア地方祝祭エプロンに言及する［ボガトゥイリョフ　1981：15］。
（ 9 ）　舞台協会の女優連の経営『カフエーステージ』の開店写真。中央は女優岡田嘉子。歴史写真会発行『歴史写真12月号』（第125号、1923年）、近代世界艦船辞典 The Naval Data Base（2004年10月2日閲覧）。
（10）　"Hannah Cullwick scrubbing,c.1870 a maid of all‐work"と記載。アンナ・カルヴィックをモデルとした「下働き」の写真は、イギリス貴族が女中（そして自分の愛人）に靴磨きや床磨きなど、下層階級の労働をポーズさせて撮ったコレクションの一部である。死後、遺族が膨大な数の写真が秘蔵されていたのを発見する。Ann McClintockが"Imperial Leather"において帝国主義時代の欧米が、非白人や労働階級に抱いた憧れと恐れと不安、さらにそのジェンダー視線について論じる。マンビー・コレクション、トリニティカレッジ蔵、ケンブリッジ大学［Horn 1975：59］。
（11）　"A farming household. Servants at Lochtwriffin,Mathry, Pembrokshire, c, 1908"と記載。ウェルシュフォークミュージアム蔵、ウェールズナショナルミュージアム［Horn 1975：20］。
（12）　サロンエプロン・ダイニングキッチン・システムキッチンは共に高度経済成長期の和製造語。エプロンにはウエストエプロン・ビブエプロン・ピナフォアがありピナフォアが肩紐にフリルのついたメイドのエプロンを指す。
（13）　日本の戦後空間では1970年代「裸エプロン」が出現するまで女給のエロティックな身体記号は暗黙裡に消される。週刊誌『女性自身』（光文社、1973年）が「ファッション特集　ノーブラ主義バンザイ」で初めて裸体にエプロンの女性を掲載。当初女性解放を示唆するファッションとして紹介され、現在の「裸エプロン」とは次元を異にする。
（14）　衛生概念の啓蒙強化は延べ12億人を動員したCIE『ナトコ映画』とNRS生活改善普及運動に代表される。ナトコ映画は輸入雑誌と共にアメリカファッションと生活を身近に伝えた。当時有楽町CIE図書館ではアメリカ雑誌からデザインをトレースする女性が多くあり、林邦雄は「戦後アメリカ直輸入の流行の担い手はパンパンガールであった……」と述べる［林　1987：13-14］。
（15）　山本は「カマド改善」の真の役割は農村女性の生活改善への意識を高めるイメージの設定にあったとする。
（16）　1953年、在オーストリー米大使館発行のプロパガンダ誌"Der Amerikaner bei der Arbeit"の最終頁を飾る職業は「画家」と共に「die HausFrau」主婦とされ、白いサロンエプロンの若い女性が洗濯物の海で微笑む図像が掲載される。

(17) エレイン・タイラー・メイは1959年モスクワのアメリカ博覧会における「キッチンディベイト」に論及する。これは台所を舞台にしたニクソン・フルシチョフ間の冷戦下体制論争であった（May、1988年）。
(18) 監督・佐々木康脚本・岩沢庸徳、出演は並木路子、上原謙、佐野周二。戦時中に執筆した戦意高揚映画『百万人の合唱』の岩沢自身によるリメイクである（松竹、1945年／http：//ja.wikipedia.org/wiki　2004年11月17日閲覧）。
(19) サロペットの使用はアメリカのほか戦後のイギリス教育映画にも登場する。『将来の設計』に若い女性労働者の着衣像がある（CIENo64、製作年不明）。
(20) 1945年10月10日幣原内閣はGHQの改革指令に先行して婦人参政権を閣議決定し、『そよかぜ』の公開日もこれに追随したことになる。
(21) 父（兵士）を消去した母性の着衣「白い割烹着」は「母」の象徴を戦後に貫く。三益愛子主演の母物シリーズ映画はその典型である。
(22) 言説では『翼賛一家大和さん』の戦後版とされる。現在『翼賛一家……』はタイトルに諸説あり、原作者はこれを明らかにしなかった。
(23) 第一巻の初版・再版表紙では「猫とおばさん」の登場で変わらないが再版出版年により前掛けは割烹着に変更される。
(24) 1950年撮影。良子皇后は皇后服にパンプスを履く［共同通信社　1966：65］。
(25) 北原恵「第1章元旦紙面見る天皇一家像の形成」に先行研究がある（『性の分割線近・現代の身体とジェンダー』、2009年）。
(26) 『文藝春秋臨時増刊・漫画読本創刊号』（1954年）に「天皇御一家歳末風景」8コマ漫画で掲載される［文藝春秋　1954：57-59］。『横山隆一記念まんが館　常設展示図録』（財団法人高知市文化振興事業団・横山隆一記念まんが館）。
(27) マコオタ画像集（美智子様関係／2004年10月9日閲覧）http：//www.yuko2ch.net/mako/imgbbs3jik/img-box/img 20071125232825.
(28) 皇太子ご成婚以降皇室写真の撮影は、宮内庁記者クラブへ委託。各報道団体の登録2社の輪番制（1社は宮内庁指定で共同通信社に固定）で撮影。その利用は宮内庁の許可が必要で、カメラマンは宮内庁の臨時嘱託職員とし、その利用許可には宮内庁への忠誠度が計られたという［亀井　1990：6-7］。日本新聞協会編『新聞カメラマンの証言──戦後新聞写真史』（日本新聞協会、1986年）。
(29) 「ダイニングキッチン」は前述の通り戦後の和製造語で、1955年公団住宅が発足する際、その設計理念であった「食寝分離」の主張から台所と食事室が合体されこの言葉が誕生した［高橋　2000：277-279］。
(30) 吉見俊哉『中央公論』「大衆天皇の終わり」［中央公論　2009／4：164］
(31) マコオタ画像集（美智子様関係／2004年10月9日閲覧）http：//www.yuko2ch.net/mako/imgbbs3jik/img-box/img 20070207222933.
(32) 皇居内の庭で清子内親王相手に花遊びをする皇后美智子。1972年乃至は1973年撮影と2説ある（主婦の友社編『皇后さま』、主婦の友社、1984年）。

(33) マコオタ画像集（美智子様関係／2004年10月9日閲覧）
http://www.yuko2ch.net/mako/imgbbs3jik/img-box/img 20071002143333.
(34) 政府公式発表で280万戸、戦後の住宅調査にあたった西山夘三は実際には420〜500万戸の不足と推定する［日本住宅会議　1952：11］。
(35) 占領下のCIE教育映画『将来の設計』（英国作品）はイギリスの戦後復興は公共住宅建設を第一とすると描く。CIEはアメリカ市場主義を導入した住宅復興の日本映像を継ぎ足し、「人民による人民のための住宅計画……」として主論を巧妙にすり替えている。
(36) 1968年の事例（身崎聞き書）では、当時の松戸市二十世紀が丘土地区画整理組合は抽選分譲に際し未婚女性には一親等による連帯保証を求め、銀行（旧第一銀行G支店）側は未婚女性への住宅融資枠を提供しなかったと証言される。
(37) 階級意識を隠す言葉狩り。学校の「小使い」は「用務員さん」に変わる。
(38) 荒俣宏解説『貧乏だけど幸せ』（平凡社、1999年）占領期の生活記録写真集。貧しさと共に希望に溢れた時代の割烹着女性像を多く捉える。
(39) 『女学生の友』1950年6月号掲載。「戦後の女学生が合理的で朗らかに強くなったという進歩の半面、女らしさを失い……美徳と悪徳は紙一重であるから……清潔な秩序の精神、つまりまばゆいほどの真っ白なエプロンが似合う女性になれ」と述べる［新潮社編評論二　2003：314-315］。この表現は1989年深見じゅんが『悪（わる）女』で再現する。結婚を捨て仕事を選ぶ女性の台詞に「つまりエプロンの似合う女じゃなかったのね」とし、吹き出し画像には「ロングドレスにサロンエプロンの女性像」を挿入する［深見　1989：117］。

［引用・参考文献］
朝日新聞学芸部『台所から戦後が見える』朝日新聞社　1995年
阿部猛『起源の日本史　近現代篇』同成社　2007年
石川弘義『欲望の戦後史』広済堂　1989年
亀井淳『皇室報道の読み方』岩波書店　1990年
亀井淳『皇太子妃報道の読み方』岩波書店　1993年
熊谷辰男『皇室のご日常』日本写真協会　1954年
黒田勇『マス・コミュニケーション研究』「戦後日本のアメリカニゼーション」日本マス・コミュニケーション学会64　2004年
共同通信社編『皇室の二十年』共同通信社　1966年
坂井妙子『ウェディングドレスはなぜ白いのか』勁草書房　1997年
須藤功『写真ものがたり　昭和の暮らし1 農村——写真で綴る昭和30年代　農山村の暮らし』農山漁村文化協会　2004年
世界出版社編『皇室アルバム』世界出版社　1971年
主婦と生活社編『華麗日本の皇室』主婦と生活社　1994年

主婦の友社編『皇后さま』主婦の友社　1984年
大日本国防婦人会編『記念写真帖』大日本国防婦人会　1942年
高橋孝輝『プロジェクトXI　執念の逆転劇──妻に贈るダイニングキッチン』NHK
　「プロジェクトX」制作班編 NHK出版　2000年
谷川建司『アメリカ映画と占領政策』京都大学学術出版会　2002年
土屋由香「アメリカ対日占領軍 CIE 映画──教育とプロパガンダの境界」『愛媛大学法
　文学部論集』総合政策学科編、第19号愛媛法学会雑誌第31巻第1・2合併号　2005年
西山夘三『日本の住宅問題』岩波書店　1952年
日本住宅会議編『これでよいのか日本の住居』ドメス出版　1983年
林　邦雄『戦後ファッション史──そのとき僕はそこにいた』源流社　1987年
深見じゅん『悪（わる）女』講談社　1989年
藤井忠俊『国防婦人会・白い割烹着』岩波新書　1985年
堀ひかり「1930 - 50年代の日本における映像をめぐって」『環太平洋女性学研究会会誌
　RIM 4 - 2』環太平洋女性学研究会会報　2002年
身﨑とめこ「GHQ/CIE 教育映画とその影響──戦後民主主義とダイニングキッチン」
　『イメージ＆ジェンダー研究会誌7』　2007年
三島由紀夫『三島由紀夫全集27』新潮社　2003年
Tyler May, Elaine *Homeward Bound*, New York : Basic Books. 1988.
文部省「第15章婦人と家庭生活」『民主主義教科書』下巻（文部省　1948・1949年）
ブルディエ、マルク『同潤会アパートの原景－日本建築史における役割』住まいの図書
　館出版局　1992年
Horn, Pamela *The Rise and Fall of the Victorian Servant*, Stroud/UK : Alan Sutton Pub-
　lishing Ltd. 1975.
ボガトゥイリョフ、P・G（松枝到訳）『衣裳のフォークロア』せりか書房　1981年
ヤング、ディーン『ブロンディ第1集』朝日新聞社　1981年

[参考映像作品]
青山通春『百人の陽気な女房たち』（桜映画社、1955年）
佐々木康『そよかぜ』（松竹大船、1945年）
時枝俊江『町の政治──勉強するおかあさん』（岩波映画、1957年）
CIE 民間情報局教育映画『明るい家庭生活』CIENo.211（大泉映画社、1951年）
同英国教育映画『将来の設計』CIE No.64（大映により改編、制作年不明）

第Ⅳ部
表現する身体

理想化される女性の身体像
―― 自己対象化から考察するスリム・ダイエット志向 ――

三好　恵真子

1　太りすぎを心配する男性とやせすぎを願う女性

　ワールドウォッチ研究所による「摂食不足と摂食過多：世界に広がる栄養障害」［Brown 2000］は、世界的な経済繁栄の裏で生じてきた開発のゆがみを指摘しながら、飢餓に苦しむ人々の人口が11億人存在する反面、栄養過多の人口も急増し、すでに11億人に達しているという世界の食の著しいコントラストを報告して注目を集めた。さらにこうした状況は、近年経済発展の著しいアジア諸国において同一の国内でも見られる現象になりつつあり、途上国では栄養不足を抱える一方で、肥満の増加も著しくなっていることが各地で報告されている。

　肥満にともなう病気として認知されているのが「メタボリック・シンドローム」であり、学術界のみならず、一般においても最近強い関心が寄せられている。我が国では、2008年4月に新たに「特定健診・特定保健指導」（いわゆるメタボ健診）が義務づけられ、厚生労働省の基準値を超えるとメタボ予備軍として特定保健指導を受けることになっている。よって、現在では、男性女性を問わずして、人々は、「やせたい」、「やせなければならない」という脅迫観念に駆られる環境になっているといえよう。

　しかしここで着目したいのは、男性と女性の「心理的なやせるべき基準」に明らかな差異が存在する点である。ダイエットは、西洋医学の基礎を作り出した頃のヨーロッパ世界から長らくは「健康的であるためにバランスのとれた食事をとること」を意味していたのだが、いつの間にか現代社会においては「やせるための食事」の意味が定着しつつある［山辺　2008］。確かに、肥満がすでに先進諸国の共通の課題となって久しく、健康のためには「やせるための食

事」が必要な現状において、メタボ対策のためにやせようと努力する男性の姿は保健的に理にかなっているといえるであろう。しかしながら女性の場合は、「健康的」を通り越して、ある種の不健康な状態に陥ってまでも、芸能人やモデルなど自分の描く理想的な体型に近づこうと苦しいダイエットに励んでしまう場合が少なくない。8,000人規模の人体寸法・形状計測結果を10年前のデーターと比較している経済産業省の報告によれば［(社) 人間生活工学研究センター　2005、2006、2007］、男性の場合、身長および体重は10年前より増加傾向にあるものの、女性の場合は、身長の伸びに反して、体重はほとんど増加していないばかりかやや減少傾向にさえある状況がうかがえる。またBMI (Body Mass Index：体格指数) を比較してみると、女性におけるその減少は明らかであるが、最小値域が25〜29歳にある点は10年前のデータでも変わらず、体格の発達に反する若い女性のスリム願望が如実に浮き彫りにされている。

　科学の進歩に目を向けると、1990年代に分子生物学の対象として「肥満」が注目を集め、肥満に関する遺伝子要因の解明が近年急速に進んでいる。1994年肥満に関与する「レプチン遺伝子」のクローニングが成功し、肥満に遺伝子が関与していることが証明された［Zhang et al.　1994］。つまり脳でコントロールされているレプチンの存在が明らかにされたことにより、ダイエットの反動により起こる「リバウンド現象」も容易に説明でき、またヒトの肥満は「抗レプチン血症」に由来すると解釈されている。一方、1995年に脂肪細胞における熱産生と分解に関するβ－3－アドレナリン受容体の遺伝子異常により肥満になりやすい体質をもたらすことが、ピマ・インディアンを事例として明らかにされており［Walston et al.　1995］、さらに日本人もこの遺伝子変異により肥満が促進されることが報告されている［Kadowaki et al.　1995］。

　このように、遺伝子的にそれぞれの民族あるいは個々人においても特質があり、意志でのコントロールが難しいと科学的に証明されているにも関わらず、「スリムな美」という世界で同様な基準が支配的になり、民族や社会に固有の美意識までも浸食し始めている。例えば、もともと太っている女性が好ましいとされるフィジーの女子高校生を対象にして、アメリカのテレビドラマ『ビバリーヒルズ青春白書』等が放映されることによる彼女らのボディ・イメージへ

の影響を調査した結果によれば、わずか3年間の間に「自分が太りすぎている」と感じる女子高生が急増し、ダイエットや摂取カロリーという新しい概念が社会に急速に広まったと報告されている［蒲原　2001］。このように、いまや地球規模で進む女性たちのスリム志向をかき立てるものは、いったい何なのであろうか。

そこで本章では、栄養や医学的見地というよりも、この「女性のやせたがる心理」に焦点をあてて、ファッションの歴史等を事例に、女性のスリム・ダイエット志向をかき立てる外部環境的要因を分析してみることにする。さらに自己対象化理論（後述）に従い、「衣服の変化」及び「健康や食に対する知識の差」が摂食行動に及ぼす影響を検討するために、就学環境の異なる女子大生を対象にした調査を試みて得られた若干の知見を紹介したい。

2　女性の身体の理想像とスリム志向

（1）　スリム願望の起こり

スリム願望の起こりは、古くは中世ヨーロッパにまでさかのぼるが、この当時、それを抱くのは女性ではなく、むしろ男性の方であったといわれる。その理由として、一つには、太りすぎて戦時に甲冑を着られなくなったり、また肥満由来の病気になったりするのを恐れるという男性自身の身体的・心理的な状況が交錯していたと考えられる。もう一つとしては、産業革命以前では貧困が著しく、食料を十分に得られない家庭が多かったため、家父長制の根強い当時のヨーロッパでは、少ない食料をまず男性が消費し、その残りを女性は子どもと分け合う傾向にあった。よって女性の場合はむしろ栄養失調による病気の方が深刻な問題であり［エドワード　1992］、こうした社会的要因も関係していると考えられる。

このように、もともと男性に主体的であったスリム志向が、女性側に見受けられるようになる契機は、産業革命により各家庭が豊かになってきて、女性も充分な食物を摂取できるようになったことにあるとされている。一方で、工場労働など社会進出する女性が増加したことで動きやすい服装が好まれるようになり、中世の女性のファッションの象徴であるコルセットによりウエストを締

め付ける必要性がなくなったことも自分の身体に目を向けることにつながっていった。よって、栄養状態の貧しい産業革命以前の社会ではふくよかな女性が富の象徴として理想化されたものの、女性たちがたくさん食べることにより強くなることを恐れた男性たちは、今度は痩せた女性を魅力的であるとし、食の制限の必要性を女性たちに認識させるようになったと考えられている［海野 1998］。つまり、女性たちがより多くの「領分」とより多くの「平等」を要求するに対し、女性の魅力に関する文化的基準は、女性が小さく縮まることを要求したのである［Orbach 1986］。

　1890年から1910年の間には、米国では現代まで続く肥満の罪悪視が始まったと考えられており、上述した食糧事情の変化以外にも、この時代には女性の身体と美をめぐっての議論が多くの書物の中に書かれるようになり、著者は男性、特に医者や生理学者であったことが知られている［小倉　2008］。このようにダイエットの認識と並行して、社会的背景に関連した「理想の女性像」が登場していることが理解でき、中でも男性の志向性が少なからず、女性のファッションや身体像に影響を与えてきたことが推察できる。

（2）　ファッションの歴史からみる女性の理想像

　女性は常に男性から「見られる」存在として、女性のファッションも、主に文化の作り手である男性の好みが大きくかかわっているといわれている［海野 1998］。19世紀末のヨーロッパを例にとると、この時代のファッションの情報媒体であったのが、「ポスター」であり、それによって流行も作られていたと考えられる。当時の有名な人気ポスター画家として、ジュル・シャレー、アンリ・ド・ツルーズ＝ロートレック、アルフォンス・マリア・ミュシャなどが存在するが、彼らの描く女性像（図1）は広く一般に受け入れられ、女性たちはこぞって彼らのポスターに描かれている女性の服装や体型を真似ようと努力したといわれる。

　ポスターを中心的に描くイラストレーターの先駆的な存在となったのが、シャレーである。彼は、これまで男性をモデルとして描かれることがほとんどであった自動車やタバコ、ビールなどのポスターの中に女性を描き上げた。当

時、ヨーロッパでは男性の嗜好品とみなされていたこれらの商品の宣伝に女性を描くことは極めて斬新であったため、彼のポスターはたちまち大衆の人気を博したといわれている。しかし同時に、彼の描きだすアクティブで極限まで絞られたウエストを持つ女性がこの時代大流行し、上流階級の女性たちはポスターの女性のようなウエストを作り上げるためのコルセットを着用したりダイエットに励んだりしたという。

図1　アンリ・ド・ツルーズ＝ロートレックとアルフォンス・マリア・ミュシャのポスター画
（左）　ミュシャによるサラ・ベルナールの舞台用ポスター／（右）　ロートレックによるポスター

　ロートレックは、自らが病気で下肢が不自由な身であったためか、娼婦など身分が低かったり社会的に偏見を抱かれたりする女性への思い入れが強く、彼女たちを彼独特の画法でデフォルメして描いていた。

　多くの場合、彼はモデルとなる娼婦や踊り子を醜く、しかし魅力を十分に引き出して描いていた。しかし、彼の代表作の『ムーラン・ルージュ』では、本来なら薄暗く怪しい場所で働く女性を、快活な美女として描き、賞賛を浴びた。また、彼の描く女性も同様に、この時代の上層部の女性のファッションの流行を作り上げたといわれる。

　一方ミュシャは、舞台女優サラ・ベルナール[1]のポスターを描いて名声を博したグラフィック・デザイナーである。彼がサラ・ベルナールの舞台のポスターを手がけたとき、ベルナールの人気はかなり陰りを見せていたが、ミュシャの描く彼女のポスターがあまりにも反響が大きかったため、彼女の人気は復活したとまでいわれている。ミュシャの作風は、彼の宗教的思想に裏付けられた文学的解釈により、女性と様式化された装飾の組み合わせからなっており、アール・ヌーヴォー[2]の旗手としての地位を不動のものにしたのである。したがって、1890年代半ばのパリの公衆にとっては、ミュシャのイメージは独創的

かつ魅力的であり、彼の描いたベルナールの姿は、理想化された世紀末の女性像[3]として普及していった［エスクリット　2004］。

またポスター画家と同様に流行の発信源となるのが、ファッション・デザイナーたちの出現である。ファッション・デザイナーの先駆け的存在として一世を風靡したのが、チャールズ・デーヴィス・ギブソンである。雑誌の挿絵をデザインした彼の描く女性は、すらりと背が高く、ウエストをコルセットできつく締め上げる女性らしさを強調したものであった。また1900年前後には、「ギブソン・ガール」と呼ばれる彼のデザインを模倣した女性が多く現れ［海野　1998］、コルセットが再び大流行したといわれる。

さらに、特に米国において既製服が発達したことも、デザイナーの出現に拍車を掛けたのである。しかしこうしたデザイナーの大半は男性で占められていたため、その時代における男性の女性に対する志向性などを具現化した服装がデザインされることが多かったようである。よって、そうしたデザインの洋服を着たり、それが似合う体型であったりすることが好ましいという認識が女性たちの間で確立されていったと考えられる。興味深いことに、女性らしさを強調し華やかなデザインをするデザイナーは、圧倒的に男性が多い。

女性デザイナーの先駆者であるガブリエル（ココ）・シャネルは、「どうして女性は窮屈な服装に耐えなければならないのか」という積年の疑問から、当時の男性の下着素材として使用されていたジャージや紳士服素材のツイードで、スポーティーかつシンプルな「シャネル・スーツ」を発表したため、社会進出をするようになった女性たちに広く受け入れられていった。シャネルは、コルセットに固まっていた女性の体を解放し、引き締まったからだが基本というメッセージを投げかけた[4]。よって、シャネルの人気の高まりとともに、女のモードは過剰な装飾から解き放たれ、それに伴って女をめぐるイマジネーションの全体がそっくり覆されてしまったのである［山田　1992］。こうしてシャネルというブランドの服作りに一貫する姿勢は、「男に支配される女を徹底的に排除し、女の体と心を解放しよう」とする試みであると評価されている。一方でコルセットからの開放は、内部から自分の意志でラインを維持してゆかなくてはならなくなり、ダイエットの必要性を高めたとも考えられている［小倉

2008]。またココ・シャネルはかなりやせた身体であったため、ココがモデルとしてシャネルの服を着たことがきっかけで、現在に至るまでファッションモデルはやせ形の方が美しいという固定観念が生まれたという説もある。

このシャネルの姿勢と対照的なデザインを発表したのが、クリスチャン・ディオールである。男性デザイナーであるディオールは、「エレガントな女性と最上級な女性のためのクチュリエになりたい」という理想を掲げて、フランスのモード界にデビューした。彼が最初に発表した「コロール（花冠）ライン」は、ニュールックとも呼ばれ、丸みを帯びた肩と胸、ウエストは細く絞られ、スカートは布を贅沢に使い、ペチコートで膨らませたラインがかかとまで伸びる女性らしさを引き出した華麗なスタイルであった。シャネルによって機能的な美しさがアピールされたのちに、ディオールはフェミニンな美しさを改めて強調したといわれている。

このように、男性は時代が変わっても女性に「女性らしさ」を求め続けており、そうしたその男性の好みが潜在的に流行を作り出し、女性に「女性らしさ」を追求させてきたことが示唆される。また女性は、社会進出とともに自身の着衣に機能性を求めるものの、「感情的」にも「医学的」にも「衛生的」にも女性の美しさの重要性が規定されてしまえば、そうした美に近づくためには、ほっそりした身体を理想と見なして、ダイエットに励んでいったと考えられる。こうした経緯の基底には男性たちの文化的支配の歴史が長く続いてきたことが関係しており、その後のフェミニズムの潮流によりそうした構図は以前よりも見えにくくなったとはいえ、消失してしまったわけではない。しかし現在では、むしろ男性たちの価値基準を超越して、女性自身の意志や価値観から内発的にスリムな身体の理想像を追求するに至っていると考えられる。その証拠として、19世紀末から女性の身体像や作法に関する書物か数多く出版されその著者の中に「女性」も多くなってきたという［小倉 2008］。つまり、ほっそりしていることが女性美の基本であり、女性自身もそれを理想として受け入れ励むというように、女性の欲望としてのダイエットの普及という形がすでに20世紀初頭には出そろっていたのである。また19世紀末から20世紀初頭に掛けて登場した自分の身体に注意を向けるように促す装置（体重計、大きな鏡、化粧室・浴室

など）の登場といった生活様式の変化なくしては、ダイエットの実践は不可能であったとも指摘されている。

　「わたしたちは衣服を身体に合わせるというより、むしろ自分自身の肉体をモデル・チェンジして、モードという鋳型に合わせようとしている」と描写されるように［鷲田　1996］、世間あふれるダイエット関連書物の中にも、「9号サイズを目指せ」、「ウエスト60cmになるために」などといった具体的な数字を示し、かつその数値があたかも「標準」であるかのような表現が多く見受けられる。このような理想の数値が標準化されることで、女性は衣服の方に自分の身体をそれらにあわせることを目指すようになるのである。しかしこうした現象は、メディアが自ら美の基準を作って社会を操作しているというよりも、社会に既に定着しているある種の美的基準（女性たちが求めている身体の理想像）を、メディアが再生産していると解釈してよいであろう［村上　2008］。

　そして、こうして既存する「細身が美しい」という美の基準を拡大再生産する巨大勢力となるのが、痩身ビジネス産業であり、広告やCM等を利用して、スリムがいかに美しいか、女性の成功の必需であるかを訴求しており、こうした動きはもはや地球規模で進んでいるといっても過言ではない。田中は、最近の日本における若い女性のスリム願望に関して、非現実的なまでに美の基準を高くして、女性の美的関心やスリム志向をあおるようなマスコミ等の過度の報道があることも無視できないと指摘した［田中　2001］。具体的には、近畿圏内にある3つの大学の女子学生を対象に、ダイエット食品のCMの影響を検討した結果、ダイエット経験の多い学生ほど、CMにうたわれているダイエット食品の効果を信じる傾向が強く、逆にダイエット経験がない、又は少ない学生では、CMに懐疑的な意見を持つものが多いという考察を導き出している［田中　2003］。外見上魅力的であることが、主観的な幸福感の一因であることを示す研究結果も報告なされているが［バイパー　2005］、この田中の結果と重層させると、スリムになることを目指したことのある女性たちは主観的幸福感の達成手法としてダイエットを捉え、そうした事柄に関連するメディア情報にも流されやすいことが推察される。

（3） 理想の身体に近づくための自己規制である食の制限（ダイエット）

　これまで述べてきたように、一般に女性がスリムな体型を追求するとき、最初に行うのがいわゆる食制限の「ダイエット」である。特に女性に強く見られるスリム志向は、以前は米国を中心とする西欧諸国で顕著であったが、社会のグローバル化によって西洋の価値観が世界の隅々にまで広がるにつれて、ダイエットはさまざまな国の若い女性たちに影響を与えるようになり、摂食障害などの問題の深刻度は文化のグローバル化の指標になりうるとも言われている［バイパー　2005］。

　こうして、体重減少のみに拘泥しすぎた結果引き起こされる拒食症や過食症も、1980年代から若い女性を中心に、常に問題となっている。現在、東京都の女子高校生の20人に1人が摂食障害に侵されていると報告されているように［バイパー　2005］、摂食障害は誰にでも起こりうる身近な病気になっている。しかしながら、追い詰められた患者の心理や苦痛など、理解されていない部分が多いといわれる［鈴木　1999］。

　こうした過度のスリム志向により心身ともに病気になることや、食制限での健康被害が社会問題として表面化してきたこともあり、イギリスでは2000年にやせすぎモデルに関する政府主催の「サミット」が開催された。さらに2006年には、マドリードやミラノなど、ファッションの流行の発信地とされている地域でも、モデルがやせすぎていることで神経性無食欲症候群（いわゆる拒食症）などの問題が多数浮上してきているとして、BMIが規定値に満たないモデルのファッションショーへの出演を禁止するなど、極端なスリム志向の風潮に警鐘を鳴らす動きもみられている。しかしその一方で、「失業」したやせすぎのモデルを歓迎すると発表したニューヨークやロンドンなどの都市もあり、やせていればいる程よいという考え方に歯止めをかける動きも、各国で足並みをそろえられているとは言いがたい状況にある。

　一方、同様に若い女性のスリム志向が目立つ日本に関して言えば、発言力のある組織・機関などから行き過ぎたスリム志向に対する警告等が発信されることはほとんど見受けられない。これは、「肥満と病気」の観点からメタボ健診およびメタボ予備軍への保健指導等は積極的に行われ、また一般への認知も急

速に高まっている状況とは対照的である。特に若い女性に蔓延している「やせと病気」に関しても、栄養指導等を含めた対策にもっと積極的に目が向けられるべきである。しかしそのためには、これまで述べてきたように女性たちに宿る美的理想像という心理的な面を無視しては語れないところが、この解決を難しくしているのであろう。

3　「見られている」意識から内在化への過程と摂食行動

（1）　容姿にこだわる心理過程：自己対象化理論

　女性が男性よりも、自己身体に関してネガティブな感情を抱きがちであり、この傾向については、女性の美をめぐる性的役割感やメディアの影響など、外的要因の存在を指摘する報告がなされてきた。さらに近年は、それらの要因がどのような身体経験を通じて、自己の内部に取り込まれ、理想の身体像を形成してゆくのかという心理的プロセスやメカニズム等を解明しようとする研究が活発化してきている。

　梶田は、自己評価的意識の構造的特徴について、男性では"自己へのまなざし"と"他者のまなざし"の両意識が拮抗するのに対し、女性の場合は"他者のまなざし"に関する意識が中心的になると指摘している［梶田　1998］。

　フレドリクソンとロバーツは［Fredrickson ＆ Roberts 1997］、「自己対象化理論（self－objectification theory）」を提唱し、女性が自己の容姿や外見を様々な「美的水準」との比較により捉えるようになると（性的対象化）、他者がそれをどのように見ているかということに意識が向き、外見についての他者からの評価を内在化しながら自己の容姿にいっそうとらわれるようになる（自己対象化）としている。またこの自己対象化過程の中で、自己の容姿に他者が下す評価を推測することだけに注視することにより引き起こされる種々の問題点のうち、特に「自己の身体への羞恥心」と「摂食障害」に注目している。

　またマルクスらは［Markus et al. 1991］、女子は他者からのフィードバックをはじめ、美に対する性役割的な期待やマスコミ等による過度の情報を無自覚的に取り込んだ結果、それらを理想像として内在化する中での現実とのずれに気づき、自己に対して否定的な身体像を抱いたり、自分の容姿に羞恥心を抱い

たりして苦しむことを示唆している。さらに、そうした苦しみから逃れるための試みの1つが食の制限であり、こうした行為が極度に習慣化すると、摂食障害にいたると言及している。一方、マッキンリーらは［Mckinley et al. 1996］、女性が身体を外から見られる対象として経験することに重要視する要素として、「身体監視」、「身体の羞恥」、「コントロール信念」を挙げ、また個人差特性を測定する「対象化身体意識」を開発した。そして理想と現実のズレや容姿に対するネガティブな感情を軽減あるいは解消するためにダイエットに走る傾向は、女性たちが容姿や外見は、自分でコントロールできるという信念が反映されているとしている。

　さらに、こうした自己対象化の過程を実証的に検討する試みもなされている。フレドリクソンとロバーツは［Fredrickson & Roberts 1998］、自らが構築した対象化理論に基づき（図2）、大学生に水着かセーターのいずれか一方を着用させる状況を設定し、クッキーの味見を行わせるというユニークな実験を試みている。その結果、水着着用の学生のほうが、セーター着用の学生よりも自己対象化が引き起こされやすく、身体への羞恥心が高まりやすいこと、また水着は心的資源を消耗させることを実証している。

　またクッキーを食べた量に関する分析では、自己の身体への羞恥心を感じる学生の場合、味見の際に1枚すべてを食べきるのではなく、わずかなかけらを残すという興味深い結果も出ており、身体への羞恥心から、1枚全て食べることを躊躇したのではないかと推察されている［田中 2001］。

　田中は、質問票を用いて、被服が

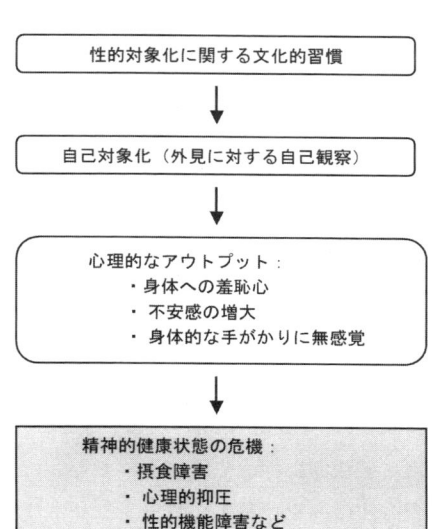

図2　フレドリクソンらによる自己対象化の過程（Fredrickson & Roberts 1998）より和訳

身体意識に及ぼす影響と対象化を促進する要因として、身近な他者の存在に注目した調査を行っている［田中　2002］。その結果、有意な説明変数となったのが、「友人の評価」と「身体の監視」であり、状況的および特性的要因からも他人に見られることが身体への羞恥さらには自己対象化を高める要因となることを明らかにしている。

そこで本研究では、女子学生が被服の差異によって生じる羞恥心により引き起こされる摂食行動の差違の検証を、フレドリクソンらの先駆的研究［Fredrickson & Roberts 1998］と同様に実際に着衣を変更する形で実施し、その後、各人が抱いた感情等を記述式で回答してもらう調査を試みた。さらにここでは、対象者を3つのカテゴリーに分類し、就学環境に由来する「健康や食に対する知識の差」が及ぼす影響についても検討してみた。

（2）身体への羞恥心と摂食行動との関係性の検証と食に対する知識の影響
（1）調査対象者、その分類と特徴

本研究では、女子大生52名を対象とし「健康や食に対する知識の差」を検討する観点から、以下の3グループに分類した。

①A群：国立大学医学部保健学の学生　16名
②B群：国立大学外国語学部の学生　22名
③C群：私立女子大学英文科の学生　14名

この中で、A群はその専門性上、健康や食に関する知識を日常的に習得できる環境にあると予測される。またC群は、他の2つの群よりも、ファッションやダイエット情報に敏感な環境にあると予測される。

（2）調査方法の実際

調査は、A群、B群、C群において、別々の場所で同じ手法を用いて実施した。被験者には、先入観を与えないためにも、調査の趣旨は予め伝えずに、調査方法のみを記載したワークシートを配布した。各群の約半数は、タンクトップに着替えてもらい、残りの半数は普段着のまま（11月に実施したので、長袖）の状態を設定した。

「クッキー」と「コンニャクゼリー」をそれぞれ個別の皿に取り分け、充分

な量を用意して、各人の目の前に置き、30分間、談笑しながら、自由に摂食してもらい[5]、その後に配布する質問票に食べた量を自己記載してもらう形にした。調査中は、被験者たちがリラックスできる環境に配慮した上で、外観的に表情などに変化が現れるかどうかを被験者の視界に入らない位置から観察した。

30分後に配布する質問票には以下の項目を回答してもらった。

①時間内に食べたクッキーの個数

②時間内に食べたコンニャクゼリーの個数

③満足度：食べた量が自分にとっての満足度として、1（少ない）から5（充分である）までの五段階評価で記述してもらった。

④調査中にどんなきもちになったかを、6つの選択肢（嬉しい／楽しい／恥ずかしい／いらいらする／悲しい／いつもと変わらない）から選んでもらい、その理由も記述してもらった。

⑤ダイエット経験の有無と具体的な実践方法

（3）調査結果

まず、各群におけるダイエット経験者の割合（図3）は、B群が他の2つの群よりもやや低い割合であったが、全体的傾向として、それぞれの就学環境の違いに関わらずダイエット経験があり、実際に実践に移した学生が大半を占めていることが分かった。

クッキー量（図4（a））およびコンニャクゼリー量（図4（b））の結果をみると、A群（保健学の学生）は、B群（外国語学部の学生）およびC群（私立女子大の学生）と比較して、1％の危険率で有意に高い値を示し、時間内に沢山お菓子を食べていることが分かった。しかし、いずれに群においても、衣服の差違によるお菓子の量には有意差が認められなかった。一方、満足度に関して各群を比較してみると（図4（c））、B

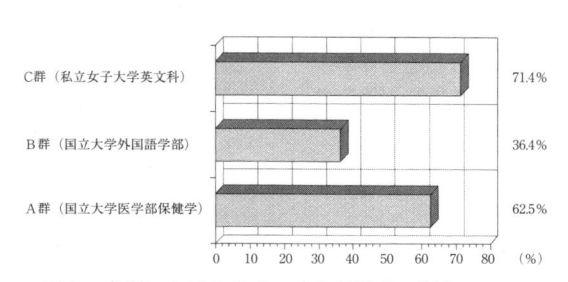

C群（私立女子大学英文科） 71.4%
B群（国立大学外国語学部） 36.4%
A群（国立大学医学部保健学） 62.5%

図3　各群におけるダイエット経験者の割合

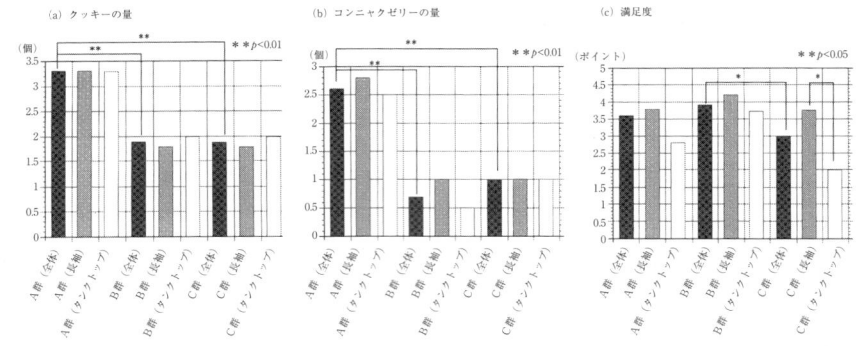

図4 (a)〜(c)　各群における衣服の差違による食したクッキー、コンニャクゼリーの量および満足度の違い

　群の値が一番高く、最も低いC群との間に5％の危険率で有意差が認められた。また、衣服の差違による影響を比較すると、いずれの群においても、長袖よりもタンクトップになった方が満足度は低くなり、特にC群においては、5％の危険率で有意差が認められ、タンクトップになることで、満足するほどのお菓子の量を食べられなかったことが示唆された。

　一方、群による比較ではなく、ダイエット経験の有無による違いを検討した結果（図5）、いずれの場合も、ダイエット経験者の方が、ダイエット非経験者よりも値が低くなり、特に、満足度において、5％の危険率で有意差が認められた。つまりダイエット経験者は、お菓子の摂取量に何らかのセーブがかかり、満足感も得られないことが認められた。

　さらに、記述式の回答を検討してみると、いずれの群においても、タンクトップ着用者は、ほぼ全員が「はずかしい」と回答していた。よって、身体の露出を大きくする衣服からの羞恥心が、お菓子摂取へのためらいにもつながり、長袖着用者よりも満足した量が食べられず、C群では明確な有意差が生じたと推察される。

　また、B群とC群では、衣服の違いに関わらず、「周りの人の食べる状況をみながら、自分の食べるスピードや量を調整していた」という意見が多く回答されており、周囲と同調したために、それぞれの群の中では、食べる量に極端

な差が出なかったのではないかと推察される。これは、日本人をはじめとする東洋人は、自己が他と強く結びつき、その相互依存的・協調的関係の中で、自己の所属性を見出すという「相互依存的自己理解」[6]が優勢であると報告されているので［木内　2003］、本調査でも、他の学生の様子をみながら、食べ過ぎを防いでいた可能性が示唆される。一方Ａ群では、「痩身を考えるとき、食事制限よりも運動によって体重を減らす」とほとんどの学生が回答

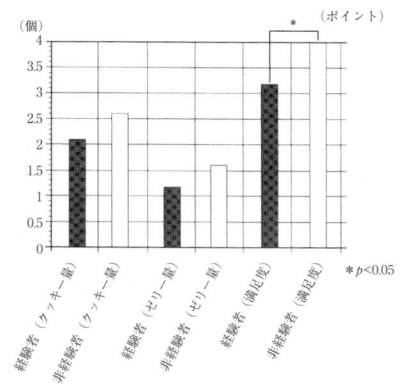

図5　ダイエット経験の有無による食したクッキー、コンニャクゼリーの量および満足度の違い

しており、ダイエットに強い関心を見せるものの、「食や健康に対する知識」を有していることが摂食への一時的なためらいを回避でき、他の2群よりも明らかに多い摂食量を示したといえるかもしれない。

　ただし、自己対象化理論は、自己を性的対象化させる心理が強くなることを基点としているため（図2）、今回は女子学生だけで行ったが、男子学生もいる中で行った場合は、Ａ群においても、何らかの影響が出てくることは否定できない。いずれにせよ、この理論では、相互依存性が高い女性の自己像は、きわめてゆるぎやすい存在であると指摘されているように、他者の視線や評価を必要以上に意識すると、次第に誤った身体の理想像や自己像を作り上げてしまう可能性が、本調査からも明らかになった。

4　他者との比較ではなく、自分自身を見つめる

　日本人は、文化的背景として、相互依存性が高いと言われ、それゆえに、他者の視線や評価に対して、必要以上にとらわれてしまい、女性の場合は、その傾向が一層強いものと考えられる。こうして外的要因によって触発されることが強いために、外見的美に対する期待やメディアによる過度な情報を取り込む結果、それを理想像として内在化することで、自身の現実とのズレに気がつき、

自己に対して否定的な身体像を抱いたり、羞恥心を感じて悩んだりするという先行研究と同様の結果が得られた。

　こうした苦しみから逃れるための一つの試みが食制限であるものの、本研究では、食や健康に対する正しい知識を身につければ、いくぶんかそうした否定的なプロセス形成を抑制できることが明らかになった。よって健康的身体がより美しいと認識できるように、イギリスでの先行事例にならい、ファッション業界や権威ある機関から過度なスリム志向に歯止めをかける対策が講じられることが求められる。その際、単にスリム志向に警鐘を鳴らすだけではなく、美しく生きるための食や健康に関するリテラシーも身につけるような指導も並行して行われることが望まれる。

　一方、日常生活における関係性において、他者からの視線や評価を回避することは難しいので、女性自身が自分の身体を、受動的な対象としてではなく、もっと能動的なものとして捉えることのできる社会的環境の確立が急務である。ただし個々の状態に配慮されていない外部の統一的美の基準という呪縛から解き放たれ、自分の内面を見つめ直すことが、個々人の最初の基盤づくりとして求められるであろう。グローバル化が進む昨今、世界のあらゆる情報がメディアを通じてダイレクトに届く状況にあるからこそ、なおさら、外部情報にとらわれ過ぎず、否定的な自己像を形成しないための精神的安定性が重要になるのである。

　また、本研究で明らかになったように、被服によって心理的状況や行動に変化を与えることができるとするならば、それをもっと効果的に利用し、着る服にこだわったりおしゃれをしたりすることが、それぞれの魅力や自信につながることも期待できるのではないだろうか。フェイシャル・セラピストのかづきれいこ氏が生み出した「リハビリメイク」など、顔の問題を化粧でカバーして自信を取り戻させるという、心理的面から自己対象化を改善しようとする試みにもみられるように、自己の否定的な側面に固執してしまうのではなく、それを克服できる別の側面を見出して活性化してゆくことが、より大切になると考えられる。

　一方、過度のスリム志向を客観的に判断できる女性は、高められた自尊心の

感覚を持ち合わせているという報告［バイパー　2005］からも、精神的な安定や成熟を獲得することで、極端なスリム志向に陥ることへの回避が期待される。したがって一人ひとりの女性が、内面的自信を持つことにより、外部のプレッシャーから精神的に自律・自己を回復できるように、これを支え促しうる精神面も含めた教育基盤の充足や社会環境の醸成という包括的な検討が求められるであろう。

（1）　フランスの女優（1845-1923）。コメディー・フランセーズに専属。のち自ら劇団結成。悲劇を得意とし、『椿姫』で世界的名声を博す。
（2）　「新芸術」の意。1895年開店の工芸品店の名に因むという。19世紀末、イギリス・ベルギー・フランスに興り、第1次世界大戦前ドイツ・オーストリア・イタリアに波及した、建築・工芸から絵画・ポスター・風俗にいたるデザイン思想。植物の枝や蔓を思わせる曲線の流れを特色とする。モリスらのデザイン運動を源流とし、ビアズリー・ヴァン＝デ＝ヴェルデ・ガレ・クリムト・ガウディらに及ぶ。
（3）　女性本来の「優雅」や「美」、及びミュシャ自身の夢や無意識な女性に対する関心をうつしている。
（4）　ただし、これについては、シャネル自身がこのような考えを持っていたわけではなく、後世のフェミニストによって作られた虚像であるといわれている。
（5）　フレドリクソンらは、「味見」という形を取ったが、時間を掛けて好きな量だけ食べてもらう方が、摂食量に差が計測しやすいのではないかと考えた。
（6）　相互依存的自己理解とは対照的に、自己を他者から切り離して、独立したものとみなし、自己の中にある誇るべき望ましい属性を見出し、それを積極的に外の表現してゆくことを「独立的自己理解」といい、主に欧米文化を中心として優勢とされるものといわれている。

［引用・参考文献］
海野弘『ダイエットの歴史』（新書館、1998年）
エドワード・ショーター（池上千寿子・太田英樹訳）『女の体の歴史』（勁草書房、1992年）
小倉孝誠「何が女性をダイエットに向かわせたのか──その歴史と美意識──」（『Vesta』69、2008年）
梶田叡一『自己意識の心理学（第2版）』（東京大学出版会、1998年）
蒲原聖可『ダイエットを医学する──人類は丸くなっている？』（中央公論新社、2001年）
木内亜紀「独立・相互依存的自己理解尺度の作成および信頼性・妥当性の検討」（『心理

学研究』66、2003年）
社団法人人間生活工学研究センター『人間特性基盤整備事業報告書』（平成16〜18年度経済産業省委託事業、2005、2006、2007年）
シャーリーン・ヘス・バイパー、宇田川拓夫訳『誰が摂食障害を作るのか――女性の身体イメージとからだビジネス』（新曜社、2005年）
スティーブン・エスクリット、天野友香訳『アール・ヌーヴォー』（岩波文庫、2004年）
鈴木眞理『乙女心と拒食症　やせは心の安全地帯』（インターメディカル、1999年）
田中久美子「なぜ、女性は容姿にこだわるのか？」（『京都大学大学院教育学研究科紀要』45、2001年）
田中久美子「被服が身体意識に及ぼす影響――自己対象化に基づいて――」（『京都大学大学院教育学研究科紀要』48、2002年）
――――「青年期女子のおけるダイエット食品に対する認知とその背景的要因について」（『京都大学大学院教育学研究科紀要』49、2003年）
村上紀子「ああダイエット――女性にとっては悩ましい道連れ――」（『Vesta』69、2008年）
山辺規子「西洋のオリジナル・ダイエット」（『Vesta』69、2008年）
山田登世子『モードの帝国』（筑摩書房、1992年）
鷲田清一『モードの迷宮』（ちくま学芸文庫、1996年）

Fredrickson, B. L., & Roberts, T. "Objectification Theory: Toward understand women's lived experiences and mental health risks", *Psychology of Women Quarterly*, 21, 1997.

Frederickson, B. L., & Roberts, T. "That swimsuit becomes you; Sex differences in self-objectification, Restrained eating, and math performance", *Journal of Personality and social Psychology*, 75, 1998.

Kadowaki, H., Yasuda, K., Iwamoto, K., Otabe, S., Shimokawa, K., Silver, K., Walston, J., Yoshinaga, H., Kosaka, K., Yamada, N., Saito, Y., Hagura, R., Akanuma, Y., Shuldiner, A., Yazaki,Y., & Kadowaki ,T. "A mutation in the ß 3-adrenergic-receptor gene is associated with obesity and hyperinsulinemia in Japanese subjects", *Biochemical and Biophysical Research Communications*, 215, 1995.

Lester R. Brown et al. *THE STATE OF THE WORLD*, 2000, New York: W.W. Norton & Company, 2000.

Markus H. R. & Kitayama S. "Culture and oneself: Implication for cognition, emotion, and motivation", *Psychological Review*, 98, 1991.

Mckinley, N. M., & Hyde, J. S. "The objectified body consciousness scale: Development and validation", *Psychology of Women Quarterly*, 20, 1996.

Orbach, S. Hunger Strike: The Anorectic's Struggle as a Metaphor of Our Age, New York: W.W.Norton, 1986.

Walston, J., Silver, K., Bogardus, C., Knowler, W.C., Celi, F.S,, Austin, S., Manning, B., Strosberg, A.D., Stern, M.P., Raben, N., Sorkin, J.D., Roth, J. & Shuldiner, A.R. "Time of onset of non-insulin-dependent diabetes mellitus and genetic variation in the gene", *New England Journal of Medicine*, 333, 1995.

Zhang, Y., Proenca, R., Maffei, M., Barone, M., Leopold, L., Friedman, J.M. "Positional cloning of the mouse obese gene and its human homologue", *Nature* 372, 1994.

リカちゃん人形の身体表象への欲望
―― 着替える身体から着替えない身体へ ――

山崎　明子

はじめに[1]

　昭和42年（1967）に日本の玩具市場に登場した「リカちゃん」。その需要の大きさと普及の規模は、1960年以降に生まれた多くの女性たちの記憶の共有と、二世代・三世代にわたる記憶の蓄積からもうかがい知ることができる。おそらく現在の日本で、これほどまで広く一つの人形の身体表象を共有していることは、雛人形の他に例を見ないだろう。

　リカちゃんは、日本の少女マンガ文化を取り入れた「日本人の女の子」像[2]をベースに、独特の物語を構築しながら販売され、その身体は今日まで消費され続けてきた。しかしながら、その物理的・物語的消費の在り方は単一的ではなく、40数年という時間の経過に伴い受容者の経年的変化とリカちゃんそのものが持つ社会的コンテクストの書き換えによって、その文化的位置づけは著しく変化している。

　リカちゃんは着せ替え人形であり、そもそもその身体は「着替える」ためのボディである。と同時に、少女たちは「着替えさせる」ことや、その身体を使って何らかの役割を演じることによって、遊び＝物語を成立させてきた。今さら「人形」の歴史を紐解くまでもなく、人形は「人の形」であり、人間の代替表象である。一体の人形は誰かの代わりになる可能性を持ち、それは時に自己であり、時に他者でもある。ゆえに少女の玩具であるリカちゃんは、究極的には少女自身であり、少女に代わって彼女たちの欲望を実現させていく身体であると言えよう。

　本章は、着せ替え人形であるリカちゃん人形を「着衣する身体表象」と位置づけ、身体とそれに添えられた物語、そして交渉する主体の欲望との関係を、

「着替える」身体から「着替えない」身体への変化の軸の中で読み解こうとするものである。特に、この客体化された身体をめぐって、所有者であり、また着せ替えさせる主体である少女・女性たちが経験した一つの周縁化の問題について論じたい。

　リカちゃんはどのように変化し、リカちゃんと向き合う少女・女性たちはどのように変化したのだろうか。そして、現代日本社会において、この変化はどのような表象への欲望と結びついているのだろうか。

1　「リカちゃん」の誕生と受容

(1)　「リカちゃん」で遊ぶということ

　リカちゃんは着替えさせることによって成立する身体である。着せ替え遊びや人形遊びは、単に着せ替えることを「遊び」として終始させるのではなく、少女たちの教育——特に情操教育や母性教育——のツールという歴史的意味が与えられてきた。

　日本の幼児教育史における着せ替え遊びと言えば、明治6年（1873）に出された文部省初の通達が挙げられる。是澤博昭によれば、この通達は家庭における幼児教育を進めるために文部省が玩具改良に乗り出して、教育用の錦絵47種と玩具2品を希望者に払い下げるというものであったという[3]。

　この錦絵の中に非常に興味深い洋装の着せ替え人形が含まれている。ここには、少女、女性、男性等が下着姿で描かれ、同じ画面に着せ替え用の衣類が並べられている。この教育錦絵の社会への浸透度は限定的であった可能性が高いが、少なくとも「着せ替え」という遊びが教育的機能を持つことを国家が規定した最初の機会であったと考えられる。

　紙製の着せ替え人形は、後年少女向け雑誌の付録の定番となるが、人形を着替えさせるという行為に教育的機能を読み込むことには、シュタイナー教育の中で自己確立・発見のために人形を教育素材と位置づけたり、日本でも自由学園工芸研究所が情操教育として人形を取り入れたりした例にみるように、幼児教育の中では一定の認知度が担保されている。人形の身体を自己と深く関わるものとし、人形を着替えさせる行為を通して他者と自己の関係性を学ぶもので

ある。

　同様に、玩具メーカーであるタカラトミーもリカちゃんの身体と着せ替えという行為に教育的機能を見出そうとする。たとえばリカちゃん人形で遊ぶことによって「夢中になって『おしゃれ』あそびをすることで、美的センスが養われ、お子様はよりセンスアップして女の子らしく成長していくとともに、身だしなみを整える習慣が養われ」るとする。また、「お子様は、『おうち』あそびを通じて、家族の役割や生活習慣を学び、生活のセンスアップの方法が自然に身についてい」くものと説明される[4]。つまり、リカちゃんには大きく二つの教育機能があり、一つは豊かな衣生活を学ぶことであり、今一つは、「家」という空間を想定した中で家族内の役割を学ぶことだと言える。特に近年、前者の機能を強調する研究が登場することによって、着せ替えという行為が特化されつつある[5]。

　そもそも「着せ替え」遊びは、少女を対象として成立した遊びであり、特に情操教育に有益なものとして取り入れられるという経緯を持ってきた。しかし前述のタカラトミーの説明の特徴は、教育的機能以上にファッションへの関心の喚起や家庭内役割の習得を「女の子らしさ」と直結させている点にある。こうした言説によって、着せ替え遊びはよりジェンダー化され、さらに大衆化・大量消費を可能にした現在の玩具市場は、人形遊びが個々の家庭や学校という固有の文化系譜の中に限定されず、ある世代の女性たちの中で普遍的に共有されていく素地となってきた。つまりリカちゃん文化は特定の世代とジェンダーに共有され、大量消費による普遍化・大衆化がこの現象を支えてきたと言えるだろう。

　またリカちゃんの大衆化の呼び水となった少女漫画文化の隆盛、それを起点とした物語の共有も、少女時代にリカちゃんで遊んだ経験を持つ現在の受容層の下地となっている。さらに、教育的機能を持つ人形の存在を最も歓迎したのは、近代に誕生し高度経済成長期以降に日本社会に定着した「教育する母」の存在であろう[6]。大量生産によって起こった玩具の価格低下と、家庭内での子どもの教育にかける時間と意識の変化、そして高度経済成長期に増大する専業主婦という理想像は、少女の将来の物語の女性化を促した。女の子らしい文化

の歓迎と、手軽にみんなと同じものが買い与えられる安心感は、教育する母たちにとってあまりにも安易に、そして安心感のある購買を促していったとも言えるだろう。

(2)　「リカちゃん」人形の誕生

　冒頭で述べたように、リカちゃん人形は、1967年に玩具メーカー・タカラより発売された着せ替え人形である。その基本コンセプトは、「日本の女の子」「21センチ」「少女漫画のヒロイン」そして「6頭身」とされ、従来の海外製品と比較して日本の少女たちに適したものであるという意識を前面に出していた[7]。発売当初の価格は1体600円、また人形遊びをするための家「ドリームハウス」は980円であり、発売2年後には着せ替え人形販売のトップに立った[8]。2007年までの累計販売体数は5300万体という人気商品である。

　発売当初のコンセプト「日本の女の子」は、従来の着せ替え人形は海外製のものが主流であり、人形だけでなく付属の家や家具の大きさやデザインが「日本の家庭」にそぐわないという理由から、狭い日本家屋や日本の少女の華奢な身体と肌の色がクローズアップされたものである。つまり発想段階で、「日本の女の子」にとって身近で、自己同一化を図りやすいことが意図されていることになる[9]。

　発売当初、リカちゃんの受容者は小学生の少女が想定されてきた。ファッション・ドールでありながらリカちゃんに小学5年生という設定をしているのも、受容者との同一化を図るためであり、おそらく小学校低学年の少女が受容層の中心に据えられていたと考えられる。「初代リカちゃん」の受容者たちは小学校低学年でリカちゃんに出会い、遊んだ記憶を持つ人が多い。リカちゃんと同じか近い年齢で、リカちゃんと自分を同一視し得たことが、後述する「リカちゃんコンプレックス」へとつながる布石となっていくのである。

(3)　リカ・ワールド――物語による世界観の構築

　リカちゃん人形の世界は、人形とハウスと衣服によって構成されている。少女たちはこの3点のアイテムを用いて遊び、人形による空間と物語が構築され

ていく。
　細い手足を持ち、栗色の髪を外巻きにカールさせ、大きなバラの髪飾りをつけたリカちゃん。彼女は、たくさんの流行の洋服や帽子・バッグなどを持つ。彼女が暮らす家「ハウス」は、赤いビニール貼りの箱で、箱を開けると豪華な螺旋階段がある優雅な部屋が広がり、ロココ風の建具に囲まれている（図1）。

図1　リカちゃんハウス（金沢21世紀美術館、「GIRLISH CULTURE　リカちゃん　少女のあこがれ史40年」展）

　さらに、着せ替え遊びの核となる衣服も、60年代から70年代の最新ファッションを取り入れたものが多い。決して縫製に凝ったものではないが、家庭内で手作りできないボタンや金具のような小物にまでこだわったものであった。60年代以降、ようやく社会に定着した衣服の大量生産と安価な供給システムは、人形の衣服製作にも大きく影響を与え、耐久性がある安価なプラスチック製の小物が供給され、また玩具メーカーによって人形サイズの小物が作られることによって、人間のための衣服の縮小版ではなく人形のための衣服製作が事業として成立し得る状況にあった。
　リカちゃんの世界の視覚的モチーフの配置とそれを支える消費システムの構築によってこの世界が出来上がったわけだが、実は1960～70年代の日本においてリカちゃんの豊かな世界観は決して一般的ではなかった。にもかかわらず自己同一化を図りながら、少女たちはリカちゃんが所有するアイテムによって「豊かな」生活イメージを受容していった。その「豊かさ」は、おそらく「いつかは自分もそうなりたい」「いつかは手に入るかもしれない」と思わせる羨望の世界であった[10]。そう思わせる社会的ムードが高度経済成長期を経た社会にはあり、そしてその空気を子どもたちの世界にも波及させるだけのイメージの力がリカちゃんの世界にはあったとも言える。
　リカちゃんの世界を構成しているのは、モノだけではない。この世界は圧倒的に物語に支配され、リカちゃんと彼女をめぐる人々の関係性が語られることによって成立している。発売当初の「リカちゃん」は、香山リカという小学5

年生の少女であり、母親・香山織江（デザイナーでブティック経営）と二人暮らしであると語られた。父親は失踪し、姉とも生き別れになっている。父・ピエールはフランス人で長く行方不明であったが、1989年に発見された音楽家で、姉・リエは航空機の乗務員で父親とともに行方不明になっていたが、母が仕事先のフランスから帰国する機内で偶然再会した。二人家族というのは「家族」の最小単位であり、リカちゃんと、彼女の衣生活の豊かさを支えるデザイナーという職業のママがそれを構成する。家という空間に不可欠な「家族」の物語は、こうした「イレギュラーな家族構成」に合わせて、相応のイレギュラーな物語（父や姉の不在という不幸）を必要とした。

　このような販売側の物語設定は存在するものの、少女たちはリカちゃんで一人で遊ぶこともあれば、友だちと持ち寄って遊ぶこともあった。誰もが一人一体のリカちゃんを自分の分身のように動かし、語り、ごっこ遊びをしたとされる。持ち寄って遊ぶ時は、それぞれのリカちゃんに自己を投影する。リカちゃんは自分の欲望や願望を反映した存在であるため、友だちが持ってきたリカちゃんは友だち自身を反映したリカちゃんとなり、友だちのアイデンティティを持つものとして受け入れていく。同じリカちゃんという大量生産の人形でありながら、自分が持っているリカちゃんと友だちが持ってきたリカちゃんは「違う」リカちゃんとなる。それが少女たちの人形への徹底した自己同一化の実践である。リカちゃんを自分の分身とし、リカちゃんという身体を通して遊ぶことによって、少女たちはそれぞれにリカちゃんの世界を経験したのだ[11]。

（4）　誰もが「リカちゃん」だった
　リカちゃんが背負う物語はリカちゃんを所有する少女たちとの間に二つの関係性を作ってきた。一つは、年齢や世代、日本という国籍の設定などによって、自分と同じ集団に属したリカちゃんと同一化する関係であり、もう一つはまだ自分が経験しておらず、所有していない近未来の存在としてあこがれの対象としてリカちゃんをまなざす関係である。こうした関係性を構築してきた第一世代の少女たちは、すでに40代になっている。程度の差はあれ、彼女たちはなんらかの形でリカちゃん人形の世界を経験してきた。リカちゃんの世界に強く人

生を規定されたと考える者もあれば、まったくアクセスすることなく素通りしてきた人もいる。しかしリカちゃんの存在を全く知らずに成長した女性は少ない。所有したにせよ、無視したにせよ、リカちゃんは少女たちのいわば定番玩具として君臨していたことは確かである。前者を代表するのが評論家で精神科医の香山リカである。彼女は自らのペンネームでリカちゃんと同じ名前を用い、その自己同定の強さを自称してもおり、また「リカちゃんコンプレックス」という言葉で自らのリカちゃんの世界での経験を最初に語り出した人物でもある。

　香山はリカちゃんで遊んだ経験から、「日常の世界では到達できないほど精密で理想的で完璧なライフスタイルや家族関係を反覆して演じるうちに、それをすんなり、自らの"人生経験"の中にまで取り込むことができるようになった」と言い、その影響力の強さが、ある世代の女性たちにおいて共有される欲望につながっていると述べていく(12)。例えば、「新しい事態に直面したとき、具体的にリカちゃんでの経験に照らし合わせてそれを理解しようとした」として、自己の判断や意識がリカちゃん遊びの中で経験したことに規定され、今、自分がいる世界は、かつてのリカちゃんの世界と同一化され、そこにあらゆる答えがあるかのような錯覚に陥るのだと説明する。そこから、香山は「私たち」はリカちゃんの「なれの果て」であるという論理を導き出す。つまり、今の自分の生きる世界のすべてはリカちゃん遊びの中にあったため、自分は何を経験しても常にリカちゃんの世界に立ち戻ることになる。それが永遠に続く自分探しとなり、自己喪失の現れであると言えよう。彼女たちは決してリカちゃんの世界が提示するすべての豊かさを、子ども時代の生活の中で享受してきたわけではない。にもかかわらずリカちゃんという身体への同一化によって、リカちゃんが持つ記憶や歴史を共有していると考える。たくさんの贅沢な調度品や着せ替えグッズを持つリカちゃんを通して経験することによって、あたかも自分自身の少女時代がそうであったかのように感じさせられていき、「もしかしたらあったかもしれない豊かな少女時代」が欲望されているのだと言う。

　また同時に、リカちゃんは大量生産品であるために、全国の無数の少女たちに同一化されてきた。日本中の同世代の少女たちが「リカちゃんで遊んだ自分」を記憶し、その記憶は普遍化されている。量産品の画一化された「理想」

を受容してきたことから、それに同一視してきた自分自身もまた「複製品の凡庸さから逃れられない」のだと考えていく。つまり、すべてがリカちゃんの世界にあったという錯覚と、自分の経験は量産された凡庸なものであるという自己否定感という二つの意識によって、常に「自分はオリジナルな存在ではない」という不安の中を生きているのだと言う。以上のように、リカちゃんを受容し、同一化してきた世代にとって、リカちゃんの世界は逃れることのできない強い引力を持ち、成長を規定してきたと考える事ができる。

しかし、リカちゃんは、受容者たちの成長を見込んだかのように、新たな受容システムを構築してきた。リカちゃんのなれの果てが大量に出没する現代社会において、もはやリカちゃんは彼女たちだけのアイコンではなくなりつつある。「着せ替え」という行為を通してリカちゃんは女性たちの身体の代替表象であり続けたわけだが、今「着替えない」身体として社会の中に立ち現れてきた。着せ替えこそが主体との同一化、さらには近未来的欲望の充足であったにもかかわらず、着せ替えることを止めた身体は、いかなる欲望を反映していくのだろうか。

2　普遍化する女性身体／周縁化される女性身体

(1) 増殖する「リカちゃん」

近年、「特別な」リカちゃんがニュースになり、社会の話題の一つとして受容されている。例えば、2007年に金沢21世紀美術館では、発売40周年を記念して「GIRLISH CULTURE　リカちゃん　少女のあこがれ史40年」展が開催された。この展覧会ではリカちゃんの歴史を振り返りながら、人形や着せ替え、ハウスが多数出品され、テクノロジーとともに進化し続けてきたリカちゃんの存在を浮き彫りにし、またファッションを中心に過去から現在までのリカちゃんの多様性を見せるものであった。この展示から2008年以降、全国の百貨店で「Girlish Cultureリカちゃん展～おとなの女性にむけた、いつもと違うリカちゃん展～」が次々と開催された。「ガーリッシュ」という言葉の流行、雑誌『オリーブ』の元スタイリストの起用、若手のアートユニットの参加などによって大規模な展示となり多くの来場者を獲得した。最大の話題は、「1億円

のリカちゃん」(図2)という豪華な宝石をまとったリカちゃんで、それは警備員付きで全国を巡回している。

　ある意味で、こうした現象はファッション・ドールとして一つの極であり、子ども時代に慣れ親しんだ身体に最新のファッションをまとわせ、特別な文脈を持つ新たなマネキンとしてリカちゃんを位置づけたものだと言える。

　もう一つ、現代のリカちゃんをめぐる状況の特徴として、「増殖」という現象がある。前述したようにリカちゃんは固有の物語を背負い、世代や属性を限定することによって、受容者と人形の同一化を可能にしてきた。つまり単なる着せ替え人形ではなく、限りなく自己を投影した身体であり、主体と客体の境界線がきわめて曖昧であるという特徴を持っていた。物語に支えられてきたリカちゃんの世界は、リカちゃんと周辺人物の存在が不可欠であり、商品としての人形も登場人物を増やすことで世界観を多様化してきた。しかし近年、リカちゃんが着替えるのではなく「多様なリカちゃん」が生産・供給されることによる増殖現象が起きている。そこにはもはや、リカちゃんをめぐる他の人形の存在は必要なくなり、様々な衣服をまとったリカちゃんの身体だけが増えていく。いくつかの例を挙げておこう。

図2　1億円のリカちゃん(『リカちゃん大図鑑——生誕35周年記念』ヌーベルグー、2002年)

　まずリカちゃんが成長することによって増殖する例がある。たとえば、様々なショップのアルバイトとしてお店の制服を着て、店舗空間も一緒に販売するものがある。また、高校生や大学生の姿が想定されたり、ウェディングドレスを着たりもする。受容者の多様化は、人形の身体を「成長」させ多元化させながら様々なライフステージに導く。より明確に成長したリカちゃんとして、2001年に発売された「こんにちは赤ちゃん」という商品がある(図3)。お腹の大きなマタニティドレス姿のリカちゃんを購入し、同封されたハガキを送ると赤ちゃんと秘密の鍵が送られてくるという商品である。この秘密の鍵を使うと元通りの姿のリカちゃんに戻る。40年続いたリカちゃん人形だからこそ、受容者

リカちゃん人形の身体表象への欲望（山崎）

図3 「こんにちはあかちゃん」の商品説明

の成長とともに成長したリカちゃんを提示していく必要があり、自分自身の代替表象であるという前提があるからこそ、成長したリカちゃんを欲望せざるを得ないのである。

（2） コレクションという政治

　自分とともに成長するリカちゃんを求めるとともに、リカちゃんという存在の普遍性を保証する表象も欲望されている。誰もが遊び、誰もが知っているリカちゃんという意識の共有は、極めて個人的なリカちゃんとの関わりを、世代を超えた普遍的なアイコンにする共同体意識の形成へ向かっている。二つの例を挙げておこう。

　第一に、近年各地の観光地の土産物として販売されている「ご当地リカちゃん」がある。ご当地ものは、特定のキャラクターにその土地にまつわる衣服を着せ、独特な地域イコンを作り出すものである。一目見てその土地のイメージであるとわかることが重視され、名産品や観光資源としてキャラクターが商品化されている。

　例えば、伊豆では「伊豆の踊り子」、水戸では「水戸黄門」、徳島では「阿波踊り」、神田明神では「巫女」などのように、その姿は明らかに「リカちゃん」でありながら、コスプレのように「リカちゃんではないもの」に変身していく。また、沖縄の「琉球」「エイサー」や、北海道の「ピリカ」などのように民族衣装をまとった例も見られる。2000年の九州・沖縄サミットで話題になったのは、この「琉球リカちゃん」である。この人形は、サミットの海外プレス向けに配布されたものであり、同時に販売もされた。この商品はリカちゃんの成長物語の一つのヴァリエーションでもある。すなわち25歳の外交官となったリカちゃんであるとされ、商品には名刺が添えられている。まさにサミットを舞台に「外交」をするイメージであろう[13]。

　こうしたリカちゃんたちは、その土地のイメージとともに土産物として消費されていく。全国のどの土地に行っても衣服を変えただけのリカちゃんが存在

411

し、観光客は異なるイメージを背負った同じ顔のリカちゃんを消費し続けていくのだ。一体の人形が着替える事によって何役割にもなり得たはずのところを、ご当地リカちゃんたちは、一体が一つの衣装しか着ない。「伊豆の踊り子リカちゃん」は「伊豆の踊り子リカちゃん」以外に変身することはない。

　つまり、何にでもなれたはずの身体が消失し、一体一役割の身体が成立する。その意味で、もはやリカちゃんは一人の少女が自己との同一化を図りながら交渉していく相手ではなく、また自己の未来を投影する相手でもない。そこにあるのは、衣装を着替えて何者かになり切ったリカちゃんであり、着せ替えではなくコスプレに近い位置にいると考えてよい。コスプレである以上、リカちゃんはあるキャラクターを演じ、他の誰かの物語を背負う。身体はあくまでリカちゃんでありながら、そのリカちゃんは異なる物語の中を生きるため、「私」ではないのだ。

　第二に、様々な学校の制服をまとったリカちゃんを挙げることができる。公立・私立、また女子校・共学校を問わずに、近年多くの学校で創立記念や何らかのイベント等の際に作成・配布・販売をしている。実在の制服を着たリカちゃんたちが増殖し続けているのである。

　興味深いことに、現在「制服オリジナルリカちゃん」をタカラトミーとタイアップして制作しているのは、同窓会事業をマネージメントする企業である。かつては同窓会名簿を作成していたが、新規事業としてこのプランが成功している。「世代を超えてみんなから愛される「リカちゃん」が母校の生徒に大変身」「親から子へ、子から孫へ、母校の思い出と伝統を次世代に受け継ぐ、そんな母校の『制服オリジナルリカちゃん』をみなさんも作ってみませんか？」というメッセージとともに、制服リカちゃんを作りそのブームは拡大しつつある（図4）[14]。

　こうした「思い出ビジネス」は、かつて所属していた共同体の「記憶」に立脚し、そのシンボルとしてリカちゃんの身体が機能している[15]。写真やモノによって記憶の中で構成されていた「思い出」を立体に立ち上げると説明され、その「思い出」は画一的な人形の身体によって実体化させられている。

　制服を着たリカちゃんは高校時代の思い出として本人に所有されたり、また

図4 「千葉県立千葉女子高等学校リカちゃん」図／サンプル

制服を着ていた娘を思いながら近親者によって所有され、他方で「女子高生」という普遍的身体を収集する欲望の対象となる。ここには自己表象としてのリカちゃんという文脈を巧みに利用しつつ、普遍的な身体を作り出すことによって、無数に増殖し続け、消費され続け、市場の欲望を刺激するアイコンとしてのリカちゃんがいるのだ。

　この二つの現在のリカちゃんの増殖現象は、言うまでもなく着せ替え人形の意味の変化を表す。着せ替え人形がかつて日常の生活習慣を学ばせ、自己を同一化し得る玩具であったのに対して、リカちゃんはある特定の文脈を背負うことによってのみ存在し得る身体となり、決して着替えることがなくなった。土地や共同体の記憶やイメージを背負い、身体の複製だけでなく土地のイメージや共同体の記憶をも複製していくことが可能になったのである。着せ替え人形としてのリカちゃんは、すでにその身体に大きな矛盾を孕み、自己崩壊しつつある。リカちゃんの身体は一つの役割を演じるたびに増殖を続け、「リカちゃん」でありながら「リカちゃんではないもの」になっていく。

　リカちゃんが役割の数だけ分散していくために、かつて自らをリカちゃんと同一視してきた大人たちは、このリカちゃんの分身を集めなければならないのかもしれない。

　この増殖は現実の社会に存在するものだけでなく、過去の様々な表象の中に存在する女性イメージも使用する。たとえば、ルノワール展の開催に際して販売されたリカちゃん（図5）のように、もはやリカちゃんの身体は何者になることも可能なのだ。ゆえに、増殖は無限に続きとどまることを知らない。

（3）　身体の普遍化――身体の周縁化

　これまでみたように、リカちゃんで遊んで育った世代が成長し、大人になっ

た現在、リカちゃんをめぐる状況に変化が起こってきた。それは、自己を投影したり自己同一化を図ることによって「あこがれ」の世界を描いてきた世代が中心となり、多様に増殖するリカちゃんを蒐集する――させられるという現象に象徴される。

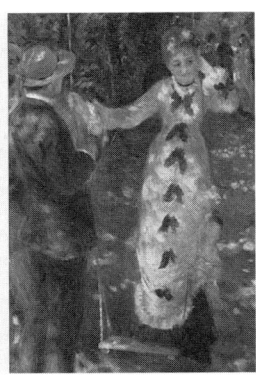

図5　「ルノワールリカちゃん広告」

　次々と発売される多様な物語を付与されたリカちゃんは、観光地の土地のイメージを与えられれば旅先の記憶とともに入手され、制服を与えられれば「女子高生」イメージとともに消費される。また、リカちゃんの成長の過程にしたがってウェディングドレスを着て、妊娠・出産もし、それは女性たちのライフステージを象徴するイメージとして好ましく消費されていく。また、時として国家のシンボルとして配布され、琉球やアイヌの民族衣装を「日本の女の子」がまとうことにより、その多様性への関心から蒐集されていく。

　かつてリカちゃんを通して「来るべき豊かな未来」を羨望してきた世代は、現在、その「未来のようなもの」を手に入れ、結果として自らを「リカちゃんのなれの果て」と呼んできた。かつてリカちゃんを通して羨望した豊かな消費社会は、今現実の社会に存在している。しかし逆説的に、豊かな消費社会への欲望をリカちゃん人形が与えたことによって、増殖するリカちゃんをひたすらに消費させることを可能にしたとも言える。つまり、リカちゃんを通して消費することから、リカちゃんとそれに付随する物語を消費することへ、さらにはリカちゃんという身体に記憶を付与して消費することへ消費行為が変容しているのだ。その根拠には、誰もが遊び、自分と同一化してきたリカちゃんという身体の固有性と普遍性のレトリックがある。

　かつて羨望した未来に今の自分がいることを肯定する一つの方法は、増殖し

たリカちゃんを集め続けることである。主体はコレクショニズムの政治学の中に自らを置き、一方でコレクショニズムの文脈に組み込まれたリカちゃんは、必然的に強い客体性を帯びていく。その文脈においてリカちゃんという身体は、たった一つの自己投影が可能な身体ではない。もともと一体だったはずのリカちゃんは、増殖し、分散する。そのかけらを集めるように主体はコレクションという行為に向かわざるを得ない。つまりコレクショニズムが進行することによって、リカちゃんの身体は主体との同一化を果たせず、周縁化されていくのだ。またその反対に、決して同一化できない身体であることを察して、その身体の周縁性を確信するからこそ、周縁に散らばった身体を集め続けなければならないのかもしれない。

3 「リカちゃん」をめぐるポリティクス

(1)「着せ替え人形」と主体の位置

そもそも着せ替え人形遊びは、主体が客体を他者とみなしつつ「世話」をする遊びであった。そこで主体と客体は交渉を試みていたと言えよう。しかしファッション・ドールと銘打ったリカちゃん人形は、それまでの着せ替え人形遊びとは異なり、主体が客体を自己とみなすものであった。しかし、リカちゃんが増殖することによって、主体は他者としての客体をかき集める必要が生じる。それは自分ではないが、かつて自分だったはずの身体である。それゆえに、大人になった少女たちは、増殖するリカちゃんを無視できない。

同時に、大人になった主体は、かつて自己実現を可能にしてきた客体が不要になってしまった。しかしリカちゃんの中に自分のすべてがあるというコンプレックスによって、引き続き、かつての自分だった客体を自分のかけらのように蒐集しなければならない。物語とともに存在していた身体は、増殖を繰り返す中で物語が散逸し、そのどの物語もリカちゃんであるゆえに、自己のかけらとして蒐集せざるを得ないのである。この蒐集という行為は、大人になり経済力を持った主体に支えられ、彼女たちはコレクションという政治の権力者となる。

無数に増殖するリカちゃんをひたすらにかき集め続けても、もはや決して主

体は客体との同一化を図れない。集めれば集めるほど、リカちゃんの他者性は強くなり、リカちゃんを通して友だちと遊ぶこともなくなり（共同体の崩壊）、記憶や経験や経済力を新たなる客体に転化し続けることしかできないのだ。所有するための投資は、決して「お世話」や「交渉」（という労働・行為）の代償にはならず、投資は次なる欲望という需要を生み、さらなる客体化された身体の増殖につながる。蒐集することそのものに価値が生まれ、主体は増殖するリカちゃんと遊ぶ喜びではなく、蒐集する欲望に支配されていく。言うなればリカちゃんの増殖が、主体である女性たちに着せ替えさせるという主体的行為を断念させることによって、あたかも主体を資本主義社会の疎外モデルのサイクルに導いたかのようである。

（2） リカちゃんとは誰か？

　結果として、リカちゃんは何者になることもできる身体となった。それは、主体の意志を媒介として着替えることによってではなく、決して着替えないけれど単体増殖を繰り返すことによって、いかなる身体にもなり得ることを意味する。すべてが違うリカちゃんでありながら、どれもがリカちゃんであり、そのどれもがもはや「私」ではない。ここに「リカちゃんコンプレックス」は終焉を迎える。私たちはリカちゃんという身体に決して未来の自分を見ることはない。少女時代にリカちゃんを通して描いていた未来に今自分たちがいるのだと意識した結果として、リカちゃんにこれから先の未来を委ねることはできなくなったのだ。そして、増殖し普遍化することによって、かつて自分自身だったはずのリカちゃんが、普遍的な「日本の少女」や「日本人」、または「美しいマネキン」「どこにでもいる女子高生」「土地の女」として転化され始めているということかもしれない。

　「日本の少女」というコンセプトによって日本の少女たちと同一化してきたリカちゃんは、徹底的な身体の普遍化と客体化によって蒐集し所有すべき身体となり増殖を続けていく。この現象は「着替える身体」から「着替えない身体」への転換——つまり「着替えない着せ替え人形」という矛盾を孕んだ身体として立ち現れている。

図6 「リカ旅ブログ」よりニューヨーク

（3）語りだすリカちゃん——物語によって再構築される主体——

　着替えることを放棄し、主体の自己同一性を失いながら、コレクションの政治学の中に身を置いてきたリカちゃんが、今なお主体性を持ち得ることを担保するものはやはり物語の存在である。タカラトミーの企画による「リカ旅ブログ」というサイトが近年話題になっている。リカちゃんが世界中を旅しながら、ブログが更新され、そこにはリカちゃんが写った写真がアップされていく。世界中の名所旧跡や街角にあたかも人間サイズのリカちゃんが写り込み、リカちゃん自身が書いているようにブログの文章が書かれていくのである（図6）[16]。

　ここに登場するリカちゃんは、世界中を移動しながら一つの時間軸を生きており、たった一つの物語を背負っている。そして、あたかも生きている少女のように世界中の人と出会い、様々な経験をしていく。無数に増殖を続け、増殖することによって普遍化し、その普遍化は所有と蒐集の欲望を引き起こし、かつて少女だった人たちを疎外することになってしまった「リカちゃん」は、もはや身体を所有する主体との同一化を図る必要はなくなった。誰かに動かしてもらうことも、着替えさせてもらうことも不要で彼女自身の物語を自分で紡いで（いるかのように見せながら）、それを傍観して受容する客体だけがいればよいのである。

　リカちゃんが語りだすことにより、たとえヴァーチャルであってもリカちゃん自身がアイデンティティを持った身体として立ちあがる。インターネット上では誰もがヴァーチャルであり、ヴァーチャルな存在の背後にリアルな身体性を読み込む。その意味では、リカちゃんもまた必然的にリアルな身体を提供していることになる。

　リカちゃんから徹底的に疎外された大人の女性たちは、自分たちの意志にか

かわらず主体の位置を再構築していくリカちゃんをインターネットの中で眺めることによって、自分と同一化できない「他者」として受容する。その行為は、一見生きた「他者」を受容しているかのようでありながら、かつて自分が同一視できたリカちゃんとの決別になっているのかもしれない。そして、「私ではない」ことを確認することこそが、リカちゃんの世界に自分のすべてがあったと考え続けてきたコンプレックスとの決別なのかもしれない。

（1） 本章を執筆するにあたり、金沢21世紀美術館において調査をさせていただきました。貴重な展示の調査の許可をいただいたこと、また文献について情報を提供していただいたことに心から感謝申し上げます。
（2） 「リカちゃん」人形の容姿は、当時の人気少女漫画家である牧美也子の原案から考案されたとされる。牧の作品にみられる目が大きく細身の少女像を平面のイメージとして、人形の形に立ち上げたものである。「リカちゃん」という名前そのものも、月刊誌『りぼん』の1967年7月号の誌上で一般公募を経て決定されたものであり、この人形の存在が少女マンガというメディアと不可分であると言えるだろう（増淵宗一（監修）『永遠のリカちゃん――"リカ・カルチャー"コレクション』、みくに出版、1992年）。
（3） 是澤博昭『教育玩具の近代――教育対象としての子どもの誕生』（世織書房、2009年）。
（4） タカラトミーHP http://licca.takaratomy.co.jp/parents/asobi/index.html（2011年1月現在）。
（5） 和氣聡子「リカちゃんの着せ替えを通して親子で楽しく服育を」（『日本衣服学会誌』52-1、2008年）。
（6） 沢山美果子「教育家族の成立」（『産む・育てる・教える1　教育　誕生と終焉』藤原書店、1990年）。
（7） 増淵宗一「日本の家族を映す　リカちゃん人形が誕生した日」（『アサンテ』101-53、朝日新聞社出版局、1996年）。
（8） 現在の「リカちゃん」は五代目で、これまで発売されたものは以下の通りである。初代(1967年)、二代目(1972)、三代目(1982)、四代目(1987)、五代目(1992)。累計個数はこれらの合計で示されている。
（9） 増淵注（2）前掲書。
（10） これらの論者は、高度経済成長社会において、子どもが受容した「豊かさ」のシンボルとしてリカちゃんが存在したことを論じている点で共通する。
香山リカ『リカちゃんコンプレックス』（太田出版、1991年）。

香山リカ「花開くリカちゃんの世界」(『思想の科学』138、1991年)。
和氣注（5）前掲書。
(11) 香山注（10）前掲書。
(12) 同上。
(13) 「琉球リカちゃん」は、土産物としての琉球人形の魅力が欠如していることから発案されたという。琉球リカちゃんの魅力については、大竹有子が廉価な玩具としてのリカちゃんという存在と伝統衣装とのギャップ自体（親近感とエキゾチシズム）にあるとする（大竹有子「琉球人形にみる沖縄観光文化の一側面——四つ竹人形から琉球リカちゃんまで」『ムーサ（特集　沖縄観光における「文化」を考える）』23月号、2001年）。
(14) 「『リカちゃん』に、母校の制服を着せてみませんか」（神戸新聞、2007年8月17日夕刊）。「リカちゃんが同窓会を盛り上げます」（日経流通新聞、2007年10月3日）。「リカちゃん安積黎明高生に！？」（福島民報新聞、2008年5月23日）。
(15) 「アニメ的ものづくり論」（『DIME』No.18、2009年9月1日）。この特集の中で、小ロット技術革新によって少量生産品が可能となり、同窓会単位の商品開発が可能になった経緯など記されている。
(16) 「リカ旅ブログ」http://licca.takaratomy.co.jp/tabiblog／（2011年1月現在）

着衣する身体、演じる身体
―― インドネシアの女形舞踊家ディディ・ニニ・トウォによる「クロス・ジェンダー」の試み ――

福岡　まどか

はじめに

　インドネシア・ジャワ島のジョグジャカルタは、宮廷文化を育んできた歴史を持つ地域であると同時に、先進的で前衛的な芸術実践の場として知られている。この論考では、ジョグジャカルタを拠点に女形舞踊家として活躍するディディ・ニニ・トウォ（Didik Nini Thowok、1954－）の創作活動を検討し、ジェンダーの境界を越える試みについて考察する。

　はじめに、上演芸術におけるジェンダーの概念とジェンダーの境界を越えるための手法について考えてみたい。ここでは主として舞踊を対象とする。舞踊におけるジェンダー規範は、日常的な社会生活におけるジェンダー規範と緩やかな関連性を持つ。ある特定の社会におけるジェンダー規範に即した着衣、身体的特徴、物腰や振舞い方の作法などは舞踊の中の様々な要素と決して無関係ではない。だがむしろ舞踊の中ではこうした日常生活におけるジェンダー規範の表象は、衣装、化粧、身体動作などの諸側面において高度に抽象化され様式化されたものだと言えるだろう。舞踊や演劇などの上演芸術において、現実の世界におけるジェンダー規範は誇張され極度にステレオタイプ化されることによって、それぞれのジャンルにおける独自の虚構世界を構築している。そして、独自の虚構世界を成立させるために上演芸術のジャンルごとに定められた様々な約束事が存在する。

　ジャワ島の舞踊におけるジェンダーは、男性と女性という二分法にとどまらず、さらに細分化された複数の「性格」によって表現される。具体的には、「洗練された」性格から「荒々しい（あるいは粗野な）」性格に至る細分化された性格表現が男性に存在する。また女性の性格は主として「洗練された」性格

が多いものの、これにもいくつかの種類がある[1]。このほかに多くの魔物や怪物、神、猿などに代表される動物、道化などの性格も存在する。このように多様な性格表現が存在するのは、ジャワ島の舞踊が多くの場合、物語世界を背景とする舞踊劇や仮面劇と密接な関係を持って発展してきたことに拠る。これらの性格表現も含めた舞踊の中のジェンダーを規定する要素は、化粧、衣装、髪型や被り物、仮面など身体の外見に関わるものだけではなく、身体そのものの特徴、また姿勢や動き方などの身体技法に関わるものがある。まず重要な要素となるのは、役柄にふさわしい身体つきである。特に男性の場合には、痩身でほっそりした体型の踊り手は貴公子などに代表される「洗練された」性格の踊り手に適しているが、大柄でがっしりした体型の踊り手であれば「荒々しい」性格に向いているとされる。身体つきによって専門とする性格がある程度決まるという側面もある。身体技法としては、姿勢、足の開き方、頭の角度（顔の上げ方）、手の位置、歩幅の大きさ、動きの勢い、などの様々な要素が「舞踊におけるジェンダー」を規定する指標となる。

この論考ではインドネシアの女形舞踊家ディディ・ニニ・トウォの上演の記述を通して舞踊におけるジェンダーの境界を越える試みを着衣と身体技法の双方に着目しつつ考察してみたい。以下に、ディディ・ニニ・トウォの上演活動の軌跡を概略的に記した後、いくつかの代表的作品に見られる着衣と身体技法について考察する。

1　ディディ・ニニ・トウォの上演活動

（1）舞踊家としての軌跡

ディディ・ニニ・トウォは1954年、インドネシア・中部ジャワのトゥマングンに生まれた。1974年に中部ジャワ・ジョグジャカルタの国立舞踊アカデミー（現国立芸術大学舞踊専攻科）に入学し、中部ジャワの舞踊を学ぶ。芸名の由来は、ニニ・トウォという人形を用いたジャワの儀礼的な芸能である[2]。アカデミー在学中に、この芸能を基にした創作作品に参加出演したことが大きな反響を呼び、それ以来ディディ・ニニ・トウォの名で知られるようになる。この時共演した仲間たちと「ニニ・トウォ舞踊集団 Bengkel Tari Nini Thowok」を

創り、メンバーとして様々な上演活動を行う。1983年に国立舞踊アカデミーを卒業する[3]。アカデミーでは、女性舞踊も含む様々なジャンルの舞踊を習得する。その中でも在学中からディディ・ニニ・トウォは自らの身体的特徴のゆえに、踊り手としての資質が「男性の洗練された性格」の舞踊により適していると感じていた[4]。

学外では、当時のジョグジャカルタで精力的な創作活動をおこなっていた前衛舞踊家バゴン・クスディアルジョ（1928-2004）に教えを受ける。また国立舞踊アカデミーで西ジャワ舞踊を教えていたエンド・スアンダの薫陶を受け、西ジャワ舞踊の研鑽を積む。西ジャワ舞踊の習得をはじめとして、アカデミー卒業後も中部ジャワ以外の様々な伝統舞踊の研鑽を積む。各地へ赴き、現地の伝統舞踊の名手に師事するというやり方で多くの舞踊を習得した。西ジャワ州チルボン県では、仮面舞踊の名手スジからチルボンに伝わる仮面舞踊を習得する。アカデミーの教師イ・グスティ・アグン・ングラ・スパルタからバリ島の女性舞踊レゴン・クラトンを習得した後、バリ島を訪れ舞踊家イ・グスティ・グデ・ラカから女性舞踊レゴン・バパン・サバを習得する。東ジャワでは女性舞踊ブスカラン・プトリを習得する。インドネシア各地の舞踊を習得しつつ上演活動を続け、1980年に自らの舞踊スタジオ「ナティヤ・ラクシタ Natya Lakshita」を設立する。近代的な舞踊スタジオのマネージメントを手がけて、後進の指導にあたりつつ精力的に上演活動を行っている[5]。現在まで、インドネシアを代表する女形舞踊家として日本を含む世界各地で活躍するとともに、コメディアンとして、またテレビドラマの俳優としても活躍している[6]。

（2）伝統舞踊を重視する姿勢

ディディ・ニニ・トウォはインドネシア各地の芸術伝統とアジアの様々な地域の芸術伝統に精通することを重視している。彼は多くの芸術ジャンルを、一定の期間をかけて本格的に習得する。創作作品の中には、彼が多種目の舞踊に精通しており、その技量が高いことをアピールするものが多い。

インドネシアの芸術教育機関における舞踊教育の中では、各地の伝統舞踊の習得に加えて「伝統に基づく創作」が重視されている。こうした創作活動には、

多様な民族や地域の文化伝統に基づく新たな文化の創造を目指してきたインドネシアの文化政策の影響が見られる[7]。ディディ・ニニ・トウォの活動拠点であるジョグジャカルタは、王宮文化の中心地であると同時に様々な前衛的芸術実験の中心地でもある。こうした芸術的環境の中で、多くの創作舞踊家がジャワ伝統舞踊に基づく作品を発表してきた。これらの創作舞踊家の多くが、主として西洋的な芸術作品の概念をその創作のよりどころとしてきた中で、ディディ・ニニ・トウォはインドネシアをはじめ、インド、日本、中国などアジアの他地域の舞踊にも精通しており、これらを創作に多く用いてきた。このように多くの芸術伝統に精通していることは創作活動の源泉を豊富に蓄えていることでもあるが、その習得は単に創作活動の素材を得るための部分的なものにはとどまらず当該ジャンルの舞踊家としてステージで上演できる程度の高度なレベルに達している。こうした他地域の舞踊の本格的習得の背景には、舞踊の技術だけでなく当該舞踊の芸術伝統の全体像を理解したいというディディ・ニニ・トウォの理想がある[8]。

ディディ・ニニ・トウォの創作作品には各地の舞踊の伝統的要素が色濃くアピールされており、彼が多様な芸術伝統を創作活動の源泉として強く意識している姿勢を知ることができる。作品の多くに、様々な地域の舞踊の特徴的な動きがちりばめられている。日本では、2000年に国際交流基金のフェローシップで滞在し日本舞踊と能の仕舞を習得した。その成果は、2001年に「ブドヨ・ハゴロモ」という作品として発表された。

(3) クロス・ジェンダーの試み

各地の伝統舞踊に対する深いリスペクトに加えて、ディディ・ニニ・トウォはアジア各地の女形舞踊のジャンルにも関心を持った。彼が重視しているのは、女性が男性を演じる、または男性が女性を演じるというジャワ舞踊にも存在していた性別転換の伝統である。特に男性が女性を演じる伝統に深い関心を寄せている。ジャワ島各地の芸能には男性が女性を演じるものがある。たとえば東ジャワの大衆演劇ルドルック *ludruk* では男性が扮する女性役者や女性歌手が登場する。またディディ・ニニ・トウォによるとジョグジャカルタでは、ス

リ・スルタン・ハメンクブウォノ一世の時代に行われていた神聖な宮廷舞踊であるブドヨ・セマン *bedhaya semang* の踊り手には男性がいたこともあった[9]。

通常、ジャワ舞踊では男性舞踊と女性舞踊の双方を学ぶことは頻繁に行われる。芸術大学の舞踊専攻科の生徒は、男女共に男性舞踊と女性舞踊の基礎を学ぶ。教師も同様に双方を教えることが必要とされる。観客を想定した舞台上演の場では、女性の踊り手が男性の役を演じることは現在でも比較的頻繁に行われる。舞踊劇における貴公子などの、「男性の洗練された」性格の登場人物は女性舞踊家によって演じられることが多い[10]。それに対して現在、男性舞踊家は女性舞踊を教える機会はあるが観客に向けた上演の場で女性の役に扮することはまれである。ディディ・ニニ・トウォは、ジャワ舞踊において現在はすたれてしまった女形の伝統を伝えていくことを望んでいる。

すでに述べたように、ディディ・ニニ・トウォは自身の舞踊家としての資質が男性の「洗練された」性格に適していることを感じていた。男性の「洗練された」性格の舞踊は身体の動きの点で女性舞踊とも共通点が多いため女方舞踊家に転向することは技術的にはそれほど困難ではない[11]。ディディ・ニニ・トウォは1970年代後半から女性舞踊に興味を持ちはじめ、舞踊教室の生徒のためにいくつかの女性舞踊の作品を創作した。それらの作品がインドネシア国内の舞踊コンテストで高い評価を受けたことを契機として、自身も女形舞踊家として活動を開始する。そして多くの女形の作品を創りながら上演活動を続けてきた。特に、2000年に日本に滞在して日本舞踊と能の仕舞を習得した体験は、彼に「女形舞踊」という独自のジャンルの存在を強く印象づけた。日本舞踊に「女形」という用語が存在するのに対して、ジャワ舞踊においてそれに対応する概念は見られないとして、2000年以来「クロス・ジェンダー」という概念を提唱し、ジェンダーの境界を乗り越える創作作品を意識的に発表している。女形舞踊の伝統を持つアジアの様々な国の舞踊家とのコラボレーションにも取り組んできた[12]。ディディ・ニニ・トウォが自分の創作の特徴を「クロス・ジェンダー」つまり「ジェンダーを交差する」という言葉で呼んでいることは、男性が女性を演じる、女性が男性を演じる、という伝統がジャワ舞踊に存在したことに起因すると考えられる。また後述するように彼の創作には男性が女性

を演じるにとどまらず、ジェンダーの境界を曖昧にする試みや、ジェンダーの境界を自在に往還する試みも見られる。

　こうした「クロス・ジェンダー」の代表的作品には、「トペン・ノペン Topeng Nopeng」(1997年)、「パンチャ・ムカ Panca Muka」(2000年)、「ブドヨ・ハゴロモ Bedhaya Hagoromo」(2001年)、「キパス Kipas」(2001年)、「インパーソネイターズ Impersonators」(2003年)、「デウィ・サラック・ジョダッグ Dewi Salak Jodag」(2005年)などがある。これらの作品の中では、後述するように仮面を効果的に用いた作品が際立っている。

2　上演における着衣の工夫と身体技法

(1)　伝統舞踊の着衣

　すでに述べたようにジャワ島の舞踊では、男性舞踊家が女性舞踊を演じることは近年ほとんど見られなくなった。これは、女性舞踊家が男性舞踊の主として「洗練された」性格の役柄を演じることが多いことと対照的である。女形の男性舞踊家が減少した背景は明確ではないが、女形の難しさのひとつの理由としてジャワ舞踊における着衣の特徴を挙げることができる。ジャワ女性舞踊の着衣は、多くの場合上半身の露出度がやや高く、首、腕、肩などが露出する[13]。男性舞踊家にとって女性舞踊の技術を習得することは可能であっても、体形や身体つきを変えることは困難であるため、女性舞踊家として観客に向けた上演ができる人材が少ないということも考えられる。

　ディディ・ニニ・トゥォの上演には、既存の女性舞踊の上演と創作作品の上演との双方のケースが見られる。既存の女性舞踊を演じる場合には、女性らしく装い、演じる技量が重視される。着衣によって女性に見せるためには、着衣のみならず身体を女性らしく変革する必要がある。ディディ・ニニ・トゥォは生来備わった資質もさることながら現在まで体重コントロールとエクササイズなどにより、50代の男性には異例の痩身な体形を維持している。その身体に、女性らしい曲線を強調する下着を身につけ、舞踊の衣装を身に着ける。頭部は普段は短髪にしておき、上演に際して舞踊に適した鬘を用いる。化粧も重要な要素である。ディディ・ニニ・トゥォは国立舞踊アカデミー在学中に化粧法の

技術に精通しアカデミーで化粧法の教員として教鞭をとっていた経験がある。卒業後は結婚式における新郎新婦の化粧を行う化粧師のコンクールで優勝し、化粧師としても知られている。もともと切れ長の目で鼻筋の通った顔立ちであるが、化粧の技術を駆使してそうした特徴を強調し女性らしい化粧を実践している（写真1）。

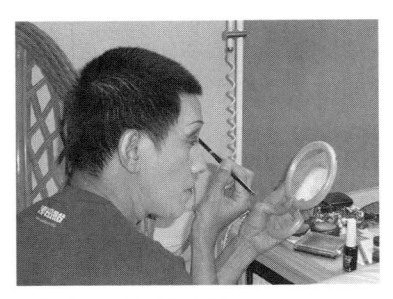

写真1　上演前の化粧

（2）　創作舞踊の着衣

　既存の女性舞踊に加えて自らが創作した作品を上演する場合には、身体の鍛錬による体形の変革や維持、下着による曲線の工夫だけでなく、様々な種類の衣装を途中で早替わりするための工夫が見られる。ディディ・ニニ・トウォは、大規模なイベントや上演に際して多数の踊り手が演じる作品の振り付けを広く手がけることも多いが、その一方で通常の上演における作品は多くが1人（ソロ）で演じるものである（場合によってはアシスタントと2人で上演するものもある）。舞台上では、1人で演じるための様々な工夫を見ることができる。伴奏の音楽は多くの場合、ライブの演奏ではなくあらかじめ編集された録音を用いており、場面転換も音楽に合わせて俊敏に行われる。1人で演じるために、衣装は舞台上で付け替えるという手法がとられている。踊りの種類に合わせて複数の衣装をあらかじめ身に着けておいてそれらを順次取り替える、または舞台上のスクリーンを置いてそのスクリーンを利用しながら衣装を替える、というやり方を導入している[14]。

　また伝統舞踊の上演と同様に髻を用いるが、ジャワの伝統舞踊の髻に加えて、様々なジャンルの舞踊に適した髻や、老女、魔物、動物などに合わせた独特の髻を多用する。これらの髻は、独自に考案して作製したものもあるが、市販のものを活用する場合もある。さらに伝統舞踊の上演と同様に化粧にも工夫を施す。化粧に加えて、ディディ・ニニ・トウォの創作作品のもっとも顕著な特徴は、仮面を多用することである。化粧によって顔を変え別の存在に変身するこ

とは可能ではあるが、時間を要する作業である。それに対して時間をかけず瞬時に変身を遂げるためには仮面は有効な方法である。時間がかからないというだけではなく、ジャワ舞踊における仮面は上述のように性別を含む様々な細分化された性格をあらわしている。これらの仮面を着けることによって、仮面が表象するジェンダーあるいは性格表現の枠組みを効果的に活かした表現が可能となる。ジャワ舞踊やバリ舞踊においては仮面舞踊のジャンルは重要な位置を占めており、仮面が表現する特定の性格が重視される。ディディ・ニニ・トウォは伝統舞踊における仮面と舞踊との関係を効果的に用いている。これらの表現は、単に伝統舞踊における仮面の表象の枠組みに忠実であるというだけではない。時には、伝統舞踊における仮面の表現を逸脱したり、そうした表現の枠組みを脱構築することも行われる。さらに、老女、醜女、魔物、サルなどの様々な存在に変わるためにも仮面が活用される。

3　作品について

(1)　創作作品「ジュピンド Jepindo」における着衣と身体技法

　この舞踊は、ジャワ、日本、インドの舞踊またはバリ舞踊を取り入れた作品である。作品の名称は、Jepang, Indonesia に由来する。作品の構成は、ジャワの仮面をつけて演じる部分、日本のおたふく面をつけて演じる部分、仮面をつけずにインド舞踊またはバリ舞踊を演じる部分、仮面をつけずにジャワ舞踊を演じる部分、醜女の仮面をつけて演じる部分、老女の仮面をつけて演じる部分の 6 場面から成る。インドネシア国内、特にバリ島で上演する場合には第 3 部分にバリ舞踊を演じることが多い。この作品の特徴としては、それぞれの舞踊を演じる技術的な水準の高さとともに、着衣の独特な工夫を挙げることができる。上演の中では早替わりにも似た様々な工夫が見られる。ここでは、2008年 8 月のバリ島での上演における着衣の手順を記述する。上演場所はバリ島のホテルであったため、第 3 部分はバリ舞踊を演じた。最初に第 3 部分のバリ伝統舞踊と第 4 部分のジャワ舞踊のための化粧をして衣装を着ける。上から重ねて他の衣装を着け易いように、この衣装はジャワ舞踊とバリ舞踊の伝統的衣装ではなく、タンクトップ状の上衣と更紗をスカート状にしたものであり、これ

を第3部分以降の踊りに用いる（写真2）。

さらにその衣装に重ねて、第1部分と第2部分のために特別に製作した衣装をつける。この衣装は前の部分が日本の着物、後ろの部分がジャワ舞踊の衣装になっている（写真3）。

顔面にはおたふく面をつけ、後頭部にはジャワの女性の面をつける。頭部には特別に製作した髻をつける。これは、前頭部が日本の髻、後頭部が長い黒髪になったものである。

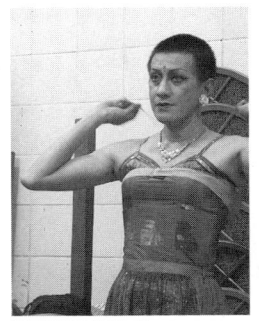

写真2（左） 第3部分以降の衣装。前後にネックレスを着用する

写真3（右） 前が着物、後ろがジャワ舞踊の衣装を着用する

上演は後ろ向きの状態で始まる。第1部分ではジャワの衣装、仮面、黒髪の姿で民俗舞踊を演じる。この部分はジャワの民俗舞踊に特有の太鼓の演奏に合わせたダイナミックな動きで構成される。ここで演じるジャワ舞踊はディディ・ニニ・トウォが精通している舞踊であるが、後ろ向きに演じるため、技術的には困難を極める。踊り手の技量が高いほど、観客には後ろ向きで上演していることがわからない（写真4）。

第2部分で音楽が変わり、ディディ・ニニ・トウォがおたふく面で前に向き直ってゆっくりと日本舞踊を踊り始める。この時点で初めて観客に第1部分を後ろ向きで演じていたことが示される。第1部分と第2部分のテンポの違いと動きのコントラストを強調するために、音楽が交互に入れ替わる構成になっており、踊り手は前向きと後ろ向きの双方の上演を交互に披露する（写真5）。

第2部分を終えると、照明を落として舞台後方で外側の衣装と仮面と髻をとる。下には第3部分以降の踊りのための衣装をすでにつけている。髪形は、バリの女性舞踊レゴン・クラトンの頭飾りをつけた髻を着用する。第3部分では仮面をつけずに、バリのレゴン・クラトンを披露する。ここではバリ伝統舞踊の技量の高さが示される。

写真4(左)　後ろ向きでジャワ舞踊を上演する／写真5(右)　前向きで日本舞踊

　第3部分を終えると再び舞台後方で衣装と頭飾りつきの鬘をつける。ジャワ人女性の髷を結った鬘を用いる。この第4部分では仮面をつけずにジャワの民俗舞踊を披露する。
　その後、第5部分では仮面を醜女に変え、鬘も剃りの入ったものに変えて登場する。その姿も観客の笑いを誘うものであるが、踊りや演技も滑稽なものを披露する。最後の第6部分では、長い布で頭を覆い老女の面をつけて、老女の演技をするとともにエアロビクスなどの舞踊を挿入して観客の笑いを誘い、上演を終了する。
　この作品では、6種類の舞踊を披露するために舞台上で衣装の転換を行う工夫が見られる。こうした衣装の転換を行う着想は、様々な要因に由来する。ディディ・ニニ・トゥォが研鑽を積んだ日本舞踊の中にも早替わりの手法が見られる。またジャワ島の伝統的な仮面舞踊では、舞台上で仮面や衣装の一部を付け替えることが一般的に行われている。これらの伝統舞踊における手法を借用したという面もあるだろう。一方で、身体の前後に異なる衣装を着けて頭にも前後に異なる仮面をつけるという着想はディディ・ニニ・トゥォ自身の考案による。このように伝統舞踊に存在する着衣の特徴を活かしつつ、独自の手法を考案して創り出してきたことが、ディディ・ニニ・トゥォの創作に見られる着衣の特徴的な要素である。
　舞踊の身体技法という側面では、この作品は主として既存の舞踊ジャンルを基にした振り付けになっており、こうした既存のジャンルのそれぞれを高レベルで演じることのできる技量が重視される。第1部分のジャワ舞踊はディ

ディ・ニニ・トゥォが得意とするダイナミックな動きが特徴的であるが、ここではダイナミック動きを披露するだけでなく後ろ向きで演じることができる技量がアピールされる。第2部分の日本舞踊は、滑稽なおたふく面をつけて、優雅な身のこなしや着物の袖や舞扇の扱いの技が披露される。ここでは第1部分のダイナミックな舞踊と対照的な典雅でゆったりした動きが強調される。第3部分のバリ舞踊は、ディディ・ニニ・トゥォの身体的な特徴とバリ舞踊のテクニックを最大

写真6　老女の演技

限にアピールする部分となる。細身のしなやかな身体で瞬時にエネルギーを発するバリのレゴン・クラトンを、バリ人女性舞踊家に匹敵する技量で披露している。それに対して第4部分ではジャワの民俗舞踊を演じてジャワ人舞踊家としての技量をアピールする。第5部分では醜女の面と鬘をつけて滑稽な演技を披露し、第6部分では老女に扮して老女特有のしぐさや身体の動きを演じつつ、エアロビクスダンスに息切れしてしまう様子を演じて観客の笑いを誘う（写真6）。

　この第5部分と第6部分は、その前の第1から第4部分に比べて比較的自由な振り付けがなされており、舞踊よりはそれぞれの仮面にふさわしい演技が強調されている。

（2）　創作作品「デウィ・サラック・ジョダッグDewi Sarak Jodag」における着衣と身体技法
　創作の中でも、特定の物語に基づいたシリアスな赴きをもつ作品としては、2005年に創作されたデウィ・サラック・ジョダッグがある。ここではこの作品における仮面の効果的な使用について概略的に記述する。なお、この作品に関する分析はすでに行ったことがあるので、詳細に関してはその成果を参照されたい[15]。

　作品の題材となっているのは、11世紀の東部ジャワを起源とするパンジ物語である。貴公子パンジ・アスモロバングンに思いを寄せる一人の姫デウィ・サラック・ジョダッグの様々な思いを3つの異なる「性格」を用いて描いた作品

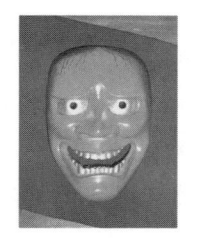

写真7　怒りの仮面

である。彼女は醜い容姿を隠し、美しい姫に変身してパンジ王子に求愛する。これが第1部分で、ここでは美しい女性を表す仮面が用いられる。求愛途中でつい本当の姿に戻ってしまうという設定の第2部分では、醜女を表す仮面が用いられる。王子に正体を知られたデウィ・サラック・ジョダッグは恥ずかしさと悔しさから魔物の姿に変身する。これが第3部分で、ここでは能面の般若から着想を得て創作された仮面が用いられる（写真7）。

　ジャワ島やバリ島の伝統的な仮面舞踊においては、仮面を付け替えながら様々な性格を段階的に表現していく手法が重視される。「デウィ・サラック・ジョダッグ」の中では、こうした仮面舞踊における手法が効果的に用いられている。仮面を用いる創作作品の中で伝統的な仮面を使用した場合には、その表現方法は仮面が表象する性格に規定される。これは必ずしも伝統的な仮面の表現に忠実であるという意味ではない。観客がこうした仮面の表現についてある程度の知識を共有することを前提として、これらの仮面の表現を変化させる場合もある。一方で、道化の仮面や創作した新しい仮面を用いる場合には、その表現方法は伝統的仮面舞踊における規定から大きく逸脱した自由なものになることが多い。

　この作品における最初の仮面は、ジャワ島では「敏捷な」性格とされる登場人物を表す[16]。作品の中では美しい女性の軽やかな身のこなしや物腰を描くために効果的に使われている。

　興味深いことに、ジャワ島の仮面の中には性別の境界が明白でないものがあり、本来はこの仮面を用いて男性（「敏捷な」性格の貴公子など）を表すことも不可能ではない。ディディ・ニニ・トウォは作品の中で伝統的なジャワ女性舞踊の鬘を着用し、この仮面を美しい王女を表現するものとして使用している。つまり男性にも女性にも使用可能な「敏捷な」性格の仮面に「女性」としての解釈を加えて、ジャワの伝統的女性舞踊の動きを用いた独自の表現を行った。第2部分では、醜女を描くために道化の仮面が用いられている。ここでは自由な表現が可能となる道化の仮面を用いて、ジャワ島の民俗舞踊のダイナミック

な動きと醜女が貴公子に求愛する滑稽な姿がアピールされる。鬘は長い黒髪を用いる。最後にデウィ・サラック・ウランの怒りを表現する第3部分では、能面の般若を着想の源泉とした創作面を用いて仮面舞踊における魔王の「荒々しい」性格を表現する舞踊を演じる(17)。髪形は金髪の現代的な鬘を用いる。本来はこの「荒々しい」性格の舞踊は仮面舞踊や演劇の中では男性の魔王などの登場人物を表現するものであるが、ディディ・ニニ・トウォはこの舞踊を女性の怒りや恐ろしさの表現として演じている。このように道化の面を用いて醜女の滑稽な姿を表現したり、男性の「荒々しい性格」の舞踊を用いて女性の魔性を表現することは、伝統舞踊に見られるジェンダーの既存の境界を乗り越えていく試みである。最後の部分で、ディディ・ニニ・トウォが日本の能面に着想を得た独自の面を使用しているのは、ジャワ伝統舞踊におけるジェンダーの境界を越えるために、既存のジャワの仮面ではなく新たな表象が必要であったという理由が考えられる。

ま　と　め

　この論考でみてきたように、ディディ・ニニ・トウォの創作活動において指向される「クロス・ジェンダー」にはいくつかの方向性がある。第1は女性が演じる女性性を越える試みである。こうした試みはジャワ島やバリ島の伝統舞踊における既存の作品を演じる際に見られる方向性である。この論考では取り上げなかったが、ディディ・ニニ・トウォはジャワのよく知られている伝統的女性舞踊ガンビヨンやゴレなどを舞台上で披露することもある。また創作作品の中にもこうした伝統舞踊を演じる場面が挿入されていることが多い。ディディ・ニニ・トウォは既存の女性舞踊を踊る際に、「女性よりも女性らしく」演じることを重視する。体つきも含め衣装、化粧、鬘などの外見を女性らしく見せるための高度なテクニックを見ることができる。そして身体技法の面でも女性舞踊にふさわしい優雅な身体の動きをアピールする。

　第2は男性が演じる女性性の追及という試みである。こうした試みは創作作品の中に見られることが多い。特に仮面舞踊における性格表現を活かしてジェンダーを表現したものが多く見られる。上記の「デウィ・サラック・ジョダッ

グ」に見られる第3部分は、男性の「荒々しい」性格の舞踊によって女性の魔性を表現したものである。この踊りにおける身体の動きは男性的な激しいものであり、男性舞踊家であるゆえに可能となる表現方法だと言えるだろう。

　第3にディディ・ニニ・トウォの創作作品の中には、特定のジェンダーの枠組み自体を崩す試みも見られる。典型的な女性の「性格」である王女や姫の他にも女性には様々なキャラクターが存在する。ディディ・ニニ・トウォは、老婆、魔女、醜女などを表現することによって、舞踊における女性の「性格」の多様性を示している。普段から人間の観察が好きで人間の様々な姿を描きたいと述べるディディ・ニニ・トウォは、「美しい王女」以外の多くの女性性の存在を積極的に表現しようと試みている。「醜女を登場させて、人間としての一人の女性には美しいだけでない様々な姿が存在する現実を描きたい」というディディ・ニニ・トウォのコメントからも彼の作品に登場する女性の多面的な姿を知ることができる[18]。こうしたディディ・ニニ・トウォのコメントは、エリッサ・メラメドがその著書『白雪姫コンプレックス』の中で指摘した、美＝若さ＝善のイメージと醜＝老い＝悪のイメージとの対比を想起させる[19]。昔話における若く美しい姫と醜い老女や魔女との対比は、通常は美しい姫のハッピーエンドの物語として描かれる。しかし一人の女性の中に両者の姿が存在し、実際には若さを失った後の人生の方が長いということをメラメドは指摘する[20]。ディディ・ニニ・トウォはこうした人間としての女性の現実の姿に深い洞察力を持ち、醜女や老女を作品の中に頻繁に登場させる。そして多くの場合、滑稽な仮面や滑稽な演技によってこうした女性の醜さや恐ろしさを笑いの中に昇華させつつ表現してきたのである。

　こうした試みに加えて猿などの動物や老人などを表現する手法によって、舞踊におけるジェンダーの境界を曖昧にする試みも見られる。このような手法を用いる時は多くの場合、伝統舞踊の手法ではなく、ジャズダンス、モダンダンス、エアロビクスなどの身体技法が採用されることもある。これは既存の伝統舞踊の表現する枠組みを脱するための試みであると言えるだろう。また、日本やインドなど他地域の舞踊を効果的に用いることも多い。

　伝統舞踊において規定されるジェンダーの表現を基本としつつ多様な地域の

芸術伝統や様々なジャンルの舞踊における手法を効果的に用いることによって、新たなジェンダー表象を達成してきたことが、ディディ・ニニ・トゥォの上演の顕著な特徴である。

　この論考では、主として着衣（衣装、化粧、仮面、髪型）と身体の動きに着目したが、女形舞踊家としての身体そのものを構築するプロセスについては触れなかった。これは単に体形を女性らしくするということにとどまらず、女形舞踊家としての身体の動きやしぐさを学習し身につけるプロセスも含まれる。着衣して演じる身体について考察するためには、身体そのものの構築プロセスについても検討する必要があるだろう。その方法論については今後の課題としたい。

（１）　これらの性格はワタック *watak*、カラクテル *karakter* などと呼ばれる。具体的には「洗練された」*halus, lenyep* な性格から「荒々しい」*gagah, danawah* 性格まで、段階的に分かれている。
（２）　ニニ・トゥォはジャワの伝統的な遊戯の名称である。少女たちが一人の老女の助けをかりて、ニニ・トゥォという人形を作り、それを用いて行列を行ったり儀礼性を帯びた遊戯を行う。
（３）　Janarto, Heryy Gendut, *Didik Nini Thowok: Menari sampai lahir kembali*, Malang: Sava Media, 2005（「ディディ・ニニ・トゥォ：生まれ変わっても踊り続ける」）、77頁参照。
（４）　同上、63－69頁参照。
（５）　同上、71－75頁、風間純子『ジャワの音風景』（めこん、1994年）、248－254頁参照。
（６）　福岡まどか「インドネシアの女方舞踊家ディディ・ニニ・トゥォの創作活動」（『東洋音楽研究』第71号、2006年）、85－97頁参照。
（７）　Sutton, R. Anderson, *Traditions of gamelan music in Java: Musical pluralism and regional identity*. Cambridge: Cambridge University Press, 1991, 福岡まどか『ジャワの仮面舞踊』（勁草書房、1991年）を参照。
（８）　Janarto 注（３）前掲書、66頁参照。Mrázek, Jan　2005　Masks and Selves in Contemporary Java: The Dances of Didik Nini Thowok *Journal of Southeast Asian Studies*, 36（２), 253, 271頁参照。
（９）　Janarto 注（３）前掲書、191頁参照。
（10）　男性の「洗練された性格」の登場人物は、たとえば叙事詩ラーマーヤナにおけるラーマ王子、マハーバーラタにおける貴公子アルジュナなどである。
（11）　Janarto 注（３）前掲書、63－69頁参照。

(12) Janarto 注（3）前掲書、187－188頁参照。Hughes-Freeland, Felicia 2008, Cross-Dressing Across Cultures: Genre and Gender in the Darce of Didik Nini Thowok, *ARI Working Paper* No.108, November 2008, www. ari. nus. edu. sg/pub/wps. htm. 7－20頁参照。
(13) ジャワ女性舞踊の衣装は舞踊のジャンルによっても異なるが、通常は、腕、首はどの舞踊でも露出することが多い。
(14) スクリーンに着替えのプロセスを映し出して、それを観客に意図的に見せることが行われる。舞台上にスクリーンを設置して、影を映し出すという手法は、ジャワ島にに存在する影絵芝居の伝統から着想を得たようだ。
(15) 福岡注（6）前掲論文、85－97頁参照。
(16) この性格は、*lanyap* と呼ばれる。
(17) この性格は、*gagah*、あるいは *danawah* と呼ばれる。
(18) ディディ・ニニ・トウォとのインタビュー（2010年1月10日）。
(19) メラメド、エリッサ、片岡しのぶ訳『白雪姫コンプレックス』（晶文社、1986年）を参照。
(20) 同上、10－68頁参照。

[引用文献]

福岡まどか　2002　『ジャワの仮面舞踊』勁草書房
─────　2006　「インドネシアの女方舞踊家ディディ・ニニ・トウォの創作活動」『東洋音楽研究』第71号：85－97頁
Hughes-Freeland, Felicia (2008) Cross-Dressing Across Cultures: Genre and Gender in the Dances of Didik Nini Thowok, *ARI Working Paper*, No 108, November 2008, pp. 1-37 www. ari. nus. edu. sg/pub/wps. htm.
Janarto, Heryy Gendut (2005) *Didik Nini Thowok: Menari sampai lahir kembali*. Malang: Sava Media.（「ディディ・ニニ・トウォ：生まれ変わっても踊り続ける」）
風間純子　1994　『ジャワの音風景』めこん
メラメド、エリッサ　1986　『白雪姫コンプレックス』　片岡しのぶ訳　晶文社
Mrázek, Jan (2005) Masks and Selves in Contemporary Java: The Dances of Didik Nini Thowok. Journal of *Southeast Asian Studies*, 36（2）, pp. 249-279.
Sutton, R. Anderson (1991) *Traditions of gamelan music in Java: Musical pluralism and regional identity*. Cambridge: Cambridge University Press.

魂の表出の場か？外界の映し鏡か？自然の一部か？
―マイケル・ジャクソンに見る身体の多義性に関する解釈論―

深尾　葉子

はじめに

　身体は、そこに宿る魂の表出の場として、精神の存在を他者に知らしめる場として機能する。と同時に、その魂が外界から受けるさまざまな刺激を受容し、その影響を再度外界に知らせる場でもある。

　身体は不可視的存在である魂と、それが交感する外界との双方向的なインタラクションの絶えざる析出の場として、密接不可分な意味を帯びている。魂の表出や外界からの刺激への反応は、身体が作り出す芸術作品や音楽、さまざまな言語表現や構築物といった形をとることも可能である。

　しかし、身体は、その魂と密接不可分な空間的位置を占めることから、生きている魂のすべてが不可避的に帯同する「存在の場」でもある。身体という表現はこの点で、他の芸術的表現や言語的表現とは異なった意味を帯びている。

　メルロ・ポンティは、「生物学的であると同時に現象学的」な身体観を提示し、精神と身体は二分されるのではなく、外界の刺激を受容し体験する身体と、それを捉え、その物理的刺激のみならず意味や文脈を表出する身体、という二重性を帯びたものとして理解すべきであるとした［ポンティ　1964, 1967］[1]。フランシスコ・ヴァレラは、それがその後の認知科学によって十分に継承されていないこと、そのうえで、人間経験と認知主義の「中道」（Middle Way）に、存在の本質を求めることを重要視し［ヴァレラ　2001：306］、エナクティブ（行動化）アプローチを唱えた。つまり、行動する身体と認識する主体は根源的な循環のうえになりたっており、確固たる認識主体を求めることは、足元の流砂を追い求めるようなものであること、「生物と環境は生命本来の根源的な循環性において互いにもつれ合い、互いから発展する」［同前］ため、その両

者の循環のうえに、身体は生起的に構成される、というものである。
　身体は、心的存在と、神経系統により密接につながり、不可分の系をなしているため、「意図」する表現ばかりでなく、「意図せざる」意識をも表出する。ヒトの場合、身体は、その延長に、さまざまな「身体装飾」を伴っており、「生身」の身体ばかりでなく、そこに施されるさまざまな「隠蔽」「誇示」「防御」「誘惑」「攻撃的表現」「神的実践」などのための「着衣」や「身体改変」が、身体とひとつながりの意味媒体となっている。
　本章では、20世紀から21世紀の初頭にかけて、世界でもっとも注目を浴びたともいえる人物、マイケル・ジャクソンの身体変容の持つ意味を、彼自身の内面と、外界のコミュニケーションが与えた影響という両面から読み解いてゆき、魂の作動と、魂に影響を与える外界とが、どのように身体において表出するのか、またその相互関係を超えて投げかけられる芸術的表現とは何か、という問題について考える。一連の考察により、人間の身体が、自らに向けられる「否定的まなざし」や攻撃、周縁化の圧力のなかでどのように反応し、自らの身体を再構成してゆくのか、というプロセスについて動的な視野からのアプローチを提示したい。

1　マイケル・ジャクソンの身体変容

　マイケル・ジャクソンほど、その身体に世界中の関心を寄せられ、半世紀におよぶその生涯を通じて、容姿や肌の色を含む身体変容が、人々の注目を浴び続けた人物はほかにいない。
　彼は5歳の時、アメリカ中西部の街ゲーリーで、黒人の子供の歌手としてデビューして以来、2009年6月に50歳の生涯を終えるまで、終始多くの人々の視線にさらされながらその人生を送った。歌と踊りという身体を駆使する芸術をもって、世界中の人々にそのメッセージを発し続けたこと、それがMTVやCD、DVDといった視覚メディアによって、かつてないほどの規模で世界各地の人々に、その画像や映像が届けられうる時代にめぐり合わせたこと[2]、さらには、波乱に富んだ事件によって、本人がもっとも嫌ったマスコミがその行動や身体変容を逐一報道し、それがゴシップとして流通する、というポップスター

の王者として、避けがたい情報の渦中に身を置いていたこと。これらによって、およそひとりの人間としては、連続性を判別しがたいほどにその容姿が変容しているにも関わらず、どの時代をとっても、一目でマイケル・ジャクソンであると人々に認識されるほど、そのすべての時代の容姿が、人々の目に刻印され、認知されている。

　ここに、確認のため、3枚の写真を掲載する（写真1〜3）。

写真1（左）　1972年7月 "This is it-The Final Curtain Call" 永久保存版『MICHAEL JACISON－THE KING OF POP 1958－2009』青志社、2009年、19頁）
写真2（中）　10代後半ですでにトップスターの座にあったころ。初めての恋人テイタム・オニールとパーティで（1979年）［HILL 2009:70］
写真3（右）　復活を期した公演、This is it のリハーサル（2009年）（"This is it－The Final Curtain Call"，同上）

　一連の身体変容のなかで、もっとも顕著なのが、肌の色である。本人の証言によれば、80年代から尋常性白斑という病気の進行により、メラニンの生成が抑制され、全身がまだらに白くなるという症状に悩まされたとしている[3]。初期は黒くどうらんを塗ってその痕跡を隠していたが、90年代に入ると、それはもはや隠すことができなくなるほど全身に広がり、白く塗り替えることによって、まだらな皮膚の色を隠した。

　これについて、「黒人であることをやめて白人になろうとしている」と盛んに論じられ、また皮膚の漂白を行っていた、と繰り返し報じられた[4]。皮膚の色が明らかに白くなっていったことについて、「意図的」であるかそうでないか、は本章においてはそれほど重要ではない。意識的であったにせよ、無意識

の作動によるものであったにせよ、皮膚の色が劇的に変化した、ということが重要であり、またそれに対する人々の反応について、白人が皮膚を焼いて黒くしたりパーマをあててアフロヘアにして黒人と見まごう容姿になったとしてもゴシップにはなりにくいのに、黒人が境界を越えて白人の身なりに変容すると、ゴシップとして騒がれるという点が、より重要だと考えるからである[5]。

また、身体変容については、ステージでの骨折がきっかけとなった鼻の整形に始まるその後の整形手術、CM撮影中のやけどが原因となった頭皮と毛髪へのダメージと、その治療として始められた鎮痛剤投与が、その後の依存症の苦しみの発端となった。皮膚の炎症や全身の痛み、その治療のためのステロイド剤などの副作用といったさまざまな症状に悩まされたが、これらの病は身体そのものによってその芸術的表現を行う歌手・ダンサーにとっては、尋常ならざる苦痛と障害となっていたであろう。

本章では、マイケル・ジャクソンの身体変容に関する具体的な記述はできる限り最小限度にとどめ、冒頭にのべた外界と内的精神の相互作用の表出の場としての身体、という観点から、マイケル・ジャクソンの身体変容の持つ意味について解釈を試みる。

2　身体変容をもたらした精神の作動

ここでは、現代医学で「原因不明」とされる「尋常性白斑」や「膠原病」を、その身体が受けるさまざまなストレスや、そこに宿る精神が多大な打撃を受けるメッセージによって触発される免疫障害であると考え、精神と外界の循環的相互関係の表出であると解釈する。外界から与えられたメッセージによって肌の色が劇的に変化しうることを、以下の事例から見てみたい。これはフランスの児童心理学者エリアシェフが、生後12日目に養子に出された白人の母親と黒人の父親から生まれた子供の治療経験から報告したものであるが、ここではエリアシェフの報告に依拠したアルノ・グリューンの説明を引用する。

　　生まれてから五週間経った頃のことです。母親からはもう引き離されていましたが、看護師たちが心をこめて世話をしていて、この子のことをい

ろいろと話していました。すると突然この赤ん坊の体中に白い斑点が現れたのです。パリ大学医学部の先生方にも、手のつけようがありませんでした。とうとう困り果てて、エリアシェフの小児病棟に運び込みました。そこで調べているうちに、この子の母親が言った言葉に行き着いたのです。母親はどんな里親でもかまわないが、黒い肌の親は困ると言ったそうです。この子の父親は黒人で、母親はこの父親をどこかで憎んでいたのです。看護師たちは、おしめを取り替えながら、このことを話題にしたのです。白い斑点が子のこの体中に現れたのは、その直後でした。エリアシェフは、この子を抱き上げて腕の中であやしながら、言って聞かせました。「ねえ、お母さんはあなたのためを思ってそう言ったのよ。だけどね、自分の肌はそのままの色でいいのよ」。次の日から、子供は回復に向かいました。もちろん、子供たちが、大人のように正確に言葉の意味を理解できるなどと言うつもりはありません。しかし、子供は胎内にいるときから母親の感情の動きが分かりますし、生まれてからもそうなのです。早い段階から子供が反応を示す例はたくさん報告されています。とりわけ、大人が自分たちに関して示す感情の動きには敏感に反応します［グリューン　2001：20］。

　これは言語メッセージを理解しないとされる乳幼児における白斑の事例であるが[6]、マイケル・ジャクソンは、自分自身の内面や、自分の身体を介して感じ取ったメッセージを、自分の身体を通じて表現する人並みはずれた才能を持ち、生涯を通じて、非常に鋭敏な感受性を持ち続けていたことから、その身体反応の多くは、言語的メッセージを含むさまざまな呪縛や衝撃の反映であったと解釈するのは困難ではない。
　ここで、1980年頃から徐々に進行する尋常性白斑について、一つの重要な事件が引き金となったという筆者の仮説を提示する。
　それは、1979年にマイケル・ジャクソンが17歳で経験した、始めての恋愛と、それがある理不尽な理由により強制的に終わりを告げたことによる深い衝撃による、という解釈である。
　すでにアメリカのポップ界でティーンエイジャー・スターの地位を築いてい

たマイケル・ジャクソンは、その私生活においては非常に臆病で、内気な少年であった。10代前半に、ジャクソン兄弟の後見人役でもあり、12歳でカリフォルニアに移り住んだ際家に住みこんだこともあるダイアナ・ロスに、母親に対するような憧憬と愛情を向けていたこと（それは生涯変わることがなく、死に際して自らの子供の第一養育権は母親に、第二養育権は彼女にゆだねている）が知られているほかは、恋愛経験などほとんどなかったという［Jackson 1988：163］。

　マイケル・ジャクソンはその自伝に、初めてつきあったのは子役女優として有名であったテイタム・オニールであったと書いている［Jackson 1988：165］何度も電話をしたり、頻繁に行き来したりしていたのだが、ある時、マイケルが出演した The Wiz（Universal Studio, 1978）というミュージカル映画の試写会に、パートナーとして出席してくれるように、と申し入れた。ところが、テイタム・オニールの事務所のマネージャーが「黒人と出かけるとこれからの人気に傷がつく」という理由から、オニールに許可を出さなかった。当時まだ12歳であった彼女は、それを押し切るほどの主体性もなく、また勇気もなかったため、マネージャーのその判断を受け入れた。理由は知らされず、一方的に代理人を通じて断られたマイケルは、非常に傷ついて、その後何年もオニールと音信が途絶えることになった［O'neal 2004：101］。

　その直後にレコーディングされたアルバム Off the Wall に収録された She's out of my life という曲は、恋の終焉にまつわるラブソングとして、その後もライブでしばしば歌われるが、レコーディングに際して、歌の最後にいつも泣き出してしまい、ついに泣き声のままの歌をアルバムに収録した、とプロデューサーであったクインシー・ジョーンズが語っている［Epic Records,Off the Wall, 1979, Bonus Material］。

　この一件は、その後のマイケル・ジャクソンの芸術と人生に深い影響を与えていると解釈しうる。それは、彼がその後に作り出す歌や舞台、映画、そして人生のさまざまな局面において、この傷を深く刻んだメッセージを発信し続けていることを読み取ることができるからである。彼が生涯を通して発したメッセージの大多数からは、根底にこの事件が与えた影響とその後の苦悩が読み取

れる。

　まず、人種差別の壁をのりこえるメッセージを託したBlack or White（1991）の冒頭は、土曜日にデートにでかける恋人同士の二人には黒人も白人も関係ない、という歌詞で始まっている[7]。また、それから10年以上も経ってエルビス・プレスリーの娘、リサ・マリーと結婚した直後に、半ばヌードで共演したPVを伴ってリリースしたYou are not aloneは、その場にいるリサ・マリーとの恋の歌ではなく、遠くに離れて今も思いを寄せているかつて別れた恋の相手に投げかけられたメッセージである。さらに、マイケルがプロデュースした二本の映画、Moonwalker（Warner Bros. Studios, 1988）とディズニーのアトラクションとして放映されたCaptain EO（F. F. Coppola監督／IMDbPro, 1986）も同様の解釈が可能である。

　Moonwalkerの中核をなすストーリーは、麻薬組織のボスが、幼い子供たちに麻薬を打ち込むことにより、彼らを子供の頃から麻薬中毒患者に仕立て上げ、利益を得ようと魔の手を忍び寄せる。その標的とされた女の子ら3人の子供たちを、マイケル扮するヒーローが、さまざまな戦闘機などに「変身」しつつ守り抜く、というものである。一方、テイタム・オニールの両親、特に母親はそもそも麻薬中毒患者であり、彼女自身も子供の頃に麻薬中毒患者となった。

　テイタム・オニールは、10歳の頃、当時母親と離婚していた父親が、ツアーの途中で、自分の親友だと思っていた当時17歳の女姓とベッドをともにしているのを目撃し、ショックで自殺を図ろうとしたが死にきれず、そのまま手元にあった父親の麻薬に手を出して、以来生涯麻薬との縁が切れなくなった［O'neal 2004：91］。20代前半で、当時世界でナンバーワンテニスプレーヤーであった、マッケンローと結婚するが、結婚出産のプロセスそのものが、麻薬からの脱出願望とその失敗、暴力的であった父親のトラウマと密接にかかわっており、結局3人の子供を持ちつつも、一切の親権を失って離婚。その後、経済的にも精神的にも苦難を抱えたまま現在に至る。2008年にはニューヨークで麻薬所持容疑で逮捕されている（2008, Jun 03）。離婚に至る直接の契機となったのは、かつて父親に深く傷つけられた一言「おれがいなかったらお前は何の価値もない人間だった」[8]という言葉を夫に投げつけられたことであった［O'neal 2004：

223]。

　呪縛にとらわれ、暴力と麻薬に侵され、自らの身を限りなく貶めてゆく彼女の姿を見て、何とかその奥底に埋め込まれた「美しい魂」を呼び覚ましたい、「心の奥深いところを押しひらく鍵を届けたい」というメッセージを描いたのがスピルバーグと創った「キャプテンEO」であった。自らも満身創痍となりながら、機械仕掛けの魔女のような姿となった女王に近づき、持てる力をすべて出し切って、その表面を覆う魔法を溶かそうとする主人公マイケル・ジャクソン。美しい心を引き出すことに成功した瞬間、周辺を覆っていた魔の力が一挙に解け去り、美しい姿となった女王が姿を現す。それをみて、ラストシーンでこのうえなく美しい笑顔を残して嬉しそうに踊りながらその場を立ち去る。そこに込められたメッセージは「ゆがめられ、奥底に閉じ込められた人間本来の美しい魂」を一人でも多く解放したい、という切実な願いであった。これは10代の頃、自らの力でその呪縛を解くことのできなかった女性が、その後、不幸な生活を送り続けていることへの、深い悲しみの裏返しであるとも受け取れる。

　もしも、彼女の両親が、暴力や麻薬に侵されていなければ、もしも彼女が史上最年少のアカデミー賞受賞という、子供には重過ぎる栄誉を受けるような運命をたどっていなければ、もしも彼女の奥底に秘めた悲しみと苦しみを、救い出してくれる存在があったなら、もしも、彼女が最も多感な時期に、母親との離別を経験せずに済んでいたら、もしも自分に十分な力が備わっていて、彼女を苦しみと呪縛から解放してあげられていたら、そうすれば、自分の今の、どこにも吐きどころのない永遠の孤独は、解放されていたかもしれない。

　さらには、そうした共通の心の痛みゆえか、互いに惹きあい、心が通じあっていたのに、そのつながりが、黒人と白人である、という理不尽な理由で、突如、引き裂かれるという苦悩を、もっとも多感な10代に味わったことは、彼のその後の人生を大きく狂わせることとなり、またその芸術的発信の源ともなったのである。当時、その衝撃のあまり、マイケルはしばらく、深い悲しみと傷に苦しみ、人とあまり話をしなくなったという。誰もが実現しえなかったような華麗な成功をおさめつつあった音楽生活とはうらはらに、内面は深く心を閉

ざしていったのである[9]。彼の内面から溢れ出る鋭敏な感性や、行き場のない感情は、聴衆が熱狂し、幾千幾万の目が注がれるステージの上でのみ、吐露され、またその後全世界へ向けて発信され、地球上で最も多くの人が魂を動かされることになる音楽や映像作品の源泉となった。

　テイタム・オニール自身は二人の関係について、自伝で次のように語っている。

　　彼は私に電話番号を教えてくれて、毎日お喋りするようになった。延々と引き延ばされる電話の会話は、時にあまりに退屈で、私は受話器を友人のEsme Grayに渡したりしたものである。マイケルは自分が私に話しているものと思い込んでそのまま話し続けた。彼のいつもの話題はセックスだった。もちろん私はまだ12歳で、セックスについて語るべきことがなかった。私が知っていることといえば、私の隣の父親の部屋で日常的に展開される出来事についてであった。しかしマイケルもとどのつまりはティーンエイジャーの男の子なのだから、セクシャルなこと全てに強い興味を抱いていた。とはいえそれは、信じられないくらい甘く、ナイーブなものであった。

　　彼は大スターであったが、デートしたことすらほとんどなく、人生というものをほとんど知らないように見えた。彼は一度私の家に来て、女の子の部屋に入った事がないから、二階に連れて行ってくれと頼んだ。彼は私のベッドに座って、とても短いキスをしたが、それはおそろしくぎこちなかった。当時私はダスティン・ホフマンのような人々に熱狂し、失恋を味わったばかりで、年齢もわずか12歳で本当の人生の出会いの準備はできていなかった。それで私は、「I can't」と言った。

　　汗びっしょりになっていたマイケルは、私と同じように怯えているように見えた。神経質に飛び上がると、「ああ、行かなきゃ」と言った。

　　これが私とマイケルの最も接近した状態であった。それゆえ私は、マイケルが最近全国放送のテレビで、私が彼を誘惑し、彼があまりにシャイだったので実行できなかった、と言ったのを聞いてとても驚いた。私は

まったくマイケルを友人として尊敬していて、今日に至るまで敬愛している。私は彼が私に恋に落ちたのだと信じている。彼が She's Out of My Life をアルバム Off the Wall に書いたのは、私のためだと告げられた。

なんという栄誉だろう。

　　　　　（安冨歩の訳をもとに一部修正）［O'neal 2004：99-100］

　マイケルは、子供の頃から常に数多くのファンに追いかけられ、ごく普通の遊びも買い物も許されないほどに、人気スターであり続けた。そんな「スーパーアイドル」であっても、自分が黒人である、というだけで、その恋を突如引き裂かれ、すべてが終わりを告げる。その愛と憧れの深い分だけ、黒人としての誇りと属性に、激しい動揺と「否定的」な感情が生まれたとしても不思議ではない。

　しかも、最後にこの関係を終わらせたのは、彼女でも自分でもなく、彼女の背後にいるマネージャーや、ハリウッドの人々の「一般的感覚」であった。それについてテイタム・オニールは以下のように記述する。

　　不幸にも、私とマイケルとの友情は、突然の終幕を迎えた。彼は、オズの魔法使いの都会的リメークであり、ダイアナ・ロスがドロシー役で主演した「ザ・ウイズ」(「The Wiz」)の案山子の役で出演した。この映画のニューヨークでの試写会に、マイケルは私を同伴者として招待した。父は、私が行きたいのであれば構わない、と言った。しかし、私のタレント・マネージャーが強硬に反対した。私は、正確に次の言葉を彼に言われた。「試写会に、ニグロと一緒に行ったりしてはいけません」("You can't go to a premiere with a nigger.")

　　ハリウッド！

　　私はおそろしく逆上した。私がもうすこし大人であったら、あるいは親が支えてくれたら、私は一歩も譲らないで、「いいえ、私は行きます」と言えただろう。しかし、私がそれをやり抜くのを支えるような気は、父にはなかった。それゆえ私は、マイケルに理由を告げずに、申し出を断った。

彼は打ちのめされた。

[O'neal, ibid.,:101]

　自らの魂を傾けた初めての恋が不幸な結末を迎えたことは、その後の彼の女性関係ばかりでなく、自らの表象、身体をも大きく変えてゆく大きな動因となった。差別というのは他者から向けられる否定的なまなざし、である。自らがいかにそれをはねのけようとしても、それは自分につきまとい、さまざまな理不尽な事柄となって自分自身に降りかかり、人生を左右する。この、自らの身体と精神を弓矢で射るかのように注がれる「否定的なまなざし」に屈することなく、自分自身の本来の姿を愛と穢れなき自尊心をもって受け入れ、ネガティヴな属性をも含みこんだ自分に対する信頼と確信をゆるぎなく持ち続けることは、キングオブポップと呼ばれたスーパースターであっても、至難の業であったことがここから読み取れる。

　彼の身体は、このような外部からの否定的まなざしによる暴力と、それによる精神の深い衝撃をきっかけに、意識的無意識的に肌の黒さを払拭し、白人とみまごうばかりの白さへと変化してゆく。そのプロセス自体、きわめて多くの痛みと危険を伴うものであったにもかかわらず。

3　「否定的なまなざし」と身体変容

　マイケルの精神を苛んだもうひとつの「自分に対する否定的なまなざし」の根源は、父親の暴力と否定的な視線であった。

　マイケルは、幼い頃から自分の容姿に満足したことはなく、ことに父親からしばしば「Fat　Nose」（でか鼻）とののしられ、強いコンプレックスを抱いていた。その後の度重なる整形手術は、主としてこの「鼻」の変形に費やされた。一連の整形や皮膚の白斑、そして青春時代のニキビが原因ですっかりコンプレックスを身に付けてしまったということを、先のオプラ・ウィンフリーのインタビューで答えている。

　　僕は吹き出物がひどくて、それで引込み思案になった。自分で自分を見る

のも嫌で、暗いところに引き込もっていた。鏡を見るのも嫌で、おまけに父は僕をからかっていじめたものだから、僕は嫌で嫌で毎日泣いていたよ。
Op：あなたのお父さんは吹き出物の事であなたをいじめたの？
M：そう、僕が醜いと言った。　　　　　　　　　　　　[Lewis 2005:171]

　父との辛い経験が、彼自身の自分自身への否定的な目線の根源になったことはほかの場所でも繰り返し語られている。以下は、2000年から2001年にかけて、マイケルの相談相手をつとめていた、ラビ(10)（Shimulay BOTEACH）が、マイケルと交わした30時間あまりの会話のテープを、2009年になって出版したものである。
　そこに、自分自身の醜さについて語った箇所がある［SB 2009:81-82］。

SB：あなたは長く幸せな人生を生きる必要がある。でもあなたは、本当にある日引退を決め、姿を消したいと思っているの？
MJ：そう。
SB：ネバーランドに住んで、鍵をかける。そういうこと？
MJ：そう。僕はそう願っている。
SB：でもなぜ？あなたが歳をとってゆくのを人々に見られたくないと思うから？
MJ：僕はどうしていいかわからない。僕はあまりにも美しいものを愛しすぎて、特に自然にある美しいものが大好きだし、僕は僕のメッセージが世界にとどいて欲しいと願っている。でも僕は今、人に見られたくない……。僕はコンピューターで自分の写真なんかがでてくるのを見ると、本当に落ち込んでしまう。
SB：どうして？
MJ：だって、僕の顔って、トカゲみたい。ほんとにいやだ。僕は自分のこんな姿を決して好きになったことはない。二度と写真を撮られたり、見られたりしないようになりたい。
SB：あなたのお父さんがあなたを醜いと、かつて言っていたと多くの人

が書いているけど本当？

MJ：うん……彼はよく僕をからかった……ある時飛行機に乗って離陸直前の時だった。私はちょうど第二次性徴期でいろいろな体の変化が現れていた頃だった。彼は「おお、お前の鼻は大きいな。それは私の遺伝じゃないね」と一言いった。その言葉がどれほど僕を傷つけているかはまったく知らずにね。僕はその時、本当に傷ついたんだ。死にたいと思ったくらいだよ。

SB：あなたのお父さんは、あなたがハンサムではない、という考えをあなたに植え付けた。だからあなたはあなたの外観に手を加えるようになって、それでも満足できない。あなたは自らの外観とあなた自身、そしてあなたのすべてを愛することから始めなくてはいけない。

MJ：わかってる。それができたらと思っているんだけれど……。

ここに、ニューヨーク警察で24年にわたって犯罪捜査のためのモンタージュ写真を担当していた人物が、その技術を駆使して作成した、マイケルが整形をせず皮膚の白斑も起こらなかった場合の経年写真を参照したい。

一番左が、10代前半で、その隣は、それをもとにつくられた40代、そして右から二番目は70代の予測写真である。これらの画像は骨格や筋肉から割り出して、加齢による一般的変化要素を加えて作図するものであり、その人の内面や生活による変化を加味するものではない[11]。ちなみに一番右は、マイケル・

写真4　http://www.forartist.com/forensic/modification/mj/jackson.htm
一番右は　NewsOne/TV One Interview Forever Michael Jun 27-30, 2009より

ジャクソンの父、ジョセフ・ジャクソンが2009年7月マイケルの死の数週間後にインタビューを受けた際の写真である。1929年生まれの父親は、この時80歳近くであるので、左の70代のマイケルの予想図と照らして、顔の形や目つきなど、かなり共通する特徴を有しているように見える。マイケルが、幼少の頃のまま、歌と踊りのうまい黒人男性として順調に歳をとったとするならば健康で人のよい歌手として人々に愛され、幸せな老後を送ることができたかもしれない。しかし一方で、現在のような世界中からファンを集めるスーパースターとなりえたかどうかは判らず、それは本人が望んだ姿ではないかもしれない。

　自らの身体を、芸術的表現の場として完璧に近づけようと努力を重ねたマイケル・ジャクソンが、その魂に傷を与えた「黒人性」を、外見上払拭し、人種的記号性をまったく持たない容姿と外観を身に付けることによって、より普遍的なアイコンへと近づこうとしたと解釈するのは不自然ではない。それは自らに向けられた、鋭い「差別」のまなざしや、「醜さ」への嫌悪に由来するものであったかもしれないが、同時に、人種や性別や年齢や音楽ジャンル、国境といったあらゆる境界を越え、地球の隅々にまで自分のメッセージを届けたいという芸術的戦略でもあった。自らの身体を舞台とし、その感性と創造力を駆使して、メッセージを伝え、作品を世に残し、それによって永遠の存在性を獲得しようという戦略である。

　どんなに苦痛を伴おうとも、人々が欲するあらゆるイメージを自らが体現し、それをダンスとともに人々の目に焼き付けて、人々の魂に訴えかけたい。彼の残したPVや舞台映像、そしてその死後世界中の人々に受け渡された映画 This is it（Kenny ORDEGA監督／SONY Pictures, 2009）はそうした芸術への渾身の投入の結果である。スリラー（Thriller）発売25周年記念で2007年12月に掲載された最後の雑誌インタビュー（*Ebony*）および撮影風景を紹介しているNBCのニュース番組で彼は自分の死と魂の永遠性について次のように語っている。「芸術家は自分が創造したものが、生き続けることを望んでいる。ミケランジェロの言うように、死んでも作品は残る。そうやって、死から逃れられる。僕は僕の作品に魂を込めている。そう感じて作品にすべてを注いでいるんだ。なぜなら作品に命と自分の持てるものすべてを託したいから」[12]

おわりに

　他者からのまなざしと、自らの強い「想念」との葛藤とせめぎあいのなかで、マイケル・ジャクソンの身体が、劇的に変容してゆく過程を見てきた。マイケル・ジャクソンはさらに、映像やDVDという芸術作品を通じて、自らの身体の時間的・空間的有限性を乗り越えようと試みた。彼自身の芸術活動は、自らの魂の作動と、人々に伝えたいメッセージを、徹底的に身体化された芸術によって実現し、それを作品として媒体化することにより、身体の限界を超えようとする試みであった。しかし、そのような過酷な任務を負わされた身体は、極限まで酷使され、痛みと苦しみを訴えつづけたのである。それが、マイケル・ジャクソンの肉体的死をもたらす直接の原因となった。

　筆者はこれまで、「否定的まなざし」を他者から向けられることにより、それを自らの内に取り込んで、「いわれなき劣等感」を抱くように仕向けられた状態を「魂が植民地化」された状況であると呼び、それは個人的・集団的ハラスメントによってもたらされる、という議論を展開してきた［深尾　2009、千葉　2009、安冨・本條　2007、本條　2009、別府　2010］。また、内側にとりこんだ「否定的まなざし」によって、その魂が本来の発露を阻害されていることを「呪縛」と呼んだ。「呪縛」は、そのような考えにとらわれることが、自らの身体と精神の永続に利することがなく、逆に精神と身体の存続をおびやかしているにもかかわらず、その宿主には、それこそが自らを支えている精神的支柱や社会規範であるととらえられるがゆえに「呪縛」であり、そこからの脱出には、「魂の脱植民地化過程」が必要とされる。「呪縛」されている魂は、その「呪縛」を肯定し、みずからを苦しめ続けるのである。

　本章で論じたマイケル・ジャクソンの身体変容を、この「魂の植民地化」という視点から考えるならば、父親からの暴力をともなった否定的メッセージを内部化することによって、最初の大きな「植民地化」の道をたどり、自らの身体をありのままで受け入れることに困難をきたすようになった。そのような「植民地化」された精神を解放するひとつの重要な契機となりえた「恋人」との出会いを、こんどは「社会からの否定的なまなざし」つまり黒人差別によっ

て奪われる。これによって彼の自らの身体への「否定」は決定的なものとなり、その後は、本来の姿をほとんど留めないほどに、皮膚の色や外見を変化させてゆくこととなる。それは一方で、彼の芸術的成功と普遍性の獲得を可能にしたが、その強い「呪縛」と「創発」の力に阻まれて、身体は蝕まれ、痛みを発し続けたのである。地球上でもっとも多くの人々の視線にさらされ、もっとも多くの人々に自らのメッセージを送り込むことに成功した人物は、その鋭敏な感性ゆえに、自分自身ばかりでなく、子供たちや破壊される自然、弱者にむけられた暴力に深く傷つき、極限までひきさかれ、酷使されていた。その姿は、キリストの「受難」にもオーバーラップする。

本章では論ずることができなかったが、マイケル・ジャクンが好んだ、「高貴な」いでたち、や「支配者」「軍人」を思わせる装束、さらにはセックス・アピールを最大化させるかのような所作と服装は、自らが嫌悪する「物欲」「権威」「暴力」「呪縛」を自ら体現することにより、そのとりこになる人々を、みずからのメッセージのもとに引き入れ、そしてそれらを反転させる逆のメッセージを送り込むための、意識的無意識的に計算しつくされた戦略であったと考える。その意味で、彼は、自らの身体をそのもっとも危険で挑戦的な場に追いつめ、もっとも対立する表象を自らの中にとりこみ、それによって全人類をターゲットとしたメッセージの発信を試みたのである。そうしたアプローチは、人々の熱狂を喚起しつつも、しばしば誤解を与える危険をもはらんでいたのであるが。

本章でみたように、自らを装飾し、改変するプロセスは、多くの場合、他者から向けられるまなざしによって左右され、時には自らにとりこんだ他者のまなざしによって、自らをより周辺化する負のループに陥れる危険をはらんでいる。着衣や身体改変は、「主体的」な自己表出や社会からの一方的な押し付けや他者からのまなざしに左右されると理解するのではなく、あくまでその両者のせめぎあいの中でつねにうつろいながら表出する。これが本章が主張するエナクティブなアプローチであり、本書の主題である「着衣する身体と女性の周縁化」というテーマに対する、方法論的提言である。

［追記］

　本稿脱稿後、東京で開催された「フェルメール《地理学者》とオランダ・フランドル絵画展」で公開された17世紀のアムステルダムの画家、パーレント・ファブリティウスの自画像がマイケル・ジャクソンに酷似していると話題になった。左はその作品であるが、絵画をこよなく愛したマイケル・ジャクソンが自己の表象をこの作品に近づけようとしたと考えることは不可能ではない。また同展覧会の図録にも以下のような解説が付されている。「この描かれた人物の人相と風貌が他界した『キング・オブ・ポップ』に顕著に似ていることは興味深い偶然だが、しかしそれとともに芸術家自身が自分自身を再現することが数世紀も超えて続いているという事実には驚かされてしまうかもしれない（Bastian Eclercy、翻訳・田窪大介）出典：シュテーデル美術館所蔵『フェルメール《地理学者》とオランダ・フランドル絵画展』（読売新聞社、2011年）、81頁、図22　パーレント・ファブリティウス（1624年、ベームステル―1673年、アムステルダム）自画像、1650年作品。」

＊本文に使用されている英文の翻訳は断りのない場合は、筆者によるものである。
（1）　このような現象学的身体論を用いたものに［鷲田　1998］がある。
（2）　これについて、中国、香港でもマイケル・ジャクソンが空前の影響力をもったとする論評が多く出された（ex.『亜洲週刊』2009年7月12日、19日）。
（3）　1993年2月10日、マイケル・ジャクソンの当時の自宅、ネバーランドで行われたオプラ・ウィンフリー・トークショーのインタビューで初めて語られた。
（4）　最近では、マイケルの死後、クインシー・ジョーンズが彼は尋常性白斑なのではなく、ケミカルピーリングをやっていたとするインタビューを行ったと報じられている（*Men's Health* インタビュー。Quincy says that Michael wanted to be white,Danielle Canada, July 2, 2009）。
（5）　これについても先のオプラ・ウインフリーとのインタビューでマイケル自身が指摘している。
（6）　これについてエリアシェフは、幼児や胎児を「非言語的存在」であると考えるのは適切ではない、と主張している［エリアシェフ　1998］。
（7）　歌詞は以下の通りである。
　　　I took my baby on a saturday bang　彼女を土曜日のデートに誘った／Boy is that girl with you　え、あの子がお前と？／Yes we're one and the same　そうさ、僕たちの心はひとつさ／Now I believe in miracles　奇跡の存在を信じているよ／And a

miracle has happened tonight　そう、その奇跡が今夜起こったんだ／But if you're thinkin' about my baby　でも僕の彼女について考えているのなら／It don't matter if you're black or white　黒人か白人かは関係ないよ

(8)　父親が発した言葉は "You are-were-nothing without me."

(9)　自伝においてマイケル・ジャクソンは、当時を回顧して以下の様に述べている。「オフ・ザ・ウォールを作っている頃は、私の人生の中でももっともつらい時期でした。大成功を収めたにもかかわらず、私には当時親しい友人はほとんどおらず、孤独にさいなまれていた。あまりにもさびしかったので、だれか友達になってくれるかもしれない人を求めて、近所をうろついたりしていたくらいだ。私は私が誰だか知らないで、友達になってくれる人に出会うことを願っていた。近所の子供でも誰でも、そういう人に出会うことを求めて、近所をうろついたりしていたくらいだ。私は私が誰だか知らないで、友達になってくれる人に出会うことを願っていた。」〔Jackson 1988：164〕

(10)　ラビとはユダヤ教における宗教的権威者を指す。教義に精通し、さまざまな宗教的行事をつかさどる聖職者の役割を果たす。

(11)　以下は、このモンタージュ写真の製作者からの製作コメントである。原文のまま掲載する。

This age progression is the result of applying basic aging trends to one of Michael Jackson's childhood pictures. It is not meant to be a definitive result. This was a client requested age progression. [Stephen Mancusi, Michael Jackson Age Progression Copyright © 2000 Stephen Mancusi. All Rights Reserved. http://www.forartist.com/forensic/modification/mj/jackson.htm]

(12)　I always wants to do music that influence and inspire people each generation, I mean,let's face it, I mean,who wants mortality?I mean, everybody want immortality. You want what you create to live, be it sculpture or painting or music,composition like, Michelangelo said, you know,I know the creater will go, but his work survives, that is why to escape death, I attempt to bind my soul to my work. And that's how I feel, 'cause I want it just to live and give all that I have, you know, and it has to be that way.

〔引用・参照文献〕
ヴァレラ、フランシスコ　2001『身体化された心──仏教思想からのエナクティブ・アプローチ』工作舎
エリアシェフ、カロリーヌ　1998『楽園を追われた子供たち』久松健一監訳　新評論
グリューン、アルノ　2005『人はなぜ憎しみを抱くのか』上田浩二・渡辺真理訳　集英社新書
千葉泉　2009「『自分らしさ』を中心に据える──私が中南米の歌をうたう理由──」

『東洋文化』89号　東京大学東洋文化研究所：41－65頁
深尾葉子　2009「魂の脱植民地化とは何か――呪縛・憑依・蓋――」『東洋文化』89号　東京大学東洋文化研究所：9－40頁
別府春海　2010「魂の化石化・植民地化・再植民地化・二重植民地化・脱植民地化」『東洋文化』90号　東京大学東洋文化研究所（予定）
本條晴一郎　2009　「ハラスメントの理論」『東洋文化』89号　東京大学東洋文化研究：123－153頁
ポンティ、メルロ　1964『行動の構造』滝浦静雄、木田元訳、みすず書房
―――――　1982『知覚の現象学』中島盛夫訳、法政大学出版局
安冨歩・本條晴一郎　2007『ハラスメントは連鎖する――「しつけ」「教育」という呪縛――』光文社
鷲田清一　1988『顔の現象学――見られることの権利』講談社学術文庫
BOTEACH Shmuley 2009 *The Michael Jackson Tapes*,Vanguard Press,New York
HILL Tim 2009 *Michael Jackson : The Man in the Mirror*, 1958－2009, ParragonJACKSON Michael 1988 Moon Walk, Harmony books, New York
Lewis Jel D（Jones）2005 *Michael Jackson－The King of Pop－The Big Picture, The Music!The Man! The Legend! The Interviews! An Anthology*. Amber Books.
O'neal Tatum 1994 *A Paper Life*, Harper Collins books, New York

帝政ロシア時代におけるマトリョーシカの創造
―― ナショナリズムとジェンダーの身体 ――

福間　加容

はじめに

　マトリョーシカは、今、日本でもっとも人気のあるキャラクターの一つであろう。文房具や手提げ袋、お弁当箱やマットレスなど、ありとあらゆる小物にマトリョーシカの絵柄や形が使われている（写真1）。そもそもマトリョーシカは、ロシアの木製の入子細工の人形である。その胴部は蓋を開けるように上下二つに割れ、その中に同形のひとまわり小さい絵柄の違う人形が入っている。次々に人形を開けて中の人形を取り出すのが面白い所で、襁褓（むつき）にくるまれた小さな赤ん坊が最後に出てくる（写真2）。マトリョーシカという名前は、革命前の農村にもっとも多かった女性名「マトリョーナ」に由来し、その語源 "mater" はラテン語で母親を意味している。この名前のせいか、ふっくらした腹部や全体の丸い形のせいか、マトリョーシカは母性と豊穣のシンボルだとされ、ロシアそのものを象徴とするとも言われている ［Soloviona and Marder 1993:

写真1（左）　マトリョーシカをキャラクターにした様々な小物
写真2（右）　マトリョーシカ（写真1・2ともに筆者私物）

5］。「マトリョーシカは、人形ならびに忘れられた過去の名残である以上に、『母なるロシア』を象徴的に具体化するものとして今にいたっている」とジョアンナ・ハッブスも述べている［ハッブス　2000：10］。このように、マトリョーシカはロシアの伝統的な昔からある人形だというイメージが強い。しかし実は19世紀末、モスクワで創られたものであることはあまり知られていない[1]。

　興味深いのは、マトリョーシカは日本の玩具に起源があるという「定説」である。箱根細工の福禄寿が着想源となったと言われており、当時持ち込まれたとされる福禄寿の入れ子式のこけしが残っている（写真3）［沼田　2010：9］。遠藤三恵子氏は、布教のため来日していたウラジーミルという正教会の神父が、土産として持ち帰った箱根の入れ子式七福神が着想源になったと推測している［遠藤　2007：11-2］。とはいえ、日本の玩具が起源という説は、根強くはあるが証拠を欠き、不正確な事実を含んだ記述も見られ、その経緯も詳細も何も分かっていない。

　史実として明らかなのは、マトリョーシカが1890年代後半にモスクワ郊外の芸術家村アブラムツェボで活動したセルゲイ・マリューチン（Сергей Васильевич Малютин, 1859-1937）によりデザインされ、ろくろ師のズヴョズドツキン（Василий ПетровичЗвёздочкин）によって制作されたことである。モ

写真3　箱根細工の福禄寿　ロシア語で"fukuruma"と表記され、1932年の年記がある（美術教育玩具博物館、セルゲエフ・ポサード、ロシア同館のサイトより転写 http://www.museumot.com/index.php?option=com_phocagallery&view=category&id=7&Itemid=176）

スクワの北65キロに位置するアブラムツェボを、鉄道王のサッヴァ・マーモントフ（Савва Иванович Мамонтов, 1841-1918）が購入し、芸術家村を拓いたのは、1870年のことである。以来、アブラムツェボは19世紀末まで、ロシアにおける革新的美術アーツ＆クラフツ運動やモデルン（ロシアのアールヌーヴォー）の中心地であり、先導的な芸術家達が滞在し、多岐にわたる創作活動が活発に行われていた。最初のマトリョーシカは1898-9年頃にそこで制作された。翌1900年には、マトリョーシカはロシアの代表的な民衆芸術品としてパリで開催された万国博覧会に出品され、受賞した。

　あっという間にロシアの代表的民衆芸術の地位を世界的に獲得すると、マトリョーシカはソ連時代、各地で盛んに製造され、歴史が浅いにもかかわらず、産地独自のスタイルが生まれた［道上　2010：2-3］。マトリョーシカの産地には、セルゲエフ・ポサード、セミョーノフ、キーロフ、マイダン、ヨシカル・オラ、カリー、サンクト・ペテルブルグ、モルドヴァの周辺などがあり、とりわけ冷戦時代にあたる1950-70年代に、顔の描き方や服の紋様など、地方色が発展したという。ソ連崩壊後は、伝統的な絵柄だけではなく、たとえば歴代大統領のマトリョーシカ、ポケモンのマトリョーシカなど新しい意匠が見られるようになった。また個人の工房で作家が制作した「芸術作品」も数多く創られている。

　マトリョーシカは、創られたのが百年ほど前になのにもかかわらず、ロシアの伝統的民衆芸術品の代表、またはロシアの象徴と見なされている。ソ連崩壊後、それまで同じように代表的土産物として売られていた他の民衆芸術の木工品がデパートや店頭から消えてしまったのとは対照的に、マトリョーシカは時に変幻自在に姿を変え、今もなお、代表的土産物として命脈を保ち続けているのはなぜだろうか。本章では、19世紀後半から20世紀初頭の民衆芸術の発展史の中にマトリョーシカの誕生を位置づけることによって、この問題を考察したい。

1　マトリョーシカの形

　モスクワのレオンチェフスキー通りd.7には、通称マトリョーシカ博物館[2]

写真4　最初のマトリョーシカ（写真3に同じ）

がある。この博物館の歴史は古く、帝政時代は農民芸術博物館だった。そこには、アブラムツェヴォでデザインされた最初のマトリョーシカのコピーから始まり、様々なタイプのマトリョーシカが一堂に集められている。

　最初のマトリョーシカは八体からなり、人形はサイズが小さくなるにつれて年齢も低くなる（写真4）。手にする順に一体ずつ見てみよう。最初に触れる最大の人形は、緑色のシャツに、刺繍を施した明るい赤茶のスカートに白いエプロンをつけ、頭には、一面に刺繍のある「プラトーク」という、ハンカチのような紺色の一枚の布地を被り、左手を軽く前におろし、右手には黒い雄鶏を抱えている。プラトークの下から額にのぞく髪は明るい赤茶色で、白い顔に筆で目鼻が簡単に描かれ、唇は紅く、頬は薄い紅が刷かれている。

　以下、サイズが小さくなるにつれて表情がだんだんと幼くなる。二番目の人形は金髪で、刺繍のある黄色いプラトークに白いシャツ、刺繍のある緑のスカートに刺繍のあるエプロン、右手に籠を持っている。三番目の人形は、刺繍をした赤いプラトークに白いシャツ、紺のスカートに深緑のエプロンをつけ、右手に手鎌を持っている。四番目の人形は両手で皿を持っている。五番目の人形はただ一人の男の子で、プラトークは被らず、刺繍のある赤いルバーシュカを着て、右手には大きなフォークを持っている。六番目の人形は、緑色のプラトークに白いシャツ赤茶のスカートをつけ、両手で小さい子供の両手を持っており、子守りをしていると思われる。七番目の人形になると、かなり幼い様子で右手を口にくわえており、八番目の最小の人形は襁褓にくるまれた赤ん坊である。

　つまり、最初のマトリョーシカは農民の女の子が、男の子もまじえ、段々と大きくなっていく過程を表しているのである。

我々にもお馴染みの、金や銀のきらびやかな祝祭用の民族衣装をつけたタイプや、黒地に赤の伝統的な大きな花柄の衣装をまとったタイプは後に生まれたものである。これらのタイプは目がぱっちりと大きく可愛らしい顔で、手が描かれてないことも多い。

　描き方も様々で、顔や体を真正面からではなく斜めから捉えたものや首を大きく傾げて描いたタイプ。主題としては、一つ一つの人形が家族の構成員を表したもの、政権交代を表したもの、ニコライ二世の家族を描いたもの、ロシアの聖人をイコン風に描いたもの、有名な作家を描いたものまである。しかし大部分を占めているのは若い娘を模ったものであり、その中でももっともバリエーションに富んでいるのは、その腹部に教会建築、ロシアの名画、民話やおとぎ話、歴史的挿話、ニコライ二世の家族、聖人伝、料理や作物などの主題を描きこんだものである。

　最も新しいカテゴリーは、自らの工房で独自の作風で制作するアーティストたちの作品である。作風に趣向を凝らし独自性をうち出し、他の作家との差異化を図っている。このような現代マトリョーシカ作家の数は非常に多い。

　マトリョーシカの種類は無数に見え、百年以上にわたり増幅し続けている。また例外はあるものの、マトリョーシカは常に農民の若い女性であり、そのほとんどがロシアの歴史や民族、農民の文化風習など、もっぱら民族的な主題をその胴部に抱えている。そのロシア独自のデザインは、欧米人にはエキゾチックに、ロシア人には歴史を感じられるであろう。また、木馬などの他の伝統的木工玩具が大きくかさばり持ち歩きづらいのに対し、マトリョーシカは大きさが決まっていない。手の中で、ロシア娘がどんどん小さくなって最後にはかわいい、しかし無力な赤ん坊になることは、畏怖や緊張とは反対の安心感を与えるであろう。

　このようにマトリョーシカは絵柄や大きさが多様で可変的である一方、基本的形状は不変である。つまり凹凸がなく滑らかで丸く、入れ子であり、人形の中は空洞であることである。

2　民衆芸術（"Kustarnoe Iskusstvo"）と万国博覧会

　民衆芸術"Kustarnoe Iskusstvo"のKustarという語は18世紀初めにドイツから入ってきた、腕の良い職人を意味する"Kunstler"が語源で、「（家内制）手工業の芸術」という意味である。本章ではこの語を「手工芸」と訳すのではなく、「民衆芸術」と意訳したい。なぜなら、それは、帝政時代ではもっぱら農民や農奴たちが従事したものであり、ソ連時代には「人民の魂」の表れと言われたことからも、手工業という生産手段よりも社会的階層であるナロード、つまり農民あるいは民衆に、より結びつきが強いと思われるからである。民衆芸術には、マトリョーシカなどの玩具だけでなく、家具や室内装飾、食器やたらいなどの日用品、刺しゅうなどが含まれる。

　中世の時代、農民は日々の生活に必要な日用品を自らの手で作っていた。ピョートル大帝の時代になると、家内制手工業の工場でそれらの生産が行われるようになった。農民たちは工場で学んだ専門的技術を村に持ち帰り、工場となる小屋を建てた。その後、農奴制が確立すると、農民は自分の村で高い品質の商業的な家内工業製品を作るようになる。18世紀後半から19世紀前半、地主たちは農奴たちにレース編みやドレス、室内調度にいたるまでありとあらゆる日用品を作らせた。農作業ができない長い冬の間、農奴はそれらの製品を作り、ペテルブルグやモスクワに出荷して収入を得ていた。農奴の女性は地主のヨーロッパ趣味に合わせて、カシミヤのショールやフランス風レースを編み、ヨーロッパの製品の模倣に非常に長けていた。それらの製品は、モスクワやペテルブルグでフランス製と偽って売られていた。

　玩具についてみると、残っているもっとも古いものは1890年代、モスクワのクレムリンから出土した素朴な丸っこい小さな粘土製の玩具である。17世紀初頭のものとされ、人や鳥、熊などの動物が象られている。また、17世紀に布製の人形や小さな暖炉などの日用品の玩具もあったことも分かっている［Церетемцн 1933:26-27］。古くから木製玩具の生産地として知られるのは、モスクワの北東70キロにあるロシア正教最大の聖地、セルゲエフ・ポサードである。ロシアのツァーリの家族や大貴族たちは、セルゲエフ・ポサードにある至

聖三者聖セルギイ大修道院に祈禱しに行き、その際に木製玩具を購入していたことが記録から分かっている。1635年9月21日付記録によると、皇妃と大公女エウドキヤ・ルクは、モスクワからセルゲエフ・ポサードへ旅行し、そこで木馬を購入している。ピョートル大帝の妻エカテチェリーナⅠ世も、1721年10月26日付記録によると、おそらく同地で次の玩具を購入している。牛3匹、馬2匹、鹿2匹、羊4匹、つがいの白鳥を2対、雄鶏2羽、雛鳥3羽をつれた1羽のカモ、兵士が立っている町、そして旅行用のトランク［Церетемцн 1933：29-31］。しかし18世紀になると、上流階級の趣味がヨーロッパ一辺倒になったため、現在残っている当時の玩具はすべて外国製品である。1812年に大祖国戦争が起こるとそれがまた一転し、愛国意識が芽生え、民衆芸術にも影響した。

　民衆芸術をとりまく事情を一変させたのが、1864年に施行された農奴解放令だった。現金を必要とする消費社会が発展する中で、農民たちは現金を得るため外の市場に売りに出す製品を生産する必要が出てきた。しかし、すでに工場生産品の日用品を買う方が、自ら家で作るよりもずっと安くあがった。当然、農民による手工芸、民衆芸術は衰退の方向へ向かった。他方、冬がとりわけ長く地味が乏しく生活の厳しい北部と中部の農民たちには、家内制手工業で作る日用品を売って得る収入は、非常に重要だった。農奴解放令後、零落した農民や農村経済を救済するために、政府が着手したのが民衆芸術の復興だった。民衆芸術の復興は、農奴解放令後の農民政策の一環であり、農村共同体を基盤とする経済政策と非常に密接に関わっていた。

　他方、そのような公的な理由とは別の社会的要因も、民衆芸術の再発見に大きな役割を果たした。それは、資本家階級の台頭である。彼らは貴族に対立してリベラルな、「ナロード（民衆）」に立脚する趣味を打ち出した［Церетемцн 1933：29-37］。ロシア語の「ナロード」は、血縁的な集団というニュアンスを込めた国民、民族、民衆などを意味している。1870年代、ヴ・ナロード運動に若者たちを駆り立てたのは、長年、民衆を抑圧してきたことに対する特権階級の自責の念だった。また19世紀前半、スラヴ派が理想とした中世の「ミール（農村共同体）」は「ナロード」が形成するものだった。社会主義を唱えたゲルツェン（Александр Иванович Герцен, 1812-70）の言う「ナロード」も、民衆、

とりわけ農民を指した。この語は、スラブ派の一部や体制側にとって、先進の西欧諸国民に対するロシア独自の優越性を示していた。

このような背景をふまえると、有力な美術批評家ウラジーミル・スターソフが、1872年、論文「ロシアの民族的装飾」を著したことも理解できる。スターソフは、帝室美術アカデミーを中心とした芸術のあり方に反旗を翻し、リアリズムでロシア独自の主題を描いた画家たちのグループ「移動展派」を支えた中心的イデオローグである。この論文の中で彼は、ロシアのさまざまな紋様を多数収集し解説を加えている。その冒頭で彼は次のように述べている。

> ロシアの装飾の独自なフォルムと美しさは、非常に長い間、無視されてきたが、ついに世界の注目を浴びるに至った。現在、わが国だけでなく、多くの公共美術館や私的コレクションにおいて、装飾を収集した特別の部門が設けられており、そこでロシアの民族的装飾方式はもっとも重要な役割を果たしている。ヨーロッパでその優美で独自な特徴が評価され始め、愛好され始めている[3]。

スターソフも滞在したのが、マトリョーシカをデザインしたマリューチンが属していた芸術家村アブラムツェボである。そこでマーモントフは世紀末の代表的なロシアの画家たちを支援した。ディアギレフ（Сергей Павлович Дягилев, 1872-1929）が刊行したロシアで最初の総合芸術雑誌であり「バレエ・リュッス」の母体になった『芸術の世界』も彼が出資した。滞在先のイギリスでアーツ&クラフツ運動を知ったマーモントフはロシアにも同様な芸術運動を起こすべく、アブラムツェボを購入した。アブラムツェボは1843年からスラブ派のアクサーコフ家の領地で、ゴーゴリらも滞在した歴史的場所だった。ここで、ロシアの民話を主題にし、小屋や家具や刺繍などから採った民衆芸術のモチーフを用いて、V. ヴァスネツォフ（Виктор Михайлович Васнецов, 1848-1926）やヴルーベリ（Михаил Александрович Врубель, 1856-1910）ら代表的な画家たちが、教会やベンチや調度類、食器類等を、ロシアのアール・ヌーヴォーにあたるモデルン様式でデザインし制作を行った。ヨーロッパ諸国と違

い、モデルンは、民衆芸術と密接な関わりがあったことが特徴であろう。
　サッヴァの妻エリザヴェータ（Елизавета Григорьевна Мамонтова）は、直接的な民衆芸術の振興と教育により熱心に取り組んだ。彼女は、民衆の教育に献身し、1870年代に民衆のための病院と小学校を設立し、1876年にロシア最初の民衆芸術のワークショップを開いた。彼女を支えたのが、モデルンのスタイルで挿絵画家エレーナ・ポレーノワ（Елена Дмитриевна Поленова, 1850－1898）だった。彼女の兄はレーピン（Илья Ефимович Репин, 1844－1930）と並ぶ移動展派の代表的画家ワシーリー・ポレーノフ（Василий Дмитриевич Поленов, 1844－1927）である。ポレーノワは1885年にアブラムツェボのワークショップのリーダーとなり、女生徒たちにウラジーミル地方の村々で収集されたロシア刺繍のパターンに基づき、民衆芸術品を作成することを教えた。また男生徒たちはそこで家具製作を習った。1883年、一族のミハイル・マーモントフ（Михайл Мамонтов）がモスクワに7歳までの子供を対象とした「子供の教育」という玩具店を開いた1886年12月には、モスクワにアブラムツェボの民衆芸術品のアウトレットを扱う店ができた。
　アブラムツェボだけでなく、世紀末にかけて貴族や富裕な大商人たちが民衆芸術の技術を農民に教える学校を各地に開いたり、その制作販売に出資したりした。1885年、モスクワに創立された農村手工芸陳列館は、モスクワの大資本家モローゾフ（Иван Абрамович Мороовзов, 1871－1921）がイニシアティブをとった。芸術のパトロンとして同じく有名なマリア・テニシェワ公爵夫人（Мария Клавлиевна Тенишева, 1858－1928）は、モスクワから西へ400キロに位置する領地タラシキノで民衆芸術の復興と生産を行い、モスクワの農村手工芸陳列館に展示した［遠藤：2－3］。
　世紀末のロシアにおける民衆芸術の再発見と振興の理由はこのように、既存体制と社会変革を望む側とが農奴解放令後の社会の大変動に際し、「ナロード」の再発見にそれぞれ別の意図をもって自らの戦略を見出したことだったと思われる。
　他方、民衆芸術の復興は、農奴解放後の国内政策だけでなく、常にロシアの文化的先進国だったヨーロッパ諸国、世界に対しロシアの地位を高める対外政

策にも重要だったと思われる。1867年、パリ万博のロシア・セクションに民衆芸術品が出品されたが、その出展作を買い上げたのはエジンバラ美術館だった。同年4月には、汎スラブ会議がモスクワで開催されると同時に、民族学展覧会が開催された。1868年には、ロンドンのサウス・ケンジントン美術館を真似て、モスクワに民衆芸術美術館が開館した。1882年、モスクワで「全ロシア芸術と工業展」が開催され、民衆芸術のセクションが設けられている。そして、19世紀から20世紀初頭に催された万国博覧会のロシアのパビリオンは、まさに民衆芸術の装飾方式で設計されている。

マトリョーシカが万博で銅賞をとった1900年のパリ万博に先立って、1893年に催されたシカゴ万博に、多数の民衆芸術の人形が出品されていることは注目すべきである[4]。これらの作品は、「Women's Work の部」に出品されている。シカゴ万博は、メアリー・カサットが壁画を制作した女性館を設け、女性と子供の問題を初めて取り上げた万博であった。

以下に、出品された人形の種類を列記する。モスクワでアブラムツェボの製品を販売したミハイル・マーモントフの店「子供の教育から」は次の人形が出展された（カタログ番号（１）人形）。

・さまざまな地方の農民の衣装を着た人形
・貴族の妻、貴族の娘、聖職者、ツーラの農夫、赤ん坊を抱いた農婦、農婦と少年、冬服を着た農夫、夏服を着た農夫、乳母、農民の少年
・橇に乗った二人の農民
・ロシア式荷馬車に乗った二人の農民
・小ロシアの小屋
・ロシアの小屋
・ゆりかごの赤ちゃん
・ゲーム
・農民の家の中
・貴族の食事

また出品作の大半を農民の人形が占めていることは注目される。続いて、「モスクワ県ゼムストボ・モスクワ・民衆芸術美術館」からも、人形をはじ

め(5)とする民衆芸術の作品が出品されている（カタログ番号(6)人形）。
- リャザン、ヤロスラブリ、ボログダ、ヴェィコポリエ（ポーランド）、ニージニー・ノブゴロド、ボロネジ、モギレフ、ハリコフ、オロネツェク、カルーガ、キエフ、タンボフ、ウラジーミル、スモレンスクとモスクワの町人。モスクワ県とコストロマ県の農夫。リャザン県の農婦。ウラル出身のコサックの男女。小ロシア人。ベラルーシ人。リトビア人の男女。マズル（ポーランド）、タタール人、クリミアのカライムの女、バシキールの男女、ヤクートの男女。ペテルブルグ近郊、アルハンゲリスク、コストロマの服を着た人形、ポーランドの衣装を着た人形、ボルガの船曳、モスクワの荷馬車の御者
- 小ロシアの農民と雄牛の群れ
- 木を担ぐロシアの農民
- 農民のそり
- 馬鋤を持つ農婦
- 鋤を持つ農婦
- 鋤を持つ農夫
- 木材を運ぶ橇
- 鋤で耕す小ロシア人
- 田舎のトロイカ
- 田舎の動物の群れ
- 橇
- ロシアの馬車の装備
- 小ロシアの農民の小屋
- ロシアの農民の小屋
- ガーデンテーブル、椅子、ストール
- 籠二つ

これに、アブラムツェボのエリザヴェータ・マーモントワの作品が続く。それらはアブラムツェボで制作された椅子や棚、塩入れ等から成っていた。英語版のカタログには、彼女は中世の木彫を収集しており、8年前に農民の少年の

ためにアブラムツェボに学校を開き、それらの木彫を手本にした民農芸術を教えていると紹介されている[6]。農民の少年たちが制作した彼女の出品作は、木工の家具や調度であり、女性の作品の部の、他のロシアからの出品作の大部分が刺繍作品や服であることと対照的である。

　これらの民衆芸術の作品は、万博におけるロシアの自己表象の一つだったと考えられる。マトリョーシカは、こうした社会背景と社会運動のクライマックスで創造されたのである。

おわりに

　マトリョーシカは1898年までミハイル・マーモントフの「子供の教育」店で売られていたが、民衆芸術の衰退を受けて閉店されることになり、マトリョーシカを含む民衆芸術品はすべてロシア正教の聖地セルゲエフ・ポサードにあるモスクワのゼムストボのワークショップに引き継がれた[7]。ここで、マトリョーシカは多売される工場製品となる。民衆芸術のモチーフを使用した刺繍が農民の女性たちの手で制作されていたのとは対照的に、同じモチーフをまとうマトリョーシカは、男性のデザイナーにより創られ、男性の職人の手によって制作されていたことは興味深い。農民女性が刺繍などの民衆芸術を学ぶことは、倫理的に農民を陶冶すると考えられていた。シカゴ万博にも出品したＡ・Ｖ・リヴォワ大公夫人は、モスクワ県に刺繍学校を開き運営していたが、それは農民女性を鉄道建設という「彼女たちに道徳的悪影響を与えた」仕事から引き離そうとする意図があった[8]。マトリョーシカの制作過程には、この倫理的文脈が無いことは注目すべきである。

　デザイン的に、マトリョーシカは大きさや置き場所が非常に可変的である。そのモチーフは、農民の女性たちが継いできた刺繍や服に由来しているが、それを用いてデザインしたのは男性の芸術家であり、工場における生産過程において、刺繍等の中世以来の民衆芸術とは違い、女性の創り手はもはや主役ではない。

　また、着想源とされる福禄寿は老年の男性の神であるのに対し、マトリョーシカは家父長制度ではその対極にある若い女性の農民を象っている。そしてそ

の身体は空洞であるがゆえ「器」となり、民族のさまざまな歴史、民話、記憶だけでなく人気のアニメまで何でも容れることができる。

マトリョーシカは歴史的には、19世紀のロシアで賞揚された民衆芸術復興運動の果てに創りだされ、その白眉を飾るものであった。1917年の革命に至る、19世紀ロシアで起こったさまざまな社会変革思想や運動は、「ナロード（民衆）」にその基盤を見出そうとするものだった。他方、ツァーリ政府は、体制維持のため、そして対外的政策のため、民衆芸術を振興した。アブラムツェボの芸術家村で創られ、万博で銅賞を獲ったマトリョーシカは、対立する両勢力が図らずも民衆芸術において一致したことを示す象徴的民衆芸術品である。後にロシア正教の最大の聖地セルゲエフ・ポサードで生産されたことは、マトリョーシカにさらにあいまいな歴史性と神話性を付与した。

経済的な特徴は、最初から工場で生産されたことである。他の民衆芸術の玩具とは違い、マトリョーシカは農民たちが手作りした歴史がない。ソ連時代はセルゲエフ・ポサードだけでなく、先述したとおりロシアの複数の地方都市においてだけでなく、外国のモルダヴィアなどでも生産された。いまや日本やアメリカ合衆国でもキャラクター・グッズが生産されている。

ロシアのマトリョーシカが今日まで命脈を保ちえたのは、こうして創り出された「モノ」だからであろう。複雑で一見相反するイデオロギーや様々な視線や情報をその空洞の腹部に自在に抱え、民族性や女性性、あいまいな歴史性や神話性を幾えにもまとい、あるいは脱ぎ、自在にその「衣」を着けることができるのだ。

帝政末期の一連の民農芸術復興運動の果てに生み出されたマトリョーシカの身体には、デザイン的にも歴史的にもナショナリズムとジェンダーが交錯しているのである。

（1） Soloviona and Larissa Marina Marder, *"Russian Matoryoshka"*, M., Interbook, 1993, pp. 5-6.
（2） マトリョーシカ博物館の正式名称は、Torgovo-Promjshlennyi Muzei Kustarnykh izdelenii.
（3） В.В.Стасов. Русский народный орнаменть (шитье, ткани, кружева) // *Собрание*

сочинений *В.В.Стасова 1847－1886*. том.1. СПб. 1894. С.186-214.

（4） 620. Мамонтов, М.А. Базарь «Детское Воспитание» 1）Куклы....// *Указатель русскаго отдела. Издание выстайше учрежденной Коммисии по участию России во всемирной выставке 1893 года въ Чикаго*. СПб. 1893. С.298－9. 英語のパンフレットは記述が微妙に違い、「『子供の玩具』店は、ミハイル・マーモントフの妻が創立した」と記されている。

（5） 621. Московское губернское земство. Музей кустарных изделий 6）Куклы....// *Указатель*. 1893. С.299－300.

（6） 1893 Chicago World Columbia Exposition：A Collection of Digitized Books （http：//illinoisharvest.grainger.uiuc.edu/results.asp?word＝&newsearch＝1&searchtype＝collectioncontent&collID＝70933&collname＝1893％20 Chicago％20 World％20 Columbia％20 Exposition：％20 A％20 Collection％20of％20 Digitized％20 Books）

（7） Soloviona and Marder, Ibid, p.9.

（8） И.А.Крюаова. Народное искусство и земские организации// Русская Художественная культура конца XIX－начала XX века （1908－1917），М.：Наука, 1980.С.447.

[参考文献]

ジョアンナ・ハッブス『マザー・ロシア』坂内徳明訳　青土社　2000年
遠藤三恵子『ロシアの農民美術――テニシェワ夫人と山本鼎』東洋書店　2007年
道上克『マトリョーシカ・ノート』（非売品）　2010年
沼田元氣『マトリョーシカ大図鑑』　二見書房　2010年
若桑みどり『象徴としての女性像――ジェンダー史から見た家父長制社会における女性表象』筑摩書房　2000年

Alison Hilton, *Russian Folk Art*, IndianaUniversity Press, 1995

В.В.Стасов. Русский народный орнаменть (шитье, ткани, кружева) // *Собрание сочинений В.В.Стасова 1847－1886*. том.1. СПб. 1894..

Soloviona and Larissa Marina Marder, *"Russian Matoryoshka"*, M.,Interbook, 1993

И.А.Крюаова. Народное искусство и земскиеорганизации // *Русская Ходожественнаякультура конца XIX－началаXX века (1908－1917)*, М.：Наука, 1980.

Г.Н.Бочаров, Московский Кустарний Музей и Деятельность Н.Д.Бартман // *Русская Ходожественная культура 1980*

Указатель русскаго отдела. Издание выстайшеучрежденной Коммисии по участию Росси и во всемирной выставке 1893 года въЧикаго. СПб. 1893.

Н.Церетеллин. Русская Крестьянская игрушка. Академия.1933.

http：//libsysdigi.library.illinois.edu/oca/Books 2007－07/catalogueofrussi 00 worl/catalogueofrussi 00 worl.pdf

異性装と身体意識──女装と女体化の間(あわい)──

三橋　順子

はじめに

　あなたが男性だとして、もし1週間後に女にならなければならない状況になったら、どうするだろうか？　あなたが女性だとして、もし来週から男にならなければならないことになったら、まず何をするだろうか。ちょっとイメージしていただきたい。

　ややこしいので、前者のケースで話を進めよう。男性が「女になる」と考えた時、何をするか、おそらく2つのパターンがあると思う。

　1つは女物の衣料や化粧品、さらにはウィッグ（鬘）を買いこんで、それを身に着ける方法を学習する人。1週間あれば、ファッションセンスはともかく、女性の衣服の着方くらいは覚えられる。化粧も1週間も特訓すれば、まあなんとか様になるだろう。でも女性の仕草をしっかり身につけるまでは難しいかもしれない。それに何より身体が男性のままだ。

　もう1つは、形成外科病院に飛び込んで手術で体を女性にしようとする人。でも、どこから手術する？　やはり股間（性器）からだろうか。これで、少なくとも性器の形は女性に似せることができる。でも1週間ではまだ病院のベッドの上だ。女物の衣服の着方もわからない、化粧もできない。だから股間以外の外観はまだ男性のままだ。

　1週間で、というのは極端な話で、どちらの方法を取るにしても、現実にはもっともっと時間がかかる。私が問いかけたいのは、男性が女になる、女性が男になる、つまり、性別を移行するとき、まず、装い（外観）を変えることを考えるか、身体（性器）を変えることを考えるか、ということだ。とりあえず、前者を「女装（男装）派」、後者を「女体（男体）化派」と呼ぶことにしよう。

本章では、その設問をベースに、性別移行の方法、具体的には、MtF（Male to Female　男から女へ）を中心に異性装と身体の異性化加工の問題、つまり、女装と女性化の間の領域に焦点をあてて、トランスジェンダー（性別越境者・性別移行者）の装いと身体の意識について考えてみたい。

1　性別越境と異性装──身体加工の歴史──

　異性の服装を身にまとうことによって性別を越境することは、きわめて古くから行われてきた。古代エジプトのファラオ、ハトシェプスト女王（在位：BC1479～1458年頃）は男装していたし、古代ローマ帝国の皇帝の何人かは神としての完全性を具現していることを示すために女装した。日本でも弥生時代末期の遺跡から女装のシャーマンと考えられる人骨が発見されているし［国分1976］、邪馬台国の女王卑弥呼が男装していた可能性も高い［武田　1998］。
　筆者は、性別を越えて生きようとする人たちが、世界のどの民族、どの時代にも、一定の比率で存在する（どの程度、顕在化するかは文化によって異なる）と考えているが、そうだとすれば、人類の衣服に男女差が現れた時から、異性装者は存在したことになる［三橋　2008］。
　そうした異性装文化の普遍性に対して、性別越境のための身体加工は極めて新しい文化である。性にかかわる身体加工というと、去勢（男性器除去）を思い浮かべる人が多いと思うが、よく知られている中国の宮廷宦官にしても、あるいは古代オリエントやビザンチン、オスマン・トルコなどの宦官にしても、身体加工（去勢）は行うが、ほとんどの場合、異性装（女装）はせず、ジェンダーは基本的に男性のままだった。こうした形は、17～18世紀のヨーロッパで流行したカストラート（高音域を維持するために第二次性徴期以前に去勢した男性歌手）も同様で、ジェンダーは男性だった［弓削　2008］。つまり、去勢は男性としての生理・生殖機能の喪失（非男性化）を目的にしたもので、女性への性別越境を目的にしたものではなかった。
　非男性化＝女性化と考えるのは、男でなければ女であるという近代的な性別二元論が生み出した誤った認識である。去勢によって男性的な身体特性が失われ、相対的に女性の身体特性に近づくことはあっても、それは女性になること

を意味しない。生殖機能的に男性でなくなるだけなのだ。

　インドのヒジュラは、身体加工（去勢）とともに異性装（女装）も行う。しかし女性になるわけではなく、ヒジュラの性別はヒジュラであり、ジェンダー的には女性に近いサード・ジェンダーである。しかし、このように身体加工（去勢）と性別越境が伴う例は世界的に見ても多くなく、伝統社会ではほとんどヒジュラだけかもしれない。

　一方、中国には、去勢による宦官の「製造」が盛んに行われていた清代に、身体加工（去勢）は行わず異性装（女装）を徹底することで、ジェンダーを女性に転換する相公（Xiang-gong）と呼ばれる人たちがいた。去勢の技術が高度に発達している社会であっても、女性へのジェンダー転換に去勢が利用されることはなかったのだ。つまり、ジェンダー転換（性別越境）に身体加工が伴わないことが多いのに対して、ジェンダー転換と異性装は、ほとんどの場合、連関するのである。

　さて、明確に性別越境を目的とした身体加工、つまり、男性から女性への性転換手術は、近代医学が確立した20世紀になってようやく現実化する。

　世界最初の性転換手術は、ドイツで1930～31年にかけて、デンマーク人画家アイナー・ヴェゲネル（女性名：リリ・エルベ　1886－1931）に対して行われたとされている。しかし、この手術は、他人の卵巣を体内に移植するなど、現在の医学水準からするとかなり無謀なことが行われ、そのためか被術者は手術後ほどなく死亡している。性転換手術としては失敗だったと思われる。また、この手術は秘密裏に行われ、戦前にはほとんど知られることがなかった。

　性転換手術のニュースが世界を駆け巡ったのは第二次世界大戦が終わって7年後のことだった。1952年2月、アメリカの元兵士ジョージ・ジョルゲンセン2世は、デンマークで秘密裏に女性への性転換手術を受けた（女性名：クリスチーヌ　1826－1989）。ところが、アメリカに帰国する直前の12月1日になってそのことが新聞に報じられ、集中報道の渦中の人となってしまった。こうしてジョルゲンセンは、「世界最初」の性転換女性として、人々に記憶されることになった。

　その後、フランス人医師ジョルジュ・ブロー（1911－83）がモロッコのカサ

ブランカを拠点に、男性から女性への性転換手術に腕を振るうようになる。ブローは1956年から1970年代にかけて約1000人に及ぶ「人工女性」を世界各地に送り出した。その中には、60年代に最も美しい人工女性と言われたフランスのショーダンサー、コクシネール（1931－2006）や、1953年のエベレスト登山隊に特派員として同行し初登頂の第一報を世界に伝えたことで知られるイギリス人ジャーナリスト、ジェームス・モリス（女性名：ジャン　1926－）などの著名人も含まれていた。また、ブローの病院には性転換手術希望者だけでなく、その技術を学びたい形成外科医も世界各地から集まったので、男性から女性への性転換手術技法は1960～70年代には世界中に広まっていった［三橋　2006 a］。

2　日本における「性転換手術」の歴史

　1952年（昭和27）の暮れから翌53年にかけて、日本でも外電を紹介する形で、ジョルゲンセンの性転換手術が報道され大きな話題になった。その後、日本のマスコミは同様の事例が国内にないかを探しはじめる。そして、1953年（昭和28）9月になって、日本でも性転換手術が行われていたことを『日本観光新聞』が突き止めてスクープした。

　日本初の性転換手術を受けたのは、東京の聖路加病院の雑役夫だった永井明（女性名：明子　1924－？）という人で、1951年（昭和26）4月に日本医科大学付属病院で石川正臣教授の執刀により陰茎の除去と造膣手術を受け、戸籍も女性に変更していた［三橋　2006 a］。こうして、クリスチーヌ・ジョルゲンセンや永井明子についての報道によって、日本人も男性から女性への性転換手術が現実のものになったことを知ることになった。

　つまり、男性から女性への性転換手術は、第二次世界大戦後の形成外科医療の進歩と女性ホルモン剤の精製・製品化により、20世紀も半ばを過ぎてようやく現実のものになる。したがって、それ以前においては、性別越境＝身体加工（女体化）という発想は空想小説としてはあり得ても、現実のものではなかった。

　さらに言えば、性転換手術が現実化する以前の時代において、はたしてどれ

だけの人が身体加工による異性化をイメージできただろうか。イメージがなければ、そうした願望をもつこともほとんど有りえなかったのではないだろうか。20世紀前半までの長い時代、性別越境者にとって身体を異性化するという意識はきわめて希薄であり、異性装＝女装と身体加工＝女体化とを対置する考え方は存在し得ず、性別越境の方法は異性装しかなく、「女装派」が圧倒的に優勢だった。

　1950年代前半に性転換手術が現実化した以後も、日本では急速には普及しなかった。これは、1969年（昭和44）2月に3人の女装男娼に対して去勢手術を行った医師が「故なく生殖を不能にする」手術を禁じた優生保護法（現：母体保護法）28条に違反したとして有罪となった「ブルーボーイ事件」の影響が大きい。この判決によって、性転換手術は非合法であるとの社会認識が強まり（これは厳密に言えば誤解）、国内での手術がアンダーグラウンド化してしまった。性転換手術を受けた人の数は、おそらく、1950〜70年代には年間数人レベル、80〜90年代前半になっても年間10人前後だったのではないだろうか［三橋2006b］。

　ところが、1990年代後半になると状況が一変する。1996年（平成8）7月、埼玉医科大学倫理委員会が、性同一性障害（Gender Identity Disorder＝GID）患者への性転換手術を「正当な医療行為」として承認し、翌1997年（平成9）5月には、日本精神神経学会が性同一性障害の診断と治療に関するガイドラインを策定する。このガイドラインに則って、1998年（平成10）10月に埼玉医科大学が「正当な医療行為」としては初のFtM（Female to Male　女から男へ）の性転換手術を実施し、さらに、1999年（平成11）6月にはMtFの性転換手術も実施した。

　これらはニュースとして新聞・テレビなどのメディアで大きく取り上げられ、人々の性転換手術（その後、性別適合手術と改称）への認識は飛躍的に高まった。性転換手術の再公認と性同一性障害概念の普及にともない、1990年代末以降2000年代にかけて、日本国内のGID患者は激増する（0→10,000人以上）。性別越境を望む人たちの間に身体を異性化することが具体的な段取り（スケジュール）をもって強く意識されるようになる。国内外で性別適合手術を受け

る人も急増し、その数は2000年代に入ると年間100人を越えたと思われる。その後、2003年7月に「性同一性障害者の性別取扱い特例法」が成立し（2004年7月実施）、戸籍の性別（続柄）変更が容易になったこともあってさらに増加する。2010年の1年間に戸籍の性別変更を許可された人が527人であったことを考えると（戸籍の性別変更には性別適合手術を受けていることが事実上必須の要件の一つとされている）、現在ではMtF、FtM合わせて年間500人以上が性別適合手術を受けていると推定される。

このように、20世紀後半以降の医療技術の向上によって、性別越境と身体加工は初めてリンクし、形成手術による身体の異性化（女体化・男体化）が現実的なものとして意識され、それを求める人たちが増加していった。さらに日本では20世紀末に性別越境者の「医療的囲い込み」が急速に進み、性同一性障害の「治療」の最終ステージに性器の外形の異性化形成手術（性別適合手術）が位置付けられた。そして、それが戸籍の性別変更の要件とされたことにより、性別越境＝身体加工（女体化・男体化）という発想をとる「女体（男体）化派」が主流化していった。

しかし、「女体化（男体化）派」の主流化という現象は、少なくとも2000年に近い日本の長い性別越境者の歴史の中で、ごく最近、20世紀末を挟むわずか15年間に急速に進行した現象である。身体加工（女体化・男体化）に依らず、伝統的な異性装（女装・男装）によって性別越境をしようとする「女装派」の人々もまだかなり残っている。いや、最近の若者の間では、「女装派」が復活してきている［三橋　2009、共同通信　2010］。2010年段階の情勢は、医学と法律の権威を背景にした「女体化派」の攻勢が鈍り、「女装派」が戦線をかなり押し戻しつつあるという感じだと思う。

3　性別越境のカテゴリーと身体加工の実際——身体意識の相違——

日本の性別越境者の世界は、歴史的にも多様性に富んでおり、カテゴリーによって身体加工の浸透度はかなり異なる。ここでは、性別越境者のカテゴリーごとに身体加工の浸透度を見ることによって、身体意識の相違について考えてみたい。

私は、20世紀末の日本のMtFトランスジェンダーの世界を、ゲイ・コミュニティ（男性同性愛者の世界）とは、ほぼ完全に分離した形で、以下の4つのサブカテゴリーが並立した形でとらえている［三橋　2006ｃ］。

A　ニューハーフ世界
　職業的（プロフェッショナル）なMtFの世界。女装した男性、性転換した元男性であることを職業的特性（セールスポイント）のひとつとしている人たち。主な職種は、ホステス、ダンサー、セックスワーカーなど。
B　オープンな女装者コミュニティ
　東京・大阪などの盛り場に存在する女装系の酒場（スナック、バー）を拠点に成立しているオープンな女装者と女装者を愛好する非女装の男性（女装者愛好男性）のコミュニティ。外部から男性が出入りするので、「女」としての社会性が求められる。また、酒場という場の性格上、女装者がしばしば「ホステス擬態」をするなど、ややセミプロ的性格をもつ。
C　クローズドな女装者コミュニティ
　東京・横浜・大阪などに存在する女装サロンを中心とするクローズドなアマチュア女装者だけのコミュニティ。外部の男性が出入りすることは禁じられているので、「女」としての社会性はあまり求められない。
D　性同一性障害（MtFのGID）グループ
　性別越境願望を「病（精神疾患）」ととらえ、医師の指導と医学的サポート（「治療」）によって性別を移行しようとする人たち。性同一性障害をアイデンティティとしている人たち（性同一性障害者）。

　このうち、ABCは、1980年代末には分化がほぼ完了していた旧いトランスジェンダー・カテゴリーで、Dは1990年代末に出現した新しいカテゴリーである。ちなみに性同一性障害の診断を受けている人はABCのどのカテゴリーにもいる。2000年代には、DのGIDグループが急激に膨張し、同時にABCからDへの流入という形でカテゴリー間の流動性が増した結果、ABCの比重が相対的に低下した。

表1　性別越境のカテゴリーと身体加工部位

身体部位	A ニューハーフ	B 女装（Open）	C 女装（Closed）	D 性同一性障害
髪 （伸ばす）	○ 自毛が多数	△〜○ 自毛が1／2程	×〜△ ウィッグが主流	◎ 自毛
顔 （整形手術）	△〜◎ 優先順位①	×〜△ 少数	× ほとんど稀	△〜◎ 優先順位③
髭 （永久脱毛）	△〜◎ 永久脱毛が主流	△〜○ 永久脱毛が増加	×〜△ 剃る・抜く	◎ 永久脱毛が必須
体毛 （永久脱毛）	×〜○ 処理法は様々	×〜△ 剃る・抜く	×〜△ そのままの人も	△〜◎ 希望多い
喉仏 （平滑化手術）	×〜△ 少数	× しない	× しない	△〜◎ 優先順位②
声 （声帯手術）	× ボイ・トレ	× ボイ・トレ	× 男声のまま	×〜○ 手術増加
女性ホルモン （継続投与）	△〜◎ 多数	×〜○ 1／2程	×〜△ 少数	◎ 必須
乳房 （豊胸手術）	△〜◎ 優先順位②	× ほとんど稀	× しない	×〜○ 優先順位低い
睾丸 （除去手術）	△〜◎ 2／3程？	× ほとんど稀	× しない	△〜◎ 優先順位①
外性器 （造膣手術）	△〜○ 1／3程？	× ほとんど稀	× しない	△〜◎ 優先順位①
女性服飾	◎ フルタイム多	◎ パートタイム多	◎ パートタイム	×〜◎ 多様
化粧	 セルフメイク	 セルフメイク	 してもらう多	 多様

　後で述べるように、2000年代に入って、いろいろ新しい流れが生じつつあるものの、日本のMtFトランスジェンダー世界を4つのサブカテゴリーの並立状態で把握することは、まだ有効性をもっていると思う。以下それぞれのカテゴリーにおける身体加工の状況を、身体部位ごとにまとめてみた（表1）。

統計調査ではなく、私の20年間の観察に基づくものであり、またそれぞれのカテゴリーの中でも個人によってばらつき大きいのだが、おおよその傾向はつかめると思う。

旧カテゴリーであるA、B、Cを比較すると、Aのニューハーフが身体加工の度合いが最も高く、Cの女装（Closed）が最も低い。Bの女装（Open）は、A、Bの中間の身体加工度を示している。

Aのニューハーフはプロフェッショナルな集団であり、自らの商業的価値を増すための身体加工は、商業的な利益につながる投資という側面があるので積極的である。また、フルタイムで女性として社会生活をしている人の割合も高いので、身体の女性化を進めても生活面での支障は比較的少ない。逆にCの女装（Closed）は、パートタイムの女装者の集団であり、社会生活のほとんどの場では男性なので、男性としての社会生活に支障をきたすような身体加工には消極的にならざるを得ない。結果的に、Cは、異性装のみで身体加工を行わない伝統的な性別越境のスタイル（女装派）を最も忠実に継承していると言える。

Bの女装（Open）は、基本的にはアマチュアで、社会生活としてはパートタイムの女装者であるが、毎週末のように店に通い、「ホステス擬態」をするような女装者になると、意識の面ではかなり女性度が高くなる。そのため、髪を伸ばしたり、髭を永久脱毛したり、女性ホルモン投与をしたりする人の比率は、Cの女装（Closed）よりもかなり高い。また、Cが外部の人（男性）が入ってこない社会性に乏しい閉鎖的な環境（女装クラブ）で自己満足的に女装しているのに対し、Bは酒場という外部からの人の出入りがある社会性の高い環境で女装しているので、男性客から一定レベルの「女度」を求められる。そうした社会的要求の差異が、BとCの身体加工度の差に影響していると思われる。

新カテゴリーであるDのGID（MtF）グループは、全体的な身体加工度では、旧カテゴリーのAのニューハーフに近いが、子細に見ると、かなり様相が異なる。例えば、外科的手術を伴う身体加工の優先順位は、ニューハーフの場合、顔→乳房→股間の順で行う傾向が観られる。つまり、上から下へ、であ

る。それに対し、GID（MtF）の場合は股間→喉仏→顔の順で行う傾向が観られる。下から上へ、である。また、乳房の豊胸手術は、ニューハーフでは重要度はかなり高く実施率も高いが、GID（MtF）では必ずしも比重は高くない。

　顔の整形手術は、ニューハーフでは優先順位第一で、商業的魅力を増すことを目的に、女性的な美貌を求める人が多い。したがって、下顎のラインの女性化（エラを削る）や額の形の女性化（男性の顔面の特色である眉毛上隆起を削る）などの顔面の女性化手術（Facial Feminized Surgery＝FFS）とともに、目や鼻の美容整形を行う人が多い。それに対して、GID（MtF）では優先順位は必ずしも高くなく、行う場合、美容的要素よりも、男性的な特色を削ることに意識が向いているように思う。

　一方、GID（MtF）では希望者・実施者が多い喉仏の平滑化手術や声帯の手術は、ニューハーフではあまり行われない。現在、行われている声帯の手術は、声帯の長さを短くすることで低音域を出なくする手術で、高音域が広がるわけではない。結果、平均的な音声は高くなっても、音域は狭くなり、声の抑揚に乏しくなったり、かすれがひどくなったりする。そのため、歌唱に悪影響が出るので、職業上、カラオケなどで歌う必要のあるニューハーフ・ホステスは、まず行わない。ニューハーフや女装者は、ボイス・トレーニングによって、声を女声域に近づける努力をすることの方が多い。その場合、男声のテノールと女声のアルトが重なる音域を使うように訓練する。

　次に、睾丸除去・造膣手術に注目すると、ニューハーフでは必ずしも必須ではなく、睾丸除去をしている人は多く見て２／３ほど、造膣手術は１／３ほどと推測される。なぜなら、ホステスやダンサーでは、性器を客に見せるわけではないので、商業上必ずしも必要な手術でなく、むしろ浸襲（生体を傷つけること）的な手術を行うことで職業的な体力に悪影響が出る場合があるからだ。また、セックスワーカーの場合、造膣手術はニューハーフとしての商業特性（乳房があってペニスがある）を損うことにつながるからである。

　一方、GID（MtF）では、睾丸除去・造膣手術は「治療」の最終ステージとして位置付けられているので性別越境の到達点として意識され、また戸籍の性別変更の必須要件であるので手術を希求する人の割合が非常に高い。睾丸除

去・造膣手術への突出した強い希求の背景には、GIDという「病」の根源である「性器違和（嫌悪）」が見てとれるが、同時に、医療や法律（「性同一性障害者の性別の取扱いの特例に関する法律」）が睾丸除去・造膣手術へ当事者を誘導している側面も多分にある［三橋　2006 d］。

こうした身体加工度、身体意識の相違は、女装した男性、あるいは女性に性転換した元男性であることをセールスポイントにしているニューハーフが商業的な価値の増大を常に念頭に置いて身体加工をしているのに対し、GID（MtF）は元男性であることを徹底的に隠し、戸籍上も女性になり、マジョリティの女性として「埋没」することを最大の目的にして身体加工をするからである。言い換えると、ニューハーフの身体加工は身体的女性性の獲得と美的強調に主眼があるのに対して、性同一性障害者の身体加工は身体的男性性の除去が強く意識されている。

次に身体加工から離れて、異性装の構成要素である女性服飾・化粧などの女性ジェンダー表現に目を転じてみよう。

ニューハーフや女装の世界では「女になれば誰でも5歳は若くなる」という言葉がある。誰でもちゃんと化粧して女装ファッションを身につければ、男性の時の見かけ年齢よりも、少なくとも5歳は若く見えるいうことだ。実際、5〜12歳も年齢のサバを読み、それなりに通用している人は少なくない。それに対して、GIDの世界には「FtMは実年齢より若く見えるが、MtFは実年齢より上に（老けて）見られる」という認識があるらしい。

これはずいぶん不思議な話だ。一般女性に置き換えてみればよくわかる。化粧したら老けてしまうのでは、何のための化粧か？ということになる。実年齢より若く、素顔より美しく見られたいからこそ、高い化粧品を買い、それなりの時間と手間を費やして化粧するのだから。

このようにまったく対照的な認識が生じた最大の原因は、化粧への意識の差、テクニックの巧拙にあると思う。ニューハーフにはプロのメイキャッパー並みの知識やテクニックを持っている人も少なくないし、女装者（Open）も女装行為を「化粧道」と称する人がいるように化粧へのこだわりが強い。それに対して、GID（MtF）は一般的に化粧への意識が薄く、良くて標準的な女性のレ

ベル、多くはそれ以下の技術しかもたない人が多い。まったく化粧しない（できない）人もかなりいる。

　ファッションも、ニューハーフや女装者が華やかで自己主張の強い物を好むのに対し、目立つことを嫌うGID（MtF）は自己主張の弱い、平凡で地味なものを好む傾向がある。

　こうした相違は、ニューハーフや女装者が「女をする」ことを、化粧やファッションをアイテムとした女性としての自己表現ととらえ、他者の視線（見られるということ）が常に意識されているのに対し、GID（MtF）は、自分は女性であるという自己認識（性自認）が基本であり、化粧やファッションを使って女性を表現する必要性をあまり感じていないためと思われる。むしろ、美しく目立つ容姿を獲得することは、人目を集めてしまうという点で、「埋没」して女性として生きていく上で不利になると考える人もいる。

　異性装（女装）と身体加工（女体化）をめぐる意識についてまとめておこう。ニューハーフ世界や女装者のコミュニティでは、女性服飾を身にまとうことと化粧をすることは、ほとんど必須である。女性ジェンダー表現の獲得（女装）は性別越境の大前提であって、その延長上に身体加工（女体化）が位置づけられる。つまり、女装をともなわない女体化はありえない。

　それに対して、GID（MtF）では、ほぼ完璧な女性ジェンダー表現を獲得し女性として社会生活を問題なく送っている人がいる一方で、身体の女性化を強く望みながら、女性服飾や化粧などの女性ジェンダー表現の獲得が不十分か、あるいはほとんどできず、女性としての社会生活が困難な人が観られるなど、バラつきが非常に大きい。

　このように、ニューハーフや女装コミュニティの人たちなどの旧カテゴリーと、新カテゴリーのGIDとの間には、性別越境に関する身体意識にかなり大きな差異がある。前者では程度の差はあれ異性装（女装）を前提にした身体加工（女体化）であるのに対して、後者では身体加工（女体化）が女性ジェンダーへの転換の前提にとされ、異性装（女装）による女性ジェンダー表現の獲得は相対的に後景に退き、場合によっては、強く忌避される。

4 2000年代後半の新潮流

 2000年代に入り、日本社会におけるGID概念の流布が急速に進み、治療体制がそれなりに整った頃、それまで想定されていなかったタイプの人が目につくようになってきた。

 それは、長期にわたって女性ホルモン投与を続け、乳房など標準的な女性と同じように大きくなっているにもかかわらず、女性服飾の知識や化粧の技術を習得する意欲に乏しく、女性ジェンダー表現の獲得が不十分、さらにはまったく獲得できないという人たちだ。つまり、医療による身体的な性別移行が、社会的な性別移行に極端に先行してしまっているケースである。

 以前には考えられなかったことだが、最近では女性ホルモン投与や睾丸除去・造膣手術が、女性服飾や化粧の実践よりも先に為されるケースはかなり増えている。稀な例であるが、すでに睾丸・陰茎の除去や造膣手術までしていながら、ジェンダーを女性に転換する技術に乏しいため、男性のまま社会生活をしているMtFのGIDすら出現している。

 こうしたアンバランスな人たちが現れた理由としては、主に2つのことが考えられる。

 第一は、「店」から「病院」へというルートの変化である。1990年代までは、女性になりたいと願う人のほとんどは、ニューハーフ世界か女装者コミュニティ（前節のA・B・C）のどちらかを経由していた。そうした「店」では、スタッフとして働くにしろ、客として遊ぶにしろ、化粧や女性的な服装などの女性ジェンダーの習得が必須のものとして求められ、否が応でもある程度のレベルの女性ジェンダーが習得され、それなりに女性としての外貌が形作られる。しかし、性同一性障害概念の流布によって、女性になりたいと願う人は「店」を経ずに「病院」に直行するようになった。「病院」はカウンセリングなど「治療」の場であって、女性服飾の知識や化粧の技術は教えてくれない。通院するMtFのGIDの中には、そうしたテクニックを独学・独習で身につける人がいる一方で、女性ジェンダー習得の場や機会を持たない人が現れてくる。

 第二は、MtFのGIDの中に、女装を強烈なスティグマ（汚点）と考えてい

る人がいることである［鶴田　2009］。自分が女装者やニューハーフと誤認されることは絶対に回避しなければならず、女装行為や女装者の存在は徹底的に忌避される［三橋　2010］。そのためには、まず女性の身体になることが大事で、その上で女性服飾を身につければ、女装にならず、女装者という「変態」にならなくて済むという論理が生まれてくる。したがって、SRS（Sex Reassignment Surgery＝性別適合手術）や戸籍の性別変更の前に、化粧や女性服飾を身にまとうことはタブーになる。

　こうした考え方は、女性の服飾を身につけても、十分な女性的外貌が得られず、女装者やニューハーフと誤認される可能性があるならば、男性の服飾のまま社会生活を送った方がましという考え方につながっていく。

　ところで、ドイツやスウェーデンなどの性別移行システムの先進国では、SRS、あるいは法身分上の性別変更の前に一定期間（1〜2年）の Real Life Experience（RLE＝望みの性別での社会生活経験）を法律で義務付けている。つまり、性別を移行する前に、望みの性別で社会生活を送れるかどうかの試行期間である。MtFの場合、望みの性別で生活するためには、女性服飾の知識や化粧の技術の習得はほとんど必須になるので、RLE を終えて SRS や ID カードの性別書き換えを求める MtF が、女性服飾の知識や化粧の技術を習得していないという事態は考えられない。

　ところが、日本の性別変更法は、極端な身体主義、正確に言えば性器外形主義で、RLE を義務付けるどころかまったく言及すらしていない。したがって、MtF の場合（他の要件を満たしていれば）、性器の外観が凸でないなら、女性に性別変更できる（性器の外観が凹であること、つまり造膣の必要もない）。だから、女性服飾の知識や化粧の技術をもたず、女性としての社会経験が皆無でも、戸籍の性別を女性に変更することは可能ということになる。こうした法律のあり方が、女性服飾の知識や化粧の技術の習得を軽視し、性器外形の女性化だけをことさら重視する MtF を生みだす原因になっている。

　また、最近では、女性化目的ではなく身体の男性的要素の発現を嫌って、女性ホルモンを継続的に服用する若い男性が出現している。また睾丸・陰茎除去を強く望みながら造膣手術や女性へのジェンダー転換を最初からまったく望ま

ない男性も医療現場に現れていると聞く。つまり男性性器への強い違和感さえ解消されれば、ジェンダーの転換はまったく不必要というタイプだ。こうした性別移行（女性化）ではなく、非男性化を目的として身体加工をする人は、今後、ますます増加していくと思われる。

　こうしたケースを、性別越境（トランスジェンダー）という概念に含めるべきか、躊躇せざるを得ない。彼らの目的が社会的性別を男性から女性に越境することになく、身体の非男性化にあるからだ。非男性化を目的とした身体加工として思い出されるのは、前近代の宦官である。「現代の宦官」とも言うべき身体加工者が、今後、社会の中で、どう性別認識されていくのか、興味深い。

　これまで述べたように女性ジェンダーの習得を放棄しているのではなく、その習得を望みながらもそれが困難という人も目立つようになってきた。たとえば、近年、着実に増えている中高年MtFのGIDである。中高年のMtFの場合、それまでの長い人生で身に染みてしまった男性ジェンダーを放棄するという点でも、女性ジェンダーを新たに習得するという点でも、若年のMtFよりいっそう困難は大きくなる。

　早い話、若い女性向けのメイクアップ教本は山のようにあるが、40～60歳代、さらには70歳代で初めて化粧をする人のための教本など世の中に存在しない。まして老眼になっていたり、四肢に支障が出ていたら、なおさら化粧や女性的な身のこなしを独習することは難しい。なんらかのサポート体制、トレーニングシステムが必要だと思う。

　最近、国内で最も多くの（年間50～60例）性別適合手術を行っている岡山大学病院が、ボイストレーニング、化粧の仕方の講習など、MtFのGID患者のための日常生活支援プログラム作りに取り組んでいることが報道された（『山陽新聞』2010年1月26日号）。

　医学部が医学的治療以外の領域に手を出すことについては、批判的な意見もあるが、欧米では性別移行のための医療と生活支援トレーニングがリンクしている形は少なくなく、むしろ常識と言える。まあ、報じられたように「下着や洋服の選び方」まで大学病院が面倒をみるべきなのかは、いささか疑問に思うが……。いずれにしても、今まで医療による女体化一辺倒だったところに、女

写真1（左）　まったく女体化をしていない異性装者。第1回「東京化粧男子宣言！」（2009年11月25日）でグランプリに輝いた、るるさん（19歳の大学生）。女性ホルモン投与も、形成手術もしていない

写真2（右）　高度な女体化を行っているニューハーフ。第1回「東京化粧男子宣言！」審査委員「女優」の月野姫さん。女性ホルモンの継続投与に加えて顔面と胸部の形成手術と矯正（コルセット）による女体化を行っているが、この時点では、SRS（性器の異性化形成手術）はしていない

性ジェンダー習得という視点がやっと加わったことは、大きな進歩だと思う。

　一方、2000年代末になると「男の娘」、「化粧男子」などと称する、従来のカテゴリーに当てはまらない新しい形の性別越境者も現れてきた［三橋2009、共同通信　2010］。彼／彼女らはパートタイムで性別越境を楽しむ人たちが主流だが、中には将来的にフルタイムの性別移行を望む人もいて、内実はなかなか複雑だ。ただ、身体加工については、おおむね従来のカテゴリーのB・C（女装者のコミュニティ）に近い意識を持っているように思われ、「女装派」「女体化派」という区分では、あきらかに「女装派」に属する。

　昔（20世紀）を知る者には考えられないことだが、2008年頃から『オトコの娘のための変身ガイド――カワイイは女の子だけのものじゃない』（女装普及員会編、遊タイム出版、2008年）のような女装のための教本が次々に刊行され、一般書店の店頭に並ぶようになり、男の子の女装に協力的な女性も増えてきている。

　こうした「男の娘」現象に対する社会の寛容性も増している。2009年10月に開催された男の子のミスコン「東京化粧男子宣言！」は、複数のテレビ・メディアに好意的に紹介された（写真1・2参照）。2010年2月にはNHK国際放送が東京秋葉原の女装メイドカフェや、男子大学生が卒業記念として女装サロンでドレスアップした女装写真を撮影するシーンを取材して「Boys Will Be Boys？」（男の子たちは、男の子になるのでしょうか）と題し、現代日本の文化現象として世界に発信した。それなりの女装技術を身につけさえすれば、時

限的（パートタイム）ではあっても、男性が「男の娘」として女の子ライフを楽しむことは、それほど困難ではない時代になってきている。今後も「男の娘」や「化粧男子」は増えていき、そこに新しい女装文化が形成されることが予想される。

　なぜ、性別を越境するのか、理由は人さまざまだ。男性から女性へフルタイムの性別越境をしようとする人の目的は、望みの性別である女性として社会の中で生き、QOL（Quality of Life）を向上し、充実した人生を送るためだと思う。そのためには、女体化ばかりに意識を向けるのではなく、女装と女体化の間をしっかりと見つめ、女体化と女性ジェンダー習得（女装）のバランスを取りながら性別移行を進めるべきではなかろうか。

　一方、「男の娘」や「化粧男子」のようにフルタイムではなくパートタイムで女装を楽しもうとする人たちは、不可逆的な女体化は最小限に止めて、化粧やファッション、そしてしぐさや発声・話し方など女装の技術を磨くことに務め、自己表現としての性別越境を楽しむようにすべきだと思う。

　「女装派」と「女体化派」のどちらが主流かということではなく、どちらも社会的に許容され存在できることが、多様性を認める健全な社会であると考える。

5　「女をする」と「女（の体）になる」

　「女（の体）になる」、つまり身体（性器）を女性化したとしても、それだけで社会的に女性として扱われるかというとそうではない。なぜなら性器は日常の社会生活では衣服によって隠蔽されていて、社会的な性別指標として機能していないからだ。

　他者から女性として認識されること、つまり、性他認を獲得して社会的に女性として扱われるためには、外（他者）から見てわかる性別指標（ジェンダー記号）を身につける必要がある。それは女性服飾や化粧（女装）であり（女性ジェンダー表現）、女性としてのふるまい（女性ジェンダーロール）である。つまり、社会の中で「女をする」（doing female gender）ことが必要になる。

　逆に言えば、MtFのGIDが「性自認は女性です」「身体（性器）はもう女性

です」といくら主張しても、「doing female gender」が為されていなければ、女性としての性他認は獲得できず、社会の中で「女扱い」されることは難しい。

　男性が女性としての性他認を獲得しようとするならば、その際、身体は「doing female gender」をできるだけ妨げず、できることならそれを補助する形であることが望ましい。つまり、MtFにとっての望ましい身体とは「doing female gender」をしやすい身体ということになる。

　では、そうした身体はどのように作られるのだろうか？具体的に言えば、通常、衣服で覆うことのできない身体の露出部分、顔や手足の男性的形質を可能な限り隠蔽・除去することが必要になる。髪を伸ばし女性的なヘアースタイルにすること、顔の髭、手や足の体毛をレーザー脱毛で除去すること、筋肉質でゴツゴツした手足の身体ラインを女性ホルモン投与によって柔軟化・曲線化すること、顔の男性的形質（あごのライン、額の形＝眉の部分の隆起）や喉仏を外科手術（美容形成手術）で女性化することなどである。これだけすれば、「doing female gender」をきわめてしやすい身体が得られるだろう。しかし、そうした身体は、男性としての社会生活を困難にするので、誰もができるわけではない。フルタイムの性別越境者なら問題はないが、パートタイムの人がそれをするのは難しい。

　男性と女性を行き来するパートタイムの性別越境者にとって望ましい身体とは、男女どちらでも使える体ということになるが、これもなかなか難しい。髪はウィッグや付け毛を使い、髭を丁寧に剃って（あるいは、抜いて）顔は少し厚めに化粧することで、夜だったらなんとか「女」として通用させることはできる。肌をできるだけ衣服で覆い、ボディライン（バスト、ウェスト、ヒップ）は下着や特殊なパットなどによって身体ラインの補正することでかなりカバーできる。しかし、昼の光の下では、ウィッグや厚めの化粧は、見る人に違和感を与えやすい。夏場のように女性ファッションの露出度が高くなり、手足や肩、胸前を出す季節になると、かなり厳しくなる。バストの谷間や膨らみの裾野を作るということになると、やはり女性ホルモン投与に手を出したくなる。

　つまり、フルタイムの女装者であれ、パートタイムの女装者であれ、「女をする」ために「doing female gender」をしやすい身体を求めることは、程度の

差はあれ、部分的な「女体化」につながっていく。部分的な「女体化」とは、見方を変えるならば不完全な「女体化」ということになる。女装者が行う「女装」と、MtFの性同一性障害者が希求してやまない「完全な女体化」の間には、こうした「部分的な女体化」の領域がかなり幅広く存在するのだ。

「不完全な女体化」という概念をさらに進めると、MtFのGIDが女体化の達成点と考える造膣手術ですら、実態的には膣に似た位置（膀胱と直腸の間の狭い部位）に穴（凹み）を無理やり穿っているにすぎず、機能的にまったく不完全な膣である。現代の医療技術では、十分な性能をもつ人工膣を作ることは難しく、まして妊娠・出産の機能を与える「完全な女体化」は不可能（夢物語）である。

こう考えるとMtFのGIDの女体化もまた「不完全な女体化」であり、「部分的な女体化」＝「不完全な女体化」の領域はさらに広く、際限がないことになる。その幅広い領域のどこかに無理に線引きをして「女装」と「女体化」を区分しようとすることは、論理的に言って意味がないのではないだろうか［三橋　2006 d］。

その幅広い「部分的な女体化」の領域をどこまで進むかの選択は、その人が決めればよいことで、どこまで進めるのが正しくて、どこで立ち止まったからといって間違っているということではない。その人が望む幸せな人生の形、その人にとって心地よい身体に基づいて折り合いをつければよいのだ。そのために異性装と身体加工をどう利用するか、どんな比率で組み合わせるかは、人それぞれの考えでよいのだと思う。

結びにかえて

たとえ「不完全な女体化」であっても、十分な「doing female gender」が為されていれば、社会の中で女性として扱われる。その人が女性である、もしくは女性であることを志向していることを示すには、化粧や女性服飾を身にまとうことは、可視的な標識としてきわめて有効である。逆にそれらをしないことは、せっかく有効性の高い標識を捨ててしまうことになり、性別移行の困難はいっそう増すことになるだろう。SRSをしているMtFなら、性器を露にすれ

ば、女性であること証明になるだろうが、社会生活の中では、性器の形を標識にする機会はきわめて限られる。それを考えると、現在のMtFのGIDの一部に見られる、女体化を過剰に重視し、女性ジェンダーの習得を軽視する傾向は、女性として社会生活を送りたいという望みをかえって遠ざけてしまうのではないかと思う。

　19〜20世紀という時代は、解剖によって身体の仕組みを明らかにし、身体に人為的な操作を加えて病を治療する近代医学が飛躍的に進歩した。それによって人々の意識もまた身体を重視するようになっていった。そうした過程で、性別越境者も医療に囲い込まれ、身体を過剰に重視する意識を植え付けられ、身体加工によって女体化することが性別を越境することの本質であるかのような錯覚を抱くようになってしまった。

　その結果、伝統的な性別越境の手段であった異性装（女装）は軽視され、さらには蔑まれるまでになってしまった。しかし、日常の社会の中で通用している性別認識は、服飾や化粧などの可視的なジェンダー記号を指標にしている。まさにジェンダーは社会的性別なのだ。今、身体を重視する医療と、ジェンダー指標によって成り立っている社会とのギャップに陥って苦しんでいる人が増えている。性別越境と身体・装いの関係をもう一度、見直すべき時期なのではないだろうか。

［参考文献］
共同通信社　2010「ニッポン解析：ファッションとしての女装ブーム」『京都新聞』2010年8月24日
国分直一　1976「双性の巫人──特に南西諸島の事例について──」『環シナ海民族文化考』慶友社
武田佐知子　1998『衣服で読み直す日本史──男装と王権──』朝日新聞社
鶴田幸恵　2009『性同一性障害のエスノグラフィ──性現象の社会学』ハーベスト社
三橋順子　2006a「性転換の社会史（1）──日本における『性転換』概念の形成とその実態、1950〜60年代を中心に──」矢島正見編著『戦後日本女装・同性愛研究』中央大学出版部

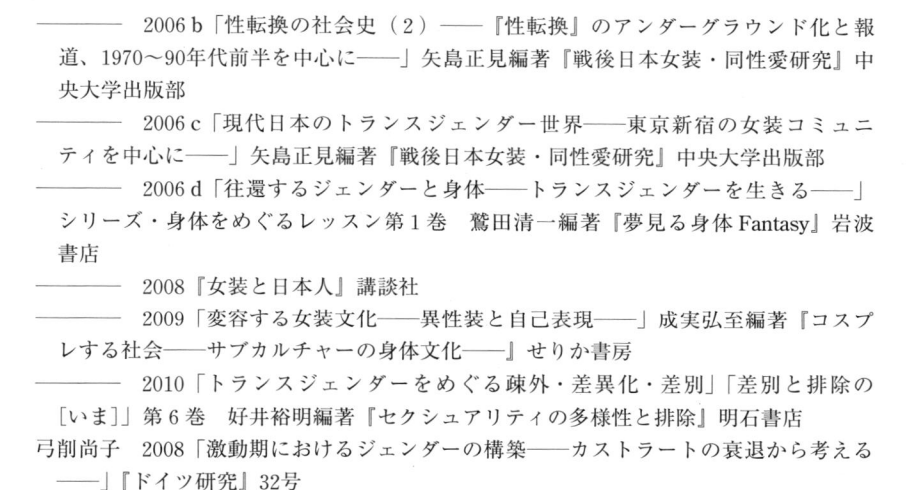

──── 2006 b「性転換の社会史（2）──『性転換』のアンダーグラウンド化と報道、1970〜90年代前半を中心に──」矢島正見編著『戦後日本女装・同性愛研究』中央大学出版部
　　　──── 2006 c「現代日本のトランスジェンダー世界──東京新宿の女装コミュニティを中心に──」矢島正見編著『戦後日本女装・同性愛研究』中央大学出版部
　　　──── 2006 d「往還するジェンダーと身体──トランスジェンダーを生きる──」シリーズ・身体をめぐるレッスン第1巻　鷲田清一編著『夢見る身体 Fantasy』岩波書店
　　　──── 2008『女装と日本人』講談社
　　　──── 2009「変容する女装文化──異性装と自己表現──」成実弘至編著『コスプレする社会──サブカルチャーの身体文化──』せりか書房
　　　──── 2010「トランスジェンダーをめぐる疎外・差異化・差別」「差別と排除の［いま］」第6巻　好井裕明編著『セクシュアリティの多様性と排除』明石書店
弓削尚子　2008「激動期におけるジェンダーの構築──カストラートの衰退から考える──」『ドイツ研究』32号

福岡まどか（ふくおか　まどか）
1964年生．総合研究大学院大学文化科学研究科修了（比較文化学専攻）．現在，大阪大学大学院人間科学研究科グローバル人間学専攻地域研究講座准教授．『ジャワの仮面舞踊』（勁草書房，2002年）「インドネシアにおけるラーマーヤナ物語の普及：R．A.コサシのワヤン・コミックを事例として」（『東南アジア　歴史と文化』第38号，2009年）*Transmission of skills : A case study of the Cirebonese masked dance*（『大阪大学大学院人間科学研究科紀要』第36巻，2010年）など．

深尾葉子（ふかお　ようこ）
1963年生．大阪市立大学大学院前期博士課程修了（東洋史専攻）．現在，大阪大学大学院経済学研究科准教授．深尾葉子・安冨歩編著『黄土高原・緑を紡ぎだす人々──「緑聖」朱序弼をめぐる動きと語り──』（風響社，2010年）「『ハウルの動く城』にみる魂の脱植民地化過程」（『東洋文化』90号，東京大学東洋文化研究所，2010年）「魂の脱植民地化とは何か──呪縛・憑依・蓋──」（『東洋文化』89号，東京大学東洋文化研究所，2009年）など．

福間加容（ふくま　かよ）
1967年生．千葉大学社会文化科学研究科修了（都市研究専攻）．現在，千葉大学文学部非常勤講師．「20世紀初頭のロシアの象徴主義運動と神秘主義──〈青薔薇〉運動を中心として」（千葉大学文学部博士論文，2001年）「ロシア的風景の発見──風景画のトポス──」（北海道大学スラブ研究センター監修・宇山智彦編『講座　スラブ・ユーラシア学　第2巻　地域認識論──多民族空間の構造と表象──』講談社，2008年）「ロシアの田園詩，ダーチャ」（野中進・三浦清美・ヴァレリー・グレチュコ・井上まどか編『ロシア文化の方舟──ソ連崩壊から二十年──』東洋書房，2011年）など．

三橋順子（みつはし　じゅんこ）
1955年生．性社会・文化史専攻．現在，都留文科大学非常勤講師．『女装と日本人』（講談社，2008年）「往還するジェンダーと身体──トランスジェンダーを生きる──」（鷲田清一編『身体をめぐるレッスン1　夢みる身体　Fantasy』岩波書店，2006年）「変容する女装文化──異性装と自己表現──」（成実弘至編著『コスプレする社会──サブカルチャーの身体文化──』せりか書房，2009年）など．

（所属は2012年3月現在）

藤元優子(ふじもと ゆうこ)
1957年生．大阪外国語大学修了(イラン現代文学専攻)．現在，大阪大学世界言語研究センター教授．『CDエクスプレス ペルシア語』(白水社，2003年)「イランの詩的伝統と『宿酔』」(『イラン研究』第2号，2006年)「自分の物語を求めて：イラン現代文学と女性」(『すばる』2008年12月号) など．

新保淳乃(しんぽ きよの)
1973年生．千葉大学大学院社会文化科学学科修了．文学博士(西洋美術史)．現在，千葉大学大学院特別研究員．武蔵大学・明治学院大学・明治大学非常勤講師．『ひとはなぜ乳房を求めるのか』(共著，青弓社，2011年)「ローマのサンタ・マリア・マッジョーレ大聖堂パオリーナ礼拝堂装飾の様式論的考察」(『鹿島美術研究』年報26号別冊，鹿島美術財団)「危機克服の政治学における聖母マリア表象──1632年ローマにおけるペスト危機克服記念行列とピエトロ・ダ・コルトーナ作行列幟」(『美術史』第160冊，美術史学会) など．

生田美智子(いくた みちこ)
1946年生．大阪外国語大学大学院修士課程修了(言語文化学専攻)．博士(言語文化学，大阪大学) 現在，大阪大学大学院言語文化研究科教授．『外交儀礼から見た幕末日露文化交流史──描かれた相互イメージ・表象──』(ミネルヴァ書房，2008年)『大黒屋光太夫の接吻 異文化コミュニケーションと身体』(平凡社，1997年)「満洲の亡命ロシア女性の表象──着衣と裸体──」(『セーウェル』26号，ハルビン・ウラシオストクを語る会，2010年) など．

池川玲子(いけがわ れいこ)
1959年生．川村学園女子大学大学院博士後期課程修了(日本近現代女性史・映画史専攻)．現在，実践女子大学他非常勤講師．『「帝国」の映画監督 坂根田鶴子──『開拓の花嫁』・一九四三年・満映』(吉川弘文館，2011年)『ひとはなぜ乳房を求めるのか 危機の時代のジェンダー表象』(共著，青弓社，2011年)「戦時下日本映画の中の女性像──『チョコレートと兵隊』再検討」(『歴史評論』No.708, 2009年) など．

身﨑とめこ(みさき とめこ)
1946年生．千葉大学大学院博士課程(人文社会科学研究科公共研究専攻)．ジェンダー文化研究所研究員．「GHQ/CIE 教育映画とその影響──戦後民主主義とダイニング・キッチン」(『イメージ＆ジェンダー誌 第7号』彩樹社，2007年)「衛生家族の誕生──CIE 映画から USIS 映画へ連続される家族の肖像」(『占領する眼 占領する声』東京大学出版会，2012年5月出版予定) など．

三好恵真子(みよし えまこ)
1965年生．大阪市立大学生活科学研究科博士後期課程修了(学術博士)．現在，大阪大学人間科学研究科准教授．『共進化する現代中国研究──地域研究の新たなプラットフォーム』(大阪大学出版会，2012年)『現代中国の社会変容と国際関係』(汲古書院，2008年)『生きる視点から考える環境問題──環境ホルモンからアスベストまで 身近に潜む危険──』(ヒューマンウィングス LLP，2006年) など．

山崎明子(やまさき あきこ)
1967年生．千葉大学大学院社会文化科学研究科修了(視覚文化論専攻)．博士(文学)．現在，奈良女子大学生活環境学部助教．『近代日本の「手芸」とジェンダー』(世織書房，2005年)『視覚表象と音楽』(共著，明石書店，2010年)『女性とたばこの文化誌──ジェンダー規範と表象』(共著，世織書房，2011年) など．

吉 岡 愛 子(よしおか　あいこ)
1964年生．La Trobe University, Cinema Studies 博士．現在，上智大学・青山学院大学非常勤講師．
「境界線上のアイデンティティ　女優　Shirley Yamaguchi／山口淑子——他者をめぐる言説と主体の交差」(『比較文化研究』No.73，2006年) など．

太 田 妙 子(おおた　たえこ)
1947年生．東京大学医科系大学院修了(内科・大学保健専攻)．現在，大阪大学保健センター教授．「人神経芽細胞腫培養細胞の研究——形態学的性質と生化学的分析」(『解剖学雑誌』Vol.51 No.1，1976年)「若年成人集団ノロウイルス感染と発熱症状」(『日本医事新報』No.4318，2002年)「高橋瑞の骨標本調査」(『医譚』No.93，2011年) など．

津 田 大 輔(つだ　だいすけ)
1972年生．甲南大学文学部日本文学科修士課程修了(日本語日本文学専攻)．現在，滝川高等学校教諭．「斎宮歴史博物館所蔵の装束書にみる近世有職学」(『斎宮歴史博物館紀要』第14号，2005年)「平安時代前期服飾復元の可能性」(『古代文化研究』第16号，2008年)「『西宮記』女装束条について」(『古代文化研究(島根県古代文化センター)』17，2009年) など．

矢 田 尚 子(やた　なおこ)
1967年生．東北大学大学院文学研究科博士後期課程修了(中国文学専攻)．現在，東北大学大学院文学研究科助教．「楚辞「離騒」の「求女」をめぐる一考察」(『日本中国学会報』第57集，日本中国学会，2005年)「唐代における男装の流行と『虢国夫人游春図』」(『言語と文化』第20号，愛知大学語学教育研究室，2009年)「笑う教示者——楚辞「漁父」の解釈をめぐって——」(『集刊東洋学』第104号，中国文史哲研究会，2010年) など．

宮 原　　 曉(みやばら　ぎょう)
1964年生．博士(社会人類学，東京都立大学)．現在，大阪大学グローバルコラボレーションセンター准教授．『もう一つの日本語で語る多文化共生社会——コミュニケーションツールとしての「やさしい日本語」』(編著，大阪大学グローバルコラボレーションセンター，Glocol ブックレット06，2011年)「ドニャ・モデスタ・シニソン・ガイサノとフィリピン・セブのチャイニーズ」(『華僑華人研究』第2号，2005年)「通婚とエスニック・バランダリー——フィリピン・セブ市の華人社会の事例から」(『アジア経済』第38巻第10号，1998年) など．

牟 田 和 男(むた　かずお)
1956年生．テュービンゲン大学哲学・歴史学部(ドイツ) 修士．『魔女狩りと悪魔学』(上山安敏と共編，人文書院，1997年)『魔女裁判』(吉川弘文館，2000年) など．

宮本マラシー(みやもと　まらしー)
1956年生．大阪大学大学院文学研究科日本学専攻博士課程単位修得退学(社会言語学専攻)．現在，大阪大学世界言語研究センター教授．『タイ語上級講座：読解と作文』(めこん，2007年)「タイ語における色彩表現の意味的特徴」(『大阪大学世界言語学研究センター論集』第2号，2010年)「タイ語における味覚語の体系的関係」(『大阪大学世界言語研究センター論集』第5号，2011年) など．

松 村 耕 光(まつむら　たかみつ)
1955年生．大阪外国語大学大学院外国語学研究科修士課程修了(西アジア語学専攻)．現在，大阪大学世界言語研究センター教授．『ミール狂恋詩篇——中世インド抒情詩』(平凡社，1996年)『ウルドゥー語基本文法』(大阪外国語大学，2000年)「『生命の水』序論に見られるアーザードのウルドゥー語・ウルドゥー詩改革論」(『大阪外国語大学論集』第33号，2005年) など．

執筆者紹介

〔編者〕

武田佐知子(たけだ　さちこ)
1948年生，東京都立大学人文科学研究科博士課程修了(史学専攻). 大阪大学大学院文学研究科教授. 『古代国家の形成と衣服制——袴と貫頭衣——』(吉川弘文館, 1984年)『信仰の王権　聖徳太子』(中公新書, 1993年)『衣服で読み直す日本史——男装と王権——』(朝日選書, 1998年) など.

〔執筆者(掲載順)〕

脇田晴子(わきた　はるこ)
1934年生. 京都大学大学院文学研究科博士課程修了(日本史専攻). 現在，石川県立歴史博物館長・城西国際大学大学院客員教授. 『日本中世女性史の研究』(東京大学出版会, 1992年)『日本中世商業発達史の研究』(お茶の水書房, 1969年)『日本中世被差別民史の研究』(岩波書店, 2002年) など.

森田登代子(もりた　とよこ)
武庫川女子大学家政学研究科博士後期課程修了. 博士(家政学). 桃山学院大学非常勤講師・国際日本文化研究センター共同研究員. 『近世商家の儀礼と贈答』(岩田書院, 2001年)「歌舞伎衣装にみられる歴史的・社会的事象の受容——「馬簾つき四天」「小忌衣」「蝦夷錦」「厚司」を事例として——」(『日本研究』40集, 2009年)「チベット仏教寺院における文様東漸の一側面」(『民族藝術』26号, 2010年)「大嘗会再興と庶民の意識」(『一八世紀日本の文化状況と国際環境』思文閣出版, 2011年) など.

竹村景子(たけむら　けいこ)
1967年生. 大阪外国語大学大学院修士課程修了(スワヒリ語学・文学・文化論専攻). 現在，大阪大学世界言語研究センター准教授. 『スワヒリ語のしくみ』(白水社, 2007年)『ニューエクスプレス　スワヒリ語』(白水社, 2010年)「闘いという名の日常——アフリカの女性たちの声から何を学ぶか——」(『EX-ORIENTE』第14号, 大阪外国語大学言語社会学会, 2007年) など.

中本香(なかもと　かおり)
1970年生. 大阪外国語大学言語社会研究科博士課程修了(言語社会専攻). 現在，大阪大学世界限度研究センター准教授.「17～18世紀中葉におけるスペイン王国の構造と政治的集合概念について」(*Estudios Hispánicos*, 35号, 2011年)「七年戦争を契機とするスペインの「帝国再編」——エスキラーチェの主導する植民地貿易の制度改革を中心に——」(*Estudios Hispánicos*, 33号, 2009年)「スペイン女性の工業部門への進出——タバコ製造女工の事例」(『地球のおんなたち 2——20世紀の女から21世紀の女へ——』嵯峨野書院, 2001年) など.

井本恭子(いもと　やすこ)
1963年生. 大阪外国語大学大学院修士課程修了. 現在，大阪大学大学院文学研究科准教授. 専攻は文化人類学.「サルデーニャにおける女性と死についての一考察——attitadoras と母性——」(『女の性と性』嵯峨野書院, 1997年)「ex-vofo の謎——セディロの聖コンスタンティヌスに返礼する人びと——」(『AULA NUOVA　イタリアの言語と文化』6号, 2007年)「「地続き」思考の痕跡——普通の人びとの日常的な「もののやりかた」——」(『待兼山論叢』43号, 2009年) など.

藤原克美(ふじわら　かつみ)
1967年生. 大阪市立大学大学院経済学研究科後期博士課程単位取得退学(経済政策学専攻). 現在，大阪大学世界言語研究センター准教授.「グローバリゼーションとロシア繊維企業」(『比較経営研究第35号　世界同時不況と企業経営の新たな胎動』, 2011年3月)「ロシア企業としてのチューリン商会」(『セーヴェル』第26号, 2010年3月) など.

着衣する身体と女性の周縁化
ちゃくい しんたい じょせい しゅうえん か

2012(平成24)年 4 月10日発行

定価：本体5,800円（税別）

編　者　武田佐知子
発行者　田　中　　大
発行所　株式会社　思文閣出版
　　　　〒605-0089 京都市東山区元町355
　　　　電話 075-751-1781（代表）

印　刷
製　本　亜細亜印刷株式会社

Ⓒ Printed in Japan　　ISBN978-4-7842-1616-1　C3039